21世纪应用型本科财税系列规划教材

U0884122

纳税会计实务

（第五版）

安仲文　蒙丽珍　张春光　编　著

东北财经大学出版社
Dongbei University of Finance & Economics Press
大　连

图书在版编目（CIP）数据

纳税会计实务/安仲文，蒙丽珍，张春光编著. —5版.
—大连：东北财经大学出版社，2020.1
（21世纪应用型本科财税系列规划教材）
ISBN 978-7-5654-3661-1

Ⅰ. 纳… Ⅱ. ①安… ②蒙… ③张… Ⅲ. 税收会计-高等学校-教材 Ⅳ. F810.42

中国版本图书馆CIP数据核字（2019）第172203号

东北财经大学出版社出版
(大连市黑石礁尖山街217号 邮政编码 116025)
网 址：http：//www.dufep.cn
读者信箱：dufep@dufe.edu.cn

大连永盛印业有限公司印刷 东北财经大学出版社发行

幅面尺寸：148mm×210mm 字数：511千字 印张：17
2020年1月第5版 2020年1月第13次印刷

责任编辑：田玉海 责任校对：夏 计
封面设计：冀贵收 版式设计：钟福建

定价：35.00元

教学支持 售后服务 联系电话：（0411）84710309

如有印装质量问题，请联系营销部：（0411）84710711

第五版前言

税收是国家财政收入最主要的来源，与每个企业、每个公民的利益密切相关。依法纳税是企业与公民应尽的义务。纳税人应在遵守税法的前提下，通过安排自己的涉税活动来规避或减轻自身税收负担，合理规避税务风险，实现利润最大化。

《纳税会计实务》以现行税制和企业会计准则为编写依据，立足职业岗位对涉税业务知识的需要，注重以培养能力为本。它以最新的财税、会计法规为依据，以企业主要税种应纳税额的计算、申报、缴纳以及涉税会计处理为主线，阐述了我国现行各税种的基本法律规定和涉税业务的会计处理方法，实现了税法知识与岗位业务处理方法的有机结合。本书的最大优点是“新”和“实”。全书共分两大部分：第一部分为纳税会计基础知识，将日常工作中的涉税知识和纳税会计基本原理、方法进行归纳，以提供案头参考；第二部分为本书的主体，对我国现行各税种分章进行介绍。

《纳税会计实务》出版以来，获得了学界同仁的认可与好评，被许多高校选作教学用书，反响良好，多次修订再版。第五版教材是在继税务机构合并后，为深入贯彻“放管服”改革，全面落实减税降费政策的背景下对我国现行税种进行全面修订，所引用的税收法律、法规截至2019年6月底。为方便教学，本书配有电子课件，授课教师请登录东北财经大学出版社网站（www.dufep.cn）免费下载。

本书由广西工商职业技术学院安仲文教授，广西财经学院、广西外国语学院蒙丽珍教授，无锡职业技术学院张春光教授主编，并由安仲文负责全书的总纂和审定。其中第一、二、三、五、六、九、十、十一、十二、十三、十四、十五、十七、十八章由安仲文编写；第七、十六章由蒙丽珍编写；第四、八章由张春光编写。

由于编者水平有限，书中难免存在疏漏和不足，恳请读者批评指正。

作　者

2020年元月

目　录

第一章

纳税基础

第一节 税收与税法

一、税收概述

税收在历史上被称为赋税、租税和捐税，是伴随国家产生而来的产物。我国最早出现“税”字，并有历史典籍可查的是《春秋》所记鲁宣公十五年（公元前594年）的“初税亩”；直到20世纪40年代末，“税收”一词才成为中国经济生活中的普遍用语，并专指对各种税的总称。

马克思指出：“赋税是政府机器的经济基础，而不是其他任何东西。”“国家存在的经济体现就是捐税。”

税收是国家为满足社会公共需要，凭借公共权力，按照法律所规定的标准和程序，参与国民收入分配，强制地、无偿地取得财政收入的一种方式。

对税收的内涵可以从以下几个方面来理解：

（1）国家征税的目的是满足社会成员获得公共产品的需要。

（2）国家征税凭借的是政治权力。税收的征收主体只能是代表社会全体成员行使公共权力的政府，其他任何社会组织和个人都是无权征税的。与公共权力相对应的必然是政府管理社会和为民众提供公共产品的义务。

（3）税收是国家筹集财政收入的主要方式。

（4）税收必须借助法律形式进行。

与税收规范筹集财政收入的形式不同，“费”是政府有关部门为单位和居民个人提供特定服务，或被赋予某种权力而向直接受益者收取的代价。税和费的区别主要表现在：

第一，主体不同。税收的主体是国家，税收管理的主体是代表国家的税务机关、海关或财政部门，而费的收取主体多是行政事业单位、行业主管部门等。

第二，特征不同。税收具有无偿性，纳税人缴纳的税收与国家提供的公共产品和服务之间不具有对称性。费则通常具有补偿性，主要用于成本补偿，特定的费与特定的服务往往具有对应性。税收具有稳定性，而费则具有灵活性。税法一经制定，对全国具有统一效力，并相对稳定；费的收取一般由不同部门、不同地区根据实际情况灵活确定。

第三，用途不同。税收收入由国家预算统一安排，用于社会公共需要支出，而费一般具有专款专用的性质。

中国的税收收入已占到财政收入的95%左右，是财政收入最主要的来源。国家运用税收筹集财政收入，通过预算安排来支持农村发展，用于环境保护和生态建设，促进教育、科学、文化、卫生等社会事业的发展，用于社会保障和社会福利，进行交通、水利等基础设施和城市公共建设以及国防建设，维护社会治安，用于政府的行政管理，开展外交活动，保证国家安全，满足人民群众日益增长的物质文化需要。

财政部公布的数据显示，2018年全国一般公共预算收入183 352亿元，同比增长6.2%。其中，中央一般公共预算收入85 447亿元，同比增长5.3%；地方一般公共预算本级收入97 905亿元，同比增长7%。全国一般公共预算收入中的税收收入156 401亿元，同比增长8.3%；非税收入26 951亿元，同比下降4.7%。

（一）税收的产生

税收并不是人类社会一开始就有的，而是人类历史发展到一定阶段的产物。税收产生的客观基础有两个：

1.国家的产生是税收产生的前提

（1）税收是实现国家职能的物质基础，只有出现了国家，才有为实现其职能而征税的客观需要。国家的各种管理机构本身并不直接从事物质生产，但耗用一定的物质产品，为满足这一需要，国家就要向社会成员征收各种税收。

（2）税收是以国家为主体，以国家政治权力为依据的一种分配活动。只有产生了国家以后，才有征税的主体和征税的政治权力，税收的产生才成为可能。

2.剩余产品和私有财产制度是税收产生的客观必然条件

（1）剩余产品是税收产生的必要物质前提。

（2）凭借政治权力的税收，实际上是对私有财产权的一种“侵犯”，因此，它以私有财产权的存在为客观前提。否则，国家可以通过公有财产权直接参与分配，而无须借助于税收这种分配形式。

（3）国家与私有制同时产生，才能产生税收。国家的产生和私有制的存在，是税收产生的充分必要条件。

（二）税收的特征

1.强制性

税收的强制性是指税收参与社会产品的分配依据的是国家的政治权力，而不是财产权利。税收的强制性具体表现在税收是以国家法律的形式规定的，而税收法律作为国家法律的组成部分，对不同的所有者都是普遍适用的，任何单位和个人都必须遵守，不依法纳税者要受到法律的制裁。

2.无偿性

税收的无偿性是就具体的征税过程来说的，表现为国家征税后税款即为国家所有，并不存在对纳税人的偿还问题。税收的无偿性是相对的。对具体的纳税人来说，纳税后并未获得任何报酬。从这个意义上说，税收不具有偿还性或返还性。

3.固定性

税收的固定性是指课税对象及每一单位课税对象的征收比例或征收数额是相对固定的，而且是以法律形式事先规定的，只能按预定标准征收，而不能无限度地征收。对税收的固定性的理解也不能绝对化，不能以为标准确定后永远不能改变。随着社会经济条件的变化，具体的征税标准是可以改变的。

（三）税收的职能

税收的职能是指由税收本质所决定的，内在于税收分配过程中的基本功能，即固有的职责和功能。它是税收自身固有的，因此是抽象的、无条件的。不论什么社会形态下的税收都存在基本职能，这是共同的。它包含税收作为政府提供公共品的价值补偿所具有的功能和税收作为政府履行职责的政策工具所具有的功能两个方面。

1.财政职能

税收的财政职能是指税收具有从社会成员和经济组织手中强制性地取得一部分收入，用以满足国家提供公共品或服务需要的职责和功能。税收自产生之日起，就是为国家筹集收入的。如果税收无财政职能，就没有存在的客观必要性。税收的财政职能是税收的第一个职能，也是税收最基本的职能。

2.经济职能

税收的经济职能是指在税收分配过程中对生产经营单位和个人的经济行为所产生的影响。国家正是利用税收具有调节经济的职能，通过税种、税目、税率的设计和调整，通过征税对象的选择以及税收优惠措施的运用等，实现国家的经济政策目标，调节不同主体的经济利益，从而协调社会经济的发展。

3.监督管理职能

税收的监督管理职能是指税收在取得收入的过程中，能够借助它与经济的必然联系来反映国民经济运行和企业生产经营中的某些情况，发现存在的问题，并为国家和企业解决这些问题提供线索和依据。在税收的征收过程中，需要对纳税人的经济活动进行税务管理，如税务检查、税源调查与预测等一系列工作，以正确反映国民经济动态和对经济活动进行有效的监督。

（四）税收的分类

现代的税收是一个由多税种组成的复合税制体系，各税种有其各自的特点，在税制结构中的地位和作用是不同的。主体税种的选择是建立合理税制结构的中心环节，辅助税种的搭配、协调也十分重要，各税种之间存在一定的联系和区别。一般有下面几种分类方法：

1.以征税对象为标准的税收分类

以征税对象为标准，税收可以分为流转税类、所得税类、资源税类、财产税类和行为税类等。流转税一般是指对商品的流转额和非商品的营业额征收的那一类税收。它是我国现行最大的一类税收，增值税、消费税、关税属于这一类①。所得税一般是指对纳税人的各种所得征收的那一类税收。我国现行的企业所得税、个人所得税属于这一类。资源税一般是指以自然资源及其级差收入为征税对象的那一类税收。我国现行的资源税、耕地占用税、城镇土地使用税属于这一类。财产税一般是指对属于纳税人所有的财产或支配的财产的数量或价值额征收的那一类税收。我国现行的房产税、车船税、契税属于这一类。行为税一般是指以某些特定行为为征税对象的那一类税收。我国现行的印花税、城市维护建设税、车辆购置税属于这一类。

2.以计税依据为标准的税收分类

以计税依据为标准，税收可以分为从价税和从量税两大类。从价税一般是指以征税对象及计税依据的价格或金额为标准，按一定比例税率征收的那一类税收。我国现行的增值税、关税等都属于这一类。从量税一般是指以征税对象的重量、容积、体积、面积等为标准，采用固定税额计征的那一类税收。我国现行的城镇土地使用税、车船税属于这一类。

3.以税收负担能否转嫁为标准的税收分类

以税收负担能否转嫁为标准，税收可以分为直接税和间接税两大类。直接税一般是指税负无法转嫁，而由纳税人直接负担的那一类税收。我国现行的各种所得税、城镇土地使用税、房产税等都属于这一类。间接税一般是指纳税人能够将税负转嫁给他人负担的那一类税收。

① 自2016年5月1日起全面实施“营改增”试点，营业税正式退出历史舞台。

我国现行的增值税、消费税、关税属于这一类。

4.以管理权限为标准的税收分类

以管理权限为标准，税收可以分为中央税和地方税以及中央地方共享税。中央税一般是指由中央政府管理并支配其收入的那一类税收，如消费税、关税和车辆购置税。地方税一般是指由地方政府管理并支配其收入的那一类税收，如房产税、车船税等。中央地方共享税一般是指由中央政府与地方政府共同管理并按一定比例分别支配其收入的那一类税收，如增值税、企业所得税等。

5.以税收与价格的关系为标准的税收分类

以税收与价格的关系为标准，税收可以分为价内税和价外税。价内税一般是指税金作为商品价格的组成部分的那一类税收，如消费税。价外税一般是指税金作为商品价格之外的附加额的那一类税收，如增值税。

6.其他几种分类标准

以税收缴纳形式为标准，税收可以分为实物税和货币税。实物税一般是指以实物形式缴纳的那一类税收；货币税是以货币形式缴纳的那一类税收。以税收用途为标准，税收可以分为一般税（普通税）和目的税（特别税）。一般税是指用于国家一般经费开支，没有专门用途的那一类税收；目的税一般是指具有专门用途的那一类税收，如城市维护建设税。以税款的确定方法为标准，税收可以分为定率税和配赋税。定率税一般是指国家事先在税法中按照征税对象规定税率计征的那一类税收；配赋税一般是指国家采取分摊税款的办法征收的那一类税收。

二、税法概述

税法是国家制定的用以调整国家与纳税人之间在征纳税方面的权利与义务关系的法律规范的总称。它是国家及纳税人依法征税、依法纳税的行为准则。我国的税法属于制定法，包括税收法律、条例、法规和规章。

税法与税收密不可分，税法是税收的法律表现形式，税收则是税法所确定的具体内容。

（一）税收法律关系的构成要素

税收法律关系是税法所确认和调整的国家与纳税人之间在税收分配

过程中形成的权利和义务关系，它实质上是一种征纳关系。

税收法律关系主体的一方只能是国家，它体现国家单方面的意志，具有权利义务关系上的不对等性，具有财产所有权或支配权单向转移的性质。

税收法律关系在总体上与其他法律关系一样，都是由权利主体、客体和法律关系内容三方面构成的，但在三方面的内涵上，税收法律关系则具有特殊性。

1.权利主体

权利主体即税收法律关系中享有权利和承担义务的当事人。在我国税收法律关系中，权利主体一方是代表国家行使征税职责的国家税务机关，包括国家各级税务机关、海关和财政机关；另一方是履行纳税义务的人，包括法人、自然人和其他组织，在我国的外国企业、组织、外籍人、无国籍人，以及在我国虽然没有机构、场所但有来源于中国境内所得的外国企业或组织。我国这种对税收法律关系中权利主体另一方的确定，采取的是属地兼属人的原则。

在税收法律关系中，权利主体双方法律地位平等，只是因为主体双方是行政管理者与被管理者的关系，双方的权利与义务不对等，这与一般民事法律关系中主体双方权利与义务对等是不一样的。这是税收法律关系的一个重要特征。

2.权利客体

权利客体即税收法律关系主体的权利、义务所共同指向的对象，也就是征税对象。税收法律关系客体也是国家利用税收杠杆调整和控制的目标，国家在一定时期根据客观经济形势发展的需要，通过扩大或缩小征税范围、调整征税对象，以达到限制或鼓励国民经济中某些产业、行业发展的目的。

3.法律关系内容

税收法律关系内容就是权利主体所享有的权利和所应承担的义务，这是税收法律关系中最实质的东西，也是税法的灵魂。它规定权利主体可以有什么行为、不可以有什么行为，若违反了这些规定，须承担什么样的法律责任。

（二）税收法律关系的产生、变更或消灭

税法是引起税收法律关系的前提条件，但税法本身并不能产生具体的税收法律关系。税收法律关系的产生、变更或消灭必须有能够引起税收法律关系产生、变更或消灭的客观情况，也就是由税收法律事实来决定。这种税收法律事实，一般指税务机关依法征税的行为和纳税人的经济活动行为，发生这种行为才能产生、变更或消灭税收法律关系。例如，纳税人开业经营即产生税收法律关系，纳税人转业或停业就造成税收法律关系的变更或消灭。

（三）税法的分类

按税法的立法目的、征税对象、权限划分、适用范围、职能作用的不同，税法可分为不同类型。

1.按照税法基本内容和效力的不同，可分为税收基本法和税收普通法

税收基本法是税法体系的主体和核心，在税法体系中起着税收母法的作用。其基本内容一般包括：税收制度的性质、税务管理机构、税收立法与管理权限、纳税人的基本权利与义务、税收征收范围（税种）等。我国中央人民政府1949年发布的《全国税政实施要则》就具有税收基本法的性质。税收普通法是根据税收基本法的原则，对税收基本法规定的事项分别立法并实施，如个人所得税法、税收征收管理法等。我国目前还没有制定统一的税收基本法，随着我国税收法制建设的发展和完善，最终将制定税收基本法。

2.按照税法功能作用的不同，可分为税收实体法和税收程序法

税收实体法主要是指确定税种立法，具体规定各税种的征收对象、征收范围、税目、税率、纳税地点等。例如，《中华人民共和国企业所得税法》《中华人民共和国个人所得税法》《中华人民共和国车船税法》等属于税收实体法。税收程序法是指税务管理方面的法律，主要包括税收管理法、纳税程序法、发票管理法、税务机关组织法、税务争议处理法等。《中华人民共和国税收征收管理法》属于税收程序法。

3.按照税法征收对象的不同，可分为四种税法

（1）对流转额课税的税法，主要包括增值税、消费税、关税等税法。这类税法的特点是与商品生产、流通、消费有密切关系，规定对什

么商品征税、税率多高。这些对商品经济活动都有直接的影响，易于发挥对经济的宏观调控作用。

（2）对所得额课税的税法，主要包括企业所得税法和个人所得税法。其特点是可以直接调节纳税人收入，发挥其公平税负、调整分配关系的作用。

（3）对财产、行为课税的税法，主要是对财产的价值或某种行为课税，如房产税法、印花税法等。

（4）对自然资源课税的税法，主要是为保护和合理使用国家自然资源而课征的税。我国现行的资源税、城镇土地使用税等税种均属于资源税的范畴。

4.按照税收收入归属和征管管辖权限的不同，可分为中央（收入）税法和地方（收入）税法

按照财权和事权相统一的原则，我国在中央和地方之间实行分制，把所有税种按其特点和属性划分为中央税、地方税和中央与地方共享税三类。中央税一般由中央统一征收管理，地方税一般由各级地方政府负责征收管理。中央税是中央政府负责征收管理，收入归中央政府支配使用的税种，如消费税、关税、车辆购置税；地方税是指由地方政府负责征收管理，收入归地方政府支配使用的税种，如城镇土地使用税、房产税、车船税等；中央地方共享税是指由中央政府和地方政府共同负责征收管理，收入由中央政府和地方政府分享的税种，如增值税、企业所得税。

5.按照主权国家行使税收管辖权的不同，可分为国内税法、国际税法、外国税法等

国内税法一般是按照属人或属地原则，规定一个国家的内部税收制度。国际税法是指国家间形成的税收制度，主要包括双边或多边国家间的税收协定、条约和国际惯例等。外国税法是指本国以外各个国家制定的税收制度。

（四）我国现行税法体系

我国现行税法体系是一个由各种单行的税收法律、法规和规章构成的综合体，是在原有税制的基础上，经过1994年工商税制改革逐渐完善形成的。现行税法体系由18个税种构成：增值税、消费税、企业所

得税、个人所得税、资源税、城镇土地使用税、房产税、城市维护建设税、耕地占用税、土地增值税、车辆购置税、车船税、印花税、契税、烟叶税、环境保护税、关税和船舶吨税。

除了税收以外，国家规定统一由税务部门征收的非税财政收入项目有3个：教育费附加、矿区使用费和文化事业建设费，省级人民政府规定由税务机关征收的有社会保险费。

现阶段，我国税收征收管理机关有：税务机关和海关。除关税、船舶吨税由海关负责征收外，其他税种都由税务机关负责征收管理。

现行18个税种中，除企业所得税、个人所得税、车船税、烟叶税、环境保护税、船舶吨税是以国家法律的形式发布实施外，其他各税种均是经全国人民代表大会授权立法，由国务院以暂行条例的形式发布实施的。这些税收法律、法规组成了我国的税收实体法体系。

除上述税收实体法外，我国税收征收管理使用的法律制度，是按照税收管理机关的不同分别规定的：

（1）由税务机关负责征收的税种的征收管理，按照全国人大常委会发布实施的《中华人民共和国税收征收管理法》（以下简称《税收征管法》）执行；

（2）由海关机关负责征收的税种的征收管理，按照《中华人民共和国海关法》（以下简称《海关法》）及《中华人民共和国进出口关税条例》（以下简称《进出口关税条例》）等有关规定执行。

上述税收实体法和税收征收管理法律制度构成了我国现行的税法体系。

第二节 税法的构成要素

税法的构成要素亦称税收或税制要素，是指构成税收法律制度的共同因素。每一种税都有其相应的税收法律制度，尽管各个时期的各个税种有着不同的内容和特点，但构成税法的要素是相同的，即任何一部税法不仅要规定对什么征税、向谁征税、征多少税，而且还要规定征纳的程序和征管的办法。税法要素一般包括纳税人、征税对象、税率、纳税环节、纳税义务发生时间、纳税期限、减免税、纳税地点和违章处理等，其中纳税人、征税对象、税率是税法的三个最基本要素。

一、纳税人

纳税人是纳税义务人的简称，亦称纳税主体，是税法规定的直接负有纳税义务的单位和个人，是税款的直接承担者。每一种税都有关于纳税义务人的规定，即解决向谁征税的问题。如果纳税人不履行纳税义务，就应由该行为的直接责任人承担法律责任。所以，纳税人是税法构成的一个基本要素。

我国税法规定，直接负有纳税义务的人可以是自然人，也可以是法人。在法律上，自然人是指基于出生而依法在民事上享有权利、承担义务的人，包括本国公民和居住在本国的外国公民；法人是指依法成立并能独立地行使法定权利和承担法定义务的社会组织，如社团、企业等。

扣缴义务人是税法上规定的负有扣缴税收义务的单位和个人，其并不一定是纳税义务人，也不发生自身的纳税义务，有可能仅是代行税务机关职责向纳税人扣收税款的中介人。税法规定扣缴义务人的目的，是实行源泉控制，保证国家财政收入。一般在收入零星、纳税分散的情况下，采取扣缴义务人的办法。纳税人作为承担纳税义务的纳税主体，与扣缴义务人是两个不同的概念。扣缴义务人直接负有税款的扣缴义务，应当按照规定代扣税款，并按期、足额地缴库。对不履行扣缴义务的，除限令其缴纳所应代扣的税款外，还要加收滞纳金或酌情处以罚金。

二、征税对象

征税对象又称课税对象或征税客体，是指对什么征税，即征税的标的物。每一种税一般都有其特定的征税对象，因此，征税对象是一种税区别于另一种税的主要标志，每一种税名称的由来以及各种税在性质上的差别，也主要取决于不同的征税对象。

征税对象可以从质和量两方面进行具体化。其质的具体化是征税范围和税目；量的具体化是计税依据和计税单位。

征税范围是指税法规定的征税对象的具体内容范围，是国家征税的界限，凡列入征税范围的都要征税。税目是指税法上规定的应征税的具体项目，是征税对象的具体化。税目体现了征税的广度，反映了各税种具体的征税范围。计税依据是指计算应纳税额所依据的标准。一般来说，从价计算的税收以计税金额为计税依据，计税金额是指征税对象的数量乘以计税价格的数额；从量计算的税收以征税对象的重量、容积、体积、面积、数量为计税依据。计税单位，一是指划分征税对象适用税目、税率所依据的标准，二是与计税依据同义。

三、税率

税率是应征税额占单位课税对象的比例。例如，对某一价值100元的商品课税10元，税率就是10与100的比率10%。税率是税制构成的基本要素之一，属于税收制度的中心环节，是税收制度的核心内容。它的高低直接关系到国家财政收入的多少和纳税人负担的轻重，关系到国家和各纳税人之间的经济利益。

税率的表示方法有两种：一是用征收多少税额的绝对量表示；二是用征收百分之几的百分比相对量表示。前者适用于从量计征的税种，称为定额税率。它是税率的一种特殊形式，是指按征税对象的一定计量单位规定固定税额，而不是规定征收比例的一种税率制度。具体运用时，又可分为地区差别定额税率、幅度定额税率和分类分级定额税率等形式。后者适用于从价计征的税种，又分为比例税率和累进税率。

比例税率是指对同一征税对象或同一税目，不论数额大小，都只规定一个征税百分比的税率制度。它不因征税对象数额的变化而变化，是一种应用最广、最常见的税率，一般适用于对商品流转额的征税。在具体运用时，比例税率可以细分为统一比例税率、行业比例税率、产品比例税率、地方差别比例税率、幅度比例税率等。

累进税率是指税率随着征税对象数额的增大而提高的一种税率制度。将征税对象数额按大小划分成若干等级，对每个等级由低到高规定相应的税率，征税对象数额越大税率越高，征税对象数额越小税率越低。在我国现行税收制度中，只存在超额累进税率和超率累进税率。超额累进税率是指按征税对象的绝对数额划分征税级距，纳税人的征税对象的全部数额中符合不同级距部分的数额，分别按与之相适应的各级距税率计征的一种累进税率。超率累进税率对每个等级部分分别规定相应的税率，分别计算税额，各级税额之和则为应纳税额。一定数量的征税对象可以同时按几个等级的税率计征，当征税对象数额超过某一等级时，仅就超过部分按高一级税率计算税额。

定额税率、比例税率和累进税率是税率的三种基本形式，可称为基本税率。在这三种基本税率下，又派生出其他诸多税率形式，可称为派生税率。

名义税率是税法上规定的税率。由于税法中规定的税率因税率制度、计税依据、减税、免税、加成加倍征税等原因，造成纳税人的实际税率与税法规定的税率不相等，故将税法中规定的税率称为名义税率。

实际税率是衡量纳税人实际负担税赋程度的主要标志，也是研究和制定税收政策的重要依据。实际负担率是纳税人实际缴纳的税额同其实际收入的比率。一般来说，由于减税、免税和税法规定的计税依据低于实际计税依据等原因，名义税率都高于实际税率，实际税率又高于实际负担率。在存在加成加倍征税的情况下，名义税率有可能低于实际税率。名义税率与实际税率差距较大时，不利于税收征管，因此必须注意名义税率、实际税率和实际负担率的差别，依据实际负担率和实际税率来确定名义税率。国家在制定税法时应尽量使名义税率接近实际税率。

平均税率也是一个重要的税率概念，它在确定和衡量企业税收负担时经常用到。平均税率是全部税额占全部课税对象数额的比率。

边际税率是课税对象数额的增量中税额所占的比率。累进税率中每一级的税率都是所属级次的边际税率。

四、纳税环节

纳税环节是指对处于运动之中的征税对象选定的应该缴纳税款的环节，一般是指在商品流转过程中应该缴纳税款的环节。商品从生产到消费，中间往往要经过许多环节，如工业品要经过工厂生产、商业采购、商业批发和商业零售等环节。具体确定在哪个环节纳税，关系到税制结构和整个税收体系的布局；关系到对商品生产、流通是否有利；影响到物价的变化；关系到税款能否及时足额地入库，国家财政收入能否得到保证；关系到地区间对税款收入的分配；也关系到是否便利纳税人缴纳税款和能否促进企业加强经济核算等诸多方面。因此，正确确定纳税环节是一个比较特殊又十分重要的问题。

五、纳税义务发生时间

纳税义务发生时间是指税法规定的纳税人应当承担纳税义务的起始时间。不同税种的纳税义务发生时间不尽相同。例如，《中华人民共和国增值税暂行条例》规定，增值税的纳税义务发生时间，销售货物或者应税劳务，为收讫销售款或者取得索取销售款凭据的当天；进口货物，为报关进口的当天。所有纳税人都应当依法履行纳税义务，及时缴纳税款。

规定纳税义务发生时间，一是为了明确纳税人承担纳税义务的具体日期；二是有利于税务机关实施税务管理，合理规定申报期限和纳税期限，监督纳税人依法履行纳税义务，保证国家财政收入。

六、纳税期限

纳税期限是指纳税人发生纳税义务后，向国家缴纳税款的间隔时间。各种税收都需要明确规定缴纳税款的期限，这是由税收固定性决定的，也是税收收入及时性的体现。纳税期限如何确定呢？首先，应根据国民经济各部门生产经营的特点和不同的征税对象来确定；其次，应根据纳税人缴纳税款的数额多少来确定；最后，应根据纳税义务发生的特殊性和加强税收征管的要求来确定。我国现行税法规定，纳税期限有按年征收、按季征收、按月征收、按天征收和按次征收等多种形式。

七、减免税

减免税是对某些纳税人或征税对象给予鼓励和照顾的一种特殊规定。减税是指对应纳税额少征一部分税款；免税是指对应纳税额全部免征。它们能使税收制度按照因地制宜和因事制宜的原则，更好地贯彻国家的税收政策。减免税是一种特殊的调节手段，必须严格按照税法规定的范围和权限办事，任何单位和部门不得任意扩大范围和超越权限擅自减税、免税。

税基式减免税是指通过直接缩小计税依据的方式实现的减税、免税，具体包括规定起征点、免征额、项目扣除、跨期结转等。起征点是指税法规定的征税对象开始征税的数额起点，即征税对象数额未达到起征点的不征税，达到或超过起征点的则就其全部数额征税。免征额是指税法规定的在征税对象全部数额中免予征税的数额，即不论纳税人收入多少，只对减去一定数额后的余额征税。项目扣除是指征税对象总额先扣除某些项目的金额后，以其余额为计税依据计算应纳税额。跨期结转是指将某些费用及损失向后或向前结转，抵销一部分收益，以缩小税基，实现减免税。

税额式减免税是指通过直接减少应纳税额的方式实现的减税、免税，具体包括全部免征、减半征收、核定减免率以及核定减征税额等。

税率式减免税是指通过直接降低税率的方式实现的减税、免税，具体包括重新确定税率、选用其他税率和规定零税率。

八、纳税地点

纳税地点是指纳税人依据税法规定向征税机关申报纳税的具体地点。它说明纳税人应向哪里的征税机关申报纳税，以及哪里的征税机关有权进行税收管辖的问题。我国税法上规定的纳税地点主要是机构所在地、经济活动发生地、财产所在地、报关地等。

九、违章处理

违章处理是指税务机关对纳税人违反税法的行为采取的处罚性措施。这种处罚是税制中不可缺少的要素，是税收强制性特征在税收制度上的体现。

第三节　税务机关与纳税人的权利和义务

一、税务机关的设置与税收征管范围的划分

按照1994年分税制财政管理体制的要求，我国税务机构设置是在中央政府设立国家税务总局，作为税务管理工作的最高职能机构，省级及省级以下的税务机构分设为国家税务局（简称“国税局”）和地方税务局（简称“地税局”）两个系统，国家税务局主要负责中央税与中央地方共享税的征收管理，地方税务局主要负责地方税的征收管理。

根据党的十九届三中全会审议通过的《深化党和国家机构改革方案》，省级和省级以下国税地税机构合并，具体承担所辖区域内各项税收、非税收入征管等职责，实行以国家税务总局为主与省（自治区、直辖市）政府双重领导管理体制。2018年6月15日，全国36个省级新税务机构统一挂牌。

为提高社会保险资金征管效率，将基本养老保险费、基本医疗保险费、失业保险费等各项社会保险费交由税务部门统一征收。

国税地税机构合并后，我国税收分别由税务机关和海关负责征收管理。

海关负责征收和管理的项目有：关税、船舶吨税。此外，负责代征进口环节的增值税、消费税。

《税收征管法》规定，中华人民共和国同外国缔结的有关税收的条约、协定同本法有不同规定的，依照条约、协定的规定办理。

目前，中央人民政府不在特别行政区征税，特别行政区实行独立税收制度，参照原在香港、澳门实行的税收政策，自行立法规定税种、税率、税收宽免和其他税务事项。特别行政区的立法机关制定的税收法律在特别行政区内具有仅次于基本法的法律效力。特别行政区法律须报全国人民代表大会常务委员会备案，但备案不影响生效。

根据国务院关于实行分税制财政管理体制的规定，我国的税收收入分为中央政府固定收入、地方政府固定收入和中央政府与地方政府共享收入，具体划分如下：

（1）中央政府固定收入包括消费税（含进口环节海关代征的部分）、车辆购置税、关税、海关代征的进口环节增值税等。

（2）地方政府固定收入包括城镇土地使用税、耕地占用税、土地增值税、房产税、车船税、契税、烟叶税。

（3）中央政府与地方政府共享收入包括以下几部分：

①增值税（不含进口环节由海关代征的部分）：中央政府分享75%，地方政府分享25%。为进一步完善财政体制，落实“营改增”试点全面实施后调整中央与地方增值税收入划分过渡方案，国务院决定，从2016年起，调整中央对地方原体制增值税返还办法，由1994年实行分税制财政体制改革时确定的增值税返还，改为以2015年为基数实行定额返还，对增值税增长或下降地区不再实行增量返还或扣减。返还基数的具体数额，由财政部核定。

②企业所得税：中国国家铁路集团有限公司、各银行总行及海洋石油企业缴纳的部分归中央政府，其余部分中央与地方政府按比例分享。从2004年起，中央与地方所得税收入分享比例继续按中央分享60%、

地方分享40%执行。

③个人所得税：除储蓄存款利息所得的个人所得税外，其余部分的分享比例与企业所得税相同。

④资源税：海洋石油企业缴纳的部分归中央政府，其余部分归地方政府。按照现行财政管理体制，自2017年7月1日起，纳入改革的矿产资源税收入全部为地方财政收入，水资源税仍按水资源费中央与地方1：9的分成比例不变（河北省试点）。资源税改革实施后，相关部门履行正常工作职责所需经费，由中央和地方财政统筹安排和保障。

⑤城市维护建设税：中国国家铁路集团有限公司、各银行总行、各保险总公司集中缴纳的部分归中央政府，其余部分归地方政府。

⑥印花税：证券交易印花税收入自2016年1月起全部归中央政府。

此外，自2009年1月1日起，新增的成品油消费税为中央收入。与其相对应，增加的增值税、城市维护建设税和教育费附加收入具有专项用途，不作为经常性财政收入，不计入对地方“两税”返还，不计入现有与支出挂钩项目的测算基数。

二、税收征管的法律依据

我国税收征收管理的法律依据为《税收征管法》。该法于1992年9月4日经第七届全国人民代表大会常务委员会第二十七次会议通过，1993年1月1日起施行。1995年2月、2001年4月、2013年6月、2015年4月全国人大常委会对其进行了修正，共分总则、税务管理、税款征收、税务检查、法律责任和附则6章94条。2016年2月，国务院又修订颁布了《中华人民共和国税收征收管理法实施细则》（以下简称《税收征管法实施细则》。

《税收征管法》只适用于由税务机关征收的各种税收的征收管理。目前还有一部分费由税务机关征收，如教育费附加，这些费用不适用《税收征管法》，不能采用《税收征管法》规定的措施，其具体管理办法由各种费的条例和规章决定。

三、税务机关的权力与义务

税收征收管理作为一种国家行政行为，由税务部门代表国家行使职权，向纳税人或扣缴义务人征收税款。在征收管理过程中，一方面要维护国家利益，保障国家财政收入，做到应收尽收；另一方面要保护纳税人的合法权益，征管行为必须合法，不得超越法律、行政法规。我国《税收征管法》中对税收征收管理的主客体关系进行了明确的说明，对征纳双方的权力与义务做出了具体规定。

（一）税务机关的权力

为了确保税务机关职能作用的发挥，《税收征管法》赋予了税务机关广泛的权力，具体如下：

（1）税收法律、行政法规的建议权，税收规章的制定权。

（2）税务管理权。税务管理权指税务机关具有办理税务登记、审核纳税申报、发票、账簿、凭证管理、推行税控装置等权力。

（3）税款征收权。税款征收权是指税务机关依照法律、行政法规的规定向纳税人征收税款的权力。它是税收征收管理工作的重要组成部分，是税务机关最基本的权力，包括有权依法征收税款和在法定权限范围内依法确定税收征管方式或时间、地点等。

（4）委托代征权。委托代征是指税务机关根据《税收征管法》加强税收管控、方便纳税、降低税收成本的规定，按照双方自愿、简便征收、强化管理和依法委托的原则，委托有关单位和人员按照代征协议规定的代征范围、权限及税法规定的征收标准代税务机关征收税款的行为。

（5）税收保全措施和税收强制执行措施。

（6）批准减、免、退税和延期缴纳税款权。

（7）税务检查权。税务检查权是税务机关及其税务人员依法对纳税人遵守税法情况进行查验的资格和权能。

（8）行政裁量权。税务行政裁量权是指税务机关依照法律、法规规定的幅度，或者在法律法规规定的范围内，基于法律规定的目的和宗旨，自主寻求判断事实与法律的最佳结合点，对具体事件或特定人做出具体行政行为的权力。

（9）行政处罚权。税务行政处罚是税务机关依照税收法律、法规有关规定，依法对纳税人、扣缴义务人、纳税担保人以及其他与税务行政处罚有直接利害关系的当事人违反税收法律、法规、规章的规定进行处罚的具体行政行为。它是保障税务机关实施税务征收管理，维持税收征收管理秩序的一种行为方式。

（10）税务复议权和应诉权。税务行政复议和税务行政诉讼是解决税务行政争议的两条重要途径。对公民、法人或其他组织申请的行政复议，税务机关有权审理并做出决定；对公民、法人或其他组织向人民法院提起的对税务机关的诉讼，税务机关有权应诉。

（11）代位权和撤销权。代位权是指在债务人怠于行使其债权，危及债权的实现时，债权人应代债务人行使其权利，即代替债务人对第三人提起诉讼，请求第三人给付的权利；撤销权是指在债务人做出无偿处分或以明显低价处分财产给第三人而有害于债权人的行为时，债权人有请求人民法院予以撤销的权利。例如，《税收征管法》第五十条规定，当欠缴税款的纳税人因怠于行使到期债权，或者放弃到期债权，或者无偿转让财产，或者以明显不合理的低价转让财产而受让人知道该情形，对国家税收造成损害的，税务机关可以依照《中华人民共和国合同法》（以下简称《合同法》）第七十三条、第七十四条的规定行使代位权、撤销权。税务机关依照前款规定行使代位权、撤销权的，不免除欠缴税款的纳税人尚未履行的纳税义务和应承担的法律责任。

（12）税法解释权。税法解释权是指税务机关按照税法的规定，在一定的范围内对税法做出相应解释的权力。它是保证税法灵活性、准确性、有效性的需要。

（二）税务机关的义务

除了以上权力以外，《税收征管法》及其他相关法律还要求税务机关必须承担以下义务：

（1）宣传税收法律、法规的义务。税务机关应当广泛宣传税收法律、行政法规，普及纳税知识，无偿为纳税人提供纳税咨询服务。

（2）保密的义务。纳税人、扣缴义务人有权要求税务机关为纳税人、扣缴义务人的情况保密。税务机关应当依法为纳税人、扣缴义务人的情况保密，但纳税人、扣缴义务人的税收违法行为不属于保密范围。

任何单位和个人都有权举报违反税收法律、行政法规的行为。税务机关应当为检举人保密，并按照规定给予奖励。

（3）为纳税人办理税务登记、发给税务登记证件的义务。对纳税人填报的税务登记表、提供的证件和资料，税务机关应当自收到之日起30日内审核完毕；符合规定的，予以登记，并发给税务登记证件。

（4）受理减、免、退税及延期缴纳税款申请的义务。对纳税人提出的减、免、退税和延期缴纳税款申请，符合规定的，税务机关应依法给予减、免、退税，批准延期缴纳税款，但延期缴纳期限最长不得超过3个月。

（5）对纳税人欠缴税款情况定期公告的义务。税务机关应当对纳税人欠缴税款的情况定期予以公告。纳税人如有欠税情形而以其财产设定抵押、质押，抵押权人、质押权人请求税务机关提供有关欠税情况的，税务机关应当提供。

（6）退回多征税款的义务。纳税人超过应纳税额缴纳的税款，税务机关发现后应当立即退还；纳税人自结算缴纳税款之日起3年内发现的，可以向税务机关要求退还多缴的税款并加算银行同期存款利息，税务机关及时查实后应当立即退还。

（7）受理税务行政复议的义务。对纳税人提出的税务行政复议申请，税务机关应在规定的时间内受理、审理并做出裁决、决定。

（8）举行听证的义务。纳税人对符合听证条件的税务行政处罚，要求听证的，税务机关必须依法组织听证，且不得向听证当事人收取或变相收取任何费用。

（9）受理行政赔偿申请的义务。对纳税人提出的税务行政赔偿，税务机关应在规定的时间内做出决定。应予赔偿的，要在规定的时间全面予以赔偿。

（10）保护纳税人合法权益的义务。税务机关、税务人员必须秉公执法，忠于职守，清正廉洁，礼貌待人，文明服务，尊重和保护纳税人、扣缴义务人的权利；不得索贿受贿、徇私舞弊、玩忽职守、不征或者少征应征税款；不得滥用职权多征税款或者故意刁难纳税人和扣缴义务人。

法律、行政法规没有规定负有代扣、代收税款义务的单位和个人，税务机关不得要求其履行代扣、代收税款义务。

（11）国家规定的其他义务。

四、纳税人享有的权利和应履行的义务

（一）纳税人享有的权利

1.知情权

纳税人有权向税务机关了解国家税收法律、行政法规的规定以及与

纳税程序有关的情况，享有被告知与自身纳税义务有关信息的权利。

纳税人的知情权主要包括：现行税收法律、行政法规和税收政策规定；办理税收事项的时间、方式、步骤以及需要提交的资料；应纳税额核定及其他税务行政处理决定的法律依据、事实依据和计算方法；与税务机关在纳税、处罚和采取强制执行措施时发生争议或纠纷时，纳税人可以采取的法律救济途径及需要满足的条件。

2.保密权

纳税人有权要求税务机关对其商业秘密及个人隐私保密，包括纳税人的技术信息、经营信息和纳税人、主要投资人以及经营者不愿公开的个人事项。上述事项，如无法律、行政法规明确规定或者纳税人的许可，税务机关将不会对外部门、社会公众和其他个人提供。但根据法律规定，税收违法行为信息不属于保密范围。

3.税收优惠权

纳税人依法享有申请减税、免税、退税的权利，即纳税人有权根据法律、行政法规的规定向税务机关申请享受税收优惠的权利。但必须按照法定程序进行申请、审批，不再符合减税、免税条件的，应当依法履行纳税义务。

纳税人享受的税收优惠需要备案的，应当按照税收法律、行政法规和有关政策规定，及时办理事前或事后备案。

4.陈述与申辩权

纳税人对税务机关所做出的行政处罚决定，享有陈述权、申辩权。

5.税收监督权

纳税人有权控告和检举税务机关、税务人员的违法违纪行为，如索贿受贿、徇私舞弊、玩忽职守，不征或者少征应征税款，滥用职权多征税款或者故意刁难纳税人等。同时，纳税人也有权检举其他纳税人的税收违法行为。

6.纳税申报方式选择权

纳税人可以直接到办税服务厅办理纳税申报或者报送代扣代缴、代收代缴税款报告表，也可以按照规定采取邮寄、数据电文或者其他方式办理上述申报、报送事项。但采取邮寄或数据电文方式办理上述申报、报送事项的，需经主管税务机关批准。

7.申请延期申报权

纳税人不能按期办理纳税申报或者报送代扣代缴、代收代缴税款报告表的，应当在规定的期限内向税务机关提出书面延期申请，经核准，可在核准的期限内办理。经核准延期办理申报、报送事项的，应当在税法规定的纳税期内按照上期实际缴纳的税额或者税务机关核定的税额预缴税款，并在核准的延期内办理税款结算。

8.申请延期缴纳税款权

纳税人因有特殊困难，不能按期缴纳税款的，经省、自治区、直辖市税务局批准，可以延期缴纳税款，但是最长不得超过3个月。

所称特殊困难主要指：（1）因不可抗力，导致纳税人发生较大损失，正常生产经营活动受到较大影响的；（2）当期货币资金在扣除应付职工工资、社会保险费用后，不足以缴纳税款的。纳税人满足以上任何一个条件可以申请延期缴纳税款，税务机关应当自收到申请延期缴纳税款报告之日起20日内做出批准或者不予批准的决定；不予批准的，从缴纳税款期限届满之日起加收滞纳金。

9.申请退还多缴税款权

纳税人缴纳超过应纳税额的税款，税务机关发现后应当立即退还；纳税人自结算缴纳税款之日起3年内发现的，可以向税务机关要求退还多缴的税款并加算银行同期存款利息。

10.委托税务代理权

纳税人可以委托税务代理人代为办理以下事项：办理、变更或者注销税务登记、除增值税专用发票外的发票领购手续、纳税申报或扣缴税款报告、税款缴纳和申请退税、制作涉税文书、审查纳税情况、建账建制、办理财务、税务咨询、申请税务行政复议、提起税务行政诉讼以及国家税务总局规定的其他业务。

11.对未出示税务检查证和税务检查通知书的拒绝检查权

纳税人在接受税务检查时，有权要求检查人员出示税务检查证和税务检查通知书，未出示税务检查证和税务检查通知书的，纳税人有权拒绝检查。

12.税收法律救济权

纳税人对税务机关做出的决定，依法享有申请行政复议、提起行政诉讼、请求国家赔偿等权利。

纳税人、纳税担保人同税务机关在纳税上发生争议时，必须先依照税务机关的纳税决定缴纳或者解缴税款及滞纳金或者提供相应的担保，然后可以依法申请行政复议；对行政复议决定不服的，可以依法向人民法院起诉。例如，对处罚决定、强制执行措施或者税收保全措施不服的，可以依法申请行政复议，也可以依法向人民法院起诉。

当税务机关的职务违法行为给纳税人和其他税务当事人的合法权益造成侵害时，纳税人和其他税务当事人可以要求税务行政赔偿。主要包括：一是纳税人在限期内已缴纳税款，税务机关未立即解除税收保全措施，使纳税人的合法权益遭受损失的；二是税务机关滥用职权违法采取税收保全措施、强制执行措施或者采取税收保全措施、强制执行措施不当，使纳税人或者纳税担保人的合法权益遭受损失的。

13.依法要求听证的权利

在对纳税人做出规定金额以上罚款的行政处罚之前，税务机关会向纳税人送达税务行政处罚事项告知书，告知纳税人已经查明的违法事实、证据、行政处罚的法律依据和拟将给予的行政处罚。对此，纳税人有权要求举行听证。税务机关应组织听证。例如，纳税人认为税务机关指定的听证主持人与本案有直接利害关系，有权申请主持人回避。

对应当进行听证的案件，税务机关不组织听证，行政处罚决定不能成立，但纳税人放弃听证权利或者被正当取消听证权利的除外。

14.索取有关税收凭证的权利

税务机关征收税款时，必须给纳税人开具完税凭证。扣缴义务人代扣、代收税款时，纳税人要求扣缴义务人开具代扣、代收税款凭证时，扣缴义务人应当开具。

税务机关扣押商品、货物或者其他财产时，必须开付收据；查封商品、货物或者其他财产时，必须开付清单。

（二）纳税人的义务

1.依法进行税务登记的义务

税务登记是税务机关根据税法规定对纳税人的生产经营活动进行登

记管理的一项基本制度，是纳税人已经纳入税务机关监督管理的一项证明，对于纳税人依法纳税和税务机关依法征税都有重要意义。当前，税务部门启动了税务登记证和工商营业执照、组织机构代码证等“多证合一”改革工作。

2.依法设置账簿、保管账簿和有关资料以及依法开具、使用、取得和保管发票的义务

纳税人应当按照有关法律、行政法规和国务院财政、税务主管部门的规定设置账簿，根据合法、有效凭证记账，进行核算；从事生产、经营的，必须按照国务院财政、税务主管部门规定的保管期限保管账簿、记账凭证、完税凭证及其他有关资料；账簿、记账凭证、完税凭证及其他有关资料不得伪造、变造或者擅自损毁。

此外，纳税人在购销商品、提供或者接受经营服务以及从事其他经营活动中，应当依法开具、使用、取得和保管发票。

3.财务会计制度和会计核算软件备案的义务

纳税人的财务、会计制度或者财务、会计处理办法和会计核算软件，应当报送税务机关备案。纳税人的财务、会计制度或者财务、会计处理办法与国务院或者国务院财政、税务主管部门有关税收的规定相抵触的，应依照国务院或者国务院财政、税务主管部门有关税收的规定计算应纳税款、代扣代缴和代收代缴税款。

4.按照规定安装、使用税控装置的义务

国家根据税收征收管理的需要，积极推广使用税控装置。纳税人应当按照规定安装、使用税控装置，不得损毁或者擅自改动税控装置。例如，纳税人未按规定安装、使用税控装置，或者损毁、擅自改动税控装置的，税务机关将责令纳税人限期改正，并可根据情节轻重处以规定数额内的罚款。

5.按时、如实申报的义务

纳税人必须依照法律、行政法规规定或者税务机关依照法律、行政法规的规定确定的申报期限、申报内容如实办理纳税申报，报送纳税申报表、财务会计报表以及税务机关根据实际需要要求纳税人报送的其他纳税资料。

扣缴义务人必须依照法律、行政法规规定或者税务机关依照法律、

行政法规的规定确定的申报期限、申报内容如实报送代扣代缴、代收代缴税款报告表以及税务机关根据实际需要要求扣缴义务人报送的其他有关资料。

纳税人即使在纳税期内没有应纳税款，也应当按照规定办理纳税申报。享受减税、免税待遇的，在减税、免税期间应当按照规定办理纳税申报。

6.按时缴纳税款的义务

纳税人应当按照法律、行政法规规定或者税务机关依照法律、行政法规的规定确定的期限，缴纳或者解缴税款。

纳税人未按照规定期限缴纳税款或者未按照规定期限解缴税款的，税务机关除责令限期缴纳外，从滞纳税款之日起，按日加收滞纳税款万分之五的滞纳金。

7.代扣、代收税款的义务

法律、行政法规规定负有代扣代缴、代收代缴税款义务的扣缴义务人，必须依照法律、行政法规的规定履行代扣、代收税款的义务。扣缴义务人依法履行代扣、代收税款义务时，纳税人不得拒绝。纳税人拒绝的，扣缴义务人应当及时报告税务机关处理。

8.接受依法检查的义务

纳税人、扣缴义务人有接受税务机关依法进行税务检查的义务，应主动配合税务机关按法定程序进行的税务检查，如实向税务机关反映自己的生产经营情况和执行财务制度的情况，并按有关规定提供报表和资料，不得隐瞒和弄虚作假，不能阻挠、刁难税务机关及其工作人员的检查和监督。

9.及时提供信息的义务

纳税人除通过税务登记和纳税申报向税务机关提供与纳税有关的信息外，还应及时提供其他信息。例如，纳税人有歇业、经营情况变化、遭受各种灾害等特殊情况的，应及时向税务机关说明，以便税务机关依法妥善处理。

10.报告其他涉税信息的义务

为了保障国家税收能够及时、足额征收入库，税收法律还规定了纳税人有义务向税务机关报告如下涉税信息：

（1）纳税人有义务就与关联企业之间的业务往来，向当地税务机关提供有关的价格、费用标准等资料。纳税人有欠税情形而以财产设定抵押、质押的，应当向抵押权人、质权人说明欠税情况。

（2）企业合并、分立的报告义务。纳税人有合并、分立情形的，应当向税务机关报告，并依法缴清税款。合并时未缴清税款的，应当由合并后的纳税人继续履行未履行的纳税义务；分立时未缴清税款的，分立后的纳税人对未履行的纳税义务应当承担连带责任。

（3）报告全部账号的义务。例如，纳税人从事生产、经营，应当按照国家有关规定，持税务登记证件，在银行或者其他金融机构开立基本存款账户和其他存款账户，并自开立基本存款账户或者其他存款账户之日起15日内，向主管税务机关书面报告全部账号；发生变化的，应当自变化之日起15日内，向主管税务机关书面报告。

（4）处分大额财产报告的义务。例如，纳税人的欠缴税款数额在5万元以上，处分不动产或者大额资产之前，应当向税务机关报告。

第四节　纳税基本程序和法律责任

一、纳税基本程序

纳税基本程序是指纳税人履行纳税义务过程中应遵循的法定手续和先后顺序。它既是纳税人正确履行纳税义务的基本步骤，也是税务机关实施税收征管的一般规则。

1.办理税务登记

税务登记管理主要依据《税收征管法》及《税收征管法实施细则》和《国家税务总局关于修改〈税务登记管理办法〉的决定》（国家税务总局令2014年第36号）。

《税收征管法》第十五条规定：企业，企业在外地设立的分支机构和从事生产、经营的场所，个体工商户和从事生产、经营的事业单位（以下统称从事生产、经营的纳税人）自领取营业执照之日起30日内，持有关证件，向税务机关申报办理税务登记。

《税收征管法》第十六条规定：从事生产、经营的纳税人，税务登记内容发生变化的，自市场监督管理机关办理变更登记之日起30日内或者在向市场监督管理机关申请办理注销登记之前，持有关证件向税务机关申报办理变更或者注销税务登记。

《税收征管法实施细则》第十五条规定：纳税人发生解散、破产、撤销以及其他情形，依法终止纳税义务的，应当在向市场监督管理机关或者其他机关办理注销登记前，持有关证件向原税务登记机关申报办理注销税务登记；按照规定不需要在市场监督管理机关或者其他机关办理注册登记的，应当自有关机关批准或者宣告终止之日起15日内，持有关证件向原税务登记机关申报办理注销税务登记。

纳税人因住所、经营地点变动，涉及改变税务登记机关的，应当在向市场监督管理机关或者其他机关申请办理变更或者注销登记前或者住所、经营地点变动前，向原税务登记机关申报办理注销税务登记，并在30日内向迁达地税务机关申报办理税务登记。

纳税人被市场监督管理机关吊销营业执照或者被其他机关予以撤销登记的，应当自营业执照被吊销或者被撤销登记之日起15日内，向原税务登记机关申报办理注销税务登记。

《税收征管法实施细则》第十六条规定：纳税人在办理注销税务登记前，应当向税务机关结清应纳税款、滞纳金、罚款，缴销发票、税务登记证件和其他税务证件。

2.领购发票

我国发票管理的法律依据是《中华人民共和国发票管理办法》及其实施细则。

发票是指在购销商品、提供或者接受服务以及从事其他经营活动中，开具、收取的收付款凭证，分为增值税专用发票（增值税一般纳税人使用）和增值税普通发票（折叠票）两大类。发票的基本联次包括存根联、发票联、记账联。存根联由收款方或开票方留存备查；发票联由付款方或受票方作为付款原始凭证；记账联由收款方或开票方作为记账原始凭证。

需要领购发票的单位和个人，应当持税务登记证件、经办人身份证明、按照国务院税务主管部门规定式样制作的发票专用章的印模，向主管税务机关办理发票领购手续。需要临时使用发票的单位和个人，可以凭购销商品、提供或者接受服务以及从事其他经营活动的书面证明、经办人身份证明，直接向经营地税务机关申请代开发票。

税务机关是发票的主管机关，负责发票印制、领购、开具、取得、保管、缴销的管理和监督。

单位、个人在购销商品、提供或者接受经营服务以及从事其他经营活动中，应当按照规定开具、使用、取得发票。

3.建立账簿与财务制度

从事生产、经营的纳税人应自领取营业执照或者发生纳税义务之日起15日内，按照国家规定设置账簿。

生产、经营规模小又确无建账能力的纳税人，可以聘请经批准从事会计代理记账业务的专业机构或者经税务机关认可的财会人员代为建账和处理账务。聘请上述机构或者人员有实际困难的，经县以上税务机关批准，可以按照税务机关的规定，建立收支凭证粘贴簿、进货销货登记簿或者使用税控机。

从事生产、经营的纳税人应自领取税务登记之日起15日内，将其财务会计制度或者财务会计处理办法报送主管税务机关备案。

纳税人使用计算机记账的，应当在使用前将会计电算化系统的会计核算软件、使用说明书及有关资料报主管税务机关备案。

扣缴义务人应自税收法律、行政法规规定的扣缴义务发生之日起10日内，按照所代扣、代缴的税种，分别设置代扣代缴、代收代缴税款账簿。

纳税人、扣缴义务人会计制度健全，能够通过计算机正确、完整计算其收入和所得或者代扣代缴、代收代缴税款情况的，其计算机输出的完整的书面会计记录，可视同会计账簿。

4.进行纳税申报

纳税人必须依照法律、行政法规的规定或者税务机关依照法律、行政法规的规定确定的申报期限、申报内容如实办理纳税申报，报送纳税申报表、财务会计报表以及税务机关根据实际需要要求纳税人报送的其他纳税资料。

扣缴义务人必须依照法律、行政法规的规定或者税务机关依照法律、行政法规的规定确定的申报期限、申报内容如实报送代扣代缴、代收代缴税款报告表以及税务机关根据实际需要要求扣缴义务人报送的其他有关资料。

纳税人在纳税期内没有应纳税款的，也应当按照规定办理纳税申报；享受减税、免税待遇的，在减税、免税期间应当按照规定办理纳税申报。

纳税人、扣缴义务人可以直接到税务机关办理纳税申报或者报送代扣代缴、代收代缴税款报告表，也可以按照规定采取邮寄信件、数据电文或者其他方式办理上述申报、报送事项。

纳税人、扣缴义务人不能按期办理纳税申报或者报送代扣代缴、代收代缴报告表的，经税务机关核准，可以延期申报。

经核准延期办理前款规定的申报、报送事项的，应当在纳税期内按照上期实际缴纳的税额或者税务机关核定的税额预缴税款，并在核准的延期内办理税款结算。

5.缴纳税款

纳税人、扣缴义务人按照法律、行政法规的规定或者税务机关依照法律、行政法规的规定确定的期限解缴税款。纳税人因有特殊困难不能按期缴纳税款的，经省、自治区、直辖市税务局批准，可以延期缴纳税款，但最长不得超过3个月。

纳税人未按照规定期限缴纳税款的、扣缴义务人未按照规定期限解缴税款的，税务机关除责令限期缴纳外，从滞纳之日起，按日加收滞纳税款万分之五的滞纳金。纳税人可以依照法律、行政法规的规定书面申请减税、免税。

纳税人缴纳了超过应纳税额的税款，自结算缴纳税款之日起3年内发现的，可以向税务机关要求退还多缴的税款并加算银行同期存款利息；因税务机关的责任，致使纳税人、扣缴义务人未缴或者少缴税款的，税务机关在3年内可以要求纳税人、扣缴义务人补缴税款，但不得加收滞纳金。因纳税人、扣缴义务人计算错误等失误，未缴或者少缴税款的，税务机关在3年内可以追征税款、滞纳金；有特殊情况的，追征期可以延长到5年。

对偷税、抗税、骗税的，税务机关追征其未缴或者少缴税款、滞纳金或者所骗取的税款，不受前款规定期限的限制。

6.税务行政复议

纳税人、扣缴义务人、纳税担保人对税务机关做出的征税行为（如收缴税款、加收滞纳金等）有争议，对税务机关的处罚决定、强制执行措施或者税收保全措施等行为不服的，可以在知道税务机关做出具体行政行为之日起60天内，向其上级税务机关申请复议。

7.税务行政诉讼

纳税人、扣缴义务人、纳税担保人对税务机关具体行政行为不服的，可以依法申请复议，也可以依法向人民法院起诉。纳税人同税务机关在纳税上发生争议时，必须先依照税务机关的纳税决定缴纳或者解缴税款及滞纳金或者提供相应担保，然后可以依法申请行政复议，对复议决定不服的，也可以依法向人民法院起诉。直接向人民法院起诉的，时效为3个月；经过行政复议并对复议决定不服的，应在15日内向人民法院起诉。

二、法律责任

法律责任与违法行为是联系在一起的，它是违法主体因违法行为所应承担的法律后果。

税收法律关系主体违反税法规定的义务而应承担的法律后果，包括纳税主体应承担的法律责任和征税主体应承担的法律责任。税收法律责任的形式包括：（1）民事法律责任形式。这主要涉及退还和赔偿，如税务机关追征税款，加收滞纳金；纳税人要求退回多征税款，赔偿额外损失等。（2）行政法律责任形式。税务机关对违反税法的纳税人罚款；追究征纳双方直接责任人员行政责任等。（3）刑事法律责任形式。税收法律关系主体违反税法，情节严重，构成犯罪的，由司法机关依法对有关当事人进行刑事处罚。原则上说，当有责任能力和纳税义务或征税义务的法人或个人违反税法，给国家造成损失时，都要承担税收法律责任。

《税收征管法》的法律责任主要是对纳税人、扣缴人不能正确履行纳税义务而规定的。

1.违反税务登记管理的法律责任

《税收征管法》第六十条规定，纳税人不办理税务登记的，由税务机关责令限期改正；逾期不改正的，经税务机关提请，由市场监督管理机关吊销其营业执照。未按照规定的期限申报办理税务登记、变更或者注销登记的由税务机关责令限期改正，可以处2 000元以下的罚款；情节严重的，处2 000元以上10 000元以下的罚款；纳税人未按照规定使用税务登记证件，或者转借、涂改、损毁、买卖、伪造税务登记证件的，处2 000元以上10 000元以下的罚款；情节严重的，处10 000元以上50 000元以下的罚款。

《税收征管法实施细则》第九十条规定，纳税人未按照规定办理税务登记证件验证或者换证手续的，由税务机关责令限期改正，可以处2 000元以下的罚款；情节严重的，处2 000元以上10 000元以下的罚款。

纳税人通过提供虚假的证明资料等手段，骗取税务登记证的，处2 000元以下的罚款；情节严重的，处2 000元以上10 000元以下的罚款。纳税人涉嫌其他违法行为的，按有关法律、行政法规的规定处理。

扣缴义务人未按照规定办理扣缴税款登记的，由税务机关责令其限期改正，并可处以2 000元以下的罚款。

2.违反账簿、凭证管理的法律责任

《税收征管法》第六十条、第六十一条规定，纳税人未按照规定设置、保管账簿或者保管记账凭证和有关资料的；未按照规定将财务、会计制度或者财务、会计处理办法和会计核算软件报送税务机关备查的；未按照规定将其全部银行账号向税务机关报告的；由税务机关责令限期改正，可以处2 000元以下的罚款；情节严重的，处2 000元以上10 000元以下的罚款。

扣缴义务人未按照规定设置、保管代扣代缴、代收代缴税款账簿或者保管代扣代缴、代收代缴税款记账凭证及有关资料的，由税务机关责令限期改正，可以处2 000元以下的罚款；情节严重的，处2 000元以上5 000元以下的罚款。

3.违反纳税申报规定的法律责任

（1）《税收征管法》第六十二条规定，纳税人未按照规定的期限办理纳税申报和报送纳税资料的，或者扣缴义务人未按照规定的期限向税务机关报送代扣代缴、代收代缴税款报告表和有关资料的，由税务机关责令限期改正，可以处2 000元以下的罚款；情节严重的，可以2 000元以上10 000元以下的罚款。

（2）一般纳税人不按规定申报并核算进项税额、销项税额和应纳税额的，除按前款规定处罚外，在一定期限内取消进项税额抵扣资格和专用发票使用权，其应纳增值税，一律按销售额和规定的税率计算征税

4.违反发票管理的法律责任

（1）违反发票管理法规的具体行为：①未按规定印制发票；②未按规定购领发票；③未按规定填开发票；④未按规定取得发票；⑤未按规定保管发票；⑥未接受税务机关检查。

（2）有上述所列行为之一的单位和个人，由国家税务机关责令限期改正，没收非法所得，并处10 000元以下的罚款。有所列两种或者两种以上行为的，可以分别处罚。

（3）非法携带、邮寄、运输或者存放空白发票的，由国家税务机关收缴发票，没收非法所得，并处10 000元以下的罚款。

（4）私自印制、伪造变造、倒买倒卖发票，私自制作发票监制章，发票防伪专用品的，由国家税务机关依法查封、扣押或者销毁，没收非法所得和作案工具，并处10 000元以上50 000元以下的罚款，构成犯罪的，由司法机关依法追究刑事责任。

（5）违反发票管理法规，导致纳税人、扣缴义务人以及其他单位或个人未缴、少缴或者骗取税款的，由国家税务机关没收非法所得，并处未缴、少缴或者骗取税款一倍以下的罚款外，还对纳税人、扣缴义务人以及其他单位或者个人进行依法查处。

（6）单位或者个人有下列行为之一的，应当承担刑事责任：

①虚开增值税专用发票的（虚开是指为他人虚开、为自己虚开、让他人自己虚开、介绍他人虚开增值税专用发票行为之一的）；

②伪造或出售伪造的增值税专用发票的；

③非法出售增值税专用发票的；

④非法购买增值税专用发票或者购买伪造的增值税专用发票的；

⑤虚开用于骗取出口退税、抵扣税款的其他发票的；

⑥伪造、擅自制造或者出售伪造、擅自制造的可以用于骗取出口退税、抵扣税款的其他发票的，以及以营利为目的，伪造、擅自制造或者

出售伪造、擅自制造的上述规定以外的其他发票的；

⑦非法出售可以用于骗取出口退税、抵扣税款的其他发票的，以及以营利为目的，非法出售上述规定以外的其他发票的；

⑧盗窃增值税专用发票或者其他发票的。

5.违反税款缴纳规定的法律责任

（1）欠税及其处罚。《税收征管法》第六十五、六十八、六十九条规定，纳税人欠缴应纳税款，采取转移或者隐匿财产的手段，妨碍税务机关追缴欠缴的税款的，由税务机关追缴欠缴的税款、滞纳金，并处欠缴税款50%以上5倍以下的罚款；构成犯罪的，依法追究刑事责任。

（2）未按规定不缴或少缴，或扣缴税款的处罚。《税收征管法》第三十七、三十八条规定，对未按照规定办理税务登记的从事生产、经营的纳税人以及临时从事经营的纳税人，由税务机关核定其应纳税额，责令缴纳；不缴纳的，税务机关可以扣押其价值相当于应纳税款的商品、货物。扣押后仍不缴纳应纳税款的，税务机关可以依法拍卖或者变卖所扣押的商品、货物，以拍卖或者变卖所得抵缴税款。税务机关有根据认为从事生产、经营的纳税人有逃避纳税义务行为的，可以在规定的纳税期之前，责令限期缴纳应纳税款；在限期内发现纳税人有明显的转移、隐匿其应纳税的商品、货物以及其他财产或者应纳税的收入的迹象的，税务机关可以责成纳税人提供纳税担保。如果纳税人不能提供纳税担保，税务机关可以依法采取税收保全措施。

纳税人、扣缴义务人在规定期限内不缴或者少缴应纳或者应解缴的税款，经税务机关责令限期缴纳，逾期仍未缴纳的，税务机关除依法采取强制执行措施追缴其不缴或者少缴的税款外，可以处不缴或者少缴的税款50%以上5倍以下的罚款。

扣缴义务人应扣未扣、应收而不收税款的，由税务机关向纳税人追缴税款，对扣缴义务人处应扣未扣、应收未收税款50%以上3倍以下的罚款。

（3）偷税及其处罚。《税收征管法》第六十三、六十四条规定，纳税人伪造、变造、隐匿、擅自销毁账簿、记账凭证，或者在账簿上多列支出或者不列、少列收入，或者经税务机关通知申报而拒不申报或者进行虚假的纳税申报，不缴或者少缴应纳税款的，是偷税。对纳税人偷税的，由税务机关追缴其不缴或者少缴的税款、滞纳金，并处不缴或者少缴的税款50%以上5倍以下的罚款；构成犯罪的，依法追究刑事责任。

扣缴义务人采取上述所列手段，不缴或者少缴已扣、已收税款，由税务机关追缴其不缴或者少缴的税款、滞纳金，并处不缴或者少缴的税款50%以上5倍以下的罚款；构成犯罪的，依法追究刑事责任。

纳税人、扣缴义务人编造虚假计税依据的，由税务机关责令限期改正，并处50 000元以下罚款。

纳税人不进行纳税申报，不缴或者少缴应纳税款的，由税务机关追缴其不缴或少缴的税款、滞纳金，并处不缴或少缴税款50%以上5倍以下的罚款。

《最高人民法院关于审理偷税抗税刑事案件具体应用法律若干问题的解释》第四条规定，两年内因偷税受过两次行政处罚，又偷税且数额在10 000元以上的，应当以偷税罪定罪处罚。

（4）骗税及其处罚。《税收征管法》第六十六条规定，骗税是指企业事业单位采取对所生产或者经营的商品假报出口或者其他欺骗手段，骗取国家出口退税款的行为。骗税数额在10 000元以下的，由国家税务机关追缴其骗取的出口退税款，并处以所骗税款1倍以上5倍以下的罚款。数额在10 000元以上的，除由国家税务机关追缴其骗取的出口退税款外，由司法机关依法处罚。

企业事业单位以外的单位或个人利用虚开的专用发票骗取国家出口退税款的，除由税务机关追缴其骗取的退税款外，由司法机关依法处罚；数额较小，未构成犯罪的，由国家税务机关追缴其骗取的退税款，并处以骗取税款5倍以下的罚款。

对骗取国家出口退税款的，税务机关可以在规定期间内停止为其办理出口退税。

（5）抗税及其处罚。《税收征管法》第六十七条规定，抗税是指以暴力、威胁方法拒不缴纳税款的行为。抗税情节轻微，未构成犯罪的，由国家税务机关追缴其拒缴的税款、滞纳金外，处以拒缴税款1倍以上5倍以下的罚款。构成犯罪的，除由税务机关追缴其拒缴的税款、滞纳金外，依法追究刑事责任。

以暴力方法抗税致人重伤或者死亡的，由司法机关按照伤害罪、杀人罪从重处罚，并依照有关规定处以罚金。

6.拒绝接受税务检查和执行税务决定的法律责任

《税收征管法》第七十、七十二、七十三条和《税收征管法实施细则》第九十六条规定，纳税人、扣缴义务人逃避、拒绝或者以其他方式阻挠税务机关检查的，纳税人、扣缴义务人有下列情形之一的：

（1）提供虚假资料，不如实反映情况，或者拒绝提供有关资料的；

（2）拒绝或者阻止税务机关记录、录音、录像、照相和复制与案件有关的情况和资料的；

（3）在检查期间，纳税人、扣缴义务人转移、隐匿、销毁有关资料的；

（4）有不依法接受税务检查的其他情形的，由税务机关责令改正，可以处10 000元以下的罚款；情节严重的，处10 000元以上50 000元以下的罚款；从事生产、经营的纳税人、扣缴义务人有《税收征管法》规定的税收违法行为，拒不接受税务机关处理的，税务机关可以收缴其发票或者停止向其发售发票。纳税人、扣缴义务人的开户银行或者其他金融机构拒绝接受税务机关依法检查纳税人、扣缴义务人存款账户，或者拒绝执行税务机关做出的冻结存款或者扣缴税款的决定，或者在接到税务机关的书面通知后帮助纳税人、扣缴义务人转移存款，造成税款流失的，由税务机关处100 000元以上500 000元以下的罚款，对直接负责的主管人员和其他直接责任人员处1 000元以上10 000元以下的罚款。

《税收征管法实施细则》第九十一、九十五条规定，非法印制、转借、倒卖、变造或者伪造完税凭证的，由税务机关责令改正，处2 000元以上10 000元以下的罚款；情节严重的，处10 000元以上50 000元以下的罚款；构成犯罪的，依法追究刑事责任。税务机关依法到车站、码头、机场、邮政企业及其分支机构检查纳税人有关情况时，有关单位拒绝的，由税务机关责令改正，可以处10 000元以下的罚款；情节严重的，处10 000元以上50 000元以下的罚款。

7.税务代理的法律责任

税务代理人违反税收法律、行政法规，造成纳税人未缴或者少缴税款的，除由纳税人缴纳或者补缴应纳税款、滞纳金外，对税务代理人处纳税人未缴或者少缴税款50%以上3倍以下的罚款。

技能训练题

一、单项选择题

1.体现课税深度的税制要素是（　　）。

A.课税对象　　B.税率

C.纳税人　　D.纳税环节

2.税收三性是一个完整的统一体，它们相辅相成、缺一不可。其中，（　　）是核心。

A.无偿性　　B.强制性

C.平等性　　D.固定性

3.在税收分配活动中，税法的调整对象是（　　）。

A.税收分配关系　　B.经济利益关系

C.税收权利义务关系　　D.税收征纳关系

4.税收的基本职能是（　　）。

A.财政职能　　B.经济职能

C.监督管理职能　　D.公平与效率职能

5.税收法律关系产生的标志主要是指（　　）。

A.纳税人进行税务登记　　B.纳税人应税行为发生

C.征税行为发生　　D.纳税人按规定期限申报纳税

6.税法的特点体现在许多方面，从法律性质来看，税法属于（　　）。

A.义务性法规　　B.授权性法规

C.习惯法　　D.制定法

7.税收改变了社会成员与政府各自占有社会产品价值量的份额，税收属于（　　）范畴。

A.生产　　B.分配

C.交换　　D.消费

8.税收的强制性意味着（　　）。

A.国家可以随意强迫企业或个人缴纳货币或财产

B.国家对企业或个人贡献的货币或财产不予退还

C.国家依法征税，企业或个人依法纳税

D.全社会的个人或法人都必须向国家缴纳同量的税收，否则要受到处罚

9.我国税收管理的最高权力机构为（　　）。

A.国务院　　B.财政部

C.国家税务总局　　D.全国人民代表大会

10.《中华人民共和国税收征收管理法实施细则》属于（　　）。

A.税收法律　　B.税收行政法规

C.税收授权立法　　D.税收部门规章

11.纳税人、扣缴义务人未按规定的期限缴纳或者解缴税款的，税务机关除责令限期缴纳外，从滞纳税款之日起，按日加收滞纳税款（　　）的滞纳金。

A.5‰　　B.2‰

C.0.5‰　　D.1‰

12.根据《税收征管法》的规定，税收保全措施的适用范围是（　　）。

A.从事生产、经营的纳税人　　B.非从事生产、经营的纳税人

C.扣缴义务人　　D.纳税担保人

13.税收法律体系的核心是（　　）。

A.征税主体　　B.税收法律关系的对象

C.纳税主体　　D.税收法律关系的内容

14.税收法律关系产生的标志主要是指（　　）。

A.纳税人进行税务登记　　B.纳税人应税行为发生

C.征税行为发生　　D.纳税人按规定期限申报纳税

二、多项选择题

1.税收产生的主要条件是（　　）。

A.社会生产力的发展有了剩余产品

B.战争的爆发

C.产生了生产资料私有制

D.建立了国家

2.税收的职能有（　　）。

A.财政职能　　B.经济职能

C.监督管理职能　　D.公平与效率职能

3.我国现行税制的纳税期限主要有（　　）形式。

A.按期纳税　　B.按次纳税

C.按年计征，分期缴纳　　D.预提税

4.税收征管中的征税主体是指（　　）。

A.税务机关　　B.工商机关

C.海关　　D.财政机关

5.根据《税收征管法》的规定，纳税人的权利包括（　　）。

A.知情权

B.纳税申报方式选择权

C.按照规定安装、使用税控装置的权利

D.申请延期缴纳税款权

6.下列属于原国家税务局系统负责征收和管理税种的有（　　）。

A.消费税　　B.增值税

C.关税　　D.车船税

7.根据《税收征管法》的有关规定，纳税人应当履行以下义务（　　）。

A.按时缴纳或解缴税款

B.按照规定使用税务登记证件

C.依法设置账簿、进行核算并保管账簿和有关资料

D.按规定开具、使用、取得发票

8.我国现行税法规定的税率有（　　）。

A.比例税率　　B.累进税率

C.定额税率　　D.超额累进税率

9.下列各项中，不适用《税收征管法》的有（　　）。

A.契税　　B.关税

C.车辆购置税　　D.教育费附加

10.税务部门启动"三证合一"登记制度是指企业分别由市场监督管理部门、质量技术监督部门以及税务部门核发的（　　），改为一次申请，由市场监督管理部门核发一个加载法人和其他组织统一社会信用

代码营业执照的登记制度。

A.营业执照　　B.组织机构代码证

C.税务登记证　　D.安全许可证

11.税制要素，即税制中最重要的基本要素包括（　　）。

A.纳税义务人　　B.征税对象

C.税目　　D.税率

12.按税收与价格的关系，可将税种分为（　　）。

A.价内税　　B.价外税

C.直接税　　D.间接税

13.逃避缴纳税款罪与抗税罪的主要区别有（　　）。

A.主体不同　　B.侵犯客体不同

C.客观表现不同　　D.内容不同

14.下列属于虚开增值税专用发票的行为有（　　）。

A.为他人虚开　　B.为自己虚开

C.让他人为自己虚开　　D.介绍他人虚开

15.税收法律关系的构成要素是（　　）。

A.主体　　B.对象

C.客体　　D.内容

16.税收法律关系消灭的原因主要有（　　）。

A.履行纳税义务　　B.税法废止

C.纳税义务免除　　D.纳税主体消灭

三、判断题

1.国家凭借政治权力征税，可以不受生产资料所有制的限制。（　　）

2.税收的固定性表明税收在课税对象、范围和征收比例上是稳定不变的。（　　）

3.在中国特色社会主义市场经济条件下，不少企业是自觉纳税的，这意味着税收在一定程度上不带有强制性。（　　）

4.国家取得财政收入，是凭借政治权力取得的。（　　）

5.调节社会经济是税收的基本职能。（　　）

6.税收的“三性”是判别税与非税的主要标志。（　　）

7. 我国税收的征税主体包括各级税务机关、海关、财政机关和工商机关。 ( )

8. 我国现行税收实体法体系的各个税种，普遍适用于中、外资单位和个人。 ( )

9. 凡依法由税务机关征收的各种税收以及关税、船舶吨税及海关代征税收的征收管理，均适用《税收征管法》。 ( )

第二章

纳税会计基本原理

第一节　纳税会计的对象、目标和原则

一、纳税会计的含义和特点

（一）纳税会计的含义

会计和税收是经济领域中两个不同的分支，分别遵循不同的原则、规范不同的对象、服务于不同的目的。财务会计核算必须遵循一般会计原则，其目的在于真实、完整地反映企业的财务状况、经营业绩以及现金流量的全貌，通过会计报表向投资者、债权人、企业管理者及其他会计报表使用者提供有用的会计信息。为了满足不同的报表使用者和社会各方面对会计信息的需求，财务会计在对会计要素进行确认、计量、记录、报告的过程中，是以会计准则和财务会计制度为基本规范的。但是，几乎所有的会计要素都会影响企业的税款支出。因此，为了规范企业与国家之间的税收分配关系，企业必须按税收法律法规的规定重新确认、计量会计要素。由此可见，企业会计行为同时受到会计准则、财务

会计制度与国家税收法律法规两种行为规范的制约。而企业会计核算中所适用的会计准则、财务会计制度与税收法律法规在计算口径和计算时期等方面的规定有所不同，从而在核算时会产生一定的差异，对于这些差异则需要通过纳税会计加以调整。

纳税会计是以国家现行税收法律法规为依据，以货币计量为基本形式，运用会计学的基本理论和核算方法，连续、系统、全面地对纳税人应纳税款的形成、计算和缴纳，即税务活动所引起的资金运动，进行核算和监督，以保障国家利益和纳税人合法权益的一种专业会计。

纳税会计是适应社会经济发展的需要，从传统的财务会计中分离出来的。它是介于税收学与会计学之间的一门交叉学科，是融税收法律法规和会计核算为一体的一种特种专业会计。从本质上讲，纳税会计是一种管理活动，而这种管理活动要求以国家的税收法律法规为准绳，并采用会计的专门理论和技术方法，即要求企业在依据会计准则和财务会计制度的规定处理会计事项后，按税收法律法规的规定重新确认、计算会计要素，使会计行为达到既能满足纳税的需要，又能使提供的财务会计信息符合会计准则的要求。

纳税会计是企业会计的一个特殊领域，是以财务会计为基础的。因此，纳税会计并不要求企业在财务会计的凭证、账簿、报表之外再设一套会计账表（纳税报表及其附表除外）。各企业均应设置专职纳税会计人员（办税员），大企业还应设置专门的纳税会计机构。纳税会计资料大多来自于财务会计，在进行纳税调整、计算并做纳税调整会计分录后，再融入财务会计账簿和财务会计报告之中。财务会计中的基本前提有些也适用于纳税会计，如会计分期、货币计量等，但因纳税会计的法定性等特点，基本前提有其特殊性。

（二）纳税会计的特点

纳税会计作为会计学科一个相对独立的分支，除具有其他专业会计的共性特征外，也有其特殊性，主要体现在以下几个方面。

1.法律性

纳税会计的法律性源于税收所固有的强制性、无偿性等特征。纳税会计必须以现行税法为依据，接受税收法律法规的规范和制约。而财务会计核算的一些具体方法，如存货的计价、减值准备的计提等，企业可以根据其生产经营的实际需要适当选择。当会计准则、财务会计制度的规定与现行税法规定不一致时，纳税会计必须以现行税法规定为准进行调整。法律性是纳税会计区别于其他专业会计的突出特点。

2.广泛性

法定纳税人的广泛性决定了纳税会计适用范围的广泛性。就行业而言，它适用于工业、商品流通、交通运输、房地产等国民经济各行业；就所有制而言，它适用于国有、集体、私营、个体、股份制、外商投资等各种所有制形式。由此可见，不论是什么性质的企事业单位，不管其隶属于哪个部门或行业，只要被确认为是纳税人，在处理税务事宜时，都必须依照税法规定，运用会计核算的专门方法，对其生产经营活动进行核算和监督，这就使纳税会计成为企业财务会计的重要分支，成为企事业单位涉税活动的一种核算手段。

3.统一性

税法的统一性、普遍适用性决定了纳税会计的统一性特点。也就是说，同一种税对于不同的纳税人而言，其规定具有统一性，不区分纳税人的经济性质、组织形式、隶属关系以及生产经营形式和内容；在税法构成要素，诸如征税对象、税目、税率、征纳办法等方面，均适用统一的税法规定。税法的一致性决定了纳税会计在对纳税行为进行核算和监督时的一致性。

4.独立性

与其他专业会计相比较，纳税会计具有自身的相对独立性。在核算方法上，因为国家税收法律法规与会计准则、财务会计制度所遵循的原则不同，规范的对象不同，二者有可能存在一定的差异，诸如现行增值税法中对视同销售货物行为的征税规定、企业所得税法中关于税前会计利润与应纳税所得额之间的差异调整的规定等方面，纳税会计要求完全按照税法规定进行调整处理，这反映了纳税会计核算方法的相对独立性；在核算内容上，纳税会计只对纳税人在税务活动过程中所表现的有关经济业务进行全面、系统的核算和监督，这反映了纳税会计核算内容的相对独立性。

二、纳税会计的对象

纳税会计的对象是指纳税会计核算和监督的内容。凡是企业在生产经营过程中能用货币表现的各种税务活动，都是企业纳税会计核算和监督的内容。具体来讲，其主要包括以下几方面。

（一）计税基础和计税依据

计税基础是指某类税的经济基础，如流转税的计税基础是流转额，所得税的计税基础是所得额，财产税的计税基础是财产额等。计税依据是指计算缴纳税金的依据或标准，既有从价计征，又有从量计征。在企业中属于计税基础和依据的业务内容有以下几种。

1.应税流转额

应税流转额指企业经营过程中的销售（采购）量、销售（采购）额和营业额等，它既是计算流转税的计税依据，也是计算所得税的前提。应税流转额包括：

（1）商品流转额，指工业企业的产品销售收入、加工业务收入、其他销售收入，商品流通企业的批发、零售销售收入和购进商品支付金额等。

（2）非商品流转额，指交通运输业、建筑业、金融保险业、邮电通信业、文化体育业、娱乐业、服务业所取得的营业收入，以及转让无形资产、销售不动产等所取得的营业收入。

（3）委托加工产品、自制自用产品的计税金额。

2.成本费用扣除额

成本费用是企业在生产经营过程中的耗费和支出，包括生产过程的生产费用和流通过程的流通费用。成本费用主要反映企业资金的垫支和耗费，是企业资金补偿的尺度。一定会计期间的成本费用总额与同期经营收入总额相比较，可以反映企业的生产经营成果。财务会计记录的成本费用支出额，按税法规定允许在税前扣除的部分，是计算应纳税所得额的基础。

3.应税收益额

财务会计核算的经营利润、投资收益，都需要按税法规定调整、确认为应税利润、应税收益。应税收益额是正确计税的基础。

4.应税财产额

对各种财产税，如房产税、土地增值税、契税等，需要在财务会计对各类资产确认、计量、记录的基础上，按税法的规定，正确确认应税财产金额或数额。

5.应税行为计税额

对行为税（如印花税），应以财务会计确认、记录的应税行为交易额或应税数额为课税依据。

（二）税款的计算与核算

按税法规定的应缴税种，在正确确认计税依据的基础上，正确计算各种应缴税金，并作相应的会计处理。

（三）税款的缴纳、退补与减免

由于各种税的计税依据和征收方法不同，同一种税不同行业、不同纳税人的会计处理也有所不同，因此，反映各种税款的缴纳方法也不尽一致。企业应按税法规定，根据企业会计制度，正确进行税款缴纳的会计处理。对企业多缴税款、按规定应该退回的税款或应该补缴的税款，也要进行相应的会计处理。减税、免税是对某些纳税人特殊情况、事项的特殊规定，体现了税收政策的灵活性和税收杠杆的调节作用。对减税、免税款，企业同样应正确地进行会计处理。

（四）税收滞纳金与罚款、罚金

企业因逾期缴纳税款或违反税法规定而支付的各项税收滞纳金、罚款、罚金，也属纳税会计的对象，应该如实记录和反映。

三、纳税会计的目标

会计目标是指会计作为一项管理活动所要达到的目的。会计主要是通过提供有关经济活动的会计信息来发挥其在经济管理中的作用，因此会计目标取决于会计信息使用者的需求。

纳税会计的目标，即企业通过纳税会计工作所要达到的目的，是会计目标在纳税会计这一特殊领域内的具体表现。纳税会计是企业会计中一个相对独立的部分，其目标也就有其特定性。纳税会计提供的会计信息，不仅要满足企业自身经营管理的需要，而且还要服务于企业外部与企业存在密切经济利益关系的国家和地方税务机关，以及投资者、债权人等。纳税会计的基本目标主要体现在以下三个方面。

（1）满足企业内部经营管理者经营决策的需要。税收是影响企业财务状况、经营成果和现金流量的一个重要因素。企业的经营管理者承担资产受托责任，其基本职责是使投资者权益最大化，而纳税则会影响投资者的权益。在符合或不违反现行税法规定的前提下，能否减少或推迟纳税，争取税收优惠，是企业管理者非常关注的问题。因此，企业经营管理者必须了解有关应纳税款的形成、计算和解缴情况。而纳税会计能通过有关核算资料以及专门的税务报表，提供揭示有关纳税情况的会计信息，满足管理者经营决策的需要。

（2）满足国家税收管理的需要。会计信息是国家进行税收管理的重要依据。企业应当及时地向国家和地方税务机关披露本企业税金的形成、计算和解缴情况，以便税务机关进行稽核和调控。国家和地方税务机关除必须了解税收的征集和上缴情况外，还必须了解在其各自税收管辖权限范围内各纳税人计算缴纳税款的详细情况，以便进行管理、控制、稽核和检查，而这些有关纳税情况的会计信息应由企业的纳税会计资料来提供。

（3）满足其他有关方面的需要。企业处于一定的社会经济环境中，与其他各个方面有着密切的联系。纳税会计提供的有关纳税方面的会计信息也要满足有关方面的某些具体需要。例如，企业的投资者评价投资风险和报酬，从而决定是否进行投资、是否继续持有投资以及是否变卖投资等投资决策；包括银行在内的债权人评价信贷风险，分析企业到期能否还本付息等信贷决策；企业的供货单位和客户评价经营风险，从而决定是否签订经济合同、是否给予商业信用等商业决策。上述单位或部门虽然首要关注的是自身的盈利情况或求偿可能性，但由于税款的缴纳直接导致企业货币资金的外流，即净资产的减少，所以它们也同样关注税款计算和缴纳情况。此外，政府的综合经济职能部门也需要借助纳税会计信息，了解各个企业单位上缴税收的详细情况，以适应宏观经济管理和调控的需要。

四、纳税会计的原则

纳税会计作为一门特种专业会计，在核算因税务活动所引起的资金运动、监督税务行为以及参与涉税决策的过程中，应该遵循以下基本原则。

（1）法律性原则。法律性原则，是指企业在进行税务方面的计算和核算时，必须符合国家的税收法律法规，严格依据税法规范纳税人的行为。纳税会计反映纳税人的生产经营活动是否合法、计算是否正确，判定的标准只能是国家税法。而税法因国家的政治、经济的发展和需要会适时有所变更，所以，纳税会计必须坚持按照现行税法规定进行处理的原则。这就要求财会人员认真研究税法，并随国家税收政策的变化而相应地调整企业的纳税会计行为。

（2）真实性原则。真实性原则，是指纳税会计必须如实地反映企业的经济活动。企业每项收入、费用和损失的确认都必须以合法凭证为依据，从原始凭证到纳税会计报表，都必须反映企业会计事项的真实性。作为纳税义务人，企业要对纳税会计核算资料的真实性负责，其计税依据确定、应纳税款计算、纳税申报表编制的真实性和准确性程度，是鉴别企业纳税行为合法性的直接依据。为了保证纳税申报的真实和准确，申报之前企业要进行严格的自查，申报之后税务机关还要组织税务检查和稽核。如有错误，企业要严格依据税法规定进行税款的退补，并调整相应的会计记录。

（3）会计分期原则。会计分期原则，是指将企业连续不断的生产经营过程划分为若干个会计期间，以便分期计算企业的应纳税额。我国现行税法规定以每年的1月1日至12月31日作为一个纳税年度，若《企业会计制度》所规定的会计年度与税法规定的纳税年度不一致，财会人员在计算应纳税额时应按纳税年度结算损益，申报缴纳税款。

（4）权责发生制与收付实现制相结合原则。所谓权责发生制，具体讲就是凡属于本期的收入或费用，不论其款项是否收付，都应当作为本期的收入或费用处理，凡不属于本期的收入或费用，不论其款项是否收付，都不应当作为本期的收入或费用处理。我国的财务会计要求以权责发生制为核算基础，纳税会计也主要以权责发生制作为核算基础。收付实现制是以收入和费用是否在本期实际收到或付出为计算标准来确定本期损益的一种方法，凡本期实际收到的收入和实际支付的费用，无论其是否体现本会计期间的损益，都作为本期的损益来处理。目前，我国的政府和事业单位会计（预算会计）、税务机关会计（税收会计）较多采用收付实现制。根据税法的规定，纳税会计对某些经济业务可以采用收付实现制的会计核算基础，如分期收款销售收入的确认和会计处理等。在纳税会计中采用的是权责发生制和收付实现制并用的一种会计处理基础，即当对纳税有影响的会计事项发生时，有时先采用收付实现制，后采用权责发生制加以调整，有时则反之。例如，目前企业向主管部门上缴的管理费，企业在计算和提取时，是按权责发生制基础作为费用来处理，即本期应支付的管理费用，不论本期是否实际付出现金，均应提取并计入本期损益。但到年终时，如果本年计提的管理费没有实际付出，则一律按收付实现制予以冲回，即按实际支付的数额计算。

第二节 纳税会计的内容

一、税务登记

税务登记是税务机关根据税法规定对纳税人的生产经营活动进行登记管理的一项基本制度，是纳税人已经纳入税务机关监督管理的一项证明，对于纳税人依法纳税和税务机关依法征税都有重要意义。具体内容如前所述。

二、账簿和凭证管理

账簿是纳税人、扣缴义务人连续记录其各种经济业务的账册和簿籍。凭证是纳税人用来记录其各种经济业务，明确经济责任，并据以登记账簿的书面证明。税务部门按照税收法律、行政法规和财务会计制度规定，对纳税人的会计账簿、凭证等实行管理和监督，是税收征管的重要环节。

（1）纳税人财务、会计制度备案制度。从事生产经营的纳税人应当自领取营业执照之日起15日内，将其财务、会计制度或者财务、会计处理办法和会计核算软件，报送主管税务机关备案。采用计算机记账的，其记账软件和使用说明及有关资料在使用前也应当报送税务机关备案。

（2）企业财务会计制度与税收规定不一致的处理办法。纳税人执行的财务、会计制度或办法与税收规定抵触的，依照有关税收规定计算纳税。

（3）账簿设置要求。纳税人应按要求设置总账、明细账、日记账（特别是库存现金日记账和银行存款日记账）以及与履行纳税义务有关的其他辅助账簿。

（4）记账凭证使用要求。记账凭证应合法、有效。合法，是指要按照法律、行政法规的规定取得填制凭证、不得使用非法凭证；有效，是要求取得和填制的凭证内容真实，要素齐全。

（5）账簿及凭证保管要求。纳税人应按《会计档案管理办法》规定保存账簿、记账凭证、完税凭证及其他有关资料，不得伪造、变造或者擅自损毁。账簿、记账凭证、报表、完税凭证、发票、出口凭证以及其他有关涉税资料的保管期限，除另有规定者外，应当保存15年。

（6）税控装置使用要求。税务部门根据税收征收管理的需要，积极推广税控装置。纳税人应当按照规定安装、使用税控装置，不得损毁或擅自改动税控装置。

（7）违法处理。纳税人未按规定设置、保管账簿或者保管记账凭证和有关资料，未按规定将财务、会计制度或办法和会计核算软件报送税务机关备查，未按规定安装使用税控装置，非法印制完税凭证的，由税务机关责令限期改正，并视情节相应给予罚款等行政处罚。

三、发票管理

发票是生产、经营单位和个人在购销商品、提供和接受服务以及从事其他经营活动中，开具、收取的收付款凭证。按照发票使用范围，分为增值税专用发票和普通发票两大类。税务机关是发票主管机关。

（1）发票印制。发票一般由税务机关统一设计式样，设专人负责印制和管理，并套印全国统一发票监制章。其中，增值税专用发票由国家税务总局确定的企业印制；普遍发票，分别由各省、自治区、直辖市税务局确定的企业印制。未经上述税务机关指定，任何单位和个人不得擅自印制发票。

（2）发票领购。①依法办理税务登记的单位和个人，在领取税务登记证件后，可提交有关材料，向主管税务机关办理领购发票。②纳税人可以根据自己的需要，履行必要的手续后，办理领购普通发票。增值税专用发票仅限于增值税一般纳税人领购使用。③临时到本省、自治区、直辖市以外从事经营活动的单位或者个人，还应当凭所在地税务机关开具的外出经营证明，并按规定提供保证人或者缴纳不超过10 000元的保证金后，向经营地主管税务机关申请领购经营地发票，并限期缴销。④税务部门对纳税人领购发票实行交旧领新、验旧领新、批量供应的方式。

（3）发票开具。销货方应按规定填开发票；购买方应按规定索取发票；纳税人进行电子商务必须开具或取得发票；发票要全联一次填写，严禁开具“大头小尾”发票；发票不得跨省、自治区、直辖市使用，开具发票要加盖发票专用章；开具发票后，如发生销货退回需要开红字发票的，必须收回原发票并注明“作废”字样或取得对方有效证明；发生销货折让的，在收回原发票并注明“作废”后，重新开具发票。

增值税一般纳税人发生应税行为，除另有规定外，必须向购买方开具增值税专用发票。

按照2010年12月国务院修订通过的《中华人民共和国发票管理办法》，国家推广使用网络发票管理系统开具发票，具体管理办法由国务院税务主管部门制定。

（4）取得发票的管理。单位和个人在购买商品、接受经营服务或从事其他经营活动支付款项时，要按规定索取合法发票。对不符合规定的发票，包括发票本身不符合规定（白条或伪造的假发票、作废的发票等）、发票开具不符合规定、发票来源不符合规定等，任何单位和个人有权拒收。

（5）发票的保管和缴销。税务机关内部或者用票单位和个人必须建立严格的发票专人保管制度、专库保管制度、专账登记制度、保管交接、定期盘点制度，保证发票安全。用票单位和个人应按规定向税务机关上缴已经使用或未使用的发票，税务机关应按规定统一将已经使用或者未使用的发票进行销毁。发票的保管期限为5年。

（6）违法处理。违反发票管理规定，未按规定印制发票或者生产防伪专用品，未按规定领购、开具、取得、保管发票，非法携带、邮寄、运输或者存放空白发票，私自印制、伪造变造、倒买倒卖发票等行为，税务机关可以查封、扣押或者销毁，没收非法所得和作案工具，并处以相应罚款等行政处罚，情节严重构成犯罪的，移送司法机关处理。

四、纳税申报

纳税申报是纳税人按照税法规定的期限和内容，向税务机关提交有关纳税事项书面报告的法律行为，是纳税人履行纳税义务、承担法律责任的主要依据，是税务机关税收管理信息的主要来源和税务管理的一项重要制度。

1.申报对象

纳税人或者扣缴义务人无论本期有无应缴纳或者解缴的税款，都必须按税法规定的申报期限、申报内容，如实向主管税务机关办理纳税申报。

2.申报内容

纳税申报的内容主要体现在纳税申报表或代扣代缴、代收代缴税款报告表中，主要项目包括：税种、税目，应纳税项目或者应代扣代缴、代收代缴税款项目，计税依据，扣除项目及标准，适用税率或者单位税额，应退税项目及税额、应减免税项目及税额，应纳税额或者应代扣代缴、代收代缴税额，税款所属期限、延期缴纳税款、欠税、滞纳金等。

纳税人办理纳税申报时，除如实填写纳税申报表外，还要根据情况报送有关证件、资料。

3.申报期限

纳税人、扣缴义务人要依照法律、行政法规或者税务机关依法确定的申报期限如实办理纳税申报，报送纳税申报表、财务会计报表或者代扣代缴、代收代缴税款报告表以及税务机关要求报送的其他纳税资料。

4.申报方式

（1）直接申报（上门申报）。这是指纳税人和扣缴义务人自行到税务机关办理纳税申报或者报送代扣代缴、代收代缴报告表的申报方式。

（2）邮寄申报。这是指经税务机关批准的纳税人、扣缴义务人使用统一规定的纳税申报特快专递专用信封，通过邮政部门办理邮寄手续，并向邮政部门索取收据作为申报凭据的方式。邮寄申报以寄出的邮戳日期为实际申报日期。

（3）电子申报。这是指经税务机关批准的纳税人，通过电话语音、电子数据交换和网络传输等方式办理纳税申报的一种方式。纳税人采用电子方式办理纳税申报的，要按照税务机关规定的期限和要求保存有关资料，并定期书面报送主管税务机关。

（4）银行网点申报。这是指税务机关委托银行代收代缴税款，纳税人在法定的申报期限内到银行网点进行申报。

（5）简易申报。这是指实行定期定额征收方式的纳税人，经税务机关批准，通过以缴纳税款凭证代替申报。

（6）其他方式。这是指纳税人、扣缴义务人可以根据税法规定，委托中介机构税务代理人员代为办理纳税申报或简并征期的一种申报方式。

5.延期申报

纳税人、扣缴义务人不能按期办理纳税申报或者报送代扣代缴、代收代缴税款报告表的，经税务机关核准，可以延期申报，但要在纳税期内按照上期实际缴纳的税额或者税务机关核定的税额预缴税款，并在核准的延期内办理税款结算。

6.违法处理

纳税人、扣缴义务人不按规定期限办理纳税申报的，税务机关可责令限期改正，并视情节给予相应罚款。

五、纳税的会计处理

企业按照税法的规定计算出的应纳税额，必须在规定的期限内进行税款结算和缴纳的会计处理，并在凭证和账簿上做出记录和反映。企业纳税时，不同税种的会计处理方法也不尽相同。

第三节　纳税的会计科目和会计处理方法

一、会计科目的设置

按照现行规定，企业应设置“应交税费”总账科目，用来对企业应缴纳的各种税金进行总分类核算，如增值税、消费税、城市维护建设税、房产税、车船税、城镇土地使用税、土地增值税、企业所得税等。企业缴纳的印花税、关税、耕地占用税等不需预计应交数的税金，不通过该科目核算。该科目为负债类科目，专门用于反映企业各种税金的应交、已交和未交情况。“应交税费”科目贷方反映企业应交的各种税金以及退回多交的税金的数额；借方反映企业已经缴纳的各种税金；余额一般在贷方，表示企业期末已经计提应交而未交的税金数额；如为借方余额，则表示企业多交的税金。企业一般应在“应交税费”科目下设置下列明细科目：（1）应交增值税；（2）应交消费税；（3）应交进口关税（应交出口关税）；（4）应交城市维护建设税；（5）应交资源税；（6）应交城镇土地使用税；（7）应交耕地占用税；（8）应交房产税；（9）应交车辆购置税；（10）应交车船税；（11）应交印花税；（12）应交契税；（13）应交土地增值税；（14）应交烟叶税；（15）应交企业所得税；（16）应交个人所得税；（17）应交环境保护税；（18）应交船舶吨税。

具体到每一企业，应根据会计制度和税法的规定，按照本企业应纳税种来设置明细科目。"应交税费"总账应采用三栏式，其基本格式见表2-1：

表2-1 **账户名称：应交税费**

20××年		凭证号数	摘要	对方账户	借方	贷方	借/贷	余额
月	日							

二、会计处理方法

（一）应纳税额的会计处理方法

企业应当缴纳的各项税金，按其与财务的关系，在计算应纳税额时，其会计处理方法可以分为如下几类：

1.增值税，通过"应交税费——应交增值税"科目核算。企业销售货物、提供劳务，作为一般纳税人缴纳增值税的，以当期销项税额抵扣当期进项税额后的余额，作为应纳税额。

企业购进货物发生进项税额时：

借：应交税费——应交增值税（进项税额）

  贷：银行存款

企业对外销售货物或提供应税劳务时：

借：银行存款

  贷：应交税费——应交增值税（销项税额）

企业作为小规模纳税人销售货物、提供劳务时，则：

借：银行存款

  贷：应交税费——应交增值税

2. 消费税、出口关税、城市维护建设税等税种，其应纳税额记入“税金及附加”科目，即在计算应纳税额时：

借：税金及附加

　贷：应交税费——应交消费税

　　　　　　——应交出口关税

　　　　　　——应交城市维护建设税

3. 资源税、环境保护税、房产税、城镇土地使用税、车船税、印花税等税种的应纳税额，按现行会计制度规定记入“税金及附加”科目，即在计算应纳税额时：

借：税金及附加

　贷：应交税费——应交资源税

　　　　　　——应交房产税

　　　　　　——应交城镇土地使用税

　　　　　　——应交车船税

　　　　　　——应交印花税

　　　　　　——应交环境保护税

4. 购置车辆应纳的车辆购置税、进口货物应纳的消费税、进口关税等应计入该货物的成本，则在计算应纳税额时：

借：材料采购或固定资产等

　贷：银行存款

　　　应交税费——应交消费税

　　　　　　——应交进口关税

5. 企业按规定计算缴纳的企业所得税，应作为企业的一项费用支出，在计算应纳税额时：

借：所得税费用

　贷：应交税费——应交所得税

（二）缴纳税金的会计处理方法

一般情况下，不论何种税金，其缴纳时所做的会计分录都是相同的，即在缴纳税金时：

借：应交税费——应交××税

　贷：银行存款

实行预缴税金的企业，于税法规定的纳税期限与税务机关清算应纳税额，补计少缴的税金时：

借：有关科目

贷：应交税费——应交××税

补交少缴的税金时：

借：应交税费——应交××税

贷：银行存款

冲回多计的税金时：

借：应交税费——应交××税

贷：有关科目

税务机关按规定退回多缴的税金时：

借：银行存款

贷：应交税费——应交××税

（三）滞纳金和罚款的支付

税法规定，纳税人未按规定纳税期限缴纳税款的，扣缴义务人未按规定期限解缴税款的，税务机关除责令限期缴纳外，从滞纳税款之日起，按日加收滞纳税款万分之五的滞纳金。纳税人发生违章行为的，按规定可处以一定数量的罚款。

此外，现行财务会计制度规定，企业支付的各种滞纳金、罚款等不得列入成本费用，属于企业正常营业活动以外发生的支出，应当计入企业的营业外支出。具体按规定支付滞纳金和罚款时：

借：营业外支出

贷：银行存款

【例2-1】某企业2019年7月应纳增值税28 000元，该企业以1个月为一期纳税。由于企业办税人员休假，企业于8月20日才将税额缴纳入库。计算应缴滞纳金并作会计分录。

解：

按规定，增值税纳税人以1个月为一期纳税的，应自期满之日起15日内申报纳税。企业应于8月15日前申报纳税。企业于8月20日纳税，已滞纳5天，按规定应按日加收0.5‰的滞纳金。

应缴滞纳金=28 000×0.5‰×5 = 70（元）

企业在实际缴纳税款时应同时缴纳70元滞纳金，会计分录为：

借：营业外支出　　70

　贷：银行存款　　70

【例2-2】某企业2019年8月被税务机关查出偷税8 000元，按规定被处以偷税金额4倍的罚款。计算应缴纳的罚款并作会计分录。

解：应缴纳的罚款=8 000×4 = 32 000（元）

则企业在实际缴纳罚款时：

借：营业外支出　　32 000

　贷：银行存款　　32 000

（四）企业缴纳的文化事业建设费、水利建设基金和残疾人就业保障金

企业涉及的政府性基金有25项，其中，由税务机关征收的有4项，包括文化事业建设费、教育费附加、地方教育附加和残疾人就业保障金。

自2018年1月1日至2020年12月31日，对小型微利企业免征教育费附加、地方教育附加、文化事业建设费、水利建设基金、残疾人就业保障金。

1.计算企业应缴纳的文化事业建设费时：

借：税金及附加

　贷：应交税费——应交文化事业建设费

2.计算企业应缴纳的水利建设基金时：

借：管理费用——水利建设基金

　贷：应交税费——应交水利建设基金

3.计算企业应缴纳的残疾人就业保障金时：

借：管理费用——残疾人就业保障金

　贷：应交税费——残疾人就业保障金

4.实际缴纳时：

借：应交税费——应交文化事业建设费/应交水利建设基金/残疾人就业保障金

　贷：银行存款

第四节　纳税调整

一、税法和会计的差异

税金核算和会计核算之间既有相同之处，又有不同之处。会计和税收遵循不同的原则，服务于不同的目的。财务会计目的在于真实、完整地反映企业的财务状况、经营业绩，以及财务状况变动的全貌，以会计准则和财务会计制度为基本规范。税法是国家制定的用以调整政府与纳税人之间在征纳税方面的权利与义务的法律规范，它是税收征纳双方依法征税、依法纳税的行为准则，它以课税为目的，根据经济合理、公平税负、促进竞争的原则，依据有关的税收法律、法规，确定纳税人在一定时期内应履行的纳税义务。两者的主要差异表现在核算所遵循的原则有所不同：

（1）确定性原则。确定性原则是指在所得税会计处理过程中，按所得税法的规定，在纳税收入和费用的实际实现上应具有确定性的性质。

例如，不论企业会计账务中对投资采取何种方式核算，被投资企业会计账务上实际作分配处理时（而不是收付实现制），投资方企业应确认投资所得的实现。也就是说，企业当年实现的收益，由于第二年宣告分配，税法上确认所得的实现应该在第二年。

（2）实质重于形式原则。会计制度中实质重于形式原则，是指企业应当按照交易或事项的经济实质进行会计核算，而不应当把它们的法律形式作为会计核算的依据。

例如，在售后回购业务的会计核算上，按照实质重于形式原则的要求，视同融资进行会计处理。但税法并不承认这种融资，而视为销售、购入两项经济业务分别进行处理，缴纳流转税和所得税。

（3）权责发生制原则。在所得税会计上，税法要求纳税人应在费用发生时而不是实际支出时确认扣除，这与会计制度是一致的，但增值税会计处理却不完全适用权责发生制，其进项税额抵扣时采取购进扣除法。

（4）谨慎性原则。会计制度规定，企业可以计提坏账准备、存货跌价准备、短期投资准备、长期投资准备、在建工程减值准备、固定资产减值准备、无形资产减值准备、委托贷款减值准备八大准备，但税收制度中仅对坏账准备的计提做了规定，允许税前列支，而对其他七项准备却不允许税前列支，必须在缴纳所得税时进行纳税调整。

会计制度与税法对谨慎性原则的理解也不是完全一致的。会计制度对谨慎性的解释是在面临不确定性因素时，既不高估资产或收益，也不低估负债或损失；税法对谨慎性原则的理解则着重强调防止税收收入的流失，更多是从反避税的角度出发的。

（5）重要性原则。税法不承认会计上的重要性原则，只要是应纳税收入或不得扣除项目，无论金额大小，均需按照税法规定计算所得。

会计制度对以前年度的重大或非重大会计差错给予了不同的更正方法，而税法上则要求必须严格按税法规定办事，从不采用重要性原则。

但是，几乎所有的会计要素都会影响企业的税款支出。为了规范企业和国家之间的税收分配关系，企业必须按税收法规重新确认、计量会计要素。因此，税法又是企业会计行为的另一种规范。由此可见，企业会计行为同时受到会计准则、财务会计制度与国家税收法律、法规两种行为规范的制约。在这种双重制约下，企业会计核算中所适用的会计准则、财务会计制度与税收法律、法规规定在计算口径和计算时期等方面有所不同，从而产生一定的差异，对于这些差异需要通过纳税会计加以调整。

二、纳税调整

纳税调整是在会计与税收两大法规体系对企业某一经济事项的处理方法不一致时所进行的税务处理。另外，在税务检查或纳税自查中，查出来的大量错漏税问题，多数情况是因为会计处理错误造成的，一般都反映在会计账簿、会计凭证和会计核算资料上，在查补纠正过程中必然涉及收入、成本、费用、利润和税金的调整问题。

对于因会计制度及相关准则就有关收益、费用或损失的确认、计量标准与税法规定的差异，其处理原则为：企业在会计核算时，应当按照会计制度及相关准则的规定对各项会计要素进行确认、计量、记录和报告，按照会计制度及相关准则规定的确认、计量标准与税法不一致的，不得调整会计账簿记录和会计报表相关项目的金额。企业在计算当期“应交所得税”时，应在按照会计制度及相关准则计算的利润总额（即“利润表”中的“利润总额”，下同）的基础上，加上（或减去）会计制度及相关准则与税法规定就某项收益、费用或损失确认和计量等的差异后，调整为应纳税所得额，并据以计算当期“应交所得税”。据此，在税收与会计工作的实践中，我们根据纳税调整是否与账务调整相关联，可以将纳税调整业务分为两种情况：不需要调账，即只是调整应纳税所得额，也就是仅在年度汇算表上进行调整，与账无关；需要调账，即纳税调整与调账同时并存。

（1）不需调账，只做纳税调整。这种做法是指会计记账科目使用正确，登记数字也无错误，只是按照税法规定需要进行纳税调整的事项，这类业务在进行纳税调整的时候，是不涉及账务调整的。对这类事项做出判断的依据，是企业会计处理按会计制度的规定进行，只要符合会计制度的规定就是正确的，如罚款支出、滞纳金支出应在“营业外支出”列支，无论税法是怎样规定的，会计上均不存在账务调整的问题。我们可以把这一类业务的特点简单地归纳为：纳税申报按税法规定，会计账务按会计制度，各走各的道。

以计税工资的纳税调整为例。某企业全年已记入“应付职工薪酬”科目的数额是200万元，按计税工资的要求，超出限额扣除标准20万元。检查该企业与工资有关的各个账户的记录，发现无论会计科目的运用还是依据原始凭证记入的数字，都是正确无误的。在这种情况下，所做的纳税调整就是把20万元作为调增事项，填入申报表中的调增栏目中就行了。

（2）在进行纳税调整的同时，必须进行会计账务调整。这类业务之所以产生了会计调账的需要，必然存在一个前提条件，就是在做纳税调整之前，会计记录产生了一定的错误：或者是会计科目运用不当，或者是账户记录数字有误，通过税务检查或纳税自查等方式发现了。这样，一方面，会计利润本身就可能不正确；另一方面，可能造成少缴税款。在处理这类事项时，一定要账务调整与纳税调整同时进行。严格地讲，应先作账务调整，然后再进行正常的纳税调整。我们把这一类业务的特点总结归纳为：会计记账已有错，纳税调整必改错。

（1）账务调整的基本原则。

税务检查或纳税自查账务调整要能反映原错漏的来龙去脉，调账分录要正确、分明，严格体现国家税收政策，有利于加强企业财务管理。其基本要求是：

①会计处理的调整要与现行财务会计制度相一致，要与税法的有关会计核算相一致。

②会计处理的调整要与会计原理相符合。调整错账，需要做出新的账务处理来纠正原错账，所以新的会计处理业务必须符合会计原理和核算程序，反映错账的来龙去脉，清晰表达调整的思路；还应做到核算准确，数字可靠，正确反映企业的财务状况和生产经营情况，并使会计期间的上下期保持连续性和整体性；同时还要坚持平行调整，在调整总账的同时调整其所属的明细账。

③调整错账的方法应从实际出发，简便易行。既要做到账实一致，反映查账的结果，又要坚持从简账务调整方法的运用，能补充调整就不要冲销调整，尽量做到从简适宜。

（2）账务调整的方法。

账务调整应坚持恢复事物的本来面貌，错在哪里就纠正哪里，以真实地反映会计核算情况，使账务调整后账面反映的应纳税额与实际的应纳税额相一致。具体来说，应区别不同年度、不同情况进行不同的处理。

①本年度错漏账目的调整。本年度发生的错漏账目只影响本年度的税收，应按正常的会计核算程序和会计制度，调整与本年度相关的账目，以保证本年度应交税费和财务成果核算真实、正确。

对商品及劳务税、财产税和其他各税的账务调整，一般不需计算分摊，只需按照会计核算程序，调整本年度的相关账户即可。但对增值税一般纳税人，应设“应交税费——增值税检查调整”专门账户核算应补（退）的增值税。凡检查后应调减账面进项税额或调增销项税额以及进项税额转出的数额，借记有关科目，贷记本科目；凡检查后应调增账面进项税额或调减销项税额以及进项税额转出的数额，借记本科目，贷记有关科目；全部调账事项入账后，应结出本账户的余额，并对该余额进行处理。

若余额在借方，全部视同留抵进项税额，按借方余额数，借记“应交税费——应交增值税（进项税额）”科目，贷记本科目。

若余额在贷方，且“应交税费——应交增值税”账户无余额，按贷方余额数，借记本科目，贷记“应交税费——未交增值税”科目。

若本账户余额在贷方，“应交税费——应交增值税”账户有借方余额且等于或大于这个贷方余额，按贷方余额数，借记本科目，贷记“应交税费——应交增值税”科目。

若本账户余额在贷方，“应交税费——应交增值税”账户有借方余额但小于这个贷方余额，应将这两个账户的余额冲出，其差额贷记“应交税费——未交增值税”科目。

上述账务调整应按纳税期逐期进行。

对所得税检查的账务调整，凡查出的会计利润误差额，直接通过“本年利润”科目进行调整，使错误问题得以纠正，调整分录为：

借：有关科目

　　贷：本年利润

企业会计错误账项需调减利润的，则作如下会计分录：

借：本年利润

　　贷：有关科目

此外，在所得税检查中，由于暂时性差异的纳税调整，需调整“所得税费用”、“递延所得税资产”（资产类科目）、“递延所得税负债”（负债类科目）和“应交税费——应交所得税”科目，即：

借：所得税费用

　　递延所得税负债（或贷：递延所得税资产）

　　贷：应交税费——应交所得税

②以前年度错漏账目的调整。对属于以前年度的错漏问题，因为财务决算已结束，一些过渡性的集合分配账户及经营收支性账户已结账轧平无余额，错漏账目的调整不可能再按正常的核算程序对有关账户进行调整，一般在当年的“以前年度损益调整”科目、盘存类延续性账目及相关的对应科目进行调整。若检查期和结算期之间时间间隔较长，可直

接调整“以前年度损益调整”和相关的对应科目，盘存类延续性账目可不再调整，以免影响当年的营业利润。

“以前年度损益调整”科目属于损益类科目，核算企业本年度发生的调整以前年度损益的事项，该科目借方发生额反映企业以前年度多计收益、少计费用而调整本年度损益的数额；该科目贷方发生额反映企业以前年度少计收益、多计费用而调整本年度损益的数额。在处理补或退所得税等有关项目后，应将“以前年度损益调整”科目的余额转入“利润分配——未分配利润”科目，结转后，该科目无余额。

对查补（退）的以前年度增值税，为不致混淆当年度的欠税和留抵税额，应直接通过“应交税费——未交增值税”科目进行调整。

技能训练题

一、单项选择题

1. 下列各项中，不适用《税收征管法》的有（　　）。

A. 契税　　B. 烟叶税

C. 车辆购置税　　D. 教育费附加

2. 发票的存放和保管应按税务机关的规定办理，不得丢失和擅自损毁。已经开具的发票存根联和发票登记簿，应当保存（　　）年。

A. 1　　B. 2

C. 5　　D. 15

3. 除法律、行政法规另有规定外，从事生产、经营的纳税人、扣缴义务人的账簿、记账凭证、完税凭证及其他有关资料应当保存（　　）年。

A. 5　　B. 8

C. 10　　D. 15

4. 企业按规定计算缴纳的（　　），在涉税会计处理上作为企业的一项费用支出核算。

A. 企业所得税　　B. 增值税

C. 消费税　　D. 烟叶税

5. 企业销售货物、提供劳务，作为一般纳税人缴纳（　　）的，以当期销项税额抵扣当期进项税额后的余额，作为应纳税额。

A. 企业所得税　　B. 增值税

C.消费税　　D.关税

二、多项选择题

1.纳税会计作为会计学科一个相对独立的分支，有其特殊性，主要体现在（　　）。

A.法律性　　B.广泛性

C.统一性　　D.独立性

2.纳税会计的对象主要包括（　　）。

A.计税依据　　B.成本费用

C.税收滞纳金、罚款　　D.应税行为

3.纳税会计的基本目标主要体现在（　　）。

A.满足企业内部经营管理者经营决策的需要

B.满足国家税收管理的需要

C.满足企业进行税收筹划的需要

D.满足其他有关方面的需要

4.纳税会计作为一门特种专业会计，在核算因税务活动所引起的资金运动、监督税务行为以及参与涉税决策的过程中，应该遵循（　　）基本原则。

A.法律性　　B.真实性

C.会计分期　　D.权责发生制与收付实现制

5.账务调整的方法主要有（　　）。

A.本年度错漏账目的调整　　B.以前年度错漏账目的调整

C.资产负债表法　　D.应付税款法

6.纳税申报方式有（　　）。

A.直接申报　　B.邮寄申报

C.电子申报　　D.银行网点申报

7.下列税种的涉税会计处理，其应纳税额记入“税金及附加”科目的是（　　）。

A.消费税　　B.房产税

C.城市维护建设税　　D.车船税

三、判断题

1.企业会计行为同时受到会计准则、财务会计制度与国家税收法律

法规两种行为规范的制约。（　　）

2.纳税人发生解散、破产、撤销以及其他情形，依法终止纳税义务的，应当自市场监督管理机关办理注销之日起30日内，持有关证件向原税务登记管理机关申报办理注销税务登记。（　　）

3.从事生产经营的纳税人应当自领取营业执照之日起15日内，将其财务、会计制度或者财务、会计处理办法报送税务机关备案。

（　　）

4.纳税人执行的财务、会计制度或办法与税收规定抵触的，依照有关税收规定计算纳税。

（　　）

5.“以前年度损益调整”科目属于损益类科目，主要核算企业本年度发生的调整以前年度损益的事项。（　　）

第三章

增值税会计（上）

第一节　增值税的基本要素

一、增值税概述

增值税是以商品（含应税劳务和应税服务）在流转过程中产生的增值额作为征税对象而征收的一种流转税。它始于1954年的法国，20世纪60年代为西欧各国纷纷采纳，70年代在拉丁美洲风靡一时并传入一部分亚洲国家，80年代以来其实施范围已遍布世界各大洲。

我国从1979年开始在部分城市试行生产型增值税，到1994年已全面实行；2008年国务院决定实施增值税改革，2009年实行了增值税的全面“转型”，增值税由过去的生产型增值税转变为消费型增值税。2011年10月，国务院决定开展“营改增”试点，逐步将征收营业税改为征收增值税；2016年5月1日起，全面实施“营改增”。

我国现行增值税的基本规范是2017年11月19日国务院令第691号发布的《中华人民共和国增值税暂行条例》（简称《增值税暂行条

例》）和2016年3月财政部、国家税务总局发布的“营改增”通知以及2008年12月财政部、国家税务总局令第50号发布的《增值税暂行条例实施细则》。2019年12月，增值税法的征求意见稿正式发布。

从理论上讲，增值税是对商品生产、商品流通、劳务服务中各个环节的增值额或商品附加值征收的一种流转税。

增值额是企业在生产经营过程中新创造的那部分价值，即货物或劳务价值中V+M部分，在我国相当于净产值或国民收入部分。在现实经济生活中，对增值额这一概念可以从以下两个方面来理解：

（1）从一个生产经营单位来看，增值额是指该单位销售货物或提供劳务的收入额扣除为生产经营这种货物（包括劳务，下同）而外购的那部分货物价款后的余额。

（2）从一项货物来看，增值额是该货物经历的生产和流通的各个环节所创造的增值额之和，也就是该项货物的最终销售价值。

增值税具有以下特点：

（1）不重复征税，具有中性税收的特征。增值税具有中性税收的特征，是因为增值税只对货物或劳务销售额中没有征过税的那部分增值额征税，对销售额中属于转移过来的、以前环节已征过税的那部分销售额则不再征税，从而有效地排除了重复征税因素。此外，增值税税率档次少，一些国家只采取一档税率，即使采取二档或三档税率，其绝大部分货物一般也都是按一个统一的基本税率征税。这不仅使绝大部分货物的税负是一样的，而且使同一货物在经历所有生产和流通的各环节的整体税负也是一样的。这种情况使增值税对生产经营活动以及消费行为基本不发生影响，从而使增值税具有中性税收的特征。

（2）逐环节征税，逐环节扣税，最终消费者是全部税款的承担者。增值税保留了传统营业税按流转额全值计税和道道征税的特点，同时还实行税款抵扣制度，即在逐环节征税的同时，还实行逐环节扣税。在这里，各环节的经营者作为纳税人，只是把从买方收取的税款转交给政府，而经营者实际上并没有承担增值税税款。这样，随着各环节交易活动的进行，经营者在出售货物的同时也出售了该货物所承担的增值税税款，直到货物卖给最终消费者，货物在以前环节已纳的税款连同本环节的税款也一同转给了最终消费者。可见，增值税税负具有逐环节向前推移的特点，作为纳税人的生产经营者并不是增值税的真正负担者，只有最终消费者才是全部税款的负担者。为此，一些人认为，增值税实际上是一种零售税，货物的全部税款实际上都集中在零售环节这一点上，并通过零售环节将税款转给了消费者。

（3）税基广阔，具有征收的普遍性和连续性。无论是从横向看还是从纵向看，增值税都有着广阔的税基。从生产经营的横向关系看，无论工业、商业还是劳务、服务活动，只要有增值收入就要纳税；从生产经营的纵向关系看，每一货物无论经过多少生产经营环节，都要按各道环节上发生的增值额逐次征税。

（一）增值税的类型

实行增值税的国家，据以征税的增值额都是一种法定增值额，并非理论上的增值额。所谓法定增值额，是指各国政府根据各自的国情、政策要求，在增值税制度中人为确定的增值额。法定增值额可以等于理论上的增值额，也可以大于或小于理论上的增值额。造成法定增值额与理论增值额不一致的原因，主要是各国在规定扣除范围时，对外购固定资产的处理办法不同。一般来说，在确定征税的增值额时，对外购流动资产价款都允许从货物总价值中扣除，但有些国家不允许扣除。在允许扣除的国家中，扣除情况也不一样。

增值税按对外购固定资产处理方式的不同，可划分为生产型增值税、收入型增值税和消费型增值税。

1.生产型增值税

法定增值额除包括纳税人新创造价值外，还包括当期计入成本的外购固定资产价款部分，即法定增值额相当于当期工资、利息、租金、利润等理论增值额和折旧额之和。从整个国民经济来看，这一课税基数大体上相当于国民生产总值统计口径，故称为生产型增值税。此种类型的增值税的法定增值额大于理论增值额，对固定资产存在重复征税，而且越是资本有机构成高的行业，重复征税就越严重。这种类型的增值税虽然不利于鼓励投资，却可以保证财政收入。

2.收入型增值税

收入型增值税是指计算增值税时，对外购固定资产价款只允许扣除当期计入产品价值的折旧费部分，作为课税基数的法定增值额相当于当期工资、利息、租金和利润等各增值项目之和。从整个国民经济来看，这一课税基数相当于国民收入部分，故被称为收入型增值税。此种类型的增值税，其法定增值额与理论增值额一致，从理论上讲是一种标准的增值税，但由于外购固定资产价款是以计提折旧的方式分期转入产品价值的，且转入部分没有合法的外购凭证，故给凭发票扣税的计算方法带来困难，从而影响了这种方法的广泛采用。

3.消费型增值税

消费型增值税是指计算增值税时，允许将当期购入的固定资产价款一次全部扣除，作为课税基数的法定增值额相当于纳税人当期的全部销售额扣除外购的全部生产资料价款后的余额。从整个国民经济来看，这一课税基数仅限于消费资料价值的部分，故被称为消费型增值税。此种类型的增值税在购进固定资产的当期因扣除额大大增加，会减少财政收入。但这种方法最宜规范凭发票扣税的计算方法，因为凭固定资产的外购发票可以一次将其已纳税款全部扣除，既便于操作，也便于管理，所以是三种类型中最先进、最能体现增值税优越性的一种。

增值税类型的选择主要考虑两个方面的影响因素：一是商品课税的模式。原商品课税不仅对消费资料征税，同时也对生产资料征税，采取该模式的国家一般采用生产型或收入型增值税；原商品课税仅对某些消费品征税，采取该模式的国家一般采用消费型增值税。二是投资的政策。实行鼓励投资政策的国家就采用消费型增值税；实行限制投资政策的国家就采用生产型或收入型增值税。一般来说，经济发达国家为了鼓励投资，加速固定资产更新，一般采用消费型增值税或收入型增值税；发展中国家一般采用生产型增值税。

1994年税制改革时，我国采用生产型增值税，一方面是出于财政收入的考虑，另一方面则是为了抑制投资膨胀。随着我国社会主义市场经济体制的逐步完善和经济全球化的深入发展，推进增值税转型改革的必要性日益突出。

增值税转型改革的核心是在企业计算应缴增值税时，允许扣除购进设备所含的增值税。我国增值税转型（即将生产型增值税转为消费型增值税）改革试点始于2004年。根据国务院的部署，2004年7月1日起，增值税转型试点先后在东北三省、中部六省26个老工业基地城市、内蒙古自治区东部五个盟市和四川汶川地震受灾严重地区等部分地区的部分行业进行。自2009年1月1日起，我国在全国所有地区、所有行业推行消费型增值税。

目前，只有极少数发展中国家实行生产型增值税，极少数拉丁美洲国家实行收入型增值税，90%以上的国家开征的都是消费型增值税。相比之下，生产型增值税的税基最大，消费型增值税的税基最小、纳税人的税负最小。

（二）增值税的计税原理

增值税的计税原理是通过增值税的计税方法体现出来的。增值税的计税方法是以每一生产经营环节上发生的货物、劳务或服务的销售额为计税依据，然后按规定税率计算出整体税负，同时通过税款抵扣方式将外购项目在以前环节已纳的税款予以扣除，从而完全避免了重复征税。该原理具体体现在以下三个方面：

（1）按全部销售额计算税款，但只对货物或劳务或服务价值中新增价值部分征税。

（2）实行税款抵扣制度，对以前环节已纳税款予以扣除。

（3）税款随着货物的销售逐环节转移，最终消费者是全部税款的承担者，但政府并不直接向消费者征税，而是在生产经营的各个环节分段征收，但各环节的纳税人并不承担增值税税款。

用公式表示为：

应纳税额=增值额×适用税率

=（销售额-进价）×适用税率

=销售额×适用税率-进价×适用税率

=销项税额-进项税额

二、征税范围

根据《增值税暂行条例》的规定，增值税是对在我国境内从事销售或者进口货物或者提供加工、修理修配劳务（销售“应税劳务”）、销售服务（销售“应税服务”）、销售不动产、无形资产的企业单位和个人，就其应税销售行为和进口货物课征的一种流转税。

判别是否征增值税的要项有：一是发生了税法规定的应税行为；二是应税行为发生在境内；三是该行为是有偿的（以从受让方取得货币、

货物或其他经济利益等代价为条件的销售或转让行为)；四是销售服务、转让无形资产或不动产都是向他人，不是自我服务。

在境内是指：

（1）销售货物的起运地或者所在地在境内；

（2）提供的应税劳务发生在境内；

（3）服务（租赁不动产除外）或者无形资产（自然资源使用权除外）的销售方或者购买方在境内；

（4）所销售或者租赁的不动产在境内；

（5）所销售自然资源使用权的自然资源在境内；

（6）财政部和国家税务总局规定的其他情形。

（一）基本范围

1.销售（包括进口）货物

“货物”是指有形动产，包括电力、热力、气体在内。对进口货物在报关进口时向海关缴纳进口环节增值税。

“销售”货物是指有偿转让货物所有权的行为，即以从受让方取得货币、货物或其他经济利益等代价为条件的转让货物。

“进口”货物是指直接从境外进口的货物，同时包括从境内保税工厂、保税仓库、保税区运往境内其他地区的货物。

2.提供加工、修理修配劳务

“加工”是指受托加工货物，即委托方提供原料及主要材料，受托方按照委托方的要求制造货物并收取加工费的业务。

“修理修配”是指受托对损伤和丧失功能的货物进行修复，使其恢复原状和功能的业务。单位或者个体工商户聘用的员工为本单位或者雇主提供加工、修理修配劳务，不包括在内。

3.销售服务

销售服务指提供交通运输服务、邮政服务、电信服务、建筑服务、金融服务、现代服务和生活服务。

（1）交通运输服务，指利用运输工具将货物或者旅客送达目的地，使其空间位置得到转移的业务活动，包括以下4项：

①陆路运输服务，指通过陆路（地上或者地下）运送货物或者旅客的运输业务活动。

铁路运输服务，指通过铁路运送货物或者旅客的运输业务活动。

其他陆路运输服务，指铁路运输以外的陆路运输业务活动，包括公路运输、缆车运输、索道运输、地铁运输、城市轻轨运输等。

出租车公司向使用本公司自有出租车的出租车司机收取的管理费用，按照陆路运输服务缴纳增值税。

②水路运输服务，指通过江、河、湖、川等天然、人工水道或者海洋航道运送货物或者旅客的运输业务活动。

程租业务，指运输企业为租船人完成某一特定航次的运输任务并收取租赁费的业务。

期租业务，指运输企业将配备有操作人员的船舶租给他人使用一定期限，承租期内听候承租方调遣，不论是否经营，均按天向承租方收取租赁费，发生的固定费用均由船东负担的业务。

③航空运输服务，指通过空中航线运送货物或者旅客的运输业务活动。

湿租业务，指航空运输企业将配备有机组人员的飞机租给他人使用一定期限，承租期内听候承租方调遣，不论是否经营，均按一定标准向承租方收取租赁费，发生的固定费用均由承租方承担的业务。

航天运输服务，指利用火箭等载体将卫星、空间探测器等空间飞行器发射到空间轨道的业务活动。

④管道运输服务，指通过管道设施输送气体、液体、固体物质的运输业务活动。

⑤自2018年1月1日起，纳税人已售票但客户逾期未消费取得的运输逾期票证收入，按照“交通运输服务”缴纳增值税。

此外，还有无运输工具承运业务，它是指经营者以承运人身份与托运人签订运输服务合同，收取运费并承担承运人责任，然后委托实际承运人完成运输服务的经营活动。

（2）邮政服务。

邮政服务指中国邮政集团公司及其所属邮政企业提供邮件寄递、邮政汇兑和机要通信等邮政基本服务的业务活动，包括：

①邮政普遍服务，指函件、包裹等邮件寄递，以及邮票发行、报刊发行和邮政汇兑等业务活动。

函件，指信函、印刷品、邮资封片卡、无名址函件和邮政小包等。

包裹，指按照封装上的名址递送给特定个人或者单位的独立封装的物品，其重量不超过50千克，任何一边的尺寸不超过150厘米，长、宽、高合计不超过300厘米。

②邮政特殊服务，指义务兵平常信函、机要通信、盲人读物和革命烈士遗物的寄递等业务活动。

③其他邮政服务，指邮册等邮品销售、邮政代理等业务活动。

（3）电信服务。

电信服务，指利用有线、无线的电磁系统或者光电系统等各种通信网络资源，提供语音通话服务，传送、发射、接收或者应用图像、短信等电子数据和信息的业务活动，包括：

①基础电信服务，指利用固网、移动网、卫星、互联网，提供语音通话服务的业务活动，以及出租或者出售带宽、波长等网络元素的业务活动。

②增值电信服务，指利用固网、移动网、卫星、互联网、有线电视网络，提供短信和彩信服务、电子数据和信息的传输及应用服务、互联网接入服务等业务活动。

卫星电视信号落地转接服务属于增值电信服务。

（4）建筑服务。

建筑服务指各类建筑物、构筑物及其附属设施的建造、修缮、装饰，线路、管道、设备、设施等的安装以及其他工程作业的业务活动，包括：

①工程服务，指新建、改建各种建筑物、构筑物的工程作业，包括与建筑物相连的各种设备或者支柱、操作平台的安装或者装设工程作业，以及各种窑炉和金属结构工程作业。

②安装服务，指生产设备、动力设备、起重设备、运输设备、传动设备、医疗实验设备以及其他各种设备、设施的装配、安置工程作业，包括与被安装设备相连的工作台、梯子、栏杆的装设工程作业，以及被安装设备的绝缘、防腐、保温、油漆等工程作业。

固定电话、有线电视、宽带、水、电、燃气、暖气等经营者向用户收取的安装费、初装费、开户费、扩容费以及类似收费，按照安装服务缴纳增值税。

③修缮服务，指对建筑物、构筑物进行修补、加固、养护、改善，使之恢复原来的使用价值或者延长其使用期限的工程作业。

④装饰服务，指对建筑物、构筑物进行修饰装修，使之美观或者具有特定用途的工程作业。

⑤其他建筑服务，指上述工程作业之外的各种工程作业服务，如钻井（打井）、拆除建筑物或者构筑物、平整土地、园林绿化、疏浚（不包括航道疏浚）、建筑物平移、搭脚手架、爆破、矿山穿孔、表面附着物（包括岩层、土层、沙层等）剥离和清理等工程作业。

（5）金融服务。

金融服务指经营金融保险的业务活动，包括：

①贷款服务，指将资金贷与他人使用而取得利息收入的业务活动。

各种占用、拆借资金取得的收入，包括金融商品持有期间（含到期）利息（保本收益、报酬、资金占用费、补偿金等）收入、信用卡透支利息收入、买入返售金融商品利息收入、融资融券收取的利息收入，以及融资性售后回租、押汇、罚息、票据贴现、转贷等业务取得的利息及利息性质的收入，或者以货币资金投资收取的固定利润或者保底利润，均按照贷款服务缴纳增值税。

②直接收费金融服务，指为货币资金融通及其他金融业务提供相关服务并且收取费用的业务活动，包括提供货币兑换、账户管理、电子银行、信用卡、信用证、财务担保、资产管理、信托管理、基金管理、金融交易场所（平台）管理、资金结算、资金清算、金融支付等服务。

③金融商品转让，指转让外汇、有价证券、非货物期货和其他金融商品所有权的业务活动。其他金融商品转让包括基金、信托、理财产品等各类资产管理产品和各种金融衍生品的转让。

④保险服务，指投保人根据合同约定，向保险人支付保险费，保险人对于合同约定的可能发生的事故因其发生所造成的财产损失承担赔偿保险金责任，或者当被保险人死亡、伤残、疾病或者达到合同约定的年龄、期限等条件时承担给付保险金责任的商业保险行为，包括人身保险服务和财产保险服务。

⑤人身保险服务，指以人的寿命和身体为保险标的的保险业务

活动。

⑥财产保险服务，指以财产及其有关利益为保险标的的保险业务活动。

（6）现代服务。

现代服务指围绕制造业、文化产业、现代物流产业等提供技术性、知识性服务的业务活动，包括：

①研发和技术服务，包括：

研发服务，指就新技术、新产品、新工艺或者新材料及其系统进行研究与试验开发的业务活动，也称技术开发服务。

合同能源管理服务，指节能服务公司与用能单位以契约形式约定节能目标，节能服务公司提供必要的服务，用能单位以节能效果支付节能服务公司投入及其合理报酬的业务活动。

工程勘察勘探服务，指在采矿、工程施工前后，对地形、地质构造、地下资源蕴藏情况进行实地调查的业务活动。

专业技术服务，指气象服务、地震服务、海洋服务、测绘服务、城市规划、环境与生态监测服务等专项技术服务。

②信息技术服务，指利用计算机、通信网络等技术对信息进行生产、收集、处理、加工、存储、运输、检索和利用，并提供信息服务的业务活动，包括：

软件服务，指提供软件开发服务、软件维护服务、软件测试服务的业务活动。

电路设计及测试服务，指提供集成电路和电子电路产品设计、测试及相关技术支持服务的业务活动。

信息系统服务，指提供信息系统集成、网络管理、网站内容维护、桌面管理与维护、信息系统应用、基础信息技术管理平台整合、信息技术基础设施管理、数据中心、托管中心、信息安全服务、在线杀毒、虚拟主机等业务活动。其包括网站对非自有的网络游戏提供的网络运营服务。

业务流程管理服务，指依托信息技术提供的人力资源管理、财务经济管理、审计管理、税务管理、物流信息管理、经营信息管理和呼叫中心等服务的活动。

信息系统增值服务，指利用信息系统资源为用户附加提供的信息技术服务，包括数据处理、分析和整合、数据库管理、数据备份、数据存储、容载服务、电子商务平台等。

③文化创意服务，包括：

设计服务，指把计划、规划、设想通过文字、语言、图画、声音、视觉等形式传递出来的业务活动。其包括工业设计、内部管理设计、业务运作设计、供应链设计、造型设计、服装设计、环境设计、平面设计、包装设计、动漫设计、网游设计、展示设计、网站设计、机械设计、工程设计、广告设计、创意策划、文印晒图等。

知识产权服务，指处理知识产权事务的业务活动，包括对专利、商标、著作权、软件、集成电路布图设计的登记、鉴定、评估、认证、检索服务。

广告服务，指利用图书、报纸、杂志、广播、电视、电影、幻灯、路牌、招贴、橱窗、霓虹灯、灯箱、互联网等各种形式为客户的商品、经营服务项目、文体节目或者通告、声明等委托事项进行宣传和提供相关服务的业务活动。其包括广告代理和广告的发布、播映、宣传、展示等。

会议展览服务，指为商品流通、促销、展示、经贸洽谈、民间交流、企业沟通、国际往来等举办或者组织安排的各类展览和会议的业务活动。

④物流辅助服务，包括：

航空服务，又分为航空地面服务和通用航空服务。航空地面服务，指航空公司、飞机场、民航管理局、航站等向在境内航行或者在境内机场停留的境内外飞机或者其他飞行器提供导航等劳务性地面服务的业务活动，包括旅客安全检查服务、停机坪管理服务、机场候机厅管理服务、飞机清洗消毒服务、空中飞行管理服务、飞机起降服务、飞行通信服务、地面信号服务、飞机安全服务、飞机跑道管理服务、空中交通管理服务等。通用航空服务，指为专业工作提供飞行服务的业务活动，包括航空摄影、航空培训、航空测量、航空勘探、航空护林、航空吊挂播撒、航空降雨、航空气象探测、航空海洋监测、航空科学实验等。

港口码头服务，指港务船舶调度服务、船舶通信服务、航道管理服务、航道疏浚服务、灯塔管理服务、航标管理服务、船舶引航服务、理货服务、系解缆服务、停泊和移泊服务、海上船舶溢油清除服务、水上交通管理服务、船只专业清洗消毒检测服务和防止船只漏油服务等为船只提供服务的业务活动。港口设施经营人收取的港口设施保安费按照港口码头服务缴纳增值税。

货运客运场站服务，指货运客运场站提供货物配载服务、运输组织服务、中转换乘服务、车辆调度服务、票务服务、货物打包整理服务、铁路线路使用服务、加挂铁路客车服务、铁路行包专列发送服务、铁路到达和中转服务、铁路车辆编解服务、车辆挂运服务、铁路接触网服务、铁路机车牵引服务等业务活动。

打捞救助服务，指提供船舶人员救助、船舶财产救助、水上救助和沉船沉物打捞服务的业务活动。

装卸搬运服务，指使用装卸搬运工具或者人力、畜力将货物在运输工具之间、装卸现场之间或者运输工具与装卸现场之间进行装卸和搬运的业务活动。

仓储服务，指利用仓库、货场或者其他场所代客贮放、保管货物的业务活动。

收派服务，指接受寄件人委托，在承诺的时限内完成函件和包裹的收件、分拣、派送服务的业务活动。

收件服务，指从寄件人收取函件和包裹，并运送到服务提供方同城的集散中心的业务活动。

分拣服务，指服务提供方在其集散中心对函件和包裹进行归类、分发的业务活动。

派送服务，指服务提供方从其集散中心将函件和包裹送达同城的收件人的业务活动。

⑤租赁服务，包括：

融资租赁服务，指具有融资性质和所有权转移特点的租赁活动，即出租人根据承租人所要求的规格、型号、性能等条件购入有形动产或者不动产租赁给承租人，合同期内租赁物所有权属于出租人，承租人只拥有使用权，合同期满付清租金后，承租人有权按照残值购入租赁物，以拥有其所有权。不论出租人是否将租赁物销售给承租人，均属于融资租赁。

按照标的物的不同，融资租赁服务可分为有形动产融资租赁服务和不动产融资租赁服务。

经营租赁服务，指在约定时间内将有形动产或者不动产转让他人使用且租赁物所有权不变更的业务活动。

按照标的物的不同，经营租赁服务可分为有形动产经营租赁服务和不动产经营租赁服务。

将建筑物、构筑物等不动产或者飞机、车辆等有形动产的广告位出租给其他单位或者个人用于发布广告，按照经营租赁服务缴纳增值税。

车辆停放服务、道路通行服务（包括过路费、过桥费、过闸费等）等按照不动产经营租赁服务缴纳增值税。

水路运输的光租业务、航空运输的干租业务，属于经营租赁。

光租业务，指运输企业将船舶在约定的时间内出租给他人使用，不配备操作人员，不承担运输过程中发生的各项费用，只收取固定租赁费的业务活动。

干租业务，指航空运输企业将飞机在约定的时间内出租给他人使用，不配备机组人员，不承担运输过程中发生的各项费用，只收取固定租赁费的业务活动。

⑥鉴证咨询服务，包括：

认证服务，指具有专业资质的单位利用检测、检验、计量等技术，证明产品、服务、管理体系符合相关技术规范、相关技术规范的强制性要求或者标准的业务活动。

鉴证服务，指具有专业资质的单位受托对相关事项进行鉴证，发表具有证明力的意见的业务活动。其包括会计鉴证、税务鉴证、法律鉴证、职业技能鉴定、工程造价鉴证、工程监理、资产评估、环境评估、房地产土地评估、建筑图纸审核、医疗事故鉴定等。

咨询服务，指提供信息、建议、策划、顾问等服务的活动。其包括金融、软件、技术、财务、税收、法律、内部管理、业务运作、流程管理、健康等方面的咨询。

翻译服务和市场调查服务按照咨询服务缴纳增值税。

⑦广播影视服务，包括：

广播影视节目（作品）制作服务，指进行专题（特别节目）、专栏、综艺、体育、动画片、广播剧、电视剧、电影等广播影视节目和作品制作的服务。具体包括与广播影视节目和作品相关的策划、采编、拍摄、录音、音视频文字图片素材制作、场景布置、后期的剪辑、翻译（编译）、字幕制作、片头、片尾、片花制作、特效制作、影片修复、编目和确权等业务活动。

广播影视节目（作品）发行服务，指以分账、买断、委托等方式，向影院、电台、电视台、网站等单位和个人发行广播影视节目（作品）以及转让体育赛事等活动的报道及播映权的业务活动。

广播影视节目（作品）播映服务，指在影院、剧院、录像厅及其他场所播映广播影视节目（作品），以及通过电台、电视台、卫星通信、互联网、有线电视等无线或者有线装置播映广播影视节目（作品）的业务活动。

⑧商务辅助服务，包括：

企业管理服务，指提供总部管理、投资与资产管理、市场管理、物业管理、日常综合管理等服务的业务活动。

经纪代理服务，指各类经纪、中介、代理服务，包括金融代理、知识产权代理、货物运输代理、代理报关、法律代理、房地产中介、职业中介、婚姻中介、代理记账、拍卖等。

其中：货物运输代理服务是指接受货物收货人、发货人、船舶所有人、船舶承租人或者船舶经营人的委托，以委托人的名义，为委托人办理货物运输、装卸、仓储和船舶进出港口、引航、靠泊等相关手续的业务活动。代理报关服务是指接受进出口货物的收、发货人委托，代为办理报关手续的业务活动。

人力资源服务，指提供公共就业、劳务派遣、人才委托招聘、劳动力外包等服务的业务活动。

安全保护服务，指提供保护人身安全和财产安全，维护社会治安等的业务活动，包括场所住宅保安、特种保安、安全系统监控以及其他安保服务。

⑨其他现代服务。

其他现代服务，指除研发和技术服务、信息技术服务、文化创意服务、物流辅助服务、租赁服务、鉴证咨询服务、广播影视服务和商务辅助服务以外的现代服务。

纳税人为客户办理退票而向客户收取的退票费、手续费等收入，按照“其他现代服务”缴纳增值税。

一般纳税人销售电梯的同时提供安装服务，其安装服务可以按照甲供工程选择适用简易计税方法计税。纳税人对安装运行后的电梯提供的维护保养服务，按照“其他现代服务”缴纳增值税。

（7）生活服务。

生活服务指为满足城乡居民日常生活需求提供的各类服务活动，包括：

①文化体育服务，包括：

文化服务，指为满足社会公众文化生活需求提供的各种服务，包括：文艺创作、文艺表演、文化比赛，图书馆的图书和资料借阅，档案馆的档案管理，文物及非物质遗产保护，组织举办宗教活动、科技活动、文化活动，提供游览场所。

体育服务，指组织举办体育比赛、体育表演、体育活动，以及提供体育训练、体育指导、体育管理的业务活动。

②教育医疗服务，包括：

教育服务，指提供学历教育服务、非学历教育服务、教育辅助服务的业务活动。

学历教育服务是指根据教育行政管理部门确定或者认可的招生和教学计划组织教学，并颁发相应学历证书的业务活动。其包括初等教育、初级中等教育、高级中等教育、高等教育等。

非学历教育服务，包括学前教育、各类培训、演讲、讲座、报告会等。

教育辅助服务，包括教育测评、考试、招生等服务。

医疗服务，指提供医学检查、诊断、治疗、康复、预防、保健、接生、计划生育、防疫服务等方面的服务，以及与这些服务有关的提供药品、医用材料器具、救护车、病房住宿和伙食的业务。

③旅游娱乐服务，包括：

旅游服务，指根据旅游者的要求，组织安排交通、游览、住宿、餐饮、购物、文娱、商务等服务的业务活动。

娱乐服务，指为娱乐活动同时提供场所和服务的业务，具体包括：歌厅、舞厅、夜总会、酒吧、台球、高尔夫球、保龄球、游艺（包括射击、狩猎、跑马、游戏机、蹦极、卡丁车、热气球、动力伞、射箭、飞镖）。

④餐饮住宿服务，包括：

餐饮服务，指通过同时提供饮食和饮食场所的方式为消费者提供饮食消费服务的业务活动。

住宿服务，指提供住宿场所及配套服务等的活动，包括宾馆、旅馆、旅社、度假村和其他经营性住宿场所提供的住宿服务。

⑤居民日常服务，指主要为满足居民个人及其家庭日常生活需求提供的服务，包括市容市政管理、家政、婚庆、养老、殡葬、照料和护理、救助救济、美容美发、按摩、桑拿、氧吧、足疗、沐浴、洗染、摄影扩印等服务。

⑥其他生活服务，指除文化体育服务、教育医疗服务、旅游娱乐服务、餐饮住宿服务和居民日常服务之外的生活服务。

纳税人提供植物养护服务，按照“其他生活服务”缴纳增值税。

4.销售无形资产

销售无形资产，指转让无形资产所有权或者使用权的业务活动。

无形资产是指不具实物形态，但能带来经济利益的资产，包括技术、商标、著作权、商誉、自然资源使用权和其他权益性无形资产。

技术，包括专利技术和非专利技术。

自然资源使用权，包括土地使用权、海域使用权、探矿权、采矿权、取水权和其他自然资源使用权。

其他权益性无形资产，包括基础设施资产经营权、公共事业特许权、配额、经营权（包括特许经营权、连锁经营权、其他经营权）、经销权、分销权、代理权、会员权、席位权、网络游戏虚拟道具、域名、名称权、肖像权、冠名权、转会费等。

5.销售不动产

销售不动产，指转让不动产所有权的业务活动。

不动产是指不能移动或者移动后会引起性质、形状改变的财产，包括建筑物、构筑物等。

建筑物，包括住宅、商业营业用房、办公楼等可供居住、工作或者进行其他活动的建造物。

构筑物，包括道路、桥梁、隧道、水坝等建造物。

转让建筑物有限产权或者永久使用权的，转让在建的建筑物或者构筑物所有权的，以及在转让建筑物或者构筑物时一并转让其所占土地的使用权的，按照销售不动产缴纳增值税。

（二）不征增值税的项目

销售服务、无形资产或者不动产，指有偿提供服务、有偿转让无形资产或者不动产，但属于下列非经营活动的情形除外：

（1）行政单位收取的同时满足以下条件的政府性基金或者行政事业性收费。

①由国务院或者财政部批准设立的政府性基金，由国务院或者省级人民政府及其财政、价格主管部门批准设立的行政事业性收费；

②收取时开具省级以上（含省级）财政部门监（印）制的财政票据；

③所收款项全额上缴财政。

（2）单位或者个体工商户聘用的员工为本单位或者雇主提供取得工资的服务。

（3）单位或者个体工商户为聘用的员工提供服务。

（4）根据国家指令无偿提供的铁路运输服务、航空运输服务。

（5）存款利息。

（6）被保险人获得的保险赔付。

（7）房地产主管部门或者其指定机构、公积金管理中心、开发企业以及物业管理单位代收的住宅专项维修资金。

（8）纳税人确定的中央财政补贴。

（9）增值税纳税人收取的会员费收入。

（10）各燃油电厂从政府财政专户取得的发电补贴不属于增值税规定的价外费用，不计入应税销售额，不征收增值税。

（11）财政部和国家税务总局规定的其他情形。

（三）属于征税范围的特殊项目

属于征税范围的特殊项目包括：

（1）执罚部门和单位按规定程序取得的罚没物品的拍卖收入、变卖收入以及按收兑或收购价所取得的收入作为罚没收入如数上缴财政，不予征税。对经营单位购入拍卖物品再销售的照章征收增值税。国家指定销售单位将罚没物品纳入正常销售渠道销售的，应照章征收增值税。专管机关或专营企业经营的罚没物品中属于应征增值税的货物，应照章征收增值税。

（2）融资性售后回租业务中，承租方出售资产的行为不属于增值税的征税范围，不征收增值税。

（3）药品生产企业销售自产创新药的销售额，为向购买方收取的全部价款和价外费用，其提供给患者后续免费使用的相同创新药，不属于增值税视同销售范围。

（4）经批准允许从事二手车经销业务的纳税人，收购二手车时将其办理过户登记到自己名下，销售时再将该二手车过户登记到买家名下的行为，按照销售货物征收增值税。

（5）纳税人在资产重组过程中，通过合并、分立、出售、置换等方式，将全部或者部分实物资产以及与其相关联的债权、负债和劳动力一并转让给其他单位和个人，不属于增值税的征税范围，其中涉及的货物转让，不征收增值税。

（四）属于征税范围的特殊行为

1.视同销售行为

单位或者个体工商户的下列行为，视同发生应税销售行为，包括：

（1）将货物交付其他单位或者个人代销（代销中的委托方）；

（2）销售代销货物（代销中的受托方）；

（3）设有两个以上机构并实行统一核算的纳税人，将货物从一个机构移送其他机构用于销售，但相关机构设在同一县（市）的除外；

（4）将自产或者委托加工的货物用于非增值税应税项目；

（5）将自产或者委托加工的货物用于集体福利或者个人消费；

（6）将自产、委托加工或者购进的货物作为投资，提供给其他单位或者个体工商户；

（7）将自产、委托加工或者购进的货物分配给股东或者投资者；

（8）将自产、委托加工或者购进的货物无偿赠送其他单位或者个人；

（9）单位或者个体工商户向其他单位或者个人无偿提供服务、单位或者个人向其他单位或者个人无偿转让无形资产或者不动产，但用于公益事业或者以社会公众为对象的除外；

（10）财政部、国家税务总局规定的其他情形。

“用于销售”，是指受货机构发生以下情形之一的经营行为：一是向购货方开具发票；二是向购货方收取货款。

受货机构的货物移送行为有上述两项情形之一的，应当向所在地税务机关缴纳增值税；未发生上述两项情形的，则应由总机构统一缴纳增值税。

如果受货机构只就部分货物向购买方开具发票或收取货款，则应当区别不同情况计算并分别向总机构所在地或分支机构所在地缴纳税款。

2.混合销售行为

一项销售行为如果既涉及货物又涉及服务，为混合销售。从事货物的生产、批发或者零售的单位和个体工商户（包括以从事货物的生产、批发或者零售为主，并兼营销售服务的单位和个体工商户在内）的混合销售行为，按照销售货物缴纳增值税；其他单位和个体工商户的混合销售行为，按照销售服务缴纳增值税。

界定“混合销售”行为成立的行为标准有两点：一是其销售行为必须是一项；二是该项行为必须既涉及服务又涉及货物，其“货物”是指增值税税法中规定的有形动产，包括电力、热力和气体；其“服务”是指属于改征范围的交通运输服务、建筑服务、金融保险服务、邮政服务、电信服务、现代服务、生活服务等。

在确定混合销售是否成立时，其行为标准中的上述两点必须同时存在，如果一项销售行为只涉及服务，不涉及货物，这种行为就不是混合销售行为；反之，如果涉及服务和涉及货物的行为，不是存在于一项销售行为之中，这种行为也不是混合销售行为。

三、纳税人

在我国境内发生增值税应税销售行为的单位和个人，为增值税的纳税人，主要包括以下几类：

（1）单位，指企业、行政单位、事业单位、军事单位、社会团体及其他单位。

（2）个人，指个体工商户和其他个人。

（3）承租人或承包人。采用承包、承租、挂靠经营方式时，区分以下两种情况界定纳税人：

①同时满足以下两个条件的，以发包人为纳税人：以发包人名义对外经营、由发包人承担相关法律责任。

②不同时满足上述两个条件的，以承包人为纳税人。

（4）资管产品运营过程中发生的增值税应税销售行为，以资管产品管理人为增值税纳税人。

（5）境外的单位和个人在境内提供应税劳务，在境内未设有经营机构的，以其境内代理人为扣缴义务人；在境内没有代理人的，以购买方为扣缴义务人。

增值税实行凭专用发票抵扣税款的制度，客观上要求纳税人具备健全的会计核算制度和能力。为简化增值税的计算和征收，减少税收征管漏洞，增值税按会计核算水平和经营规模分为小规模纳税人和一般纳税人。

（一）小规模纳税人

小规模纳税人指年应税销售额在规定标准以下，并且会计核算不健全导致不能按规定报送有关税务资料的增值税纳税人。

自2018年5月1日起，增值税小规模纳税人标准为年应征增值税销售额500万元及以下。[①]

年应税销售额是指纳税人在连续不超过12个月或4个季度的经营期内累计应征增值税销售额，包括纳税申报销售额、稽查查补销售额、纳税评估调整销售额。“纳税申报销售额”是指纳税人自行申报的全部应征增值税销售额，其中包括免税销售额和税务机关代开发票销售额。“稽查查补销售额”和“纳税评估调整销售额”计入查补税款申报当月（或当季）的销售额，不计入税款所属期销售额。

年应税销售额超过小规模纳税人规定标准的其他个人按小规模纳税

① 之前，小规模纳税人的标准为：（1）生产企业（含加工、修理修配企业），年应税销售额在50万元以下（含本数）的；（2）纳税人提供应税服务年销售额在500万元以下的；（3）其他企业（流通企业），年应税销售额在80万元以下的。

人纳税。

非企业性单位可以选择按小规模纳税人纳税。

（二）一般纳税人

一般纳税人指会计核算健全且年应税销售额超过财政部、国家税务总局规定的小规模纳税人标准的企业和企业性单位。

会计核算健全，是指能够按照国家统一的会计制度规定设置账簿，根据合法、有效凭证核算。

一般纳税人资格认定的权限，在县（市、区）税务局或者同级别的税务分局。

纳税人兼有销售货物、提供加工修理修配劳务（称“应税货物及劳务”）和销售服务、无形资产、不动产（称“应税行为”）的，应税货物及劳务销售额与应税行为销售额分别计算，分别适用增值税一般纳税人登记标准，其中有一项销售额超过规定标准，就应当按照规定办理增值税一般纳税人登记相关手续。

年应税销售额未超过规定标准的纳税人，会计核算健全，能够提供准确税务资料的，可以向主管税务机关办理一般纳税人登记。

纳税人登记为一般纳税人后，不得转为小规模纳税人，国家税务总局另有规定的除外。

下列纳税人不办理一般纳税人登记：

（1）按照政策规定，选择按照小规模纳税人纳税的。

（2）年应税销售额超过规定标准的其他个人。

小规模纳税人标准提高后，已登记为增值税一般纳税人的单位和个人，在2018年12月31日前，可转登记为小规模纳税人或选择继续作为一般纳税人。需要强调的是，只有2018年5月1日以前就已经登记的一般纳税人，才可以转登记为小规模纳税人（简称转登记纳税人）。

转登记纳税人自转登记日的下期起，按照简易计税方法计算缴纳增值税；转登记日当期仍按照一般纳税人的有关规定计算缴纳增值税，其尚未申报抵扣的进项税额以及转登记日当期的期末留抵税额，计入“应交税费——待抵扣进项税额”核算。

转登记后应税销售额超过500万元标准的，应办理一般纳税人登记。转登记后再次登记为一般纳税人的，不得再转为小规模纳税人。

四、税率与征收率

现行增值税适用税率分为一般纳税人适用的税率、小规模纳税人和实行简易征税办法的纳税人适用的征收率，以及出口货物（劳务）适用的零税率。

增值税税率是一般纳税人计算货物或应税劳务税额的尺度，而增值税征收率是小规模纳税人计算其应纳税额的尺度。两者实质的区别在于：增值税税率计算的税额反映货物或应税劳务的整体税款，而不是本环节的实际税款；增值税征收率计算的税额反映本环节的实际税款。

纳税人兼营销售货物、劳务、服务、无形资产或者不动产，适用不同税率或者征收率的，应当分别核算适用不同税率或者征收率的销售额；未分别核算的，从高适用税率或者征收率。

1994年税制改革时，我国增值税税率分三档：基本税率17%、低税率13%和出口货物适用零税率，征收率为6%。至今增值税税率（征收率）主要经过四次调整。

（1）依据财税〔2014〕57号文件和国家税务总局公告2014年第36号规定，2014年7月1日起，将6%、4%和3%的征收率统一调整为3%。

（2）依据国务院常务会议的决定，财税〔2017〕37号文件规定，自2017年7月1日起，简并增值税税率结构，取消13%的增值税税率。增值税率从四档变为三档，将农产品、天然气等增值税税率从13%下调至11%。

（3）财税〔2018〕32号文件规定，2018年5月1日起，增值税下调1个百分点。目前我国增值税的三档税率分别为6%、10%和16%。

（4）2019年《政府工作报告》中提出“将制造业等行业现行16%的税率降至13%，将交通运输业、建筑业等行业现行10%的税率降至9%，保持6%一档的税率不变”。

（一）税率（适用于一般纳税人）

自2019年4月1日起，增值税一般纳税人发生增值税应税销售行为或者进口货物，原适用16%税率的，税率调整为13%；原适用10%税率的，税率调整为9%。调整后增值税一般纳税人适用税率为13%、9%、6%和0共4档，见表3-1。

表3-1 **增值税适用税率表**

税目	税率
销售或者进口货物（除9～12项外）	13%
加工、修理修配劳务	
有形动产租赁服务	
不动产租赁服务	9%
销售不动产	
建筑服务	
运输服务	
转让土地使用权	
饲料、化肥、农药、农机、农膜	
粮食等农产品、食用植物油、食用盐	
自来水、暖气、冷气、热水、煤气、石油液化气、天然气、二甲醚、沼气、居民用煤炭制品	
图书、报纸、杂志、音像制品、电子出版物	
邮政服务	
基础电信服务	
增值电信服务	6%
金融服务	
现代服务	
生活服务	
销售无形资产（除土地使用权外）	
纳税人出口货物、提供财政部和国家税务总局规定的跨境应税行为（但国务院另有规定的除外）	0

注：

①自2018年5月1日起，对进口抗癌药品，减按3%征收进口环节增值税。

②自2018年5月1日起，增值税一般纳税人生产销售和批发、零售抗癌药品，可选择按照简易办法依照3%征收率计算缴纳增值税。

（二）征收率

增值税的征收率适用于小规模纳税人和特定一般纳税人，有3%和5%两档。

一般情况下，小规模纳税人和特定一般纳税人适用的征收率为3%，当其发生特定应税行为时，才适用5%的征收率，见表3-2。

表3-2 **增值税适用征收率表**

情形	应税行为	征收率
一般情况	小规模纳税人（含特定一般纳税人）发生增值税应税行为	3%
特殊行为	（1）小规模纳税人转让其取得的不动产	5%
	（2）个人转让其购买的住房	
	（3）房地产开发企业中的一般纳税人，销售自行开发的房地产老项目，选择适用简易计税方法的	
	（4）房地产开发企业中的小规模纳税人，销售自行开发的房地产项目	
	（5）一般纳税人出租其2016年4月30日前取得的不动产，选择适用简易计税方法的	
	（6）单位和个体工商户出租不动产（个体工商户出租住房减按1.5%计算应纳税额）	
	（7）其他个人出租不动产（出租住房减按1.5%计算应纳税额）	
	（8）一般纳税人转让其2016年4月30日前取得的不动产，选择适用简易计税方法计税的	

此外，征收率的特殊政策规定如下：

（1）适用3%征收率的某些一般纳税人和小规模纳税人可以减按2%计征增值税：

①一般纳税人销售自己使用过的属于《增值税暂行条例》规定不得抵扣且未抵扣进项税额的固定资产，按简易办法依照3%征收率减按2%征收增值税。

应纳税额=含税售价÷（1+3%）×2%

一般纳税人销售自己使用过的不得抵扣且未抵扣进项税的固定资产，适用简易办法依照3%征收率减按2%征收增值税政策的，可以放弃减税，按照简易办法依照3%征收率缴纳增值税，并可以开具增值税专用发票。

“已使用过的固定资产”，指纳税人根据财务会计制度已经计提折旧的固定资产。

②小规模纳税人（除其他个人外）销售自己使用过的固定资产，减按2%征收率征收增值税。

③纳税人销售旧货，按简易办法依照3%征收率减按2%征收增值税。

所称旧货，指进入二次流通的具有部分使用价值的货物（含旧汽车、旧摩托车和旧游艇），但不包括自己使用过的物品。

（2）提供物业管理服务的纳税人，向服务接受方收取的自来水水费，以扣除其对外支付的自来水水费后的余额为销售额，按照简易计税方法依3%的征收率计算缴纳增值税。

（3）小规模纳税人提供劳务派遣服务，可以按照《财政部 国家税务总局关于全面推开营业税改征增值税试点的通知》（财税〔2016〕36号）的有关规定，以取得的全部价款和价外费用为销售额，按照简易计税方法依3%的征收率计算缴纳增值税；也可以选择差额纳税，以取得的全部价款和价外费用，扣除代用工单位支付给劳务派遣员工的工资、福利和为其办理社会保险及住房公积金后的余额为销售额，按照简易计税方法依5%的征收率计算缴纳增值税。

（4）非企业性单位中的一般纳税人提供的研发和技术服务、信息技术服务、鉴证咨询服务，以及销售技术、著作权等无形资产，可以选择简易计税方法按照3%征收率计算缴纳增值税。

需要注意的是：

（1）不仅仅小规模纳税人使用增值税的征收率，增值税一般纳税人在一些特殊情况下也使用征收率。

（2）小规模纳税人使用的征收率，一般涉及两种情况：3%（减按2%）和5%。

（3）采用征收率计算的税额，不能称其为销项税额，对于小规模纳税人来说就是应纳税额；对于一般纳税人来说，是其应纳税额的组成部分。

（三）兼营行为的税率选择

纳税人发生应税销售行为适用不同税率或者征收率的，应当分别核算适用不同税率或者征收率的销售额，未分别核算销售额的，按照以下方法适用税率或者征收率：

（1）兼有不同税率的应税销售行为，从高适用税率。

（2）兼有不同征收率的应税销售行为，从高适用征收率。

（3）兼有不同税率和征收率的应税销售行为，从高适用税率。

（4）纳税人销售活动板房、机器设备、钢结构件等自产货物的同时提供建筑、安装服务，不属于混合销售，应分别核算货物和建筑服务的销售额，分别适用不同的税率或者征收率。

第二节　增值税的计算

增值税的计税方法包括一般计税方法、简易计税方法和扣缴计税方法。

一、一般计税方法

一般纳税人发生应税销售行为适用一般计税方法（即当期购进扣税法）计税。

我国目前采用的一般计税方法是间接计算法，即先按当期销售额和适用税率计算出销项税额，然后对当期购进项目向对方支付的税款进行抵扣，从而间接计算出对当期增值额部分的应纳税额。

增值税一般纳税人（除适用简易计税办法外）发生增值税应税销售行为的应纳税额等于当期销项税额扣除当期进项税额后的余额。其计算公式如下：

当期应纳税额=当期销项税额-当期进项税额=当期销售额×适用税率-当期进项税额

公式中的“应纳税额”是纳税人实际应缴纳的增值税税额，即纳税人当期销项税额扣除进项税额后的余额。

结果为正数时，为纳税人当期应纳税额；结果为负数时，也就是当期销项税额小于当期进项税额而发生不足抵扣时，其不足部分可以结转至下期继续抵扣。其计算公式如下：

当期应纳税额=当期销项税额−当期进项税额−上期留抵税额

增值税一般纳税人当期应纳税额的多少，取决于当期销项税额和当期进项税额这两个因素。而当期销项税额的确定关键在于确定当期销售额。对当期进项税额的确定在税法中也做了一些具体的规定。在分别确定销项税额和进项税额的情况下，就不难计算出应纳税额。

（一）销项税额的确认与计算

销项税额是指纳税人发生应税行为，按照销售额和适用税率计算并收取的增值税税额。计算公式：

销项税额=销售额×税率

其含义包括两个方面：一是销项税额是通过计算得出来的，对于销货方来讲，在没有依法抵扣其进项税额前，销项税额不是其应纳税额，而是销售货物或应税劳务（服务）的整体税负；二是销售额是不含增值税的，是从购买方收取的，体现了价外税的性质。

1.销售货物的销售额

（1）一般方式下的销售额。

销售货物的销售额是指纳税人销售货物向购买方收取的全部价款和价外费用，但财政部和国家税务总局另有规定的除外。

价外费用，是指价外收取的各种性质的收费，但不包括以下项目：

①受托加工应征消费税的消费品所代收代缴的消费税。

②同时符合以下条件的代垫运费：承运部门的运费发票开具给购买方，并且由纳税人将该项发票转交给购买方。

③同时符合以下条件代为收取的政府性基金或者行政事业性收费：第一，由国务院或者财政部批准设立的政府性基金，由国务院或者省级人民政府及其财政、价格主管部门批准设立的行政事业性收费；第二，收取时开具省级以上财政部门印制的财政票据；第三，所收款项全额上缴财政。

④销售货物的同时代办保险等而向购买方收取的保险费，以及向购买方收取的代购买方缴纳的车辆购置税、车辆牌照费。

⑤由于消费税属于价内税，凡征收消费税的货物在计征增值税时应税销售额应包括消费税税金。

价外费用（含逾期包装物押金）无论其会计制度如何核算，均应并入销售额计算，因其一般是含增值税的，要进行价税分离。

纳税人兼营免税、减税项目的，应当分别核算免税、减税项目的销售额；未分别核算的，不得免税、减税。

纳税人按照人民币以外的货币结算销售额的，应当折合成人民币计算，折合率可以选择销售额发生的当天或者当月1日的人民币汇率中间价。纳税人应当在事先确定采用何种折合率，确定后12个月内不得变更。

（2）销售额的价税分离。

增值税属于价外税，即计算增值税的计税依据中不含增值税税额。一般纳税人销售货物、提供应税劳务或者销售服务、转让无形资产或不动产，采用销售额和销项税额合并定价的，应将含税销售额换算为不含税销售额，计算公式为：

销售额=含税销售额÷（1+税率）

（3）视同销售货物行为的销售额。

纳税人发生应税销售行为的情形，价格明显偏低并无正当理由的，或者发生应税销售行为而无销售额的，由主管税务机关按照下列顺序核定销售额：

①按纳税人最近时期发生同类应税销售行为的平均价格确定。

②按其他纳税人最近时期发生同类应税销售行为的平均价格确定。

③按组成计税价格确定，组成计税价格的公式为：

组成计税价格=成本×（1+成本利润率）

属于应征消费税的货物，其组成计税价格中应加上消费税税额，公式为：

组成计税价格=成本×（1+成本利润率）+消费税

=成本×（1+成本利润率）÷（1-消费税税率）

公式中的成本，销售自产货物的为实际生产成本，销售外购货物的为实际采购成本。公式中的成本利润率由国家税务总局确定。

纳税人提供应税服务的价格明显偏低或者偏高且不具有合理商业目的的，或者发生视同提供应税服务而无销售额的，主管税务机关有权按照下列顺序确定其销售额：

①按照纳税人最近时期提供同类应税服务的平均价格确定。

②按照其他纳税人最近时期提供同类应税服务的平均价格确定。

③按照组成计税价格确定。组成计税价格的公式为：

组成计税价格=成本×（1+成本利润率）

成本利润率由国家税务总局确定。

（4）特殊销售方式下的销售额

①折扣销售、销售折扣和销售折让。折扣销售亦称商业折扣，价款和折扣额在同一张发票上分别注明的，以折扣后的价款为销售额；未在同一张发票上分别注明的，以价款为销售额，不得扣减折扣额。

销售折扣亦称现金折扣，不得从销售额中减除。

销售折让可从销售额中减除折让额。

必须指出的是，折扣仅限于价格的折扣，对于实物折扣多付出的实物，不按照折扣销售处理，应按视同销售计算增值税。

②采取以旧换新方式销售。以旧换新指纳税人在销售自己的货物时，有偿收回旧货物的行为。纳税人采取以旧换新方式销售货物的（金银首饰除外），应按新货物的同期销售价格确定销售额，不得扣减旧货物的收购价格。对金银首饰以旧换新业务，按销售方实际收取的不含增值税的全部价款计征增值税。

③采取还本销售方式销售。还本销售指销货方将货物出售之后，按约定的时间，一次或分次将购货款部分或全部退还给购货方，退还的货款即为还本支出。这种方式实际上是一种筹资行为。税法规定，纳税人采取还本销售货物的，不得从销售额中减除还本支出。

④采取以物易物方式销售。以物易物是一种较为特殊的购销活动，指购销双方不是以货币结算，而是以同等价款的货物、劳务、服务、无形资产、不动产相互结算，实现货物购销的一种方式。以物易物双方都应作购销处理，以各自发出的应税销售行为核算销售额并计算销项税额，以各自收到的货物、劳务、服务、无形资产、不动产按规定核算购进金额并计算进项税额。在以物易物活动中，应分别开具合法的票据，收到的货物、劳务、服务、无形资产、不动产不能取得相应的增值税专用发票或其他合法票据的，不能抵扣进项税额。

⑤包装物押金。销售货物而出租、出借包装物收取的押金，单独记账核算的，不并入销售额征税。但对因逾期（按合同约定实际逾期或以

一年为期限）未收回包装物不再退还的押金，应换算为不含税价按所包装货物的适用税率计算销项税额。对于酒类（啤酒、黄酒除外）包装物押金，收到就做销售处理。

必须注意的是，包装物押金不应混同于包装物租金，包装物租金在销货时应作为价外费用并入销售额计算销项税额。

⑥直销行为。直销企业通过直销员向消费者销售货物，直接向消费者收取货款，直销企业的销售额为其向消费者收取的全部价款和价外费用。直销员将货物销售给消费者时，应按照现行规定缴纳增值税。

2.提供加工、修理修配劳务的销售额

提供加工、修理修配劳务的销售额是指纳税人提供加工、修理修配劳务而收取的全部价款和价外费用。增值税是价外税，销售额中不包括收取的销项税额。

3.销售服务、无形资产和不动产的销售额

（1）销售应税服务的销售额。

①贷款服务，以提供贷款服务取得的全部利息及利息性质的收入为销售额。

银行提供贷款服务按期计收利息的，结息当日的全部利息收入，均应计入结息日所属期的销售额，按照现行规定计算缴纳增值税。

自2018年1月1日至2019年12月31日，纳税人为农户、小型企业、微型企业及个体工商户借款、发行债券提供融资担保取得的担保费收入，以及为上述融资担保（称“原担保”）提供再担保取得的再担保费收入，免征增值税。再担保合同对应多个原担保合同的，原担保合同应全部适用免征增值税政策。否则，再担保合同应按规定缴纳增值税。

自2018年1月1日起，资管产品管理人运营资管产品提供的贷款服务以2018年1月1日起产生的利息及利息性质的收入为销售额。

②直接收费金融服务，以提供直接收费金融服务收取的手续费、佣金、酬金、管理费、服务费、经手费、开户费、过户费、结算费、转托管费等各类费用为销售额。

③一般纳税人跨县（市）提供建筑服务，适用一般计税方法的，以取得的全部价款和价外费用为销售额。

（2）销售无形资产的销售额。

销售无形资产的销售额是指纳税人销售无形资产取得的全部价款和价外费用。增值税是价外税，销售额中不包括收取的销项税额，财政部和国家税务总局另有规定的除外。

（3）销售不动产的销售额。

一般纳税人销售不动产选择适用一般计税方法计税的，以取得的全部价款和价外费用为销售额。

4.按差额业务征税的销售额

（1）金融商品转让，按照卖出价扣除买入价后的余额为销售额。转让金融商品出现的正负差，按盈亏相抵后的余额为销售额。若相抵后出现负差，可结转下一纳税期与下期转让金融商品销售额相抵，但年末时仍出现负差的，不得转入下一个会计年度。（先含税减除差额，再价税分离算销项税）

经营金融保险业务的机构发放贷款后，自结息日起90天内发生的应收未收利息按现行规定缴纳增值税，自结息日起90天后发生的应收未收利息暂不缴纳增值税，待实际收到利息时按规定缴纳增值税。

（2）经纪代理服务，以取得的全部价款和价外费用，扣除向委托方收取并代为支付的政府性基金或者行政事业性收费后的余额为销售额。向委托方收取的政府性基金或者行政事业性收费，不得开具增值税专用发票。

（3）融资租赁和融资性售后回租业务。

①经中国人民银行、银保监会或者商务部批准从事融资租赁业务的试点纳税人，提供融资租赁服务，以取得的全部价款和价外费用，扣二息（借款利息、债券利息）一税（车辆购置税）后的余额为销售额。

②经中国人民银行、银保监会或者商务部批准从事融资租赁业务的试点纳税人，提供融资性售后回租服务，以取得的全部价款和价外费用（不含本金），扣除对外支付的借款利息（包括外汇借款和人民币借款利息）、发行债券利息后的余额作为销售额。

融资性售后回租，指承租方以融资为目的，将资产出售给从事融资租赁业务的企业后，又将该资产租回的业务活动。承租方先将资产销售取得资金，再支付资金将已售资产租回使用，其实质属于融资行为。它与一般融资租赁的增值税计税规则存在差异。

③试点纳税人根据2016年4月30日前签订的有形动产融资性售后回租合同，在合同到期前提供的有形动产融资性售后回租服务，可继续按照有形动产融资租赁服务缴纳增值税。

（4）航空运输企业的销售额，不包括代收的机场建设费和代售其他航空运输企业客票而代收转付的价款。

自2018年1月1日起，航空运输销售代理企业提供境外航段机票代理服务，以取得的全部价款和价外费用，扣除向客户收取并支付给其他单位或者个人的境外航段机票结算款和相关费用后的余额为销售额。其中，支付给境内单位或者个人的款项，以发票或行程单为合法有效凭证；支付给境外单位或者个人的款项，以签收单据为合法有效凭证，税务机关对签收单据有疑议的，可以要求其提供境外公证机构的确认证明。

（5）一般纳税人提供客运场站服务，以其取得的全部价款和价外费用扣除支付给承运方运费后的余额为销售额。

（6）纳税人提供旅游服务，可以选择以取得的全部价款和价外费用，扣除向旅游服务购买方收取并支付给其他单位或者个人的住宿费、餐饮费、交通费、签证费、门票费和支付给其他接团旅游企业的旅游费用后的余额为销售额。

（7）中国移动通信集团公司、中国联合网络通信集团有限公司、中国电信集团公司及其成员单位通过手机短信公益特服号为公益性机构接受捐款服务，以其取得的全部价款和价外费用，扣除支付给公益性机构捐款后的余额为销售额。

（8）一般纳税人提供知识产权代理服务、货物运输代理服务和代理报关服务，以取得的全部价款和价外费用，扣除向委托方收取并代为支付的政府性基金或行政事业性收费后的余额为销售额。向委托方收取并代为支付的政府性基金或行政事业性收费，不得开具增值税专用发票。

（9）一般纳税人提供国际货物运输代理服务，以其取得的全部价款和价外费用扣除支付给国际运输企业的国际运输费后的余额为销售额。

（10）纳税人提供建筑服务适用简易计税方法的，以取得的全部价款和价外费用扣除支付的分包款后的余额为销售额。

此外，房地产开发企业中的一般纳税人销售其开发的房地产项目

（选择简易计税方法的房地产老项目除外），以取得的全部价款和价外费用，扣除受让土地时向政府部门支付的土地价款后的余额为销售额。

"向政府部门支付的土地价款"包括土地受让人向政府部门支付的征地和拆迁补偿费、土地前期开发费用和土地出让收益等。

对纳税人转让不动产缴纳增值税差额扣除的规定如下：

纳税人转让不动产，按照有关规定差额缴纳增值税的，如因丢失等原因无法提供取得不动产时的发票，可向税务机关提供其他能证明契税计税金额的完税凭证等资料，进行差额扣除。

纳税人以契税计税金额进行差额扣除的，按照下列公式计算增值税应纳税额：

如果在2016年4月30日及以前缴纳契税，则：

$$\text{增值税应纳税额}=\left[\text{全部交易价格（含增值税）}-\text{契税计税金额（含营业税）}\right]\div(1+5\%)\times5\%$$

如果在2016年5月1日及以后缴纳契税，则：

$$\text{增值税应纳税额}=\left[\text{全部交易价格（含增值税）}\div(1+5\%)-\text{契税计税金额（不含增值税）}\right]\times5\%$$

纳税人同时保留取得不动产时的发票和其他能证明契税计税金额的完税凭证等资料的，应当凭发票进行差额扣除。

5.当期销项税额的计算

当期销项税额=当期销售额或组成计税价格×税率

所谓当期，指销售实现的时间在本期。纳税人在什么时间计算销项税额，《增值税暂行条例》及其实施细则都作了严格规定，具体体现在增值税纳税义务发生时间和纳税期限的规定上。

纳税人适用一般计税方法的，因销售折让、中止或者退回而退还给购买方的增值税额，应当从当期的销项税额中扣减。

一般纳税人发生应税销售行为，开具增值税专用发票后，发生退回或者折让、开票有误等情形，应按规定开具红字增值税专用发票。未按规定开具红字增值税专用发票的不得扣减销项税额或者销售额。

（二）进项税额的确定

进项税额是纳税人购进货物、加工修理修配劳务、服务、无形资产或者不动产所支付或负担的增值税额，它与销售方收取的销项税额相对应。

进项税额有三方面的意义：

（1）必须是增值税一般纳税人，才涉及进项税额的抵扣问题；

（2）产生进项税额的行为包括购进货物、加工修理修配劳务、服务、无形资产或者不动产；

（3）支付或者负担的进项税额是指支付给销货方或者购买方自己负担的增值税税额。

每一个增值税一般纳税人都会有收取的销项税额和支付的进项税额，一般纳税人当期应纳增值税税额采用购进抵扣法计算，即以当期的销项税额扣除当期进项税额，其余额为应纳增值税税额。一般纳税人应纳税额的大小取决于两个因素：销项税额和进项税额。进项税额的大小影响纳税人实际缴纳的增值税。需要注意的是，并不是购进货物或者接受应税劳务和应税服务所支付或者负担的增值税都可以在销项税额中抵扣，税法对哪些进项税额可以抵扣，哪些进项税额不能抵扣作了严格的规定。

1.准予从销项税额中抵扣的进项税额

（1）一般纳税人购进货物、接受应税劳务（加工、修理修配劳务）或者应税服务（包括但不限于交通运输业服务）的进项税额，为从销售方（或者提供方）取得的“增值税专用发票”（含货物运输业增值税专用发票、税控机动车销售统一发票）上注明的增值税税额。

（2）从海关取得的海关进口增值税专用缴款书上注明的增值税税额。

（3）自境外单位或者个人购进劳务、服务、无形资产或者不动产，从税务机关或者扣缴义务人取得的代扣代缴税款的完税凭证上注明的增值税税额。

（4）自2019年4月1日起，纳税人购进农产品，原适用10%扣除率的，扣除率调整为9%。纳税人购进用于生产或者委托加工13%税率货物的农产品，按照10%的扣除率计算进项税额。

增值税一般纳税人购进农产品，取得（开具）农产品销售发票或收购发票的，以农产品销售发票或收购发票上注明的农产品买价和9%的扣除率计算进项税额。

购进农产品进项税额的计算公式：

进项税额=买价×扣除率

买价，是指纳税人购进农产品在农产品收购发票或者销售发票上注明的价款或按照规定缴纳的烟叶税。

对烟叶税纳税人按规定缴纳的烟叶税，准予并入烟叶产品的买价计算增值税的进项税额，并在计算缴纳增值税时予以抵扣。购进烟叶准予抵扣的增值税进项税额，按照《中华人民共和国烟叶税法》规定的收购烟叶实际支付的价款总额和烟叶税及法定扣除率计算。

烟叶税应纳税额=收购烟叶实际支付的价款总额×税率（20%）

$$\text{准予抵扣的进项税额}=\left(\text{收购烟叶实际支付的价款总额}+\text{烟叶税应纳税额}\right)\times\text{扣除率}$$

（5）增值税一般纳税人在资产重组过程中，将全部资产、负债和劳动力一并转让给其他增值税一般纳税人，并按程序办理注销税务登记的，其在办理注销登记前尚未抵扣的进项税额可结转至新纳税人处继续抵扣。

（6）不动产及不动产在建工程的进项税额抵扣。

自2019年4月1日起，增值税一般纳税人取得并在会计制度上按固定资产核算的不动产或者不动产在建工程的进项税额可以全额一次性抵扣。纳税人取得的不动产包括以直接购买、接受捐赠、接受投资入股以及抵债等各种形式取得的不动产。

纳税人新建、改建、扩建、修缮、装饰不动产，均属于不动产在建工程。

纳税人购进货物和设计服务、建筑服务，用于不动产在建工程的，其进项税额可以从销项税额中抵扣。

（7）道路通行费、国内旅客运输服务增值税抵扣规定：

自2018年1月1日起，纳税人支付的道路通行费，按照收费公路通行费增值税电子普通发票上注明的增值税额抵扣进项税额。

纳税人购进国内旅客运输服务，其进项税额允许从销项税额中抵扣。

纳税人未取得增值税专用发票的，暂按照以下规定确定进项税额：

①取得增值税电子普通发票的，为发票上注明的税额；

②取得注明旅客身份信息的航空运输电子客票行程单的，按照下列公式计算进项税额：

航空旅客运输进项税额=（票价+燃油附加费）÷（1+9%）×9%

③取得注明旅客身份信息的铁路车票的，按照下列公式计算的进项税额：

铁路旅客运输进项税额=票面金额÷（1+9%）×9%

④取得注明旅客身份信息的公路、水路等其他客票的，按照下列公式计算进项税额：

公路、水路等其他旅客运输进项税额=票面金额÷（1+3%）×3%

自2019年4月1日起，增值税一般纳税人购进国内旅客运输服务，其进项税额允许从销项税额中抵扣。

（8）原增值税一般纳税人自用的应征消费税的摩托车、汽车、游艇，其进项税额准予从销项税额中抵扣。

原增值税一般纳税人从境外单位或者个人购进服务、无形资产或者不动产，按照规定应当扣缴增值税的，准予从销项税额中抵扣的进项税额为税务机关或者扣缴义务人取得的解缴税款的完税凭证上注明的增值税额。

纳税人凭完税凭证抵扣进项税额的，应当具备书面合同、付款证明和境外单位的对账单或者发票。资料不全的，其进项税额不得从销项税额中抵扣。

（9）自2018年1月1日起，纳税人租入固定资产、不动产，既用于一般计税方法计税项目，又用于简易计税方法计税项目、免征增值税项目、集体福利或者个人消费的，其进项税额准予从销项税额中全额抵扣。

（10）自2019年4月1日至2021年12月31日，允许生产、生活性服务业纳税人（指提供邮政服务、电信服务、现代服务、生活服务取得的销售额占全部销售额的比重超过50%的纳税人）按照当期可抵扣进项税额加计10%，抵减应纳税额。

2.不得从销项税额中抵扣的进项税额

增值税不可抵扣进项税额的政策主要针对两方面问题：一是增值税链条的中断；二是涉税凭证的不规范。

纳税人购进货物、劳务、服务、无形资产、不动产，取得的增值税扣税凭证不符合法律、行政法规或国务院税务主管部门有关规定的，其进项税额不得从销项税额中抵扣。

（1）用于简易计税方法计税项目、免征增值税项目、集体福利或者个人消费（包括纳税人的交际应酬费）的购进货物、加工修理修配劳务、服务、无形资产和不动产。

将外购的货物用于集体福利或者个人消费不属于视同销售，不计算销项税额。

其中涉及的固定资产、无形资产、不动产，仅指专用于上述项目的固定资产、无形资产、不动产（其他权益性无形资产除外）。但发生兼用于不允许抵扣项目情况的，该进项税额准予全部抵扣。

适用一般计税方法的纳税人，兼营简易计税方法计税项目、免征增值税项目而无法划分不得抵扣的进项税额，按照下列公式计算不得抵扣的进项税额：

$$\text{不得抵扣的进项税额}=\text{当期无法划分的全部进项税额}\times\left(\text{当期简易计税方法计税项目销售额}+\text{免征增值税项目销售额}\right)\div\text{当期全部销售额}$$

（2）非正常损失的在产品、产成品所耗用的购进货物（不包括固定资产）、加工修理修配劳务和交通运输服务。

（3）非正常损失的不动产，以及该不动产所耗用的购进货物、设计服务和建筑服务。

（4）非正常损失的不动产在建工程所耗用的购进货物、设计服务和建筑服务。非正常损失，指因管理不善造成被盗、丢失、霉烂变质的损失，以及因违反法律法规造成货物或不动产被依法没收、销毁、拆除的情形。

已抵扣进项税额的不动产，发生非正常损失，或者改变用途，转用于简易计税方法计税项目、免征增值税项目、集体福利或者个人消费的，按照下列公式计算不得抵扣的进项税额：

不得抵扣的进项税额=（已抵扣进项税额+待抵扣进项税额）×不动产净值率

不动产净值率=（不动产净值÷不动产原值）×100%

（5）一般纳税人购进的贷款服务、餐饮服务、居民日常服务和娱乐服务的进项税额不得从销项税额中抵扣。

（6）纳税人接受贷款服务向贷款方支付与该笔贷款直接相关的投融资顾问费、手续费、咨询费等费用，其进项税额不得从销项税额中抵扣。

（7）适用一般计税方法的纳税人，兼营简易计税方法计税项目、免征增值税项目而无法划分不得抵扣的进项税额。

（8）一般纳税人已抵扣进项税额的固定资产、无形资产或者不动产，发生按规定不得抵扣进项税额情形的，按照下列公式计算不得抵扣的进项税额：

不得抵扣的进项税额=固定资产、无形资产或者不动产净值×适用税率

（9）增值税一般纳税人取得的增值税专用发票以及海关进口增值税专用缴款书，未在规定期限内到税务机关办理认证（按规定不用认证的纳税人除外）或者申报抵扣的，不得作为合法的增值税扣税凭证，不得计算进项税额抵扣。

3.进项税额抵扣时间限定

现行税法对增值税扣税凭证规定了认证抵扣期限。纳税人应按时合法取得增值税扣税凭证，并在规定的时间内认证抵扣或勾选确认抵扣。

关于进项税额的抵扣时间，总的原则是：进项税额的抵扣不得提前。

（1）自2017年7月1日起，增值税一般纳税人取得的2017年7月1日及以后开具的增值税专用发票和机动车销售统一发票，应自开具之日起360日内认证或登录增值税发票选择确认平台进行确认，并在规定的纳税申报期内，向主管税务机关申报抵扣进项税额。

（2）增值税一般纳税人取得的2017年7月1日及以后开具的海关进口增值税专用缴款书，应自开具之日起360日内向主管税务机关报送“海关完税凭证抵扣清单”，申请稽核比对相符后，方能抵扣。

（3）对增值税一般纳税人取得的2017年6月30日前开具的增值税扣税凭证，认证期限为180天。

4.进项税额不足抵扣与进项税额转出

增值税实行当期购进扣税法，可能导致当期购进货物、劳务、服务、无形资产、不动产支付的增值税税额大于当期销售货物、劳务、服务、无形资产、不动产收到的增值税税额，即当期进项税额大于当期销项税额。这就出现了进项税额不足抵扣，当期进项税额不足抵扣的部分

可结转下期继续抵扣。

（1）已抵扣进项税额的货物、劳务、服务、无形资产、不动产后改变用途或用于不得抵扣进项税额项目时，必须作进项税转出处理。即将该项购进的货物、劳务、服务、无形资产、不动产的进项税额从当期进项税额中扣减，无法确定当期进项税额的，按当期实际成本计算应扣减的进项税额。

“从当期发生的进项税额中扣减”，指已抵扣进项税额的购进货物、劳务、服务、无形资产、不动产是在哪一个时期发生改变用途的，就从这个发生期内纳税人的进项税额中扣减而无须追溯到原抵扣时期。

“按当期实际成本计算应扣减的进项税额”，指其扣减进项税额的计算依据不是按该货物、劳务、服务、无形资产、不动产的原进价，而是按其发生改变的当期的实际成本，按征税时适用的税率计算应扣减的进项税额。

（2）纳税人适用一般计税方法的，因销售折让、中止或者退回而收回的增值税额，应当从当期的进项税额中扣减。

（3）对商业企业向供货方收取的与商品销售量、销售额挂钩（如以一定比例、金额、数量计算）的各种返还收入，均应按照平销返利行为的有关规定冲减当期增值税进项税额。

$$\text{当期应冲减进项税额}=\text{当期取得的返还资金}\div\left(1+\text{所购货物适用增值税税率}\right)\times\text{所购货物适用增值税税率}$$

商业企业向供货方收取的各种返还收入，一律不得开具增值税专用发票。

5.增值税期末留抵税额退税

同时符合自2019年4月税款所属期起，连续6个月（按季纳税的，连续两个季度）增量留抵税额均大于零，且第6个月增量留抵税额不低于50万元的；申请退税前36个月未发生骗取留抵退税、出口退税或虚开增值税专用发票情形的；申请退税前36个月未因偷税被税务机关处罚两次及以上的；自2019年4月1日起未享受即征即退、先征后返（退）政策的；纳税信用等级为A级或者B级等五个条件的纳税人，可以向主管税务机关申请退还增量留抵税额。

（三）一般纳税人应纳税额的计算

一般纳税人应纳税额的计算公式为：

应纳税额=当期销项税额-当期进项税额

如果计算结果为正数，则当期应纳增值税；如果计算结果为负数，则形成留抵税额待下期抵扣。计算公式为：

应纳税额=当期销项税额-当期进项税额-上期留抵税额

【例3-1】某企业（增值税一般纳税人）从事提供销售服务业务，2019年10月发生下列业务：

（1）取得某项服务收入106万元，并开具增值税专用发票；

（2）购进轿车1辆，取得税控机动车销售统一发票，金额20万元，增值税税额2.6万元；

（3）接受其他单位提供应税服务，取得增值税专用发票，注明销售额1万元；

（4）接受某货物运输企业提供的交通运输服务，取得增值税专用发票，金额0.5万元，税率9%，税额0.045万元；

（5）接受个体货物运输企业提供的交通运输服务，取得税务机关代开的增值税专用发票，税额0.04万元。

要求：计算该企业当月应纳增值税税额。

解：提供应税服务适用税率为6%，进项税额加计递减10%。

当期销项税额=1 060 000÷（1+6%）×6%=60 000（元）

当期进项税额合计=26 000+10 000×6%+450+400=27 450（元）

当期应纳增值税税额=60 000-27 450×（1+10%）=29 805（元）

【例3-2】某企业（增值税一般纳税人）主要从事工业金属材料的采购和供应业务，2019年11月发生下列业务：

（1）各类金属材料不含税收入1 000 000元；

（2）将一批H型金属材料用于对外投资，不含税市场价格为20 000元；

（3）外购螺纹钢120吨，单价每吨4 300元，价款516 000元，增值税专用发票注明税额67 080元；

（4）外购镀锌板100吨，单价每吨4 900元，价款490 000元，增值税专用发票注明税额63 700元；

（5）外购铲车1辆，价款42 000元，增值税专用发票注明税额5 460元；

(6) 将本月购进的螺纹钢20吨，转为本单位职工食堂使用，价款86 000元；

(7) 由于公司仓库管理不善，本月购进的镀锌板被盗丢失10吨，价款49 000元；

(8) 初次购买增值税防伪税控系统专用设备，取得的增值税专用发票注明价款2 000元，税额260元。

(9) 本月销售金属材料过程中支付的运费均取得运输公司开具的货物运输企业增值税专用发票，税额共计5 000元。

要求：计算该企业当月应纳增值税税额。

解：

当期销项税额=1 000 000×13%+20 000×13%=132 600（元）

当期进项税额合计=67 080+63 700+5 460−86 000×13%−49 000×13%+5 000
=123 690（元）

当期应纳增值税税额=132 600−123 690−（2 000+260）=6 650（元）

二、简易计税方法

小规模纳税人销售货物或者提供应税劳务和应税服务适用简易计税方法。

一般纳税人发生某些特定的应税销售行为可选择适用简易计税方法，但不得抵扣进项税额。一经选择，36个月内不得变更。

其主要包括以下情况：

1.县级及县级以下小型水力发电单位生产的电力。小型水力发电单位，是指各类投资主体建设的装机容量为5万千瓦以下（含5万千瓦）的小型水力发电单位。

2.自产建筑用和生产建筑材料所用的砂、土、石料。

3.以自己采掘的砂、土、石料或其他矿物连续生产的砖、瓦、石灰（不含黏土实心砖、瓦）。

4.用微生物、微生物代谢产物、动物毒素、人或动物的血液或组织制成的生物制品。

5.自产的自来水、自来水公司销售的自来水。

6.自产的商品混凝土（仅限于以水泥为原料生产的水泥混凝土）。

7.寄售商店代销的寄售物品（包括居民个人寄售的物品在内）。

8.典当业销售死当物品。

9.单采血浆站销售供应非临床用血。

10.药品经营企业销售生物制品。

11.公共交通运输服务。

公共交通运输服务，包括轮客渡、公交客运、地铁、城市轻轨、出租车、长途客运、班车。

班车，指按固定路线、固定时间运营并在固定站点停靠的运送旅客的陆路运输服务。

12.经认定的动漫企业为开发动漫产品提供的动漫脚本编撰、形象设计、背景设计、动画设计、分镜、动画制作、摄制、描线、上色、画面合成、配音、配乐、音效合成、剪辑、字幕制作、压缩转码（面向网络动漫、手机动漫格式适配）服务，以及在境内转让动漫版权（包括动漫品牌、形象或者内容的授权及再授权）。

13.电影放映服务、仓储服务、装卸搬运服务、收派服务和文化体育服务。

14.以纳入“营改增”试点之日前取得的有形动产为标的物提供的经营租赁服务。

15.在纳入“营改增”试点之日前签订的尚未执行完毕的有形动产租赁合同。

16.一般纳税人以清包工方式提供的建筑服务，可以选择适用简易计税方法计税。

17.一般纳税人为甲供工程提供的建筑服务，可以选择适用简易计税方法计税。

18.一般纳税人为建筑工程老项目提供的建筑服务，可以选择适用简易计税方法计税。

19.一般纳税人销售其2016年4月30日前取得（不含自建）的不动产，可以选择适用简易计税方法。

20.一般纳税人销售其2016年4月30日前自建的不动产，可以选择适用简易计税方法。

简易计税方法的适用对象，既包括小规模纳税人销售货物、加工修理修配劳务、服务、不动产或转让无形资产，也包括一般纳税人的特殊销售、提供特定应税劳务或服务。

简易计税方法的应纳税额是按照销售额和增值税征收率计算的增值税税额，不得抵扣进项税额。计算公式为：

应纳税额=销售额×征收率

简易计税方法的销售额不包括其应纳税额，纳税人采用销售额和应纳税额合并定价方法的，按照下列公式计算销售额：

销售额=含税销售额÷（1+征收率）

纳税人适用简易计税方法计税的，因销售折让、中止或者退回而退还给购买方的销售额，应当从当期销售额中扣减。扣减当期销售额后仍有余额造成多缴的税款，可以从以后的应纳税额中扣减。

【例3-3】某公司为增值税小规模纳税人，2019年9月发生以下业务：

（1）购入货物一批，取得增值税专用发票，注明的税额为7 800元；

（2）以直接收款方式向A公司销售产品一批，开具的普通发票注明的价款为123 600元，已收到货款；

（3）收到B公司支付的机器设备租赁费，向主管税务机关申请代开增值税专用发票，发票注明的租赁费为10 000元；

要求：计算该公司当月应纳的增值税税额。

解：小规模纳税人销售货物或者提供应税劳务适用简易计税方法，但不得抵扣进项税额，按照销售额和增值税征收率计算的增值税税额为应纳税额。

应纳税额=［123 600÷（1+3%）+10 000］×3%=3 900（元）

三、扣缴计税方法

境外的单位或者个人在境内提供应税服务，在境内未设有经营机构的，扣缴义务人按照下列公式计算应扣缴税额：

应扣缴税额=接受方支付的价款÷（1+税率）×税率

四、几种特殊经营行为应纳增值税的计算

（一）不动产转让行为应纳税额的计算

1.一般纳税人转让不动产应纳税额的计算

（1）一般纳税人转让其2016年4月30日前取得（不含自建）的不动产，可以选择适用简易计税方法计税，以取得的全部价款和价外费用

扣除不动产购置原价或者取得不动产时作价后的余额为销售额，按照5%的征收率计算应纳税额。

选择适用一般计税方法计税的，以取得的全部价款和价外费用为销售额计算应纳税额。纳税人应以取得的全部价款和价外费用扣除不动产购置原价或者取得不动产时的作价后的余额，按照5%的预征率向不动产所在地主管税务机关预缴税款，向机构所在地主管税务机关申报纳税。

（2）一般纳税人转让其2016年4月30日前自建的不动产，可以选择适用简易计税方法计税，以取得的全部价款和价外费用为销售额，按照5%的征收率计算应纳税额。纳税人应按照上述计税方法向不动产所在地主管税务机关预缴税款，向机构所在地主管税务机关申报纳税。

（3）一般纳税人转让其2016年5月1日后取得（不含自建）的不动产，适用一般计税方法计税的，以取得的全部价款和价外费用为销售额计算应纳税额。纳税人应以取得的全部价款和价外费用扣除不动产购置原价或者取得不动产时的作价后的余额，按照5%的预征率向不动产所在地主管税务机关预缴税款，向机构所在地主管税务机关申报纳税。

（4）一般纳税人转让其2016年5月1日后自建的不动产，适用一般计税方法，以取得的全部价款和价外费用为销售额计算应纳税额。纳税人应以取得的全部价款和价外费用，按照5%的预征率向不动产所在地主管税务机关预缴税款，向机构所在地主管税务机关申报纳税。

2.房地产开发企业销售自行开发的房地产应纳税额的计算

房地产开发企业中的一般纳税人销售自行开发的房地产项目，适用一般计税方法计税，按照取得的全部价款和价外费用，扣除土地受让时向政府部门支付的土地价款后的余额为销售额。销售额的计算公式如下：

$$销售额=（全部价款和价外费用-当期允许扣除的土地价款）÷（1+9\%）$$

当期允许扣除的土地价款按照以下公式计算：

$$当期允许扣除的土地价款=\left(\frac{当期销售房地产}{项目建筑面积}\div\frac{房地产项目可供}{销售建筑面积}\right)\times 支付的土地价款$$

当期销售房地产项目建筑面积，是指当期进行纳税申报的增值税销售额对应的建筑面积。

房地产项目可供销售建筑面积，是指房地产项目可以出售的总建筑面积，不包括销售房地产项目时未单独作价结算的配套公共设施的建筑面积。

支付的土地价款，是指向政府、土地管理部门或受政府委托收取土地价款的单位直接支付的土地价款。

在计算销售额时从全部价款和价外费用中扣除土地价款，应当取得省级以上（含省级）财政部门监（印）制的财政票据。

一般纳税人销售自行开发的房地产老项目，可以选择适用简易计税方法按照5%的征收率计税，以取得的全部价款和价外费用为销售额，不得扣除对应的土地价款。一经选择简易计税方法计税的，36个月内不得变更为一般计税方法计税。

房地产老项目，是指：

（1）“建筑工程施工许可证”注明的合同开工日期在2016年4月30日前的房地产项目；

（2）“建筑工程施工许可证”未注明合同开工日期或者未取得“建筑工程施工许可证”但建筑工程承包合同注明的开工日期在2016年4月30日前的建筑工程项目。

一般纳税人采取预收款方式销售自行开发的房地产项目，应在收到预收款时按照3%的预征率预缴增值税。

应预缴税款按照以下公式计算：

应预缴税款=预收款÷（1+适用税率或征收率）×3%

适用一般计税方法计税的，按照9%的适用税率计算；适用简易计税方法计税的，按照5%的征收率计算。

一般纳税人应在取得预收款的次月纳税申报期向主管税务机关预缴税款。

一般纳税人销售自行开发的房地产项目，兼有一般计税方法计税、简易计税方法计税、免征增值税的房地产项目而无法划分不得抵扣的进项税额的，应以“建筑工程施工许可证”注明的“建设规模”为依据进行划分。

$$\text{不得抵扣的进项税额}=\text{当期无法划分的全部进项税额}\times\left(\text{简易计税、免税房地产项目建设规模}\div\text{房地产项目总建设规模}\right)$$

3.小规模纳税人转让房地产应纳税额的计算

（1）小规模纳税人转让其取得（不含自建）的不动产，以取得的全部价款和价外费用扣除不动产购置原价或者取得不动产时的作价后的余额为销售额，按照5%的征收率计算应纳税额。

（2）小规模纳税人转让其自建的不动产，以取得的全部价款和价外费用为销售额，按照5%的征收率计算应纳税额。

除其他个人之外的小规模纳税人，应按照《纳税人转让不动产增值税征收管理暂行办法》第四条规定的计税方法向不动产所在地主管税务机关预缴税款，向机构所在地主管税务机关申报纳税；其他个人按规定的计税方法向不动产所在地主管税务机关申报纳税。

4.个人转让房地产应纳税额的计算

个人将购买不足2年的住房对外销售的，按照5%的征收率全额缴纳增值税；个人将购买2年以上（含2年）的住房对外销售的，免征增值税（北京、上海、广州和深圳除外）。

就北京市、上海市、广州市和深圳市而言，个人将购买不足2年的住房对外销售的，按照5%的征收率全额缴纳增值税；个人将购买2年以上（含2年）的非普通住房对外销售的，以销售收入减去购买住房价款后的差额按照5%的征收率缴纳增值税；个人将购买2年以上（含2年）的普通住房对外销售的，免征增值税。

个人转让其购买的住房，按照有关规定全额缴纳增值税的，以取得的全部价款和价外费用为销售额，按照5%的征收率计算应纳税额。

个人转让其购买的住房，按照有关规定差额缴纳增值税的，以取得的全部价款和价外费用扣除购买住房价款后的余额为销售额，按照5%的征收率计算应纳税额。

（二）不动产经营租赁应纳税额的计算

纳税人以经营租赁方式出租其取得的不动产（包括以直接购买、接受捐赠、接受投资入股、自建以及抵债等各种形式取得的不动产），按照以下规定缴纳增值税（纳税人提供道路通行服务）。

1.一般纳税人出租不动产应纳税额的计算

（1）一般纳税人出租其2016年4月30日前取得的不动产，可以选择适用简易计税方法，按照5%的征收率计算应纳税额，并向不动产所在地主管税务机关预缴税款（个人出租住房除外）。

应预缴税款=含税销售额÷（1+5%）×5%

（2）一般纳税人出租其2016年5月1日后取得的不动产（含一般纳税人出租其2016年4月30日前取得的不动产），适用一般计税方法计税，按照3%的预征率向不动产所在地主管税务机关预缴税款。

应预缴税款=含税销售额÷（1+9%）×3%

2.小规模纳税人出租不动产应纳税额的计算

（1）单位和个体工商户出租不动产（不含个体工商户出租住房），按照5%的征收率计算应纳税额。

应纳税额=含税销售额÷（1+5%）×5%

个体工商户出租住房，按照5%的征收率减按1.5%计算应纳税额。

应纳税额=含税销售额÷（1+5%）×1.5%

（2）其他个人出租不动产（不含住房），按照5%的征收率计算应纳税额，并向不动产所在地主管税务机关申报纳税。

应纳税额=含税销售额÷（1+5%）×5%

其他个人出租住房，按照5%的征收率减按1.5%计算应纳税额，并向不动产所在地主管税务机关申报纳税。

应纳税额=含税销售额÷（1+5%）×1.5%

单位和个体工商户出租不动产，向不动产所在地主管税务机关预缴的增值税款，可以在当期增值税应纳税额中抵减，抵减不完的，结转下期继续抵减。

纳税人以预缴税款抵减应纳税额，应以完税凭证作为合法有效凭证。

小规模纳税人中的单位和个体工商户出租不动产，不能自行开具增值税发票的，可向不动产所在地主管税务机关申请代开增值税发票。

其他个人出租不动产，可向不动产所在地主管税务机关申请代开增值税发票。

纳税人向其他个人出租不动产，不得开具或申请代开增值税专用发票。

纳税人出租不动产，按规定应向不动产所在地主管税务机关预缴税款而自应当预缴之月起超过6个月没有预缴税款的，由机构所在地主管税务机关按照《税收征管法》及相关规定进行处理。

（三）纳税人跨县提供建筑服务应纳税额的计算

跨县（市、区）提供建筑服务，是指单位和个体工商户（简称纳税人）在其机构所在地以外的县（市、区）提供建筑服务。

1.一般纳税人跨县（市、区）提供建筑服务，按以下规定预缴税款：

（1）一般纳税人跨县（市、区）提供建筑服务，适用一般计税方法计税的，以取得的全部价款和价外费用扣除支付的分包款后的余额，按照2%的预征率计算应预缴税款。

应预缴税款=（全部价款和价外费用-支付的分包款）÷（1+9%）×2%

（2）一般纳税人跨县（市、区）提供建筑服务，选择适用简易计税方法计税的，以取得的全部价款和价外费用扣除支付的分包款后的余额，按照3%的征收率计算应预缴税款。

应预缴税款=（全部价款和价外费用-支付的分包款）÷（1+3%）×3%

纳税人取得的全部价款和价外费用扣除支付的分包款后的余额为负数的，可结转下次预缴税款时继续扣除。

2.小规模纳税人跨县（市、区）提供建筑服务，按以下公式计算应预缴税款：

小规模纳税人跨县（市、区）提供建筑服务，以取得的全部价款和价外费用扣除支付的分包款后的余额，按照3%的征收率计算应预缴税款。

应预缴税款=（全部价款和价外费用-支付的分包款）÷（1+3%）×3%

纳税人应按照工程项目分别计算应预缴税款，分别预缴。

其他个人跨县（市、区）提供建筑服务，在建筑服务发生地申报纳税。

（四）进口货物应纳税额的计算

凡是增值税征税范围内的进口货物，不分产地，不分用途，不分是否付款，除特殊规定外，都要缴纳进口环节的增值税。

纳税人进口货物按组成计税价格和规定的税率计算应纳增值税税额，不得抵扣任何税额（指在计算进口环节的应纳增值税税额时，不得抵扣发生在我国境外的各种税金）。

一般贸易下，进口货物以海关审定的成交价格为基础的到岸价格作为完税价格。所谓成交价格，是指一般贸易项下进口货物的买方为购买该项货物向卖方实际支付或应当支付的价格；到岸价格是货价加上货物运抵我国关境输入地点起卸前的包装费、运费、保险费和其他劳务费等费用的一种价格。组成计税价格的计算公式为：

组成计税价格=关税完税价格+关税税额

=关税完税价格×（1+关税税率）

属于征收消费税的进口货物，还需在组成计税价格中加上消费税税额。计算公式为：

组成计税价格=关税完税价格+关税税额+消费税税额

或　=关税完税价格×（1+关税税率）÷（1-消费税税率）

应纳税额=组成计税价格×税率

纳税人进口货物取得的合法海关完税凭证是计算增值税进项税额的唯一依据，其价格差额部分以及从境外供应商取得的退还或返还的资金，不作进项税额转出处理。

进口货物的增值税由海关代征。个人携带或者邮寄进境自用物品的增值税，连同关税一并计征，具体办法由国务院关税税则委员会会同有关部门制定。

进口货物增值税纳税义务发生时间为报关进口的当天，应当由进口人或其代理人向报关地海关申报纳税，其纳税期限应当自海关填发海关进口增值税专用缴款书之日起15日内。

【例3-4】某市综合工贸公司为增值税一般纳税人，2019年9月进口实木地板一批，支付国外的买价为300万元（关税税率为20%），支付购货佣金6万元，办理海关相关手续后，海关放行，支付运抵我国海关地前的运输费用为20万元、装卸费用和保险费用为10万元，支付海关地再运往商贸公司的运输费用为8万元，取得运费发票。（实木地板消费税税率为5%）

要求：计算该公司进口环节应缴纳的关税、消费税、增值税。

解：关税=（300+20+10）×20%=66（万元）

进口增值税=（300+20+10+66）÷（1-5%）×13%=54.19（万元）

进口消费税=（300+20+10+66）÷（1-5%）×5%=20.84（万元）

第三节　出口货物和服务退（免）税的计算

一、出口货物退（免）税基本政策

出口货物退（免）税是指在国际贸易业务中，对报关出口的货物退还在国内各生产环节和流转环节按税法规定已缴纳的增值税和消费税，或免征应缴纳的增值税和消费税。其目的是使本国出口商品以不含税的价格或成本进入国际市场，避免国际双重征税和税负不平，增强本国产品的出口竞争能力。

我国出口货物退（免）税的基本政策包括以下三种形式：

1.出口免税并退税（又免又退），分为“免抵退税”和“免退税”两种

出口免税是指对货物在出口环节不征增值税、消费税，这是把货物出口环节与出口前的销售环节都视为同样的征税环节。

出口退税是指对货物在出口前实际承担的税收，按规定的退税率计算后予以退还。

2.出口货物免税不退税（只免不退）

出口货物不退税是指适用该政策的出口货物因在前一道生产销售环节或进口环节是免税的，出口时该货物的价格中本身就不含税，也无须退税，即适用免税政策。

3.出口不免税也不退税（不免不退）

出口不免税是指对国家限制或禁止出口的某些货物的出口环节视同内销环节，照常征税；出口不退税是指对这些货物出口不退还出口前其所负担的税款。简而言之，出口不免税也不退税适用征税政策。

二、出口退（免）税税种范围

根据《增值税暂行条例》和《消费税暂行条例》的规定，出口货物退（免）税的税种仅限增值税和消费税。

三、出口货物、劳务和服务的增值税退（免）税政策

（一）适用增值税退（免）税政策的范围（又免又退）

对下列出口货物、劳务及服务，除适用增值税免税政策和征税政策外，实行增值税退（免）税政策，即免征和退还增值税的政策。

1.出口企业出口货物

出口企业是指依法办理了企业注册、税务、外贸经营登记，自营或委托出口货物的生产企业（包括个体工商户）。

出口货物是指向海关报关后实际离境并销售给境外单位或个人的货物，分为自营出口货物和委托出口货物两类。

生产企业是指具有生产能力（包括加工、修理修配）的单位或个体工商户。不具有生产能力的出口企业称为外贸企业。

2.出口企业或其他单位视同出口货物

出口企业或其他单位视同出口货物具体包括7类：

（1）出口企业对外援助、对外承包、境外投资的出口货物。

（2）出口企业经海关报关进入国家批准的出口加工区、保税物流园区、保税港区、综合保税区等特殊区域并销售给特殊区域内单位或境外单位、个人的货物。

（3）免税品经营企业销售的货物（国家规定不允许经营和限制出口的货物、卷烟和超出免税品经营企业规定经营范围的货物除外）。

（4）出口企业或其他单位销售给用于国际金融组织或外国政府贷款国际招标建设项目的中标机电产品。

（5）生产企业向海上石油天然气开采企业销售的自产的海洋工程结构物。

（6）出口企业或其他单位销售给国际运输企业用于国际运输工具上的货物。例如，外轮供应公司、远洋运输供应公司销售给外轮、远洋国轮的货物；国内航空供应公司生产销售给国内和国外航空公司国际航班的航空食品。

（7）出口企业或其他单位销售给特殊区域内生产企业生产耗用且不向海关报关而输入特殊区域的水（包括蒸汽）、电力、燃气。

除另有规定外，视同出口货物适用出口货物的各项规定。

3.出口企业对外提供加工、修理修配劳务。

对外提供加工修理修配劳务是指对进境复出口货物或从事国际运输的运输工具进行的加工、修理修配。

4.出口融资租赁货物

对融资租赁企业、金融租赁公司及其设立的项目子公司（统称融资租赁出租方），以融资租赁方式租赁给境外承租人且租赁期限在5年

（含）以上，并向海关报关后实际离境的货物，试行增值税、消费税出口退税政策。融资租赁出口货物的范围，包括飞机、飞机发动机、铁道机车、铁道客车车厢、船舶及其他符合规定的货物。

对融资租赁出租方购买的，并以融资租赁方式租赁给境内列名海上石油天然气开采企业且租赁期限在5年（含）以上的国内生产企业生产的海洋工程结构物，视同出口，试行增值税、消费税出口退税政策。海洋工程结构物范围、退税率以及海上石油天然气开采企业的具体范围按照有关规定执行。

融资租赁出口货物和融资租赁海洋工程结构物不包括在海关监管年限内的进口减免税货物。

（二）适用增值税免税政策的范围（只免不退）

对符合条件的出口货物、劳务及服务，除适用增值税征税政策外，还实行增值税免税政策。

1.出口企业或其他单位出口规定的货物

（1）增值税小规模纳税人出口的货物。

（2）避孕药品和用具、古旧图书。

（3）软件产品（具体范围符合海关税则号前四位为“9803”的货物），含黄金、铂金成分的货物，钻石及其饰品，已使用过的设备。

（4）国家计划内出口的卷烟。

（5）非出口企业委托出口的货物、非列名生产企业出口的非视同自产货物、农业生产者自产农产品。

（6）油画、花生果仁、黑大豆等财政部和国家税务总局规定的出口免税的货物。

（7）外贸企业取得普通发票、废旧物资收购凭证、农产品收购发票、政府非税收入票据的货物。

（8）来料加工复出口的货物、特殊区域内的企业出口的特殊区域内的货物。

（9）以人民币现金作为结算方式的边境地区出口企业从所在省（自治区）的边境口岸出口到接壤国家的一般贸易和边境小额贸易出口货物。

（10）以旅游购物贸易方式报关出口的货物。

2.出口企业或其他单位视同出口的下列货物、劳务

（1）国家批准设立的免税店销售的免税货物（包括进口免税货物和

已实现退（免）税的货物）。

（2）特殊区域内的企业为境外的单位或个人提供的加工修理修配劳务。

（3）同一特殊区域、不同特殊区域内的企业之间销售特殊区域内的货物。

3.出口企业或其他单位未按规定申报或未补齐增值税退（免）税凭证的出口货物、劳务

（1）未在国家税务总局规定的期限内申报增值税退（免）税的出口货物、劳务。

（2）未在规定期限内申报开具“代理出口货物证明”的出口货物、劳务。

（3）已申报增值税退（免）税，却未在国家税务总局规定的期限内向税务机关补齐增值税退（免）税凭证的出口货物、劳务。

对于适用增值税免税政策的出口货物、劳务，出口企业或其他单位可以依照现行增值税有关规定放弃免税，并依照相应规定缴纳增值税。

4.纳税人提供的免征增值税的跨境应税服务

（三）适用增值税征税政策的范围（不免不退）

下列出口货物、劳务，不适用增值税退（免）税政策，实行增值税征税政策。

（1）出口企业出口或视同出口财政部和国家税务总局根据国务院决定明确的取消出口退（免）税的货物（不包括来料加工复出口货物、中标机电产品、列名原材料、输入特殊区域的水电气、海洋工程结构物）。

（2）出口企业或其他单位销售给特殊区域内的生活消费用品和交通运输工具。

（3）出口企业或其他单位因骗取出口退税被税务机关停止办理增值税退（免）税期间出口的货物。

（4）出口企业或其他单位提供虚假备案单证的货物。

（5）出口企业或其他单位增值税退（免）税凭证有伪造或内容不实的货物。

（6）出口企业或其他单位未在国家税务总局规定期限内申报免税核销以及经主管税务机关审核不予免税核销的出口卷烟。

（7）出口企业或其他单位具有以下情形之一的出口货物、劳务：

①将空白的出口货物报关单、出口收汇核销单等退（免）税凭证交由除签有委托合同的货代公司、报关行，或由境外进口方指定的货代公

司（提供合同约定或者其他相关证明）以外的其他单位或个人使用的。

②以自营名义出口，其出口业务实质上是由本企业及其投资的企业以外的单位或个人借该出口企业名义操作完成的。

③以自营名义出口，其出口的同一批货物既签订购货合同，又签订代理出口合同（或协议）的。

④出口货物在海关验放后，自己或委托货代承运人对该笔货物的海运提单或其他运输单据等上的品名、规格等进行修改，造成出口货物报关单与海运提单或其他运输单据有关内容不符的。

⑤以自营名义出口，但不承担出口货物的质量、收款或退税风险之一的，即出口货物发生质量问题不承担购买方的索赔责任（合同中有约定质量责任承担者除外）；不承担未按期收款导致不能核销的责任（合同中有约定收款责任承担者除外）；不承担因申报出口退（免）税的资料、单证等出现问题造成不退税责任的。

⑥未实质参与出口经营活动、接受并从事由中间人介绍的其他出口业务，但仍以自营名义出口的。

（8）不适用跨境应税行为，适用增值税零税率和免税政策规定的出口服务及无形资产。

四、增值税退（免）税办法

适用增值税退（免）税政策的出口货物、劳务及服务实行增值税免、抵、退税办法或免、退税办法。

1.免、抵、退税办法

生产企业出口自产货物和视同自产货物及对外提供加工、修理修配劳务，以及列名的生产企业出口非自产货物，实行免、抵、退税办法，免征增值税，相应的进项税额抵减应纳增值税税额（不包括适用增值税即征即退、先征后退政策的应纳增值税税额），未抵减完的部分予以退还。

境内单位和个人提供适用增值税零税率的应税服务，如适用一般计税方法的，生产企业实行免、抵、退税办法；外贸企业自己开发的研发服务和设计服务出口，视同生产企业，连同其出口货物统一实行免、抵、退税办法。

2.免、退税办法

不具有生产能力的出口企业（即外贸企业）或其他单位出口货物和

劳务，实行免、退税办法，免征增值税，相应的进项税额予以退还。外贸企业外购的研发服务和设计服务出口，实行免、退税办法。

自2014年1月1日起，外贸综合服务企业以自营方式出口国内生产企业与境外单位或个人签约的出口货物，同时符合条件的，可由外贸综合服务企业按自营出口的规定申报退（免）税。

五、出口退税率

出口货物的退税率是出口货物的实际退税额与退税计税依据的比例。国家鼓励出口的货物，退税率就高一些；限制出口的，退税率就低一些。出口退税率是个动态指标，随对外贸易政策的调整而调整。

自2019年4月1日起，原适用16%税率且出口退税率为16%的出口货物劳务，出口退税率调整为13%；原适用10%税率且出口退税率为10%的出口货物、跨境应税行为，出口退税率调整为9%。

2019年6月30日前（含2019年4月1日前），纳税人出口前款所涉货物劳务、发生前款所涉跨境应税行为，适用增值税免退税办法的，购进时已按调整前税率征收增值税的，执行调整前的出口退税率，购进时已按调整后税率征收增值税的，执行调整后的出口退税率；适用增值税免抵退税办法的，执行调整前的出口退税率，在计算免抵退税时，适用税率低于出口退税率的，适用税率与出口退税率之差视为零参与免抵退税计算。

出口退税率的执行时间及出口货物劳务、发生跨境应税行为的时间，按照以下规定执行：报关出口的货物劳务（保税区及经保税区出口除外），以海关出口报关单上注明的出口日期为准；非报关出口的货物劳务、跨境应税行为，以出口发票或普通发票的开具时间为准；保税区及经保税区出口的货物，以货物离境时海关出具的出境货物备案清单上注明的出口日期为准。

适用13%税率的境外旅客购物离境退税物品，退税率为11%；适用9%税率的境外旅客购物离境退税物品，退税率为8%。

2019年6月30日前，按调整前税率征收增值税的，执行调整前的退税率；按调整后税率征收增值税的，执行调整后的退税率。

退税率的执行时间，以退税物品增值税普通发票的开具日期为准。

六、增值税退（免）税的计税依据

出口货物、劳务及应税服务的增值税退（免）税的计税依据，按出口货物、劳务及应税服务的出口发票（外销发票）、其他普通发票或购进出口货物、劳务及应税服务的增值税专用发票、海关进口增值税专用缴款书确定，见表3-3。

表3-3　　**增值税退（免）税的计税依据**

出口企业	出口行为	退（免）税的计税依据
1.生产企业	①出口货物劳务（进料加工复出口货物除外）	出口货物劳务的实际离岸价（FOB）。实际离岸价应以出口发票上的离岸价为准，但如果出口发票不能反映实际离岸价，主管税务机关有权予以核定
	②进料加工复出口货物	按出口货物的离岸价（FOB）扣除出口货物所含的海关保税进口料件的金额后确定
	③国内购进无进项税额且不计提进项税额的免税原材料加工后出口的货物	按出口货物的离岸价（FOB）扣除出口货物所含的国内购进免税原材料的金额后确定
	④中标机电产品	为销售机电产品的普通发票注明的金额
	⑤向海上石油天然气开采企业销售的自产的海洋工程结构物	为销售海洋工程结构物的普通发票注明的金额
	⑥输入特殊区域的水电气	作为购买方的特殊区域内生产企业购进水（包括蒸汽）、电力、燃气的增值税专用发票注明的金额
2.外贸企业	①出口货物（委托加工修理修配货物除外）	为购进出口货物的增值税专用发票注明的金额或海关进口增值税专用缴款书注明的完税价格
	②出口委托加工修理修配货物	为加工修理修配费用增值税专用发票注明的金额。外贸企业应将加工修理修配使用的原材料（进料加工海关保税进口料件除外）作价销售给受托加工修理修配的生产企业，受托加工修理修配的生产企业应将原材料成本并入加工修理修配费用开具发票
	③中标机电产品	为购进货物的增值税专用发票注明的金额或海关进口增值税专用缴款书注明的完税价格

续表

出口企业	出口行为	退（免）税计税依据
3.出口企业	出口进项税额未计算抵扣的已使用过的设备	退（免）税计税依据=增值税专用发票上的金额或海关进口增值税专用缴款书注明的完税价格×已使用过的设备固定资产净值÷已使用过的设备原值 已使用过的设备固定资产净值=已使用过的设备原值-已使用过的设备已提累计折旧
4.免税品经营企业	销售的货物	为购进货物的增值税专用发票注明的金额或海关进口增值税专用缴款书注明的完税价格
备注	1.增值税退（免）税的计税依据，对于生产企业而言，一般是扣减所含保税和免税金额之后的离岸价；对于外贸企业而言，一般是购进货物增值税专用发票注明的金额或海关进口增值税专用缴款书注明的完税价格 2.实行退（免）税办法的服务和无形资产，如果主管税务机关认定出口价格偏高，有权按照核定的出口价格计算退（免）税，核定的出口价格低于外贸企业购进价格的，低于部分对应的进项税额不予退税，转入成本	

七、增值税免、抵、退税和免、退税的计算

（一）增值税免、抵、退税的计算

免、抵、退税办法适用生产企业出口自产货物和视同自产货物及对外提供加工修理修配劳务，以及列名生产企业出口非自产货物。

“免”税是指生产企业出口的自产（含视同自产）货物和应税劳务等免征本企业生产销售环节增值税。

“抵”税是指生产企业出口自产货物、应税劳务等所耗用的原材料、零部件、燃料、动力等所含应予退还的进项税额，抵减内销货物的应纳税额。

“退”税是指生产企业出口自产货物、应税劳务等在当月内应抵减的进项税额大于内销应纳税额时，对未抵减完的部分予以退税。

在计算免、抵、退税时，考虑到退税率低于征税率，需要计算不予免抵退税的金额，从进项税额中剔除出去，转入出口产品的销售成本

中。免、抵、退税计算实际上涉及免、剔、抵、退四个步骤。

免：就是对出口货物免征增值税。

剔：就是作进项税额转出的过程，把退税率低于征税率而需要剔除的增值税转入外销的成本。

抵：用出口应退税额抵减内销应纳税额，让企业用内销少缴税的方式得到出口退税的实惠。“抵”之后企业应纳税额可能出现的情况——结果为正数或结果为负数。

退：在企业计算出当期应纳税额小于0时，才会涉及出口退税，即内销的应纳税额已经全部被出口应退税额冲抵掉了，而出口应退税额还存在没有被抵完的金额。

1.生产企业免、抵、退税的计算

生产企业出口货物、劳务、服务和无形资产的免、抵、退税，依下列公式计算：

（1）$$\text{当期不得免征和抵扣税额抵减额}=\text{当期免税购进原材料价格}\times\left(\text{出口货物适用税率}-\text{出口货物退税率}\right)$$

出口货物离岸价（FOB）以出口发票计算的离岸价为准。实际离岸价应以出口发票上的离岸价为准；如果出口发票不能反映实际离岸价，主管税务机关有权予以核定。

（2）$$\text{当期不得免征和抵扣税额}=\text{出口货物离岸价}\times\text{外汇人民币折合率}\times\left(\text{出口货物征税率}-\text{出口货物退税率}\right)-\text{免、抵、退税不得免征和抵扣税额抵减额}$$

（3）$$\text{当期应纳税额}=\text{当期销项税额}-\left(\text{当期进项税额}-\text{当期不得免征和抵扣税额}\right)-\text{上期留抵税额}$$

当期应纳税额>0时，为应纳税额，没有退税。

只有当期应纳税额<0时，则为期末留抵税额，须计算免、抵、退。

（4）当期免、抵、退税额抵减额=当期免税购进原材料价格×出口货物退税率

（5）$$\text{当期免、抵、退税额}=\text{当期出口货物离岸价}\times\text{外汇人民币折合率}\times\text{出口货物退税率}-\text{当期免、抵、退税额抵减额}$$

（6）如果当期期末留抵税额≤当期免、抵、退税额，则：

当期应退税额=当期期末留抵税额

当期免抵税额=当期免、抵、退税额-当期应退税额

如果当期期末留抵税额>当期免、抵、退税额，则：

当期应退税额=当期免、抵、退税额

当期免抵税额=当期免、抵、退税额-当期应退税额=0

结转下期留抵税额=当期应纳税额-当期应退税额

需要注意的是：

①退税率低于适用税率的，相应计算出的差额部分的税款计入出口货物劳务成本。

②出口企业既有适用增值税免、抵、退项目，也有增值税即征即退、先征后退项目的，增值税即征即退和先征后退项目不参与出口项目免、抵、退税计算。出口企业应分别核算增值税免、抵、退项目和增值税即征即退、先征后退项目，并分别申请享受增值税即征即退、先征后退和免、抵、退税政策。

用于增值税即征即退或者先征后退项目的进项税额无法划分的，按照下列公式计算：

无法划分进项税额中用于增值税即征即退或者先征后退项目的部分 = 当月无法划分的全部进项税额 × 当月增值税即征即退或者先征后退项目销售额 ÷ 当月全部销售额、营业额合计

③当期免税购进原材料价格包括当期国内购进的无进项税额且不计提进项税额的免税原材料的价格和当期进料加工保税进口料件的价格，其中当期进料加工保税进口料件的价格为进料加工出口货物耗用的保税进口料件金额。

进料加工出口货物耗用的保税进口料件金额 = 进料加工出口货物人民币离岸价 × 进料加工计划分配率

计算不得免征和抵扣税额时，应按当期全部出口货物的销售额扣除当期全部进料加工出口货物耗用的保税进口料件金额后的余额乘以征退税率之差计算。

进料加工出口货物收齐有关凭证申报免抵退税时，以收齐凭证的进料加工出口货物人民币离岸价扣除其耗用的保税进口料件金额后的余额计算免抵退税额。

④当期期末留抵税额为当期增值税纳税申报表中的“期末留抵税额”。

【例 3-5】某自营出口生产企业（增值税一般纳税人）出口货物的

征税税率为13%，退税率为13%。11月购进原材料一批，取得的增值税专用发票注明的价款300万元，外购货物准予抵扣进项税款39万元。上期期末留抵税额2万元。当月内销货物销售额100万元，销项税额13万元；当月出口货物销售折合人民币200万元。

要求：计算该企业本期免、抵、退税额、应退税额和免、抵税额。

解：

当期应纳税额=100×13%-39-2=-28（万元）

当期免、抵、退税额=200×13%=26（万元）

∵当期期末留抵税额28万元>当期免、抵、退税额26万元

∴当期应退税额=当期免、抵、退税额=26（万元）

当期免、抵税额=当期免、抵、退税额-当期应退税额=0

结转下期留抵税额=当期应纳税额-当期应退税额=28-26=2（万元）

【例3-6】某自营出口生产企业（增值税一般纳税人）出口货物的征税税率为13%，退税率为13%。11月购进原材料一批，取得的增值税专用发票注明的价款200万元，外购货物准予抵扣进项税款26万元，原材料已验收入库。当月进口保税材料一批，到岸价格折合人民币160万元，已按实耗法向税务机关办理了“生产企业进料加工贸易免税证明”，当月出口货物离岸价格折合人民币480万元，当月内销货物不含税销售额80万元，上期期末留抵税额5万元。假定该企业进料加工复出口业务符合相关规定，计划进口总值为1 800万元，计划出口总值为6 000万元。

要求：计算该企业当期免、抵、退税额，应退税额和免、抵税额。

解：

计划分配率=1 800÷6 000×100%=30%

当期应纳税额=80×13%-26-5=-20.6（万元）

当期免、抵、退税额=480×13%-480×30%×13%=43.68（万元）

∵当期期末留抵税额20.6万元≤当期免、抵、退税限额

∴当期应退税额=当期免、抵、退税限额=20.6万元

当期免、抵税额=20.6-20.6=0（万元）

2.零税率应税行为增值税退（免）税的计算

零税率应税行为免、抵、退税的计算公式：

（1）当期免、抵、退税额的计算：

当期零税率应税行为免、抵、退税额 = 当期零税率应税行为免、抵、退税计税依据 × 外汇人民币折合率 × 零税率应税行为增值税退税率

（2）当期应退税额和当期免抵税额的计算：

①当期期末留抵税额≤当期免、抵、退税额时：

当期应退税额=当期期末留抵税额

当期免抵税额=当期免、抵、退税额−当期应退税额

②当期期末留抵税额>当期免、抵、退税额时：

当期应退税额=当期免、抵、退税额

当期免抵税额=0

实行免、抵、退税办法的零税率应税服务提供者如同时有货物劳务（劳务指对外加工修理修配劳务）出口的，可结合现行出口货物免、抵、退税计算公式一并计算。税务机关在审批时，按照出口货物劳务、零税率应税服务免、抵、退税额比例划分出口货物劳务、零税率应税服务的退税额和免抵税额。

【例3-7】某国际运输公司（增值税一般纳税人）实行免、抵、退税管理办法，2019年10月发生以下业务：

（1）当月提供国际运输服务，共取得收入60万元；

（2）假定企业纳税申报时期末留抵税额为15万元。

要求：计算该企业当月应退税额（退税率9%）。

解：当期零税率应税行为免、抵、退税额 = 当期零税率应税行为免、抵、退税计税依据 × 外汇人民币折合率 × 零税率应税行为增值税退税率

=60×9%=5.4（万元）

∵15万元>当期免、抵、退税额5.4万元

∴当期应退税额=当期免、抵、退税额=5.4万元

当期免抵税额=当期免、抵、退税额−当期应退税额=5.4−5.4=0

（二）免、退税的计算

外贸（综合服务）企业出口货物、劳务实行免征增值税，相应的进项税额予以退还的政策，即出口免退税。出口货物属于应税消费品的还应退还购进出口货物前一环节已征的消费税，即出口退税。

按照政策分类，外贸（综合服务）企业一般贸易出口免退税分为委

托加工修理修配货物以外的货物和委托加工修理修配货物出口两种形式。一是外购货物出口，以出口货物增值税专用发票的计税金额和海关进口增值税专用缴款书注明的完税价格为依据，申报出口免退税。二是委托加工出口，外贸企业将加工修理修配使用的原材料（进料加工海关保税进口料件除外）作价销售给受托加工修理修配的生产企业，受托加工修理修配的生产企业应将原材料成本并入加工修理修配费用开具发票，并以此作为计税依据申报出口免退税。

生产企业代办退税的出口货物，应先按出口货物离岸价和增值税适用税率计算销项税额并按规定申报缴纳增值税，同时向外贸（综合服务）企业开具备注栏内注明“代办退税专用”的增值税专用发票（不得作为综服企业的增值税扣税凭证）。

外贸（综合服务）企业向其主管税务机关申报代办退税，应退税额按代办退税专用发票上注明的“金额”和出口货物适用的出口退税率计算。

应退税额=代办退税专用发票上注明的“金额”×出口货物适用的出口退税率

（1）外贸（综合服务）企业出口委托加工修理修配货物以外的货物：

增值税应退税额=增值税退（免）税计税依据×出口货物退税率

（2）外贸（综合服务）企业出口委托加工修理修配货物：

增值税应退税额=委托加工修理修配的增值税退（免）税计税依据×出口货物退税率

（3）外贸（综合服务）企业兼营的零税率应税服务增值税免退税，依下列公式计算：

$$\text{外贸(综合服务)企业兼营的零税率应税服务应退税额} = \text{外贸(综合服务)企业兼营的零税率应税服务免退税计税依据} \times \text{零税率应税服务增值税退税率}$$

【例3-8】某外贸企业（有进出口经营权）2019年9月收购一批货物并出口至美国，收购货物取得的增值税专用发票注明计税金额100 000元，增值税13 000元，款项以银行存款支付。该货物适用的出口退税率为13%，出口销售额为15 000美元（汇率1：6.12）。

要求：计算该企业增值税应退税额。

解：应退税额=100 000×13%=13 000（元）

【例3-9】某外贸（综合服务）企业2019年9月份购进及出口情况

如下：

（1）第一次购进电风扇500台，单价150元/台；第二次购进电风扇200台，单价148元/台（均已取得增值税专用发票）。

（2）将两次外购的电风扇700台报关出口，离岸单价20美元/台，此笔出口已收汇并做销售处理。假定美元与人民币比价为1∶6.4，退税率为13%。

要求：计算该笔出口业务应退增值税税额。

解：应退税额=（500×150+200×148）×13%=13 598（元）

（三）融资租赁出口货物退税的计算

融资租赁出租方将融资租赁出口货物租赁给境外承租方、将融资租赁海洋工程结构物租赁给海上石油天然气开采企业，向融资租赁出租方退还其购进租赁货物所含增值税。其计算公式为：

$$\text{增值税应退税额}=\text{购进融资租赁货物的增值税专用发票注明的金额或海关（进口增值税）专用缴款书注明的完税价格}\times\text{融资租赁货物适用的增值税退税率}$$

融资租赁出口货物适用的增值税退税率，按照统一的出口货物适用退税率执行。从增值税一般纳税人购进的按简易办法征税的融资租赁货物和从小规模纳税人购进的融资租赁货物，其适用的增值税退税率，按照购进货物适用的征收率和退税率孰低的原则确定。

【例3-10】2019年9月某融资租赁公司根据合同规定将一设备以融资租赁方式出租给境外的甲企业使用。融资租赁公司购进该设备的增值税专用发票上注明的金额为100万元人民币。

要求：计算该企业当期应退的增值税税额（假设增值税出口退税率为13%）。

解：应退增值税税额=100×13%=13（万元）

如果融资租赁出口货物、融资租赁海洋工程结构物（简称融资租赁货物）属于消费税应税消费品，向融资租赁出租方退还前一环节已征的消费税。

$$\text{应退消费税税额}=\text{购进融资租赁货物税收（出口货物专用）缴款书上或海关进口消费税专用缴款书上注明的消费税税额}$$

（四）境外旅客购物离境退税政策

离境退税政策是指境外游客在离境口岸离境时，对其在退税商店购买的退税物品退还增值税的政策。

境外旅客是指在我国境内连续居住不超过183天的外国人和港澳台同胞。

退税物品是指由境外旅客本人在退税商店购买且符合退税条件的个人物品，但不包括下列物品：

（1）《中华人民共和国禁止、限制进出境物品表》所列的禁止、限制出境物品；

（2）退税商店销售的适用增值税免税政策的物品；

（3）财政部、海关总署、国家税务总局规定的其他物品。

境外旅客申请退税，应当同时符合以下条件：

（1）同一境外旅客同一日在同一退税商店购买的退税物品金额达到500元人民币；

（2）退税物品尚未启用或消费；

（3）离境日距退税物品购买日不超过90天；

（4）所购退税物品由境外旅客本人随身携带或随行李托运出境。

退税物品的退税率为11%。

应退增值税额=退税物品销售发票含增值税金额×退税率

（五）外国驻华使（领）馆及其馆员在华购买货物和服务增值税退税政策

外国驻华使（领）馆及其馆员（简称享受退税的单位和人员）包括外国驻华使（领）馆的外交代表（领事官员）及行政技术人员，但中国公民或在中国永久居留的人员除外。

实行增值税退税政策的货物与服务范围，包括按规定征收增值税、属于合理自用范围内的生活办公类货物和服务（含修理修配劳务）。工业用机器设备、金融服务以及财政部和国家税务总局规定的其他货物和服务，不属于生活办公类货物和服务。

下列情形不适用增值税退税政策：

（1）购买非合理自用范围内的生活办公类货物和服务；

（2）购买货物单张发票含增值税销售金额不足800元人民币（自来

水、电、燃气、暖气、汽油、柴油除外)，购买服务单张发票含增值税销售金额不足300元人民币；

(3) 个人购买除车辆外的货物和服务，除车辆和房租外，每人每年申报退税的含增值税销售金额超过18万元人民币的部分；

(4) 增值税免税货物和服务。

申报退税的应退税额，为增值税发票上注明的税额。

使（领）馆及其馆员购买电力、暖气、汽油、柴油，发票上未注明税额的，增值税应退税额按不含税销售额和适用的增值税税率计算。

增值税应退税额=发票金额（含增值税）÷（1+增值税适用税率）×增值税适用税率

享受退税的单位和人员，应按季度向外交部礼宾司报送退税凭证和资料申报退税，报税时间为每年的1月、4月、7月、10月。当年度购买的货物和服务（以发票开具日期为准），最迟申报不得迟于次年1月。

外交部礼宾司受理使（领）馆退税申报后，10个工作日内，对享受退税的单位和人员的范围进行确认，对申报时限及其他内容进行审核、签章，将各使（领）馆申报资料一并转送北京市税务局办理退税，并履行交接手续。

八、出口货物、劳务和跨境应税行为退（免）税管理

为进一步简化出口退（免）税手续，优化出口退（免）税服务，持续加快退（免）税进度，支持外贸出口，目前对出口退（免）税企业（简称出口企业）进行分类管理，分为一类、二类、三类、四类。

自2018年5月1日起，出口退（免）税申报有关规定如下：

(1) 出口企业或其他单位办理出口退（免）税备案手续时，应按规定向主管税务机关填报修改后的《出口退（免）税备案表》。

(2) 出口企业或其他单位申报出口退（免）税时，不再进行退（免）税预申报。主管税务机关确认申报凭证的内容与对应的管理部门电子信息无误后方可受理出口退（免）税申报。

(3) 实行免抵退税办法的出口企业或其他单位在申报办理出口退（免）税时，不再报送当期《增值税纳税申报表》。

(4) 出口企业按规定申请开具代理进口货物证明时，不再提供进口货物报关单（加工贸易专用）。

（5）外贸企业购进货物需分批申报退（免）税的以及生产企业购进非自产应税消费品需分批申报消费税退税的，出口企业不再向主管税务机关填报《出口退税进货分批申报单》，由主管税务机关通过出口税收管理系统对进货凭证进行核对。

（6）出口企业或其他单位在出口退（免）税申报期限截止之日前，申报出口退（免）税的出口报关单、代理出口货物证明、委托出口货物证明、增值税进货凭证仍没有电子信息或凭证的内容与电子信息比对不符的，应在出口退（免）税申报期限截止之日前，向主管税务机关报送《出口退（免）税凭证无相关电子信息申报表》。相关退（免）税申报凭证及资料留存企业备查，不再报送。

（7）出口企业或其他单位出口货物劳务、发生增值税跨境应税行为，由于以下原因未收齐单证，无法在规定期限内申报的，应在出口退（免）税申报期限截止之日前，向负责管理出口退（免）税的主管税务机关报送《出口退（免）税延期申报申请表》及相关举证资料，提出延期申报申请。主管税务机关自受理企业申请之日起20个工作日内完成核准，并将结果告知出口企业或其他单位。

（8）出口企业申报退（免）税的出口货物，应按规定在出口退（免）税申报截止之日前收汇，未按规定收汇的出口货物适用增值税免税政策。

（9）生产企业应于每年4月20日前，按规定向主管税务机关申请办理上年度海关已核销的进料加工手册（账册）项下的进料加工业务核销手续。4月20日前未进行核销的，对该企业的出口退（免）税业务，主管税务机关暂不办理，在其进行核销后再办理。

第四节　增值税的申报与缴纳

一、减免税

增值税的免税、减税项目由国务院规定。任何地区、部门均不得规定免税、减税项目。

（一）法定（《增值税暂行条例》规定的）免税项目

1.农业生产者（包括从事农业生产的单位和个人）销售的自产农产品。

2.避孕药品和用具。

3.古旧图书（指向社会收购的古书和旧书）。

4.直接用于科学研究、科学试验和教学的进口仪器、设备。

5.外国政府、国际组织无偿援助的进口物资和设备。

6.由残疾人组织直接进口供残疾人专用的物品。

7.销售自己使用过的物品（指其他个人自己使用过的物品）。

8.财政部、国家税务总局规定的其他免税项目。

（二）“营改增”免税项目

1.托儿所、幼儿园提供的保育和教育服务。

2.养老机构提供的养老服务。

3.残疾人福利机构提供的育养服务。

4.婚姻介绍服务。

5.殡葬服务。

6.残疾人员本人为社会提供的服务。

7.医疗机构提供的医疗服务。

8.从事学历教育的学校提供的教育服务，包括符合规定的从事学历教育的民办学校，但不包括职业培训机构等国家不承认学历的教育机构。学校以各种名义收取的赞助费、择校费等，不属于免征增值税的范围。

9.学生勤工俭学提供的服务。

10.农业机耕、排灌、病虫害防治、植物保护、农牧保险以及相关技术培训业务，家禽、牲畜、水生动物的配种和疾病防治。

11.纪念馆、博物馆、文化馆、文物保护单位管理机构、美术馆、展览馆、书画院、图书馆在自己的场所提供文化体育服务取得的第一道门票收入。

12.寺院、宫观、清真寺和教堂举办文化、宗教活动的门票收入。

13.行政单位之外的其他单位收取的符合规定的政府性基金和行政事业性收费。

14.个人转让著作权。

15.个人销售自建自用住房。

16.2018年12月31日前，公共租赁住房经营管理单位出租公共租赁住房。

17.台湾航运公司、航空公司从事海峡两岸海上直航、空中直航业务在大陆取得的运输收入。

18.纳税人提供的直接或者间接国际货物运输代理服务。

19.以下利息收入：

（1）2016年12月31日前，金融机构农户小额贷款。

（2）国家助学贷款。

（3）国债、地方政府债。

（4）中国人民银行对金融机构的贷款。

（5）住房公积金管理中心用住房公积金在指定的委托银行发放的个人住房贷款。

（6）外汇管理部门在从事国家外汇储备经营过程中，委托金融机构发放的外汇贷款。

（7）统借统还业务中，企业集团或企业集团中的核心企业以及集团所属财务公司按不高于支付给金融机构的借款利率水平或者支付的债券票面利率水平，向企业集团或者集团内下属单位收取的利息。

20.被撤销金融机构以货物、不动产、无形资产、有价证券、票据等财产清偿债务。

21.保险公司开办的一年期以上人身保险产品取得的保费收入。

22.符合条件的金融商品转让收入。

23.金融同业往来利息收入。

24.符合条件的担保机构从事中小企业信用担保或者再担保业务取得的收入（不含信用评级、咨询、培训等收入）3年内免征增值税。

25.国家商品储备管理单位及其直属企业承担商品储备任务，从中央或者地方财政取得的利息补贴收入和价差补贴收入。

26.纳税人提供技术转让、技术开发和与之相关的技术咨询、技术服务。

27.符合条件的合同能源管理服务。

28.2017年12月31日前，科普单位的门票收入，以及县级及以上党政部门和科协开展科普活动的门票收入。

29.政府举办的从事学历教育的高等、中等和初等学校（不含下属单位），举办进修班、培训班取得的全部归该学校所有的收入。

30.政府举办的职业学校设立的主要为在校学生提供实习场所，并由学校出资自办、由学校负责经营管理、经营收入归学校所有的企业，从事《销售服务、无形资产或者不动产注释》中“现代服务”（不含融资租赁服务、广告服务和其他现代服务）、“生活服务”（不含文化体育服务、其他生活服务和桑拿、氧吧）业务活动取得的收入。

31.家政服务企业由员工制家政服务人员提供家政服务取得的收入。

32.福利彩票、体育彩票的发行收入。

33.军队空余房产租赁收入。

34.为了配合国家住房制度改革，企业、行政事业单位按房改成本价、标准价出售住房取得的收入。

35.将土地使用权转让给农业生产者用于农业生产取得的收入。

36.涉及家庭财产分割的个人无偿转让不动产、土地使用权取得的收入。

37.土地所有者出让土地使用权和土地使用者将土地使用权归还给土地所有者取得的收入。

38.县级以上地方人民政府或自然资源行政主管部门出让、转让或收回自然资源使用权（不含土地使用权）取得的收入。

39.随军家属就业取得的收入。

40.军队转业干部就业取得的收入。

（三）财政部、国家税务总局规定的其他减免税项目

1.粮食和食用植物油。

对承担粮食收储任务的国有粮食购销企业销售粮食、大豆免征增值税。其他粮食企业，除经营军队用粮、救灾救济粮、水库移民口粮之外一律征收增值税。

对销售食用植物油业务，除政府储备食用植物油的销售继续免征增值税外，一律照章征收增值税。对粮油加工业务，一律照章征收增值税。

2.农业生产资料，包括农膜、批发和零售的种子、种苗、化肥、农药、农机、有机肥、滴灌带和滴灌管产品。

3.资源综合利用产品。

（1）对销售下列自产货物实行免征增值税政策：①再生水；②以废旧轮胎为全部生产原料生产的胶粉；③翻新轮胎；④生产原料中掺兑废渣比例不低于30%的特定建材产品。

（2）对污水处理劳务免征增值税。

（3）对销售自产的综合利用生物柴油实行增值税先征后退政策。

4.制种企业在下列生产经营模式下生产销售种子：

（1）利用自有土地或承租土地，雇佣农户或雇工进行种子繁育，再经烘干、脱粒、风筛等深加工后销售种子。

（2）提供亲本种子委托农户繁育并从农户手中收回，再经烘干、脱粒、风筛等深加工后销售种子。

（3）2016年1月1日至2020年12月31日，继续对进口种子（苗）、种畜（禽）、鱼种（苗）和种用野生动植物种源（种子种源）免征进口环节增值税。

5.回收再销售畜禽。这是指采取“公司+农户”经营模式从事畜禽饲养，即公司与农户签订委托养殖合同，向农户提供畜禽苗、饲料、兽药及疫苗等（所有权属于公司），农户饲养畜禽苗至成品后交付公司回收，公司将回收的成品畜禽用于销售。

6.对从事农产品批发、零售的纳税人销售的部分鲜活肉蛋产品免征增值税。其中，不包括规定的国家珍贵、濒危野生动物及其鲜活肉类、蛋类产品。

7.纳税人销售自产人工合成牛胚胎应免征增值税。

8.对从事蔬菜批发、零售的纳税人销售的蔬菜免征增值税。

9.对边销茶生产企业销售自产的边销茶及经销企业销售的边销茶免征增值税。边销茶是指以黑毛茶、老青茶、红茶末、绿茶为主要原料，经过发酵、蒸制、加压或者压碎、炒制，专门销往边疆少数民族地区的紧压茶、方包茶（马茶）。

（四）其他有关减免税规定

1.纳税人兼营免税、减税项目的，应当分别核算免税、减税项目的销售额；未分别核算销售额的，不得免税、减税。

2.纳税人销售货物或者应税劳务和应税服务适用免税规定的，可以放弃免税，依照规定缴纳增值税。放弃免税后，36个月内不得再申请免税。

3.纳税人发生应税行为同时适用免税和零税率规定的，纳税人可以选择适用免税或者零税率。

4.安置残疾人单位既符合促进残疾人就业增值税优惠政策条件，又符合其他增值税优惠政策条件的，可同时享受多项增值税优惠政策，但年度申请退还增值税总额不得超过本年度内应纳增值税总额。

5.纳税人既有增值税即征即退、先征后退项目，也有出口等其他增值税应税项目的，增值税即征即退和先征后退项目不参与出口项目免抵退税计算。纳税人应分别核算增值税即征即退、先征后退项目和出口等其他增值税应税项目，分别申请享受增值税即征即退、先征后退和免抵退税政策。

（五）增值税即征即退

1.增值税一般纳税人销售其自行开发生产的软件产品，按13%的税率征收增值税后，对其实际税负超过3%的部分实行即征即退。

增值税一般纳税人将进口软件产品进行本地化改造后对外销售，享受增值税即征即退政策。

2.一般纳税人提供管道运输服务，对其增值税实际税负超过3%的部分实行增值税即征即退政策。

3.经中国人民银行、银保监会或者商务部批准从事融资租赁业务的试点纳税人中的一般纳税人，提供有形动产融资租赁服务和有形动产融资性售后回租服务，对其增值税实际税负超过3%的部分实行增值税即征即退政策。

4.纳税人（指安置残疾人的单位和个体工商户，除盲人按摩机构外）本期应退增值税税额等于本期所含月份每月应退增值税税额之和。

月应退增值税额=纳税人本月安置残疾人员人数×本月月最低工资标准的4倍

二、增值税的起征点

纳税人发生应税行为的销售额未达到增值税起征点的，免征增值税；达到起征点的，全额计算缴纳增值税。

增值税起征点不适用于登记为一般纳税人的个体工商户。

增值税起征点幅度如下：

（1）按期纳税的，为月销售额5 000～20 000元（含本数）。

（2）按次纳税的，为每次（日）销售额300～500元（含本数）。

起征点的调整由财政部和国家税务总局规定。省、自治区、直辖市财政厅（局）和税务局应当在规定的幅度内，根据实际情况确定本地区适用的起征点，并报财政部和国家税务总局备案。

自2019年1月1日至2021年12月31日，对月销售额在10万元以下（含本数）的增值税小规模纳税人，免征增值税。

三、纳税义务发生时间

纳税义务发生时间是指纳税人发生应税行为应当承担纳税义务的起始时间。发生应税销售行为是指收讫销售款项或者取得索取销售款项凭据的当天；先开具发票的，为开具发票的当天。

收讫销售款项，是指纳税人销售服务、无形资产、不动产过程中或者完成后收到款项。

取得索取销售款项凭据的当天，是指书面合同确定的付款日期；未签订书面合同或者书面合同未确定付款日期的，为服务、无形资产转让完成的当天或者不动产权属变更的当天。

1.纳税人销售货物或者提供应税劳务，根据销售结算方式的不同，具体规定如下：

（1）采取直接收款方式销售货物，不论货物是否发出，均为收到销售款或者取得索取销售款凭据的当天。

对于纳税人生产经营活动中采取直接收款方式销售货物，已将货物移送对方并暂估销售收入入账，但既未取得销售款或取得索取销售款凭据也未开具销售发票的，其增值税纳税义务发生时间为取得销售款或者取得索取销售款凭据的当天；先开具发票的，为开具发票的当天。

（2）采取托收承付和委托银行收款方式销售货物，为发出货物并办妥托收手续的当天。

（3）采取赊销和分期收款方式销售货物，为书面合同约定的收款日期的当天，无书面合同的或者书面合同没有约定收款日期的，为货物发出的当天。

（4）采取预收货款方式销售货物，为货物发出的当天，但生产销售工期超过12个月的大型机械设备、船舶、飞机等货物，为收到预收款或者书面合同约定的收款日期的当天。

（5）委托其他纳税人代销货物，为收到代销单位的代销清单或者收到全部或者部分货款的当天，未收到代销清单及货款的，为发出代销货物满180天的当天。

（6）销售应税劳务，为提供劳务同时收讫销售款或者取得索取销售款凭据的当天。

（7）纳税人发生视同销售行为，货物为移送的当天。

2.纳税人提供建筑服务、租赁服务采取预收款方式的，其纳税义务发生时间为收到预收款的当天。

3.纳税人从事金融商品转让的，为金融商品所有权转移的当天。

4.纳税人发生视同销售服务、无形资产或者不动产情形的，为服务、无形资产转让完成的当天或不动产权属变更的当天。

5.增值税扣缴义务发生时间为纳税人增值税纳税义务发生的当天。

四、纳税期限

增值税的纳税期限分别为1日、3日、5日、10日、15日、1个月或者1个季度。纳税人的具体纳税期限，由主管税务机关根据纳税人应纳税额的大小分别核定。

以1个季度为纳税期限的规定适用于小规模纳税人、银行、财务公司、信托投资公司、信用社，以及财政部和国家税务总局规定的其他纳税人。

不能按照固定期限纳税的，可以按次纳税。

纳税人以1个月或者1个季度为1个纳税期的，自期满之日起15日内申报纳税；以1日、3日、5日、10日或者15日为1个纳税期的，自期满之日起5日内预缴税款，于次月1日起15日内申报纳税并结清上月应纳税款。

扣缴义务人解缴税款的期限，依照上述规定执行。

五、纳税地点

1.固定业户应当向其机构所在地或者居住地主管税务机关申报纳

税。总机构和分支机构不在同一县（市）的，应当分别向各自所在地的主管税务机关申报纳税；经财政部和国家税务总局或者其授权的财政和税务机关批准，可以由总机构汇总向总机构所在地的主管税务机关申报纳税。

2.非固定业户应当向应税行为发生地主管税务机关申报纳税；未申报纳税的，由其机构所在地或者居住地主管税务机关补征税款。

3.其他个人提供建筑服务，销售或者租赁不动产，转让自然资源使用权，应向建筑服务发生地、不动产所在地、自然资源所在地主管税务机关申报纳税。

4.进口货物，应当向报关地海关申报纳税。

5.扣缴义务人应当向其机构所在地或者居住地主管税务机关申报缴纳扣缴的税款。

六、增值税专用发票的使用及管理

增值税专用发票（简称专用发票）是增值税一般纳税人发生应税销售行为开具的发票，是购买方支付增值税额并可按照增值税有关规定据以抵扣增值税进项税额的凭证。

一般纳税人应通过增值税防伪税控系统使用专用发票。使用，包括领购、开具、缴销、认证纸质专用发票及其相应的数据电文。

增值税专用发票由基本联次或者基本联次附加其他联次构成，基本联次为三联。第一联为记账联，是销售方核算销售收入和增值税销项税额的记账凭证；第二联为抵扣联，是购买方报送主管税务机关认证和留存备查的凭证；第三联为发票联，是购买方核算采购成本和增值税进项税额的记账凭证。其他联次用途，由纳税人自行确定。

一般纳税人凭“发票领购簿”、IC卡和经办人员身份证明通过防伪税控系统领购、开具、缴销、认证纸质专用发票及其相应的数据电文。

一般纳税人发生应税销售行为，应使用增值税发票管理系统开具增值税专用发票、增值税普通发票、机动车销售统一发票、增值税电子普通发票。

销售方开具增值税发票时，发票内容应按照实际销售情况如实开具，不得根据购买方要求填开与实际交易不符的内容。销售方开具发票时，通过销售平台系统与增值税发票税控系统后台对接，导入相关信息开票的，系统导入的开票数据内容应与实际交易相符，如不相符应及时修改完善销售平台系统。

虚开发票是指在没有任何购销事实的前提下，为他人、自己或让他人为自己，或介绍他人开具发票的行为。代开、虚开发票的行为都是严重的违法行为。对代开、虚开专用发票的，一律按票面所列货物的适用税率全额征补税款，并按《税收征管法》的规定按偷税给予处罚。纳税人所取得的代开、虚开的增值税专用发票，不得作为增值税合法抵扣凭证抵扣进项税额。

自2017年7月1日起，购买方为企业的，索取增值税普通发票时，应向销售方提供纳税人识别号或统一社会信用代码；销售方为其开具增值税普通发票时，应在“购买方纳税人识别号”栏填写购买方的纳税人识别号或统一社会信用代码。不符合规定的发票，不得作为税收凭证。

自2018年1月1日起，纳税人通过增值税发票管理新系统开具增值税发票（包括增值税专用发票、增值税普通发票、增值税电子普通发票）时，商品和服务税收分类编码对应的简称会自动显示并打印在发票票面“货物或应税劳务、服务名称”或“项目”栏次中。

已办理税务登记的小规模纳税人（包括个体经营者）以及国家税务总局确定的其他可以代开增值税专用发票的纳税人发生增值税应税行为，需要开具增值税专用发票的，纳税人可以向主管税务机关申请为其开具增值税专用发票或货物运输业增值税专用发票。

自2018年2月1日起，月销售额超过3万元（或季销售额超过9万元）的工业以及信息传输、软件和信息技术服务业增值税小规模纳税人（以下简称试点纳税人）发生增值税应税行为，需要开具增值税专用发票的，可以通过增值税发票管理新系统自行开具。

试点纳税人销售其取得的不动产，需要开具增值税专用发票的，应当按照有关规定向税务机关申请代开。

自2018年4月1日起，二手车交易市场、二手车经销企业、经纪机构和拍卖企业应当通过增值税发票管理新系统开具二手车销售统一发票。

开具增值税专用发票后发生退货或开票有误的处理：

1.增值税一般纳税人开具增值税专用发票后，发生销货退回、开票有误、应税服务中止等情形但不符合发票作废条件，或者因销货部分退回及发生销售折让，需要开具红字专用发票的，按以下方法处理：

（1）购买方取得专用发票已用于申报抵扣的，购买方可在增值税发票管理新系统中填开并上传“开具红字增值税专用发票信息表”（简称“信息表”），在填开“信息表”时不填写相对应的蓝字专用发票信息，应暂依“信息表”所列增值税税额从当期进项税额中转出，待取得销售方开具的红字专用发票后，与“信息表”一并作为记账凭证。

购买方取得专用发票未用于申报抵扣但发票联或抵扣联无法退回的，购买方填开“信息表”时应填写相对应的蓝字专用发票信息。

销售方开具专用发票尚未交付购买方，以及购买方未用于申报抵扣并将发票联及抵扣联退回的，销售方可在新系统中填开并上传“信息表”。销售方填开“信息表”时应填写相对应的蓝字专用发票信息。

（2）主管税务机关通过网络接收纳税人上传的“信息表”，系统自动校验通过后，生成带有“红字发票信息表编号”的“信息表”，并将信息同步至纳税人端系统中。

（3）销售方凭税务机关系统校验通过的“信息表”开具红字专用发票，在新系统中以销项负数开具。红字专用发票应与“信息表”一一对应。

（4）纳税人也可凭“信息表”电子信息或纸质资料到税务机关对“信息表”内容进行系统校验。

2.税务机关为小规模纳税人代开专用发票，需要开具红字专用发票的，按照一般纳税人开具红字专用发票的方法处理。

3.纳税人需要开具红字增值税普通发票的，可以在所对应的蓝字发票金额范围内开具多份红字发票。红字机动车销售统一发票需与原蓝字机动车销售统一发票一一对应。

4.按照《国家税务总局关于纳税人认定或登记为一般纳税人前进项税额抵扣问题的公告》（国家税务总局公告2015年第59号）的规定，需要开具红字专用发票的，按照其规定执行。

技能训练题

一、单项选择题

1.按照现行《增值税暂行条例》的规定，小规模纳税人适用的法定征收率是（　　）。

A.4%　　B.6%

C.3%　　D.2%

2.我国增值税实行全面“转型”指的是（　　）。

A.由过去的生产型转为收入型　　B.由过去的收入型转为消费型

C.由过去的生产型转为消费型　　D.由过去的消费型转为生产型

3.下列各项中，既是增值税法定税率，又是增值税进项税额扣除率的是（　　）。

A.16%　　B.9%

C.13%　　D.10%

4.A公司采取分期收款方式向B公司销售货物，双方于2019年3月18日签订了一份买卖合同，合同约定B公司于4月28日、5月28日分别向A公司付款50万元。但A公司在4月10日就收到B公司的预付货款，并全额开具了增值税发票；A公司于5月30日发出货物。按我国《增值税暂行条例》及其实施细则的规定，A公司增值税纳税义务发生时间应当为（　　）。

A.3月18日　　B.4月10日

C.4月28日　　D.5月30日

5.下列项目中，属于有形动产租赁行为的是（　　）。

A.房屋出租的业务　　B.远洋运输的程租业务

C.远洋运输的光租业务　　D.航空运输的湿租业务

6.下列境内单位提供增值税适用零税率应税服务项目中，属于实行免征增值税办法的是（　　）。

A.适用简易计税方法的出口货物

B.适用增值税一般计税方法的生产企业出口货物

C.适用增值税一般计税方法的外贸企业外购研发服务和设计服务出口

D. 适用增值税一般计税方法的外贸企业自己开发的研发服务和设计服务出口

7. 下列不适用零税率的国际运输服务是（　　）。

A. 在境内载运旅客或者货物出境

B. 在境外载运旅客或者货物入境

C. 在境外载运旅客或者货物

D. 在境内载运旅客或者货物

8. 某外贸企业2019年8月从小规模纳税人处购进出口货物，该小规模纳税人的税收征收率为3%，实际执行的征收率为2%。该外贸企业在购进出口货物时取得了增值税专用发票，上面注明的税率为6%。则该外贸企业适用的退税率为（　　）。

A.3%　　　　B.2%

C.6%　　　　D.13%

9. 下列项目中，符合新认定为一般纳税人的小型商贸批发企业实行纳税辅导期管理的期限是（　　）。

A.6个月　　　　B.3个月

C.1个月　　　　D.180天

10. 根据增值税的计税原理，增值税对同一商品而言，无论流转环节的多与少，只要增值额相同，税负就相同，不会影响商品的生产结构、组织结构和产品结构。这一特点体现了增值税特点中的（　　）。

A. 保持税收中性

B. 普遍征收

C. 税收负担由商品的最终消费者承担

D. 实行价外税制度

11. 下列各项中，适用增值税出口免、退税办法的是（　　）。

A. 收购货物出口的外贸企业

B. 受托代理出口货物的外贸企业

C. 自营出口自产货物的生产企业

D. 委托出口自产货物的生产企业

12. 增值税一般纳税人申请抵扣的防伪税控系统开具的增值税专用发票，必须到税务机关认证，否则不予抵扣进项税额。其认证最长期限是自开具增值税专用发票之日起的（　　）。

A.360日内　　　　B.90日内

C.60日内　　　　D.180日内

13.下列项目中，符合进口货物纳税期限规定的是（　　）。

A.自海关填发海关进口增值税专用缴款书之日起5日内

B.自海关填发海关进口增值税专用缴款书之日起10日内

C.自海关填发海关进口增值税专用缴款书之日起15日内

D.自海关填发海关进口增值税专用缴款书之日起30日内

14.下列属于增值税视同销售行为，应计算缴纳增值税的是（　　）。

A.某生产企业将外购钢材用于扩建仓库

B.某电器厂委托商店代销小电器

C.某KTV购进一批饮料销售给客户

D.某餐饮企业购进服装用于集体福利

15.下列项目中，属于视同提供应税服务的是（　　）。

A.向希望工程小学无偿提供电影播映服务

B.向甲企业无偿提供交通运输服务

C.向举办减灾募捐活动的单位无偿提供交通运输服务

D.向红十字会无偿提供交通运输服务

二、多项选择题

1.下列项目中，属于增值税法中非营业活动的有（　　）。

A.非企业性单位按照法律和行政法规的规定，为履行国家行政管理和公共服务职能收取政府性基金或者行政事业性收费的活动

B.单位聘用的员工为本单位或者雇主提供应税服务

C.个体工商户为员工提供应税服务

D.个体工商户聘用的员工为本单位或者雇主提供应税服务

2.下列项目中，属于在中国境内提供应税服务的有（　　）。

A.境外单位向境内单位提供完全在境外消费的应税服务

B.境内单位向境外单位提供完全在境内消费的应税服务

C.境外单位向境内单位出租完全在境外使用的有形动产

D.境内单位向境外单位出租完全在境内使用的有形动产

3.下列项目中，属于可以选择按照小规模纳税人缴纳增值税的

有（　　）。

A.旅店业纳税人销售非现场消费的食品

B.饮食业纳税人销售非现场消费的食品

C.年应税销售额超过小规模纳税人标准的其他个人

D.社会团体发生了销售货物的行为

4.下列项目中，适用6%增值税税率的有（　　）。

A.有形动产租赁　　B.文化创意服务

C.装卸搬运服务　　D.基础电信服务

5.下列项目中，属于允许抵扣进项税额的有（　　）。

A.一般纳税人接受交通运输服务取得的增值税专用发票上注明的进项税额

B.一般纳税人购置小汽车取得的增值税专用发票上注明的进项税额

C.一般纳税人接受境外单位的应税服务取得的解缴税款的税收缴款凭证上注明的增值税税额

D.一般纳税人购进货物或者接受应税劳务用于应税服务项目发生的进项税额

6.下列项目中，符合零税率增值税退（免）税计税依据的有（　　）。

A.以铁路运输方式载运旅客的，为按照铁路合作组织清算规则清算后的实际运输收入

B.以铁路运输方式载运货物的，为按照铁路合作组织清算规则清算后的实际运输收入

C.实行免退税办法的退（免）税计税依据为购进应税服务的增值税专用发票或解缴税款的中华人民共和国税收缴款凭证上注明的金额

D.生产企业进料加工复出口货物增值税退（免）税的计税依据，按出口货物的离岸价（FOB）扣除出口货物所含的海关保税进口料件的金额后确定

7.除适用增值税零税率的以外，对境内的单位和个人提供的下列应税服务免征增值税的有（　　）。

A.会议展览地点在境外的会议展览服务

B.存储地点在境外的仓储服务

C.为出口货物提供的邮政业服务和收派服务

D.标的物在境外使用的有形动产租赁服务

8.在计算增值税销项税额时，下列项目可以不计入销售额的有（　　）。

A.销售折扣部分

B.折扣销售部分

C.代销商品超过180天仍未收到代销清单及货款的

D.销售折让部分

9.下列关于增值税优惠政策的表述中，正确的有（　　）。

A.纳税人兼营免税、减税项目的，应当分别核算免税、减税项目的销售额；未分别核算销售额的，不得免税、减税

B.纳税人兼营免税、减税项目的，应当分别核算免税、减税项目的销售额；未分别核算销售额的，可以按照各自的比重分别核算免税、减税项目的销售额

C.纳税人提供应税服务同时适用免税和零税率规定的，优先适用零税率

D.纳税人提供应税服务同时适用免税和零税率规定的，优先适用免税政策

10.下列项目中，符合增值税纳税义务发生时间规定的有（　　）。

A.有形动产出租的为收到预收款的当天

B.视同销售应税服务的为服务完成的当天

C.采取预收货款方式销售货物的为货物发出的当天

D.采取托收承付方式销售货物的为发出货物并办妥托收手续的当天

11.下列项目中，属于不得开具增值税专用发票的有（　　）。

A.向消费者个人提供的应税服务

B.适用免征增值税规定的应税服务

C.商业企业一般纳税人零售的烟、酒等消费品

D.小规模纳税人提供的应税服务

12.下列项目中，无须办理一般纳税人资格认定的有（　　）。

A.个体工商户

B.自然人

C.选择按照小规模纳税人纳税的不经常发生应税行为的企业

D.选择按照小规模纳税人纳税的非企业性单位

13.下列项目中，属于不包括在价外费用中的代垫运费的条件有（　　）。

A.承运部门将增值税专用发票开具给购买方

B.承运部门将增值税专用发票开具给供货方

C.纳税人将增值税专用发票转交给购买方

D.纳税人将增值税专用发票自用

14.下列业务中，属于增值税征税范围的有（　　）。

A.翻译服务　　B.仓储服务

C.运输服务　　D.餐饮服务

15.下列项目中，属于非正常损失的购进货物有（　　）。

A.因管理不善造成被盗　　B.因管理不善造成丢失

C.因管理不善造成霉烂变质　　D.自然灾害造成的损失

三、判断题

1.《增值税暂行条例》所述的货物是指有形资产，不包括固定资产和流动资产。（　　）

2.增值税的征收率，仅适用于小规模纳税人，不适用于一般纳税人。（　　）

3.按照增值税法有关规定，销售折扣可以从销售额中减除。（　　）

4.增值税一般纳税人购进用于对外捐赠的货物，取得法定扣税凭证的，可以抵扣增值税进项税额。（　　）

5.避孕药品和用具、古旧图书，内销免税，出口不免税。（　　）

6.一般纳税人购买或销售免税货物所发生的运输费用，可以根据运输部门开具的运费结算单据所列运费金额，依照7%的扣除率计算进项税额抵扣。（　　）

7.纳税人采取以旧换新方式销售金银首饰的，在计算缴纳增值税时，不得从新货物销售额中减除收购旧货物的款项。（　　）

8.某商贸公司进口残疾人专用物品，可以按规定享受减免进口增

值税。（ ）

9. 金银首饰的委托加工，增值税纳税人是受托方。（ ）

10. 视同销售货物也应征增值税，这一规定的主要目的是平衡各类经营方式的税收负担。（ ）

四、计算题

1.2019年9月10日，甲企业根据合同向乙公司发货200箱，每箱不含税售价1 000元。双方协商含税运费2 000元由乙公司承担，但承运部门（一般纳税人）将增值税专用发票开具给甲企业。当天甲企业办妥托收手续，要求乙公司支付款项共计119 000元。

要求：计算甲企业该笔业务应纳的增值税。

2. 某进出口公司2019年12月进口高档化妆品一批，经海关审定的货价为180万元。另外，运抵我国关境内输入地点起卸前的包装费8万元，运输费10万元，保险费2万元。

已知：高档化妆品关税税率为20%，消费税税率为15%，增值税税率为13%。

要求：（1）计算该批进口化妆品应缴纳的关税。

（2）计算该批进口化妆品应缴纳的消费税。

（3）计算该批进口化妆品应缴纳的增值税。

提示：计算结果的金额单位用万元表示。

3. 某小规模纳税人电器修理部2019年10月取得修理收入124 000元；当期清理转让一台使用过3年的修理机械，普通发票注明金额3 000元，转让一批自用过的包装物，普通发票注明金额1 000元；外购一台税控收款机，普通发票注明金额2 800元。

要求：计算当期应纳增值税。

4. 某自营出口生产企业（增值税一般纳税人）出口货物的征税税率为13%，退税率为13%。2019年12月购进原材料一批，取得的增值税专用发票注明的价款400万元，外购货物准予抵扣进项税款52万元。上期期末留抵税额6万元。当月内销货物销售额200万元，销项税额26万元；本月出口货物销售折合人民币400万元。

要求：计算该企业本期免抵退税额、应退税额和免抵税额。

5. 某交通运输企业为增值税一般纳税人，具备提供国际运输服务的条件和资质。12月该企业承接境内运输业务，收取运费价税合计444万元；当月购进柴油并取得增值税专用发票，注明价款400万元、税款52万元；当月购进两辆货车用于货物运输，取得增值税专用发票，注明价款60万元、税款7.8万元；当月对外承接将货物由境内载运出境的业务，收取价款70万美元。（退税率9%，汇率1∶6.30）

要求：计算该企业本期免抵退税额、应退税额和免抵税额。

第四章

增值税会计（下）

第一节　增值税一般纳税人的会计处理

一、会计账户的设置

（一）二级明细账户

增值税一般纳税人应在“应交税费”账户下设置以下11个二级明细账户。

（1）“应交增值税”。该账户的借方发生额为购进（进口）货物、固定资产、无形资产以及接受应税劳务服务支付的进项税额、缴纳增值税等；贷方发生额为销售货物、转让无形资产、不动产、提供应税劳务服务等应缴增值税、出口货物退税、进项税额转出等。期末贷方余额反映企业未缴纳的增值税，借方余额反映企业尚未抵扣的、多缴的增值税。

（2）“未交增值税”。该账户核算一般纳税人月度终了从“应交增值税”“预交增值税”明细账户转入的当月应缴未缴、多缴或预缴的增值税额，以及当月缴纳以前期间未缴的增值税额。其借方余额反映上缴以前月份未交增值税和期末转让多缴增值税，贷方余额记录转让当月未缴增值税；期末借方余额为企业多缴的增值税，贷方余额为未缴的增值税。

（3）“预交增值税”，记录纳税人转让不动产、提供不动产租赁服务、提供建筑服务、采用预收款方式销售自行开发的房地产项目等，按规定应预交的增值税额。平常只有借方数，只在预交税款且取得完税凭证后记录，月末结转至“应交税费——未交增值税”科目后无余额。

（4）“待认证进项税额”，记录纳税人由于未经税务机关认证而不得从当期销项税额中抵扣的进项税额。其包括纳税人已取得增值税扣税凭证、按规定准予从销项税额中抵扣，但尚未认证的进项税额；纳税人取得货物等已入账，但因未收到相关增值税扣税凭证而不得从当期销项税额中抵扣的进项税额。

（5）“待抵扣进项税额”，记录纳税人已取得增值税扣税凭证并经认证，按规定准予以后期间从销项税额中抵扣的进项税额。其包括实行纳税辅导期管理的一般纳税人取得的尚未交叉稽核比对的增值税扣税凭证上注明或计算的进项税额，企业取得海关专用缴款书实行“先稽核比对、后抵扣”方式的进项税额；“营改增”后，当企业取得不动产分期抵扣进项税额时，留待下次（以后）抵扣的进项税额以及进项税额的转入额。对不动产和不动产在建工程，纳税人应分别核算其待抵扣进项税额。

（6）“待转销项税额”，记录纳税人销售货物、无形资产、不动产，提供劳务、服务时，按财务会计制度规定先确认相关收入（或利得）但尚未发生增值税纳税义务而须于以后期间确认为销项税额的增值税税额。

（7）“转让金融商品应交增值税”，记录纳税人转让金融商品发生的增值税额。月末，结转金融商品转让损失应抵扣税额及实际缴纳增值税时，借记本账户；结转金融商品转让收益应纳税额时，贷记本账户。

（8）“代扣代交增值税”，记录纳税人购进在境内未设经营机构的境外单位或个人在境内的应税行为代扣代缴的增值税。

（9）“增值税留抵税额”，当本期可抵扣的进项税额大于当期销项税额时，其差额（期末“应交增值税”为借方余额）为留抵税额，不必单独设会计账户处理。企业实际收到税务机关退还的留抵税额时，借记

"银行存款"，贷记"应交税费——应交增值税（进项税额转出）"。

（10）"增值税检查调整"，记录企业在增值税检查中查出的以前各期应补、应退增值税税额，借方记调减的销项税额和调增的进项税额，贷方记调增的销项税额、调减的进项税额、调增的进项税额转出额。全部事项调整入账后，应结出本账户余额。

（11）"简易计税"，记录一般纳税人采用简易计税方法发生的增值税计提、扣减、预缴、缴纳等抵减、减免等事项。其既核算纳税人适用简易计税方法应纳税额的计提，也核算差额计税的扣减、特定情形的预缴及申报后的缴纳。

（二）三级明细账户

增值税一般纳税人应在"应交税费——应交增值税"二级账户下设以下10个三级明细账户。

（1）"进项税额"，记录一般纳税人购进（进口）货物、固定资产、无形资产、不动产，接受应税劳务服务而支付的准予从当期销项税额中抵扣的增值税额；发生购货退回或折让，应以红字记录，以示冲销进项税额。

（2）"进项税额转出"，当企业已经抵扣的进项税额不再符合抵扣条件时，应将确认的已经抵扣的进项税额在会计上作转出处理，贷记该明细账户，表示对已借记进项税额的冲减。

（3）"销项税额"，记录企业销售货物、固定资产、无形资产、不动产，提供应税劳务服务应收取的增值税额；发生购货退回或折让，应以红字记录，以示冲减销项税额。

（4）"销项税额抵减"，记录一般纳税人按照现行增值税制度规定因扣减销售额（如房地产企业"全额开票、差额计税"）而减少的销项税额。

（5）"已交税金"，记录企业当月上缴本月应交增值税额；收到退回的多交增值税税额时，以红字记录。

（6）"减免税款"，记录企业按规定予以减免的增值税额。

（7）"出口退税"，记录企业出口货物、加工修理修配劳务、服务、无形资产按规定退回的增值税额；办理退税后又发生退货或退关而补缴已退增值税，则用红字记录。

（8）“出口抵减应纳税额”，记录出口企业实行免、抵、退办法按规定计算的当期应抵扣的税额。

（9）“转出未交增值税”，记录企业月（季）终了时当月（季）发生的应交未交增值税转出额。转至“未交增值税”账户后，“应交增值税”的期末余额不含当期应交未交税额。

（10）“转出多交增值税”，记录企业月（季）终了时当月（季）多交税额转出额。转至“未交增值税”账户后，“应交增值税”的期末余额不含当期多交税额。

二、基本会计处理

（一）进项税额的会计处理

1.购进货物进项税额的会计处理

采用一般计税方法的增值税一般纳税人购买货物、无形资产和不动产、接受劳务服务，按应计成本费用的金额，借记“在途物资”“原材料”“库存商品”“生产成本”“无形资产”“固定资产”“管理费用”等，借记“应交税费——应交增值税（进项税额）”（已认证的可抵扣税额）和“应交税费——待认证进项税额”（未认证的可抵扣税额），按应付或实际支付金额，贷记“应付账款”“应付票据”“银行存款”等。退货时，若原增值税专用发票已做认证，根据红字增值税专用发票做相反的会计分录；若原增值税专用发票未做认证，应将发票退回并做相反的会计分录。

一般纳税人购进货物等已验收入库，但尚未收到增值税扣税凭证的，应按货物清单或相关合同协议价格暂估入账，借记“原材料”“库存商品”“无形资产”“固定资产”等，按以后可抵扣增值税额，借记“应交税费——待认证进项税额”，贷记“应付账款”“应付票据”“银行存款”等。待取得扣税凭证并经认证后，借记“应交税费——应交增值税（进项税额）”或“应交税费——待抵扣进项税额”，贷记“应交税费——待认证进项税额”。

（1）收料与付款同时进行。应按材料的实际成本和增值税进项税额借记“原材料”“应交税费——应交增值税（进项税额）”，按材料的实际成本和增值税进项税额之和贷记“银行存款”“库存现金”“其他货币资金”“应付票据”“应付账款”等。

【例 4-1】A 厂购入甲材料，增值税专用发票注明价款 24 000 元、增值税 3 120 元，已开出银行承兑汇票，材料验收入库。供货方代垫运杂费 2 000 元（不含税），运费发票抬头开具给 A 厂。试作会计处理。

解：

借：原材料　　24 000

　　应交税费——应交增值税（进项税额）（3 120+2 000×9%）　　3 300

　贷：应付票据　　27 300

【例 4-2】A 厂向本市某工厂购进乙材料一批，增值税专用发票注明价款 15 000 元、增值税 1 950 元；材料入库，发票收到并开出转账支票支付。试作会计处理。

解：

借：原材料——乙材料　　15 000

　　应交税费——应交增值税（进项税额）　　1 950

　贷：银行存款　　16 950

（2）发票结算凭证已到，货款已经支付，但材料尚未收到。发生时应依据有关发票，借记“在途物资”“应交税费”，贷记“银行存款”“其他货币资金”“应付票据”等；在途物资入库后，借记“原材料”，贷记“在途物资”。

【例 4-3】A 厂 9 月 6 日收到银行转来购买 C 厂丙材料的“托收承付结算凭证”及发票，增值税专用发票注明价款 55 000 元、增值税 7 150 元，采用验单付款方式。试作会计处理。

解：

①在未进行认证之前入账时：

借：在途物资（C 厂）　　55 000

　　应交税费——待认证进项税额　　7 150

　贷：银行存款　　62 150

②材料验收入库时：

借：原材料——丙材料　　55 000

　贷：在途物资（C 厂）　　55 000

③企业在规定时间内进行认证并获得通过后：

借：应交税费——应交增值税（进项税额） 7 150

贷：应交税费——待认证进项税额 7 150

④如果企业在规定时间内进行认证但未获得通过，或者在规定时间内进行认证并获得通过但未在当月申报抵扣，或者超过规定时间未进行认证，则会计处理如下：

借：原材料——丙材料 7 150

贷：应交税费——待认证进项税额 7 150

【例4-4】A厂开出转账支票预付本市L单位购买甲材料货款30 000元。假定甲材料已收到并验收入库，增值税专用发票注明价款35 000元，增值税4 550元，开出转账支票补付余款9 550元。试作会计处理。

解：

①支付预付款时：

借：预付账款——L单位 30 000

贷：银行存款 30 000

②补付预付款时：

借：预付账款——L单位 9 550

贷：银行存款 9 550

③材料验收入库时：

借：原材料——甲材料 35 000

应交税费——应交增值税（进项税额） 4 550

贷：预付账款——L单位 39 550

2.购进农产品进项税额的会计处理

一般纳税人购入农产品，实际支付价款时，借记“商品采购”“原材料”，贷记“银行存款”或“库存现金”；如果需要缴纳相关税费，在计算应交税费时，借记“商品采购”，贷记“应交税费”；农产品验收入库时，按收购金额和应交税费之和及9%的扣除率计算的抵扣额，借记“应交税费——应交增值税（进项税额）”；按收购价款和应交税费之和减去抵扣额，借记“库存商品”。

【例4-5】甲公司2019年11月向农业生产者购买免税农产品一批，买价30 000元，产品已验收入库，货款尚欠。试作会计处理。

解：

借：材料采购（商品采购）　　27 300

　　应交税费——应交增值税（进项税额）　　2 700

　　贷：应付账款　　30 000

3.商品采购进项税额的会计处理

（1）国内商品采购。企业购进商品并取得专用发票后，如果能够及时认证并通过，在货款结算时，以购买价款借记“商品采购”，以增值税专用发票上注明的增值税额，借记“应交税费——应交增值税（进项税额）”，按购买价格与增值税之和，贷记“应付账款”“应付票据”“银行存款”等；商品验收入库时，借记“库存商品”，贷记“商品采购”或“在途商品”。

如果没有及时认证，根据专用发票先行入账时，为了区别于已获认证的购进商品的会计处理，可设“待认证进项税额”账户。当企业在规定时间内获得认证通过后，再借记“应交税费——应交增值税（进项税额）”，贷记“应交税费——待抵扣进项税额”。

【例4-6】某商品批发企业购进商品一批，增值税专用发票注明价款100 000元，增值税13 000元，2个月后付款。试作会计处理。

解：

①商品购入时：

借：商品采购　　100 000

　　应交税费——待认证进项税额　　13 000

　　贷：应付账款　　113 000

②验收入库时：

借：库存商品　　100 000

　　贷：商品采购　　100 000

③实际付款时：

借：应付账款　　113 000

　　贷：银行存款　　113 000

借：应交税费——应交增值税（进项税额）　　13 000

　　贷：应交税费——待认证进项税额　　13 000

就零售企业商品采购而言，在商品验收入库时，以商品的售价（含税）

金额，借记“库存商品”，以商品的进价（不含税）金额，贷记“材料采购”，以商品含税零售价大于不含税进价的差额，贷记“商品进销差价”。“商品进销差价”账户，是商品零售企业用来核算商品售价（含税）与进价（不含税）之间的差额（毛利+销项税额）的专门账户。借方反映取得商品进价大于零售价的差额，月终分摊的商品进销差价和库存商品售价调整时调低售价的差额；贷方反映取得商品零售价大于进价的差额和库存商品售价调整时调高售价的差额；贷方余额反映库存商品进价小于售价的差额，借方余额则反映库存商品进价大于售价的差额，余额一般在贷方。

零售企业库存商品实行售价金额核算，其会计处理有所不同，其他与批发企业基本相同。

【例 4-7】某零售商业企业向本市 Y 公司购入某款手机 150 台，单价 1 000 元/台，增值税专用发票上注明价款 150 000 元，增值税 19 500 元。假定零售每台手机含税售价 1 560 元，试作会计处理。

解：

①企业付款时：

借：材料采购——Y 公司	150 000	
应交税费——应交增值税（进项税额）	19 500	
贷：银行存款		169 500

②审批验收入库时：

借：库存商品——手机	234 000	
贷：材料采购——Y 公司		150 000
商品进销差价		84 000

（2）国外商品贸易采购。纳税人在取得海关缴款后，先借记“应交税费——待认证进项税额”，贷记相关对应科目；稽核比对相符允许抵扣时，借记“应交税费——应交增值税（进项税额）”，贷记“应交税费——待认证进项税额”。对不得抵扣的进项税额，借记相关对应账户，贷记“应交税费——待认证进项税额”。

【例 4-8】某商业企业由国外进口 A 商品一批，完税价格 400 000 美元，采取汇付结算方式，关税税率为 20%，增值税税率为 13%，支付国内运输费用为 2 000 元，进项税额 180 元。该企业开出人民币转账支票 2 400 000 元，从银行购入 400 000 美元，转入美元存款户。假设计税日外汇牌价USD1∶CNY6.00。试作会计处理。

解：

①买入外汇时：

借：银行存款——美元户（400 000×6.00）　　2 400 000

　贷：银行存款——人民币户　　2 400 000

②支付货款时：

借：商品采购　　2 400 000

　贷：银行存款——美元户　　2 400 000

③支付进口关税和增值税时：

应纳关税=2 400 000×20%=480 000（元）

增值税组成计税价格=2 400 000+480 000=2 880 000（元）

增值税进项税额=（2 400 000+480 000）×13%=374 400（元）

借：商品采购　　480 000

　　应交税费——待认证进项税额　　374 400

　贷：银行存款　　854 400

④支付国内运杂费时：

借：商品采购　　2 000

　　应交税费——应交增值税（进项税额）　　180

　贷：银行存款　　20 180

⑤结转商品采购成本时：

借：库存商品——A商品　　2 882 000

　贷：商品采购　　2 882 000

4.委托加工材料、接受应税劳务进项税额的会计处理

企业接受应税劳务服务，按照增值税专用发票上注明的增值税额，借记“应交税费——应交增值税（进项税额）”，按照增值税专用发票记载的加工、修理、修配费用，借记“其他业务成本”“制造费用”“委托加工物资”“管理费用”等，按应付或实际支付金额，贷记“应付账款”“银行存款”等。

若委托单位为一般纳税人，应使用增值税专用发票，分别注明加工、修理修配的成本和税额。按应税劳务加工费的增值税额，借记“应交税费——应交增值税（进项税额）”。

【例 4-9】某工厂2019年11月委托东星木器厂加工产品用包装木箱，发出板材的实际成本为14 100元，用银行存款支付加工费5 000元和增值税税额650元，另支付往返运费1 000元（含税），取得了相应的运费发票。假定发票认证通过，试作会计处理。

解：

①委托加工发出材料时：

借：委托加工物资　　14 100

　贷：原材料——板材　　14 100

②支付加工费时：

借：委托加工物资　　5 000

　　应交税费——应交增值税（进项税额）　　650

　贷：银行存款　　5 650

③支付往返运杂费时：

借：委托加工物资　　910

　　应交税费——应交增值税（进项税额）　　90

　贷：银行存款　　1 000

④结转加工木箱成本时：

借：包装物——木箱　　20 010

　贷：委托加工物资　　20 010

5.接受捐赠货物进项税额的会计处理

企业接受捐赠转入的货物，按照捐赠确认的价格，借记“固定资产”“原材料”等，按照专用发票上注明的或确认价值换算的增值税额，借记“应交税费——应交增值税（进项税额）”，按接受捐赠货物未来应交的所得税额，贷记“递延所得税负债”，按其差额贷记“营业外收入”。

【例 4-10】A厂接受W厂捐赠的不需要安装的机器1台，价款100 000元，税额13 000元。企业所得税税率为25%。试作会计处理。

解：

借：固定资产　　100 000

　　应交税费——应交增值税（进项税额）　　13 000

　贷：递延所得税负债　　25 000

　　　营业外收入——捐赠利得　　88 000

6.购入固定资产、不动产进项税额的会计处理

按照增值税专用发票记载金额，借记“固定资产”“应交税费——应交增值税（进项税额）”等，贷记“应付账款”“应付票据”“银行存款”等。

纳税人应建立不动产和不动产在建工程台账，分别记录并归集不动产和不动产在建工程的成本、费用、扣税凭证及进项税额抵扣情况，留存备查。用于简易计税办法的计税项目、免税项目、集体福利或个人消费的不动产在建工程，应在纳税人建立的台账中记录。

【例4-11】A公司11月6日购入环保处理设备一台，增值税专用发票注明价款45万元、增值税5.85万元，支付设备安装费0.9万元，款项均通过银行转账支付。同时，该设备得到市级财政一次性补助21万元，款已到账。该设备预计使用5年，假定无残值。试作会计处理。

解：

①购入环保设备并安装时：

借：在建工程——环保设备　　459 000

　　应交税费——应交增值税（进项税额）　　58 500

　贷：银行存款　　517 500

②设备交付时：

借：固定资产——环保设备　　459 000

　贷：在建工程——环保设备　　459 000

③收到政府补助时：

借：银行存款　　210 000

　贷：递延收益——环保设备补助　　210 000

④每月计提固定资产折旧为7 650元（459 000÷5÷12）：

借：制造费用——折旧费用　　7 650

　贷：累计折旧　　7 650

⑤每月摊销递延收益时：

与设备有关的收益=210 000÷5÷12=3 500（元）

借：递延收益——环保设备补助　　3 500

　贷：营业外收入——政府补助　　3 500

【例4-12】M公司系增值税一般纳税人，2019年8月10日购入一栋2016年4月30日前建造的厂房一栋，含税价款1 500万元，选择简易计

税方法。试作会计处理。

解：

进项税额=1 500÷1.05×5%=71.4286（万元）

借：固定资产——房屋建筑物　　　　　　14 285 714

　　应交税费——应交增值税（进项税额）　　714 286

　贷：应付账款——××单位　　　　　　　　　　15 000 000

假定M公司购的是2019年5月1日后建的厂房，价款1 500万元，增值税额135万元。取得专用发票并通过认证，则会计处理如下：

借：固定资产——房屋建筑物　　　　　　15 000 000

　　应缴税费——应交增值税（进项税额）　1 350 000

　贷：应付账款——××单位　　　　　　　　　　16 350 000

7.外购材料（货物）退货、折让进项税额的会计处理

（1）全部退货。在未付款且未做账务处理的情况下，只需将“发票联”和“抵扣联”退还给销货方即可；如果已付款或者货款未付但已做出账务处理，而发票联和抵扣联无法退还的情况下，购货方必须取得当地主管税务机关开具的“企业进货退出及索取折让证明单”并送给销售方，作为销售方开具红字增值税专用发票的合法依据。销售方在未收到证明单以前，不得开具红字增值税专用发票。销售方收到证明单以后，根据退回货物的数量、价款、税款或折让金额，向购买方开具红字增值税专用发票。

【例4-13】A厂8月2日收到B厂转来的托收承付结算凭证（验单付款）及发票，专用发票所列甲材料价款5 000元，税额650元，委托银行付款。假定9月10日材料运到，验收后因质量不符合约定而全部退货，取得当地主管税务机关开具的“企业进货退出及索取折让证明单”并送交销售方，代垫退货运杂费800元。9月20日收到B厂开具的红字发票。试作会计处理。

解：

①支付货款时：

借：在途物资——甲材料　　　　　　　　　　5 000

　　应交税费——应交增值税（进项税额）　　650

　贷：银行存款　　　　　　　　　　　　　　　5 650

②将证明单转交销货方时：

借：应收账款——B厂　　5 800

　贷：在途物资——甲材料　　5 000

　　　银行存款　　800

③收到销货方开来的红字增值税专用发票及款项时：

借：银行存款　　6 450

　　应交税费——应交增值税（进项税额）　　650

　贷：应收账款——B厂　　5 800

（2）部分退货。购进的材料如果发生部分退货，在货款已付、发票无法退还的情况下，应向当地税务机关索取证明单，转交销货方，并根据销货方转来的红字发票联和抵扣联，借记"应收账款"或"银行存款"，贷记"应交税费——应交增值税（进项税额）"（记账时，用红字记入借方）或"在途物资"。

【例4-14】上月采用托收承付结算方式（验单付款）购进的材料10 000元，增值税进项税额1 300元，本月材料验收入库时发现质量不符，经与销货方协商后同意折让10%。试作会计处理。

解：

①材料验收入库，按扣除折让后的金额入账，并将证明单转交给销货方时：

借：原材料　　9 000

　　应收账款　　1 000

　贷：在途物资　　10 000

②收到销货方转来的折让金额红字增值税专用发票及款项时：

借：银行存款　　1 130

　　应交税费——应交增值税（进项税额）　　130

　贷：应收账款　　1 000

（二）进项税额转出的会计处理①

税法规定，购进的货物发生非正常损失、用于免税项目时，其进项税额不得抵扣，应将其从进项税额中转出或将其视同销项税额，从本期的进项税额中抵减，借记"主营业务成本""其他业务支出"等，贷记

① 盖地. 税务会计与纳税筹划［M］. 13版. 大连：东北财经大学出版社，2017：66-68.

“应交税费——应交增值税（进项税额转出）”。按我国现行出口退税政策规定，进项税额与出口退税税额差额，也应作“进项税额转出”的会计处理。

1.用于免税项目的进项税额转出的会计处理

企业购进的货物，如果既用于应税项目，又用于免税项目，而进项税额又不能单独核算，月末应按免税项目销售额与应税项目销税额合计之比计算免税项目不予以抵扣的进项税额，作“进项税额转出”的会计处理。如果企业生产的产品全部都是免税项目，其购进货物的进项税额应计入采购成本，不存在进项税额转出的问题。

【例4-15】某超市为增值税一般纳税人，经营当地蔬菜、水果等农产品。在2019年12月末增值税纳税申报表中，“期末留抵税额”中蔬菜、水果金额共计90 000元。蔬菜、水果分别属于免税货物和应税货物。该超市一月份销售蔬菜240 000元、水果160 000元。本月上述销售业务共发生运输费6 000元，应分摊电费8 000元，均取得符合规定的抵扣凭证，但无法在水果与蔬菜之间进行划分。试作会计处理。

解：

期初留抵税额中进项税额转出数=90 000×240 000÷（240 000+160 000）

=54 000（元）

本月电费和运输费用可抵扣进项税额=8 000×13%+6 000×9%=1 580（元）

按上述公式计算其进项税额转出数：

本月进项税额转出数=1 580×240 000÷400 000=948（元）

进项税额转出合计数=54 000−948=53 052（元）

借：主营业务收入——蔬菜　　53 052

　贷：应交税费——应交增值税（进项税额转出）　　53 052

企业购入固定资产时，已按规定将增值税进项税额记入“应交税费——应交增值税（进项税额）”账户，如果相关固定资产用于非应税项目，或用于免税项目、集体福利、个人消费等，应将原记入“应交税费——应交增值税（进项税额）”账户的金额予以转出，借记“固定资产”，贷记“应交税费——应交增值税（进项税额转出）”。

【例4-16】某企业在9月10日接受捐赠设备一台，含税价为113万元，取得了增值税专用发票，若企业将其用于免税项目。试作会计处理。

解：

①接受捐赠时：

借：固定资产　　1 000 000

　　应交税费——应交增值税（进项税额）　　130 000

　贷：递延所得税负债　　250 000

　　　营业外收入——捐赠利得　　880 000

②用于免税项目时：

借：固定资产　　130 000

　贷：应交税费——应交增值税（进项税额转出）　　130 000

2.非正常损失货物进项税额转出的会计处理

购进货物发生非正常损失后，其税负也就不能再往后转嫁。因此，对发生损失的企业视为应税货物的最终消费者，应征收该货物的增值税。因当初进货时支付的增值税额已作为“进项税额”进行抵扣，发生损失后应将其转出，由该企业负担该项税负，即转作处理财务损失的增值税，应与遭受损失的存货成本一并处理。企业应根据税法的规定，正确界定正常损失。非正常损失存货有不含运费的原材料、含运费的原材料及产成品、半成品等情况，企业应分具体情况，正确进行会计处理。

对非正常损失存货进行会计处理，关键是正确计算其涉及的不得从销项税额中抵扣的进项税额。由于非正常损失的购进货物与非正常损失的在产品、产成品所耗用的购进货物或者应税劳务的进项税额一般都已在此前做了抵扣，发生损失后，一般很难核实所损失的货物是在过去何时购进的，其原始进价和进项税额也无法准确核算。因此，可按货物的实际成本，需要参照企业近期的成本资料加以计算，存货损失还涉及企业所得税。

【例4-17】甲公司系增值税一般纳税人，适用增值税税率13%，9月末在财产清查中发现，库存原材料短缺8 000元，经查短缺的原材料不含运费，是由于仓库管理员管理不善造成，经有关部门批准，应由仓库管理员赔偿2 000元。试作会计处理。

解：非正常损失原材料所涉及的进项税额=8 000×13%=1 040（元）

借：待处理财产损溢　　9 040

贷：原材料　8 000

应交税费（8 000×13%）　1 040

借：管理费用　7 040

其他应收款　2 000

贷：待处理财产损溢　9 040

【例 4-18】甲公司系增值税一般纳税人，适用增值税税率13%，10月末盘存原材料短缺20 000元，其中含分摊的运输费用1 638元，经查是由于被盗引起的，保险公司赔偿10 000元。试作会计处理。

解：非正常损失原材料所涉及的进项税额=（20 000-1 638）×13%+1 638÷（1-9%）×9%

=2 549.06（元）

借：待处理财产损溢　22 549.06

贷：原材料　20 000

应交税费　2 549.06

借：管理费用　12 549.06

其他应收款　10 000

贷：待处理财产损溢　22 549.06

（三）销项税额的会计处理

1.一般情况下销项税额的会计处理

企业销售货物、固定资产、无形资产或不动产，提供应税劳务、服务，按应收或已收的金额，借记“应收账款”“应收票据”“银行存款”等，按取得的收入金额，贷记“主营业务收入”“其他业务收入”“固定资产清理”“工程结算”等，按现行增值税制度规定计算的销项税额（或采用简易计税方法计算的应纳增值税额），贷记“应交税费——应交增值税（销项税额）”。发生销售退回的，应根据按规定开具的红字增值税专用发票做相反的会计分录。

若按会计准则确认收入或利得的时点早于按照税法规定确认的增值税纳税义务发生时点时，应先将相关销项税额记入“应交税费——待转销项税额”，待实际发生纳税义务时再转入“应交税费——应交增税值（销项税额）”。如果前者确认的时点晚于后者确认的时点。应按应纳增值税额，借记“应收账款”，贷记“应交税费——应交增值税（销项税额）”，待按会计准则确认收入或利得时按扣除增值税销项税额后的金额确认收入。

（1）现销方式的会计处理。

①采用支票、汇总、银行本票、银行汇票结算方式的会计处理。采用支票、银行汇票等结算方式销售产品，属于直接收款方式销售货物，不论货物是否发出，均为收到货款或取得索取销货款凭据并将提货单交给购货方的当天，确认销售成立并发生纳税义务。企业应根据销售结算凭证和银行存款进账单，借记“银行存款”“应收账款”。按增值税专用发票上所列增值税额或按普通发票上所列货款按征收率折算增值税额，贷记“应交税费——应交增值税（销项税额）”；按实际销货额，贷记“主营业务收入”。

【例4-19】A厂采用汇兑结算方式向B厂销售甲产品（适用增值税税率13%）360件，单价600元/件，开出转账支票，代垫运杂费1 000元，共计251 560元。货款尚未收到。试作会计处理。

解：

借：应收账款——B厂　　245 080

　贷：主营业务收入　　216 000

　　　应交税费——应交增值税（销项税额）　　28 080

　　　银行存款　　1 000

对不完全符合财务会计中收入确认条件的销售业务，可先按销售产品成本，借记“发出商品”，贷记“产成品”或“库存商品”，但应根据开出的专用发票，借记“应收账款”，贷记“应交税费——应交增值税（销项税额）”。

如果A厂是以自备运输工具送货上门，此笔业务属于混合销售。假定应收取的运费为1 000元（不含税），销项税额为28 210元（（216 000+1 000）×13%），则会计处理如下：

借：应收账款　　245 210

　贷：主营业务收入　　217 000

　　　应交税费——应交增值税（销项税额）　　28 210

【例4-20】A厂销售给C公司（小规模纳税人）甲产品110件，开具普通发票，价税合并收取74 580元，用转账支票结清。试作会计处理。

解：

销售额=74 580÷（1+13%）=66 000（元）

销项税额=66 000×13%=8 580（元）

借：银行存款　　74 580

　贷：主营业务收入　　66 000

　　　应交税费——应交增值税（销项税额）　　8 580

②采用商业汇票结算的会计处理。采用商业汇票结算方式销售产品，当收到购货方交来的商业汇票时，销售收入实现并发生纳税义务。

【例4-21】A厂向D厂销售甲产品100件（单价500元/件），专用发票注明价款50 000元、增值税6 500元，已收到购货单位交来的承兑期为4个月的银行承兑汇票。试作会计处理。

解：

借：应收票据——银行承兑汇票　　56 500

　贷：主营业务收入　　50 000

　　　应交税费——应交增值税（销项税额）　　6 500

③采用委托收款、托收承付结算方式的会计处理。企业采用委托收款或托收承付结算方式销售产品，尽管结算程序不同，但按税法规定，均应于发出商品并向银行办妥托收手续的当天，确认销售实现并发生纳税义务。企业应根据委托收款或托收承付结算凭证和发票，借记“应收账款”，贷记“应交税费——应交增值税（销项税额）”“主营业务收入”。

【例4-22】A厂向外地H厂发出乙产品200件（单价500元/件），专用发票注明价款100 000元、增值税13 000元，代垫运杂费2 000元。根据发票和铁路运单等，已向银行办妥委托收款手续。试作会计处理。

解：

借：应收账款——H厂　　115 000

　贷：主营业务收入　　100 000

　　　应交税费——应交增值税（销项税额）　　13 000

　　　银行存款　　2 000

（2）采用直接收款方式的会计处理。

①商品销售的会计处理。批发企业根据增值税专用发票记账联和银行结算凭证，借记“银行存款”，贷记“主营业务收入”“应交税费——应交增值税（销项税额）”；零售企业应在每日销售终了时，由销售部门填制销货日报表，连同销货款一并送交财会部门。倒算出销售额，借记“银行存款”，贷记“主营业务收入”等。

【例 4-23】某商品零售企业 9 月 8 日各销售柜组交来销货款现金 8 475 元，货款已由财会部门集中送存银行。试作会计处理。

解：

销售额=8 475÷（1+13%）=7 500（元）

销项税额=7 500×13%=975（元）

借：银行存款　　8 475

　贷：主营业务收入　　7 500

　　应交税费——应交增值税（销项税额）　　975

②平销行为的会计处理。生产企业以商业企业经销价或高于商业企业经销价将货物销售给商业企业，商业企业再以进货成本或低于进货成本进行销售，生产企业则以返还利润等方式弥补商业企业的进销差价损失。生产企业弥补商业企业进销差价损失的方式有：返还资金方式，如返还利润或向商业企业投资等；赠送实物或者以实物方式投资。税法规定，不论是否有平销行为，只要因购买货物而从销售方取得各种形式的返还资金，均应依所购货物的增值税税率计算应冲减的进项税额，并从其取得返还资金当期的进项税额中予以冲减。

$$\text{当期应冲减的进项税额}=\text{当期取得的返还资金}\div(1+\text{所购货物适用的增值税税率})\times\text{所购货物适用的增值税税率}$$

【例 4-24】9 月份，某大型连锁超市销售某食品生产企业提供的商品 50 万元（不含税），月末收到返还现金 11 300 元，增值税税率为 13%。试作会计处理。

解：

借：银行存款　　11 300

　贷：主营业务成本　　10 000

　　应交税费——应交增值税（进项税额转出）　　1 300

现金返利的涉税事项，一方面减少了增值税的进项税额，从而要缴纳相应的增值税；另一方面增加了企业应纳税所得额，还要缴纳相应的企业所得税。

【例4-25】假如上例中连锁超市收到的是实物返利，该商品零售额为10 000元，其他资料不变。试作会计处理。

解：

收到实物返利时，分两种情况：

①供货方开具增值税专用发票时：

借：库存商品	10 000	
应交税费——应交增值税（销项税额）	1 300	
贷：主营业务收入		10 000
应交税费——应交增值税（进项税额转出）		1 300

②供货方开具普通发票时：

借：库存商品	11 300	
贷：主营业务成本		10 000
应交税费——应交增值税（进项税额转出）		1 300

（3）赊销、分期收款方式的会计处理。

税法规定，企业采用赊销、分期收款方式销售货物，其纳税义务的发生时间为按合同约定的收款日期的当天，即不论在合同约定的收款日是否收到或如数收到货款，均应确认纳税义务发生，并在规定时间内缴纳增值税。发出商品时，借记“应收账款”，贷记“主营业务收入”；同时，结转销售成本。按合同约定的收款日期开具发票，借记“银行存款”“应收账款”等，贷记“应收账款”“应交税费——应交增值税（销项税额）”。

【例4-26】A厂按销售合同向N公司销售A产品300件，不含税价为1 000元/件，产品成本为800元/件，增值税税率为13%。按合同规定付款期限为6个月，贷款分3次平均支付（假定不计息）。本月为第一期产品销售实现月，开出增值税专用发票注明价款100 000元、增值税额13 000元，款项收到。试作会计处理。

解：

①确认销售时：

借：应收账款　　300 000

贷：主营业务收入　　300 000

借：主营业务成本　　240 000

贷：库存商品　　240 000

②约定日收到款项时：

借：银行存款　　113 000

贷：应收账款　　100 000

应交税费——应交增值税（销项税额）　　13 000

2.销售退回、折让、折扣的会计处理

增值税一般纳税人因销售货物退回或者折让而退还给购买方的增值税额，应从发生销售货物退回或者折让当期的销项税额中扣减；因购进货物退出或者折让而收回的增值税额，应从发生购进货物退出或者折让当期的进项税额中扣减。一般纳税人销售货物并开具增值税专用发票后，发生销售货物退回或者折让、开票有误等情形，应按规定开具红字增值税专用发票；未按规定开具红字增值税专用发票的，增值税额不得从销项税额中扣减。

（1）销货退回的会计处理。

①已开发票未入账退货的会计处理。当销货方收到退回发票时，可对原蓝字发票进行作废处理，不确认收入和成本。当产品召回时，发生的相关费用如公告费、包装费、运输费等，则借记“销售费用”，贷记“银行存款”“其他应付款”（购货方代垫）等。

②无退货条件已入账且退货非资产负债表日后事项的会计处理。如未确认收入，企业应按已记入“发出商品”账户的商品成本金额，借记“库存商品”，贷记“发出商品”。采用计划成本或售价核算的，应按计划成本或售价计入库存商品，同时计算产品成本差异或商品进销差价。

③如果已确认收入，销货方在购货方提供“开具红字专用发票通知单”后，开具负数（红字）专用发票。借记“主营业务收入”“应交税费——应交增值税（销项税额）”，贷记“应收账款”“银行存款”“财务费用”等；同时，借记“库存商品”，贷记“主营业务成本”。

④附退货条件已入账且退货非资产负债表日后事项的会计处理。附

退货条件的商品销售方式下，企业根据以往经验能够合理估计退货可能性且确认与退货相关负债的，通常应在发出商品时确认收入；企业不能合理估计退货可能性的，通常应在售出商品退货期满后确认收入。其退货的会计处理也有差别。

【例4-27】某公司6月10日向甲公司销售A产品100件，单价2 000元/件（不含税），单位成本1 600元/件，款未收，约定3个月内可退货，经验退货率为25%。试作会计处理。

解：

商品发出时纳税义务已发生，实际发生退货增值税允许冲减。

①6月10日确认收入时：

借：应收账款　　226 000

　贷：主营业务收入　　200 000

　　　应交税费——应交增值税（销项税额）　　26 000

同时，结转销售成本：

借：主营业务成本　　160 000

　贷：库存商品　　160 000

②估计退货时：

借：主营业务收入　　50 000

　贷：主营业务成本　　40 000

　　　预计负债　　10 000

同时：

借：递延所得税资产（10 000×25%）　　2 500

　贷：所得税费用　　2 500

【例4-28】某公司当年11月18日销售一批商品给乙公司，取得收入102万元（不含税，增值税税率为13%）。公司发出商品后，按照正常情况已确认收入，并结转成本85万元。下个月，该笔货款已如数收到。第二年2月19日，由于产品质量问题，本批货物被退回。公司于第二年3月28日完成上年度企业所得税的汇算清缴（适用税率25%）。试作会计处理。

解：

借：以前年度损益调整　　1 020 000

应交税费——应交增值税（销项税额）　　132 600

　　贷：银行存款　　1 152 600

借：库存商品　　850 000

　　贷：以前年度损益调整　　850 000

借：应交税费——应交所得税　　42 500

　　贷：以前年度损益调整　　42 500

（2）销货折让的会计处理。

①如果购货方尚未进行账务处理，也未付款，销货方应在收到购货方转来的原开出增值税专用发票的发票联和抵扣联上注明“作废”字样。如属当月销售，销货方尚未进行账务处理，则不需要进行冲销当月销售收入的销项税额的账务处理，只需根据双方协商扣除折让的价款和增值税额，重新开具增值税专用发票，并进行账务处理。

②如果购货方已进行账务处理，发票联和抵扣联已无法退还。销货方应根据购货方转来的“通知单”，按折让金额（价款和税款）开具红字增值税专用发票，作为冲销当期销售收入和销项税额的凭据。

如属以前月份销售，销货方已进行账务处理，则应根据折让后的价款和增值税额重新开具专用发票，按原开的专用发票的发票联和抵扣联与新开的专用发票的记账联差额，冲销退回当月产品销售收入和相应的销项税额，红字贷记“主营业务收入”“应交税费——应交增值税（销项税额）”，借记“应收账款”。

【例4-29】A厂7月20日采用托收承付结算方式销售给B厂乙产品40 000元，增值税额5 200元，由于质量原因，双方协商折让30%，8月18日，收到B厂转来的增值税专用发票的发票联和抵扣联。试作会计处理。

解：

①办妥托收手续时：

借：应收账款——B厂　　45 200

　　贷：主营业务收入——乙产品　　40 000

　　　　应交税费——应交增值税（销项税额）　　5 200

②发生销货折让时：

借：应收账款——B厂　　13 560

　贷：主营业务收入——乙产品　　12 000

　　　应交税费——应交增值税（销项税额）　　1 560

【例4-30】A厂上月销售给C厂的丙产品40件，由于质量不符合要求，双方协商折让20%。C厂转来的证明单上列明折让价款20 000元、折让税额2 600元，根据证明单开出红字增值税专用发票，并通过银行汇出款项。试作会计处理。

解：

借：主营业务收入——丙产品　　20 000

　　应交税费——应交增值税（销项税额）　　2 600

　贷：银行存款　　22 600

（3）折扣销售方式的会计处理。

销售折扣会计与税法的处理不同：财务会计将其分为商业折扣和现金折扣两种形式；税法规定，折扣销售方式分为折扣销售和销售折扣两种方式。

①折扣销售的会计处理。折扣销售即财务会计中的商业折扣，是指销货方在销售货物时，因购货方购货数量较大，或与销售方有特殊关系等而给予对方的价格优惠（打折）。税法规定，纳税人采取折扣方式销售货物，如果销售额和折扣在同一张发票上的“金额”栏分别注明，可按折扣后的销售额征收增值税；未在同一张发票“金额”栏注明折扣额，而仅在发票的“备注”栏注明折扣额的，折扣额不得从销售额中扣除。如果将折扣额另开发票，不论其在财务会计上如何处理，都不得从销售额中扣除折扣额。折扣销售仅限于对货物价格的折扣。如果销售方将自产、委托加工和购买的货物用于实物折扣的，该实物价款不能从货物销售额中减除，按视同销售行为计算缴纳增值税。

【例4-31】某商店为扩大销售，承诺购买P型号手机一部则赠送品牌电池一个。手机标价2 560元（实际价格2 510元），成本1 800元，电池不标价（实际价值50元），成本22元。试作会计处理。

解：

借：库存现金　　2 560

贷：主营业务收入——P手机　　2 265.50

应交税费——应交增值税（销项税额）　　294.50

同时，结转成本：

借：主营业务成本　　1 822

贷：库存商品成本——P手机　　1 800

——电池　　22

②销售折扣的会计处理。购货方因提前付款而享受的现金折扣应冲减财务费用。税法规定，销售折扣不得从销售额中减除。现金折扣在实际发生时准予在税前扣除，纳税人应提供相关证明资料证实业务的真实性。

【例4-32】某企业销售一批产品给B企业，价款200 000元，税额26 000元（200 000×13%），规定现金折扣条件为“2/10，1/20，N/30”。试作购销双方的会计处理。

解：

（1）销货方

①产品发出并办理完托收手续时：

借：应收账款　　226 000

贷：主营业务收入　　200 000

应交税费——应交增值税（销项税额）　　26 000

②10日内收到购货方支付的款项时：

借：银行存款　　221 480

财务费用　　4 520

贷：应收账款　　226 000

（2）购货方

①收到增值税专用发票时：

借：原材料　　200 000

应交税费——应交增值税（进项税额）　　26 000

贷：应付账款　　226 000

②在10日内按2%折扣付款时：

借：应付账款　　226 000

贷：银行存款　　221 480

贷：财务费用　　4 520

3.包装物及没收押金的会计处理

（1）包装物销售的会计处理。

①随同产品销售并单独计价的包装物。按规定，其应作为销售计算缴纳增值税，借记“银行存款”或“应收账款”，贷记“其他业务收入”“应交税费——应交增值税（销项税额）”。

【例4-33】A厂销售给本市E厂带包装物的丁产品600件，包装物单独计价，开出的增值税专用发票上列明产品销售价款96 000元，包装物销售价款10 000元，增值税额13 780元，款未收到。试作会计处理。

解：

借：应收账款——E厂　　119 780

　贷：主营业务收入——丁产品　　96 000

　　其他业务收入——包装物销售　　10 000

　　应交税费——应交增值税（销项税额）　　13 780

②包装物出租。包装物租金属于价外费用，应缴纳增值税。

【例4-34】A厂采用银行汇票结算方式销售甲产品（适用税率13%）400件，单价400元/件，专用发票上注明价款160 000元、增值税20 800元；同时出租包装物400个，承租期为2个月，收取租金4 520元，另一次性收取包装物押金22 600元。试作会计处理。

解：

包装物租金应纳增值税=4 520/（1+13%）×13%=520（元）

借：银行存款　　207 920

　贷：主营业务收入　　160 000

　　其他业务收入　　4 000

　　应交税费——应交增值税（销项税额）　　21 320

　　其他应付款——存入保证金　　22 600

（2）包装物押金的会计处理。

①销售酒类产品收取的包装物押金。销售其他酒类（除啤酒、黄酒外）收取的包装物押金，无论将来押金是否返还以及会计上如何核算，均应并入当期销售额计税。

②销售货物（酒类产品除外）收取的押金。当包装物逾期未收回时，没收押金，按货物所适用税率计算增值税。“逾期”以1年为限，收取押金超过1年时，无论是否退还，均应并入销售额计税。

【例4-35】某企业销售A产品（消费税应税商品）100件，不含税价500元/件，成本价350元/件。每件另收取包装物押金90.4元，包装物成本价为70元/件。假定消费税税率为10%。试作会计处理。

解：

①销售产品时：

借：银行存款　　65 540

　贷：主营业务收入——A产品　　50 000

　　应交税费——应交增值税（销项税额）　　6 500

　　其他应付款——存入保证金　　9 040

②计算消费税时：

借：税金及附加　　5 000

　贷：应交税费——应交消费税　　5 000

③没收逾期未退包装物押金时：

借：其他应付款——存入保证金　　9 040

　贷：应交税费——应交增值税（销项税额）　　1 040

　　其他业务收入　　8 000

借：其他业务成本　　800

　贷：应交税费——应交消费税　　800

4.视同销售行为销项税额的会计处理

企业发生视同销售行为，应按增值税相关规定确认计量销项税额，借记“应付职工薪酬”“利润分配”等，贷记“应交税费——应交增值税（销项税额）”。

（1）货物在机构内部转移。设有两个以上机构并实行统一核算的纳税人，将货物从一个机构移送其他机构（不在同一县、市）用于销售的，货物移送要开具增值税专用发票，调出方计算销项税额，调入方计算进项税额。

【例4-36】某制造企业总公司设在A市，有一个独立核算的生产分厂设在B县，B县生产分厂生产完成的产品要调拨到甲市销售。假定经

A、B两地税务机关协商，并报经上级税务机关批准，B县用核定征收率征收增值税。该厂核定征收率为5%，成本利润率为10%。B县生产分厂6月份调拨产品给总公司1 000 000元，计税价为1 100 000元，B县征收的增值税为55 000元，B县生产分厂在总公司核定的备用金中支付税额，并将税票随货物送总公司。试作会计处理。

解：

①总公司对分厂是一本账核算的，则总公司会计处理如下：

借：应交税费——应交增值税（进项税额）（分厂缴纳税金）

55 000

贷：其他货币资金——B县生产分厂备用金　55 000

②总公司、生产分厂为了适应纳税环节，生产分厂建立半级核算制度，即生产经营成本、销售由生产分厂核算，利润及其分配并到总公司核算。假定上述销售发生时，B县生产分厂开出增值税专用发票，销售额为1 100 000元，增值税额为143 000元。生产分厂会计处理如下：

借：应收账款　1 243 000

贷：主营业务收入——调拨销售给总公司　1 100 000

应交税费——应交增值税（销项税额）　143 000

（2）将自产、委托加工或者购进的货物分配给股东或投资者。发生将自产、委托加工或者购进的货物分配给股东或投资者时，借记“应付股利”“应付利润”等；按应税货物的售价、组成计税价格、市场价格，贷记“主营业务收入”“其他业务收入”，按应纳增值税额，贷记“应交税费——应交增值税（销项税额）”。

【例4-37】A厂将自产的甲产品和委托加工的丁产品作为应付利润分配给投资者。甲产品售价总计60 000元；委托加工产品没有同类产品售价，委托加工成本为40 000元，假设成本利润率为10%。试作会计处理。

解：

甲产品应纳增值税=60 000×13%=7 800（元）

丁产品应纳增值税=40 000×（1+10%）×13%=5 720（元）

借：应付利润　117 520

贷：主营业务收入　　104 000

应交税费——应交增值税（销项税额）　　13 520

（3）企业将自产、委托加工的货物用于集体福利、个人消费。税法规定，企业将自产、委托加工的货物用于集体福利、个人消费均应视同销售缴纳增值税。如果发放的是外购货物，不得抵扣进项税额，按购进价格结转成本。

【例 4-38】某面粉有限公司系增值税一般纳税人，主营面粉、挂面加工等，共有职工 90 人，其中生产工人 80 人，厂部管理人员 10 人。9 月份，公司决定以其生产的特质面粉作为福利发放给职工，每人 2 袋面粉。每袋面粉单位生产成本为 40 元，当月平均销售价格为 65.4 元/袋（含增值税）。试作会计处理。

解：

①按实际发放的自产面粉确认应付职工薪酬：

计入生产成本的金额=65.4×80×2=10 464（元）

计入管理费用的金额=65.4×10×2=1 308（元）

借：生产成本　　10 464

管理费用　　1 308

贷：应付职工薪酬——职工福利　　11 772

②按实际发放的自产面粉计算增值税：

销项税额=［65.4÷（1+9%）×90×2］×9%=972（元）

借：应付职工薪酬——职工福利　　11 772

贷：主营业务收入　　10 800

应交税费——应交增值税（销项税额）　　972

③结转发放的自产面粉成本：

借：主营业务成本［40×（80+10）×2］　　7 200

贷：库存商品　　7 200

需要注意的是，上述会计处理已按公允价值核算主营业务收入及主营业务成本，在所得税纳税申报时，不再单独填报视同销售收入及视同销售成本。

（4）将自产、委托加工或者购进的货物无偿赠送其他单位或者个人。发生将自产、委托加工或者购进的货物无偿赠送其他单位或者个人时，借记“营业外支出”；按所赠货物的成本，贷记“产成品”“原材料”等，按应纳增值税额，贷记“应交税费——应交增值税（销项税额）”。

【例4-39】A公司系增值税一般纳税人，适用的增值税税率为13%。8月份将一批自产产品通过政府部门向灾区捐赠，成本为500万元，市场不含增值税价为650万元；将一批外购产品通过政府部门向灾区捐赠，外购价格为400万元。试作会计处理（仅反映增值税，其他税费略）。

解：

①将自产产品对外捐赠时：

借：营业外支出——捐赠　　5 845 000

　贷：库存商品　　5 000 000

　　　应交税费——应交增值税（销项税额）　　845 000

②将外购产品对外捐赠时：

借：营业外支出——捐赠　　4 520 000

　贷：库存商品　　4 000 000

　　　应交税费——应交增值税（销项税额）　　520 000

（5）委托代销商品。委托代销分以下几种情形：

①以支付手续费方式的委托代销。委托单位应按商品售价（不含税）反映销售收入。所支付的手续费以“销售费用”列支。如果受托单位为一般纳税人，则应给其开具增值税专用发票，列明代销商品价款和增值税税款；如果受托单位为小规模纳税人，按税款和价款合计开具普通发票，借记“应收账款”或“银行存款”，贷记“主营业务收入”“应交税费——应交增值税（销项税额）”。收到受托单位开来的手续费普通发票后，借记“销售费用——手续费”，贷记“应收账款”或“银行存款”。

【例4-40】某商业批发企业委托P商店（一般纳税人）代销B产品400件，合同规定含税代销价为226元/件，手续费按不含税销售额的5%支付，该商品进价为150元/件。假定收到P商店报来的代销清单而款未收到（代销清单列明销售数量150件，金额33 900元，并开具增值税专用发票，列明价款30 000元、增值税税额3 900元）。试作会计处理。

解：

①拨付委托代销商品时（按进价）：

借：委托代销商品　　60 000

　贷：库存商品——B商品　　60 000

②当在规定时间内收到代销清单时：

借：应收账款——P商店　　33 900

　贷：主营业务收入　　30 000

　　　应交税费——应交增值税（销项税额）　　3900

③收到代销款项和手续费时：

手续费=30 000×5%=1 500（元），实收金额=33 900−1 500=32 408（元）

借：银行存款　　32 408

　　销售费用　　1 500

　贷：应收账款——P商店　　33 908

④结转代销商品成本时：

借：主营业务成本　　22 500

　贷：委托代销商品　　22 500

②受托单位作为自购自销的委托代销。委托单位不采用支付手续费方式的委托代销商品，一般通过商品售价调整，作为对代销单位的报酬。这种方式实质上是一种赊销，受托单位按什么价格销售，既可以约定，也可以由受托方自定。委托单位在收到受托单位的代销清单后，按商品代销价反映销售收入，其账务处理基本同前，只是不支付手续费而已。

【例4-41】某商业零售企业委托P商店代销A产品300件，双方协商含税代销价为113元/件，原账面价值为128.9元/件，代销价小于原账面价值的差额，冲销商品进销差价。假定P商店报来代销清单，代销商品全部销售金额为33 900元，倒算销售额并开具增值税专用发票给受托单位（如为小规模纳税人则应开具普通发票），销售额为30 000元，增值税额为3 900元。试作会计处理。

解：

①拨付委托代销商品时：

借：委托代销商品　　33 900

　　商品进销差价　　4 770

　贷：库存商品——A商品　　38 670

②代销款收到并存入银行时：

借：银行存款　　33 900

　贷：主营业务收入　　30 000

　　　应交税费——应交增值税（销项税额）　　3 900

③结转委托代销商品成本时：

借：主营业务成本　　33 900

　贷：委托代销商品　　33 900

（6）受托代销商品的会计处理。

受托代销分两种情形：

①收取手续费方式。税法规定，受托方代销商品应作为应税商品销售，计算增值税销项税额；收取的手续费属增值税应税劳务收入，应缴纳增值税。

如果受托方在双方协定价格的基础上自行加价进行销售，委托方按协议价格收取代销商品款，售价与协议价的差额归受托方所有。在这种方式下，受托方的收入包括代销商品差价和加收的手续费两部分，其计税依据为差价收入与手续费收入之和。

如果受托方只收取手续费，应按劳务收入计算缴纳增值税，对代销商品应作为应税销售，计算销项税额，如果购货方为一般纳税人，应开具增值税专用发票。

【例4-42】某商品零售企业接受代销B商品600件，委托方规定代销价为60元/件（含税），代销手续费为含税代销额的5%，增值税税率为13%（代销手续费适用增值税税率为3%）。试作会计处理。

解：

①收到代销商品时（按含税代销价）：

借：受托代销商品——B商品　　36 000

　贷：代销商品款　　36 000

②代销商品全部售出时：

借：银行存款　　36 000

贷：应付账款——××企业　36 000

同时，计算代销商品应纳增值税：

销项税额=600×60÷（1+13%）×13%=4 141.60（元）

借：应付账款——××企业　4 141.60

贷：应交税费——应交增值税（销项税额）　4 141.60

借：代销商品款　36 000

贷：受托代销商品——B商品　36 000

③收到委托单位的增值税专用发票时：

借：应交税费——应交增值税（进项税额）　4 141.60

贷：应付账款——××企业　4 141.60

④开具代销手续费收入发票时：

代销手续费收入=36 000×5%=1 800（元）

应交增值税=1 800÷（1+3%）×3%=52.43（元）

借：应付账款——××企业　1 800

贷：主营业务收入　1 747.57

应交税费——应交增值税（销项税额）　52.43

⑤支付扣除代销手续费后的代销款时：

借：应付账款——××企业　34 200

贷：银行存款　34 200

②视同自购自销方式。企业将销售代销货物作为自购自销处理的，不涉及手续费问题，应在销售货物时，为购货方开具专用发票，借记“应付账款”等，贷记“应交税费——应交增值税（销项税额）”，按“价税合计”栏的金额，贷记“产品销售收入”“商品销售收入”等。

【例4-43】某零售企业4月份接收代销甲商品400件，含税价为22.6元/件，本企业规定该商品的含税零售价为29.25元/件，假定销售代销商品和自营商品共计货款9 500元，月末代销商品销售240件，本月包括代销商品销售在内的收入额为440 000元，代销商品与自营商品一并分摊进销差价，“综合差价率”为30.45%。试作会计处理。

解：

①接收代销商品时：

借：受托代销商品（29.25×400）　11 700

贷：代销商品款　　8 000

商品进销差价　　3 700

实际工作中，可以把“受托代销商品”账户作为“库存商品”的二级账户处理。这样，在月末结转代销商品进销差价时，就不必区分是代销商品还是自营商品了。

②商品销售时：

借：银行存款　　9 500

贷：主营业务收入　　9 500

③月末结转代销商品成本时：

借：主营业务成本（29.25×240）　　7 020

贷：受托代销商品　　7 020

如果将“受托代销商品”作为“库存商品”的二级账户，则会计处理为：

借：主营业务成本　　7 020

贷：库存商品——受托代销商品　　7 020

④向委托单位开出代销清单，待收到委托单位开来的增值税专用发票时，根据增值税专用发票列明的销售货款4 800元，增值税额624元：

借：应交税费——应交增值税（进项税额）　　624

代销商品款　　4 800

贷：应付账款　　5 424

⑤支付代销商品款时：

借：应付账款　　5 424

贷：银行存款　　5 424

⑥月末计算并结转销项税额时：

销项税额=440 000÷（1+13%）×13%=50 619.47（元）

借：主营业务收入　　50 619.47

贷：应交税费——应交增值税（销项税额）　　50 619.47

⑦月末计算分摊商品进销差价时：

应分摊的商品进销差价=440 000×30.45%=133 980（元）

借：商品进销差价　　133 980

贷：主营业务成本　　133 980

5.租赁业务的会计处理

【例4-44】A企业向B企业出租生产用新购设备一台，合同约定租赁日期从当年7月1日起租期1年，含税租赁价款总额为348万元，双方约定租赁费分4期，B企业于每季度前10天内向A企业定期预付。当年6月20日，B企业向A企业支付了第3季度的租赁费用84.75万元。试作A企业的会计处理。

解：

①收到租赁费时：

借：银行存款　　847 500

　贷：预收账款——B企业　　847 500

②计算销项税额：

销项税额=847 500÷（1+13%）×13%=97 500（元）

借：其他应收款　　97 500

　贷：应交税费——应交增值税（销项税额）　　97 500

③确认第3季度收入时：

借：预收账款——B企业　　847 500

　贷：其他业务收入　　750 000

　　其他应收款　　97 500

6.转让固定资产（有形动产、不动产）、无形资产应纳增值税的会计处理

（1）转让固定资产（有形动产）应交增值税的会计处理。企业转让（销售）已使用过的固定资产，因该项固定资产在原来取得时，其增值税已记入“应交税费——应交增值税（进项税额）”，销售时借记“固定资产清理”，贷记“应交税费——应交增值税（销项税额）”。如果是在增值税转型之前购入的机器设备，因当初购入时进项税额已计入资产成本，出售时，应按简易计税方法，依3%征收率减按2%计算缴纳增值税。

【例4-45】某企业出售一台已经使用过的生产设备，含税价为113万元，已折旧10万元，但未计提资产减值准备，出售时收到价款80万元，不考虑城市维护建设税及教育费附加等相关税费。试作会计处理。

解：

①转入清理时：

借：固定资产清理　　　　　　　　　　　　　900 000

　　累计折旧　　　　　　　　　　　　　　　100 000

　贷：固定资产　　　　　　　　　　　　　　　　　1 000 000

②出售时：

借：银行存款　　　　　　　　　　　　　　800 000

　贷：固定资产清理　　　　　　　　　　　　　　　707 964.60

　　　应交税费——应交增值税（销项税额）　　　　92 035.40

③转销固定资产清理损益时：

借：营业外支出　　　　　　　　　　　　192 035.40

　贷：固定资产清理　　　　　　　　　　　　　　192 035.40

（2）转让不动产应纳增值税的会计处理。

【例4-46】某公司（增值税一般纳税人）8月份转让其2016年4月30日后购入的房屋一栋，房屋售价和价外费用共计1 200万元，当初购置价格为880万元。选择简易计税方法，按5%的征收率计算应缴纳增值税。试作会计处理。

解：

应纳增值税=（1 200−880）÷（1+5%）×5%=15.2381（万元）

借：银行存款　　　　　　　　　　　　　12 000 000

　贷：应交税费——应交增值税（销项税额）　　　　152 381

　　　其他业务收入（主营业务收入）　　　　　　11 847 619

如果纳税人转让的是其2016年4月30日前自建的房屋，选择简易计税方法，应以房屋售价和价外费用为销售额计税，则：

应纳增值税=1 200÷（1+5%）×5%=57.14（万元）

【例4-47】某房地产开发企业（增值税一般纳税人）2019年9月销售其自行开发的房地产项目，价款共计2 600万元，应分摊向政府支付的土地出让金650万元。试作会计处理。

解：

应纳增值税=（2 600−650）×9%=175.5（万元）

借：应收账款　　　　　　　　　　　　　27 755 000

　贷：主营业务收入　　　　　　　　　　　　　　26 000 000

　　　应交税费——应交增值税（销项税额）　　　　1 755 000

（3）转让无形资产应纳增值税的会计处理。

【例4-48】某企业8月份将某产品的商标权以1 000 000元的价格转让给另一家企业，按6%的增值税税率计算应交增值税60 000元。该商标权的账面余额为700 000元，已计提减值准备80 000元。试作会计处理。

解：

借：银行存款　　1 000 000

　　无形资产减值准备　　80 000

　贷：无形资产　　700 000

　　　应交税费——应交增值税（销项税额）　　60 000

　　　营业外收入　　320 000

7.增值税税控系统专用设备和技术维护费用抵减增值税额的会计处理

按现行增值税制度规定，企业初次购买增值税税控系统专用设备支付的费用以及缴纳的技术维护费允许在增值税应纳税额中全额抵减的，按规定抵减的增值税应纳税额，借记“应交税费——应交增值税（减免税款）”，贷记“管理费用”等。

企业购入增值税税控系统专用设备，按实际支付或应付的金额，借记“固定资产”，贷记“银行存款”“应付账款”等。按规定抵减的增值税应纳税额，借记“应交税费——应交增值税”，贷记“递延收益”。按期计提折旧，借记“管理费用”，贷记“累计折旧”；同时，借记“递延收益”，贷记“管理费用”。

企业发生技术维护费，按实际支付或应付的金额，借记“管理费用”，贷记“银行存款”。按规定抵减的增值税应纳税额，借记“应交税费——应交增值税”，贷记“管理费用”。

【例4-49】2019年10月，上海N房地产开发公司首次购入增值税税控系统专用设备，支付价款2 000元，同时支付当年增值税税控系统专用设备技术维护费500元。当月两项合计抵减当月增值税应纳税额2 500元。试作会计处理。

解：

（1）首次购入增值税税控系统专用设备

借：固定资产——税控设备　　2 000

贷：银行存款　　2 000

（2）发生防伪税控系统专用设备技术维护费

借：管理费用　　500

　贷：银行存款　　500

（3）抵减当月增值税应纳税额

借：应交税费——应交增值税（减免税款）　　2 500

　贷：管理费用　　500

　　　递延收益　　2 000

（4）以后各月计提折旧时（按3年，残值10%举例）

借：管理费用　　50

　贷：累计折旧　　50

借：递延收益　　50

　贷：管理费用　　50

8.小微企业免征增值税的会计处理

小微企业在取得销售收入时，应当按照税法的规定计算应交增值税，并确认为应交税费，在达到增值税制度规定的免征增值税条件时，将有关应交增值税转入当期损益。

（1）实现销售时。

借：银行存款

　贷：主营业务收入

　　　应交税费——应交增值税

（2）月销售额不满3万元（或季销售额不满9万元）时。

借：应交税费——应交增值税

　贷：主营业务收入

【例4-50】假定某一般纳税人咨询公司符合增值税的加计抵减政策，2019年9月销项税额31万元，进项税额10万元（全部属于允许抵扣的进项税额）。试作会计处理。

解：应纳增值税=31−10×（1+10%）=20（万元）

计提增值税时：

借：应交税费——应交增值税（转出未交增值税）　210 000

　贷：应交税费——未交增值税　　210 000

缴纳增值税时：

借：应交税费——未交增值税　　210 000

　贷：银行存款　　200 000

　　　其他收益　　10 000

三、减免增值税的会计处理[①]

1.直接减免增值税的会计处理

增值税免税收入的会计处理有价税分离记账法和价税合计记账法两种方法。在价税分离记账法下，销售免税项目时，借记“银行存款”等，贷记“主营业务收入”“应交税费——应交增值税（销项税额）”；对直接减免的增值税，借记“应交税费——应交增值税（减免税款）”，贷记“其他收益”，但这样会导致记账凭证与原始凭证不符。如果贷记“主营业务收入”就不会出现两者不符的情况。在价税合计记账法下，对法定免征的增值税无须专门的会计处理，其进项税额计入相关项目的成本或费用，并按收款全额贷记“营业外收入”。

【例4-51】某金融机构9月份取得农村小额贷款利息收入10.6万元（含税），符合免征增值税规定。试作会计处理。

解：

借：银行存款　　106 000

　　应交税费——应交增值税（销项税额）　　6 000

　贷：主营业务收入　　106 000

　　　应交税费——应交增值税（销项税额）　　6 000

对可以确定的增值税免税收入，适用价税合计记账法，如果符合企业所得税的不征税收入条件，可将免缴的增值税作为“营业外收入——减免税款”处理。

2.即征即退增值税的会计处理

对符合增值税即征即退条件的涉税事项，采用增值税即征即退的办法，即企业在向主管税务机关办理增值税纳税的同时，办理增值税的退税手续。到税务机关办理即征即退手续后，凭有关单据，作如下会计处理：

（1）反映上缴：借记“应交税费——应交增值税（已交税金）”或

① 盖地．税务会计与纳税筹划［M］．大连：东北财经大学出版社，2017：92-95.

“应交税费——未交增值税”，贷记“银行存款”。

（2）同时，按即退税额，借记“银行存款”，贷记“营业外收入——减免税款”。

【例4-52】某外贸企业进口原棉一批，进口棉花增值税实行即征即退办法。该批棉花价值折合人民币500 000元，应交增值税45 000元。假定外贸企业将进口商品销售给生产企业，开具的增值税专用发票注明的价款600 000元，增值税额54 000元。试作会计处理。

解：

①外贸企业入账时：

借：材料采购　　500 000

　　应交税费——应交增值税（进项税额）　　45 000

　贷：应付账款（银行存款）　　545 000

②收到进口商品退税款时：

借：银行存款　　45 000

　贷：应付账款——待转销进口退税　　45 000

③外贸企业将进口商品销售给生产企业时：

借：应收账款　　609 000

　贷：主营业务收入　　555 000

　　　应交税费——应交增值税（销项税额）　　54 000

④收到即征即退税款时：

借：应付账款——待转销进口退税　　45 000

　贷：其他收益——减免税款　　45 000

如果即征即退50%，仅将退回的50%部分贷记“其他收益”。

⑤即征即退项目应交增值税和实际上交增值税时：

借：应交税费——应交增值税（即征即退）　　9 000

　贷：应交税费——未交增值税（即征即退）　　9 000

借：应交税费——未交增值税（即征即退）　　9 000

　贷：银行存款　　9 000

3.先征收后返还增值税的会计处理

企业销售货物时按照税法的规定计算缴纳增值税，待收到财政部门的退税款时，借记“银行存款”，贷记“营业外收入——减免税款”。

【例4-53】假定按有关政策规定，财政部门应返还A公司第二季度增值税款25 600元，7月17日，实际收到该笔退税款。试作会计处理。

解：

①6月底：

借：其他应收款——增值税返还　　25 600

　贷：营业外收入——减免税款　　25 600

②7月17日实际收到退税款时：

借：银行存款　　25 600

　贷：其他应收款——增值税返还　　25 600

四、缴纳增值税的会计处理

1.月末转出多交增值税和未交增值税的会计处理

月度终了，企业应当将当月应交未交或多交的增值税自“应交增值税”明细账户转入“未交增值税”；

对于当月应交未交的增值税，借记“应交税费——应交增值税（转出未交增值税）”，贷记“应交税费——未交增值税”；

对于当月多交的增值税，借记“应交税费——未交增值税”，贷记“应交税费——应交增值税（转出多交增值税）”。

企业当月上交上月应交未交的增值税时，借记“应交税费——未交增值税”，贷记“银行存款”。

2.按日申报缴纳增值税的会计处理

若税务机关核定纳税人按日缴纳增值税，企业平时按核定纳税期纳税时，属预缴性质；

下月初，在核实上月应交增值税额后，应于15日前清缴。

平时，企业在“应交税费——应交增值税”明细账中核算增值税涉税业务，当上缴当月应交增值税额时，借记“应交税费——应交增值税（已交税金）”，贷记“银行存款”。

月末，结出该账户借方、贷方合计和差额。

若“应交税费——应交增值税”账户为贷方差额，表示本月应交未交的增值税额；若“应交税费——应交增值税”账户为借方差额，由于月中有预缴税款的情况，故该借方差额不仅可能是尚未抵扣完的进项税额，还可能包含多交的部分。

3.按月申报缴纳增值税的会计处理

企业缴纳当月应交的增值税，借记“应交税费——应交增值税（已交税金）”，贷记“银行存款”。

企业缴纳以前期间未交的增值税，借记“应交税费——未交增值税”，贷记“银行存款”。

【例4-54】甲建筑公司（增值税一般纳税人）10月份销项税额为110万元，当期认证抵扣的进项税额为155万元。11月份销项税额为320万元，当期认证抵扣的进项税额为240万元；当月部分钢材被盗，应转出进项税额61万元。12月12日，申报缴纳11月份增值税（相关附加税费略）。试作会计处理。

解：

（1）10月份：

应缴纳增值税额=1 100 000-1 550 000=-450 000（元）<0

当月应交增值税为0元，留抵税额为450 000元。

（2）11月份：

①进项税额转出时：

借：营业外支出　　610 000

　贷：应交税费——应交增值税（进项税额转出）　　610 000

②计算应纳增值税时：

当月可抵扣进项税额=450 000+2 400 000-610 000=2 240 000（元）

当月应纳税额=3 200 000-2 240 000=960 000（元）

借：应交税费——应交增值税（转出未交增值税）　960 000

　贷：应交税费——未交增值税　　960 000

（3）12月12日，申报缴纳11月份增值税时：

借：应交税费——未交增值税　　960 000

　贷：银行存款　　960 000

4.按季申报缴纳增值税的会计处理

自2016年4月1日起，增值税小规模纳税人缴纳增值税、消费税、文化事业建设费，以及随增值税、消费税附征的城市维护建设税、教育费附加等税费，原则上实行按季申报。按季度申报增值税时，每月只作计提增值税的会计处理，不作缴纳或免增值税的会计处理，季末合并计算销售额，如果符合免征增值税条件，将计提增值税合计额转入营业外收入；如果不符合免征增值税条件，按季度合计销售额全额计算缴纳增值税。对小规模纳税人来说，按季申报缴纳比按月申报缴纳不仅程序简便，而且税负减轻。

【例4-55】Q厂为增值税小规模纳税人，当年7月份销售额为4万元（不含税，下同），8月份销售额为2万元，9月份销售额为1.5万元，按季申报缴纳增值税（不考虑税费附加等）。试作会计处理。

解：

（1）计算7月份应纳增值税时：

借：银行存款（应收账款）　　41 200

　贷：主营业务收入　　40 000

　　　应交税费——应交增值税　　1 200

（2）计算8月份应纳增值税时：

借：银行存款（应收账款）　　20 600

　贷：主营业务收入　　20 000

　　　应交税费——应交增值税（减免税额）　　600

（3）计算9月应纳增值税时：

借：银行存款（应收账款）　　15 450

　贷：主营业务收入　　15 000

　　　应交税费——应交增值税（减免税额）　　450

（4）本季销售额低于增值税起征点，符合免税条件。将应交增值税转入营业外收入。

借：应交税费——应交增值税　　1 200

　　　　　　——应交增值税（减免税额）　　1 050

　贷：营业外收入——政府补助收入　　2 250

5.预缴增值税的账务处理

企业预缴增值税时，借记“应交税费——预交增值税”，贷记“银行存款”。月末，企业应将“预交增值税”明细科目余额转入“未交增值税”明细账户，借记“应交税费——未交增值税”科目，贷记“应交税费——预交增值税”科目。房地产开发企业等在预缴增值税后，直至纳税义务发生时方可从“应交税费——预交增值税”账户结转至“应交税费——未交增值税”账户。

【例4-56】华华房地产开发公司简易计税项目10月预收房款4 700万元，定金550万元；一般计税项目收取预收款9 810万元，有上月未交增值税额101万元。试作会计处理。

解：

当月预交增值税计算如下：

简易计税项目预交税款=（4 700+550）÷（1+5%）×3%=150（万元）

一般计税项目预交税款=9 810÷（1+9%）×3%=270（万元）

当月应预交增值税合计=150+270=420（万元）

①当月按规定预交增值税时：

借：应交税费——预交增值税　　4 200 000

　贷：银行存款　　4 200 000

②月末，将“预交增值税”转入“未交增值税”时：

借：应交税费——未交增值税　　4 200 000

　贷：应交税费——预交增值税　　4 200 000

③当月缴纳以前期间未交增值税时：

借：应交税费——未交增值税　　1 010 000

　贷：银行存款　　1 010 000

五、增值税纳税调整的会计处理

“应交税费——增值税检查调整”作为一个纳税检查调整的专用账户，专门核算经税务机关检查查出的以前各期应补、应退的增值税。增值税一般纳税人在税务机关对其增值税纳税情况进行检查后，凡涉及应交增值税账务调整的，应设立“应交税费——增值税检查调整”专门账户。

凡检查后应调减账面进项税额或调增销项税额和进项税额转出的数额，借记有关科目，贷记“应交税费——增值税检查调整”；凡检查后应调增账面进项税额或调减销项税额和进项税额转出的数额，借记“应交税费——增值税检查调整”，贷记有关科目；全部调账事项入账后，应对该账户的余额进行处理。若余额在借方，全部视同留抵进项税额，按借方余额数，借记“应交税费——应交增值税”，贷记本账户；若余额在贷方，借记本账户，贷记“应交税费——应交增值税”。

【例4-57】2020年1月份，某市税务稽查局对W公司（一般纳税人）上年度增值税进行检查时发现：上年12月，公司存货发生非正常损失，全部记入“营业外支出”账户，其中包括增值税进项税额3 200元；将自产产品作为福利发放给职工，未按视同销售进行税务处理，少计算增值税销项税额4 000元；公司上年12月底“应交税费——应交增值税”账户为借方余额1 550元。据此，稽查局做出补缴增值税5 650元、加收滞纳金和罚款9 300元的决定。公司当即缴纳了上述税款、滞纳金和罚款。试作会计处理。

解：

①转出非正常损失存货的增值税进项税额时：

借：以前年度损益调整　　3 200

　贷：应交税费——增值税检查调整　　3 200

②补提视同销售的增值税销项税额时：

借：应付职工薪酬　　4 000

　贷：应交税费——增值税检查调整　　4 000

③入账后，“应交税费——增值税检查调整”明细账户的贷方余额为7 200元：

借：应交税费——增值税检查调整　　7 200

　贷：应交税费——应交增值税　　7 200

④实际缴纳查补的增值税、滞纳金和罚款时：

借：应交税费——应交增值税　　5 650

　　营业外支出　　9 300

　贷：银行存款　　14 950

W公司在申报上年企业所得税时，应调减应纳税所得额7 200元，税收滞纳金和罚款不得在税前扣除，应调增应纳税所得额9 300元。

第二节　增值税简易计税方法的会计处理

一、增值税小规模纳税人的会计处理

增值税小规模纳税人不实行税款抵扣办法，以不含税的销售额乘以征收率计算应交增值税。会计核算时，只须通过“应交税费——应交增

值税”账户反映增值税的应缴、上缴和欠缴情况。其贷方反映应交的增值税，借方反映实际已交的增值税；贷方余额反映尚未上交或欠交的增值税，借方余额反映多交的增值税。

（1）小规模纳税人购买货物、无形资产、不动产或接受劳务服务，按支付的全部价款和增值税，借记“材料采购”“原材料”“制造费用”“管理费用”“其他业务支出”等，贷记“银行存款”“应付账款”“应付票据”等。

（2）小规模纳税人销售货物、无形资产、不动产，提供劳务服务，按实现的销售收入（不含税）与按规定收取的增值税额合计，借记“银行存款”“应收账款”“应收票据”等，按实现的不含税销售收入，贷记“主营业务收入”“其他业务收入”等，按规定收取的增值税额，贷记“应交税费——应交增值税”。发生的销货退回，做相反的会计分录。

（3）小规模纳税人按规定的纳税期限上缴税款时，借记“应交税费——应交增值税”，贷记“银行存款”。收到退回多缴的增值税时，做相反的会计分录。

（4）小规模纳税人初次购买增值税税控系统专用设备支付的费用以及缴纳的技术维护费允许在增值税应纳税额中全额抵减的，按规定抵减的增值税应纳税额应直接冲减“应交税费——应交增值税”。

（5）小规模纳税人预缴税款时，借记“应交税费——应交增值税”，贷记“银行存款”；月末不必结转，无须进行专门的会计处理。

【例4-58】某工业企业属小规模纳税人，2019年第3季度产品含税销售收入113 300元，货款尚未收到。试作会计处理。

解：

（1）计算本期应纳增值税：

应纳增值税=113 300÷（1+3%）×3%=3 300（元）

（2）销售产品时：

借：应收账款　　113 300

　　贷：主营业务收入　　110 000

　　　　应交税费——应交增值税　　3 300

（3）缴纳本期税款时：

借：应交税费——应交增值税　　3 300

贷：银行存款　　3 300

二、一般纳税人简易计税方法的会计处理

一般纳税人的简易计税项目，其进项税额不得从销项税额中抵扣，应计入相关成本费用，不通过“应交税费——应交增值税（进项税额）”核算；在销售货物、无形资产、不动产，提供劳务服务时，借记“应收账款”“银行存款”等，贷记“主营业务收入”“应交税费——应交增值税（简易计税）”等。

【例 4-59】某公司是增值税一般纳税人，主营钢材和商品混凝土业务。其中，自产的商品混凝土选择简易计税方法。2019 年 9 月钢材销售额 70 万元，钢材采购额 80 万元；商品混凝土含税收入 159 万元。试作会计处理。

解：

（1）钢材采购时：

借：材料采购（库存商品）　　800 000

　　应交税费——应交增值税（进项税额）　　104 000

　贷：应付账款　　904 000

（2）销售钢材时：

借：应收账款——××客户　　791 000

　贷：主营业务收入　　700 000

　　　应交税费——应交增值税（销项税额）　　91 000

（3）销售混凝土时：

借：应收账款——××客户　　1 590 000

　贷：主营业务收入　　1 543 690

　　　应交税费——简易计税　　46 310

【例 4-60】某企业（增值税一般纳税人），9 月销售使用过的特定设备，变价收入 15.45 万元。试作会计处理。

解：

（1）销售时：

借：银行存款　　154 500

　贷：固定资产清理　　150 000

　　　应交税费——简易计税　　4 500

（2）反映减计1%的税款时：

借：应交税费——简易计税　　1 500

　贷：其他收益——减免税款　　1 500

（3）下个月减按2%缴纳增值税时：

借：应交税费——简易计税　　3 000

　贷：银行存款　　3 000

第三节　增值税退（免）税的会计处理

一、会计科目设置

为核算纳税人出口货物应收取的出口退税款，设置“应收出口退税款”账户，该账户借方反映销售出口货物按规定向税务机关申报应退回的增值税、消费税等，贷方反映实际收到的出口货物应退回的增值税、消费税等。期末借方余额，反映尚未收到的应退税额。

二、基本会计处理

（一）实行免、抵、退办法的会计处理

实行免、抵、退办法的一般纳税人出口货物，在货物出口销售后结转产品销售成本时，按规定计算的退税额低于购进时取得的增值税专用发票上的增值税额的差额，借记“主营业务成本”，贷记“应交税费——应交增值税（进项税额转出）”；按规定计算的当期出口货物的进项税抵减内销产品的应纳税额，借记“应交税费——应交增值税（出口抵减内销产品应纳税额）”，贷记“应交税费——应交增值税（出口退税）”。在规定期限内，内销产品的应纳税额不足以抵减出口货物的进项税额，不足部分按有关税法规定给予退税的，应在实际收到退税款时，借记“银行存款”，贷记“应交税费——应交增值税（出口退税）”。

免、抵、退税办法适用于生产企业出口自产货物和视同自产货物及对外提供加工修理修配劳务，以及列名生产企业出口非自产货物。

生产企业实行免、抵、退税后，退税的前提必须是计算退税的当期应纳增值税为负数，也就是说，当期必须有未抵扣完的进项税额，而当期末抵扣完进项税额在月末须从“应交税费——应交增值税（转出多交增值税）”明细账户转入本账户，退税实际上退的是本账户借方余额中的一部分。

按照现行会计制度的规定，生产企业免、抵、退税的会计核算主要涉及“应交税费——应交增值税”“其他应收款——应收出口退税”等。

计算应退税时借记“其他应收款”，贷记“应交税费——应交增值税（出口退税）”，收到退税时借记“银行存款”，贷记“其他应收款”。

具体会计处理如下：

（1）货物出口并确认收入（FOB价）。

借：应收账款（银行存款）

　　贷：主营业务收入（其他业务收入）。

（2）月末根据“免、抵、退税汇总申报表”中计算出的“免、抵、退税不予免征和抵扣税额”作如下会计处理：

借：主营业务成本

　　贷：应交税费——应交增值税（进项税额转出）

（3）月末根据“免、抵、退税汇总申报表”中计算出的“应退税额”作如下会计处理：

借：其他应收款——应收出口退税

　　贷：应交税费——应交增值税（出口退税）

（4）月末根据“免、抵、退税汇总申报表”中计算出的“免抵税额”作如下会计处理：

借：应交税费——应交增值税（出口抵减内销应纳税额）

　　贷：应交税费——应交增值税（出口退税）

（5）收到出口退税款时，作如下会计处理：

借：银行存款

　　贷：其他应收款——应收出口退税

【例4-61】某服装厂为增值税一般纳税人，增值税税率13%，退税率11%。2019年11月外购棉布一批，取得的增值税专用发票注明价款200万元，增值税26万元，货已入库。当月进口料件一批，海关核定的完税价格25万美元，已按购进法向税务机关办理了生产企业进料加工贸易免税证明。当月出口服装的离岸价格75万美元，内销服装不含税销售额80万元。试作会计处理（该服装厂上期期末留抵税额5万元。假设美元兑人民币的汇率为1∶6.4，服装厂进料加工复出口符合相关规定）。

解：

（1）购原材料时

借：原材料　　2 000 000

　　应交税费——应交增值税（进项税额）　　260 000

　贷：银行存款　　2 260 000

（2）免税进口料件时

借：原材料　　1 600 000

　贷：银行存款　　1 600 000

（3）产品外销时

借：应收账款　　4 800 000

　贷：主营业务收入　　4 800 000

（4）内销时

借：银行存款　　904 000

　贷：主营业务收入　　800 000

　　　应交税费——应交增值税（销项税额）　　104 000

（5）当期免抵退税不得免征和抵扣税额=（75−25）×6.4×（13%−11%）=6.4（万元）

借：主营业务成本　　64 000

　贷：应交税费——应交增值税（进项税额转出）　　64 000

（6）当期应纳税额=80×13%−（26−6.4）−5=−14.2（万元）

（7）免抵退税额=（75−25）×6.4×11%=35.2（万元）

（8）应退税额=14.2万元

借：其他应收款——出口退税　　142 000

　　应交税费——应交增值税（出口抵减内销产品应纳税额）

　　　　352 000

　贷：应交税费——应交增值税（出口退税）　　494 000

（9）收到退税款时

借：银行存款　　142 000

贷：其他应收款——应收出口退税　　142 000

生产企业出口货物跨年度发生退关退运，如果出口货物已申报办理免抵退税，应当依照规定补缴已办理免、抵、退税额。对补缴的免、抵、退税额不得计入营业成本，应当红字贷记“应交税费——应交增值税（出口退税）”，贷记“银行存款”等，相当于列作进项税额予以抵扣；同时将免抵退税不得免征和抵扣税额从成本中转回，红字借记“以前年度损益调整”，红字贷记“应交税费——应交增值税（进项税额转出）”。

（二）实行免、退税办法的会计处理

免退税办法适用于不具有生产能力的出口企业（即外贸企业）或其他单位出口货物和劳务。

外贸企业购进货物时，按照增值税专用发票上注明的增值税额，借记“应交税费——应交增值税（进项税额）”，按照专用发票上记载的应计入采购成本的金额，借记“材料采购”，按照应付或实际支付的金额，贷记“银行存款”“应付账款”“应付票据”。

外贸企业按照规定退税率计算应收出口退税款时，借记“应收出口退税款”，贷记“应交税费——应交增值税（出口退税）”；收到出口退税时，借记“银行存款”，贷记“应收出口退税款”；退税额低于购进时取得的增值税专用发票上的增值税额的差额，借记“主营业务成本”，贷记“应交税费——应交增值税（进项税额转出）”。

【例4-62】某外贸进出口公司9月出口销售A产品2 000件（不含税单价25元/件），增值税税率13%，退税率11%。试作会计处理。

解：

（1）出口时：

借：应收账款　　50 000

　贷：主营业务收入　　50 000

（2）结转不予退税时：

借：主营业务成本［50 000×（13%-11%）］　　1 000

　贷：应交税费——应交增值税（进项税额转出）　　1 000

（3）计算应退增值税时：

借：其他应收款——应收出口退税（50 000×11%）　　5 500

贷：应交税费——应交增值税（出口退税） 5 500

（4）收到出口退税款时：

借：银行存款 5 500

贷：其也应收款——应收出口退税 5 500

技能训练题

1.华达工厂属于增值税一般纳税人，10月份发生如下业务：

（1）2日，向本市某工厂购进甲原材料6 000千克，每千克5元，增值税进项税额3 900元，材料入库，发票收到并开出转账支票支付。

（2）3日，购进乙材料2 000千克，每千克6元，代垫运杂费1 400元（其中，增值税专用发票上列明的运费为1 000元），增值税进项税额为1 650元，已开出银行承兑汇票，材料验收入库。

（3）5日，开出转账支票预付本市新华工厂购买甲材料货款30 000元。8日，收到预购的甲材料7 600千克入库，发票所列价款为35 000元，增值税进项税额4 550元，当天开出转账支票补付新华工厂余额9 550元。

（4）20日，收到红利工厂转来的托收承付结算凭证（验单付款）及发票，所列乙材料价款10 000元，税额1 300元，已委托银行付款。25日，材料运到，验收后因质量不符而全部退货并取得当地主管税务机关开具的“证明单”送交销售方，代垫退货运费1 200元。27日，收到红利工厂代垫款1 200元和开具的红字发票联抵扣。

（5）22日，接受天宏工厂捐赠丙材料，增值税专用发票上列明价款60 000元，税款7 800元，材料已验收入库。

（6）26日，接受华能工厂捐赠机器1台，价值40 000元，增值税税额5 200元。

（7）26日，委托新华木器厂加工产品包装用木箱，发出甲材料18 000元，支付加工费3 600元和增值税额468元；支付往返运杂费380元，其中运费300元，应计运费进项税额27元。

（8）永盛集团运输队是专门为本厂产品销售送货上门并收取运输费的统一核算单位，会计账上该运输业务放入其他业务核算。30日，运输队送来购买汽车配件的增值税发票，即价款1 000元，增值税额130

元，以现金支付。

（9）5月份水费共计12 000元，其中，车间用水9 500元，管理用水2 500元，增值税专用发票注明税额1 080元（税率9%）。

要求：根据所给经济业务作相关的涉税会计处理。

2.天华工厂是小规模纳税人，第1季度发生如下业务：

（1）1月5日，购入原材料钢材一批，增值税专用发票上注明材料价款9 000元，增值税1 170元，已付款并验收入库。

（2）1月10日，购入包装物一批，普通发票上注明货款3 000元，已付款并验收入库。

（3）2月15日，销售一批产品给华达工厂，取得销售收入21 200元，货款未收到。

（4）3月20日，接受外单位委托加工产品一批，收取加工费15 900元，以银行存款结算。

要求：根据所给经济业务作相关的涉税会计处理。

3.某防伪税控企业（增值税一般纳税人）具有进出口经营权，主要生产钢材，出口货物增值税实行免、抵、退税管理办法，原材料成本核算采用实际成本法。该企业适用增值税税率为13%，出口退税率为11%。假定专用发票和运费发票当期均已认证通过。10月有关业务资料如下：

（1）15日签订出口产品合同，出口价为80 000美元（汇率为1美元=6.2元人民币），款项已收到。

（2）20日直接销售产品给一般纳税人，取得不含税价款400 000元，同时收取包装物租金10 000元、包装物押金50 000元。

（3）21日直接内销产品给小规模纳税人，普通发票上注明的价款为100 000元。

（4）20日购进原材料一批，取得的增值税专用发票上注明的价款为700 000元，税款91 000元。款项已支付，货物已入库。

（5）20日购进一批在建工程用原材料，价款20 000元，税款2 600元，发生运费支出1 000元。款项已支付。

（6）30日领用原材料10 000元用于本企业在建工程。

要求：（1）根据所提供资料顺序做出相关会计分录。

（2）根据所提供资料计算当期应纳各税（列出具体计算过程，每步骤计算结果均保留小数点后两位数），并做出相关会计分录。

4.根据下列经济业务作相关的涉税会计处理：

（1）A企业为增值税一般纳税人。假设该企业从事提供应税服务的业务，2019年9月15日，取得“货物运输业增值税专用发票”一张，“金额”栏5 000元，“税率”栏为“9%”，“税额”栏为450元，款项已支付。

（2）假设A企业2019年9月进口货物，取得海关进口缴款书一份，金额为100万元，税额为13万元，当月提交比对系统。

（3）假设A企业纳入辅导期管理，试作上述业务（1）的会计处理。

（4）2019年9月16日，A企业取得某项服务费收入106万元，开具增值税专用发票，销售额100万元，销项税额6万元。

（5）从事工艺设计的A公司无偿为B生产企业设计工艺流程，该设计服务的市场计税价格为50 000元，该批设计服务人工成本为30 000元，适用的增值税税率为6%。

（6）B公司2019年9月5日盘点库存发现，由于管理不善，某产品盘亏10件，经查属于被盗。该产品账面成本30万元，其中耗用原材料成本20万元。责令管理人员赔偿5万元，保险公司赔偿10万元，经有关单位批准处理。

（7）假设A企业下设一个出租车公司，出租车公司与该企业统一核算，经批准汇总缴纳增值税。至2019年10月31日，该月取得出租车收入50万元（含税销售额）。

（8）A企业2019年12月出售于2018年1月份购买的某设备，该设备原值20万元，已计提折旧5万元，售价12万元，适用13%的增值税税率。

（9）假设C企业“应交税费——应交增值税”科目，销项税额为100万元，进项税额为80万元，期末贷方余额20万元（不存在已交税额的情况下）。

（10）假设C企业“应交税费——应交增值税”科目，销项税额为100万元，进项税额为110万元，期末借方余额为10万元。

（11）某房地产开发企业为增值税一般纳税人，2019年10月，销售其2016年5月1日后自建的不动产，应适用一般计税方法，以取得的全部价款和价外费用为销售额（1 000万元）计算应纳税额。纳税人应以取得的全部价款和价外费用，按照5%的预征率在不动产所在地预缴税款后，向机构所在地主管税务机关进行纳税申报（存在已交税金的情况下）。

①假设10月，该企业销项税额为150万元，进项税额20万元，则当期“应交税费——应交增值税”贷方余额为80万元（150-20-50），说明该企业10月应缴纳的增值税为80万元。

②假设10月，该企业销项税额为50万元，进项税额20万元，则当期“应交税费——应交增值税”借方余额为20万元（50-20-50）。

③假设10月，该企业销项税额为10万元，进项税额80万元，则此时“应交税费——应交增值税”借方余额为120万元（10-80-50）。

（12）某企业当期“应交税费——应交增值税”贷方余额为20万元，当月享受即征即退增值税税额为10万元。

第五章

消费税会计

第一节　消费税的基本要素

一、消费税概述

消费税是以应税消费品和消费行为为课税对象征收的一种税。我国现行消费税的基本规范是2008年11月5日国务院第34次常务会议修订通过的《中华人民共和国消费税暂行条例》（以下简称《消费税暂行条例》）及同年12月15日财政部、国家税务总局颁布的《中华人民共和国消费税暂行条例实施细则》，自2009年1月1日起施行。2019年12月，消费税法的征求意见稿正式发布。

我国现行的消费税是1994年税制改革新设置的一个税种，与过去相同或类似的税种相比，不论在外延上还是在内涵上都有很大的区别，主要为：

1.征税范围具有选择性，且范围不断扩大

根据征税范围的宽窄，可将消费税分为有限型、中间型和延伸型。

有限型消费税征税对象主要是传统消费品，税目一般在10～15种，如英国仅对酒精、烟草等征收消费税；中间型消费税征税范围较宽，除包括有限型消费税的征税范围外，还包括奢侈消费品及一些服务行业，世界上有30%左右的国家采用这种形式；延伸型消费税已经接近无选择的消费税，除了包括上述两类外，还将生产、生活资料列为消费税的征税对象，如韩国、意大利等。从实践来看，许多国家消费税征税范围逐步由有限型向中间型延伸。

2.税率档次多，且不统一

对基本消费品规定低税率，对非生活必需品、奢侈品、危害人们身体健康以及违反社会公德的商品规定高税率；对国内生产销售的消费品规定较低的税率，对进口的同类消费品规定较高的税率；对供不应求的消费品要比供过于求的消费品规定的税率高。

3.征收环节单一

消费税是一种单环节征收的商品税。世界各国的消费税都是选择在生产或销售的某一环节课税，而不是对每个环节都征税。

4.税负具有转嫁性

我国现行的消费税是价内税，纳税人在生产销售、进口等环节缴纳的消费税是商品价格的重要组成部分。商品出售时，包含在商品价格中的税款也转嫁给购买者，消费者为税负的最终归宿，故税负具有转嫁性。

二、征税范围及征税环节

（一）征税范围

我国消费税的征收对象有烟，酒，成品油，小汽车，摩托车，高档化妆品，贵重首饰和珠宝玉石，鞭炮和焰火，高尔夫球及球具，高档手表，游艇，木制一次性筷子，实木地板，电池和涂料15个税目①。其按照性质不同来划分，可分为以下4种类型：

一是过度消费会对人类健康、社会秩序和生态环境等方面造成危害的特殊消费品，如烟、酒、鞭炮和焰火等。通过对这类消费品征税，可以体现“寓禁于征”的政策。

① 我国自2014年12月1日起，取消酒精和汽车轮胎的消费税；自2016年10月1日起，取消对普通美容、修饰类化妆品征收消费税，将“化妆品”税目名称更改为“高档化妆品”，适用税率调整为15%。

二是奢侈品和非生活必需品，如贵重首饰和珠宝玉石、高档化妆品、游艇、高档手表、高尔夫球和球具等。对这类消费品征税，可以调节高收入者的消费支出。

三是资源类消费品，如成品油、木质一次性筷子、实木地板等。对这类消费品征税，可以抑制消费，节约资源。

四是其他消费品，如小汽车、摩托车等。这些消费品既属于高档消费品，也属于资源消耗品。

1.烟

凡是以烟叶为原料加工生产的产品，不论使用何种辅料，均属于本税目的征收范围。本税目下设卷烟（包括进口卷烟、白包卷烟、手工卷烟和未经国务院批准纳入计划的企业及个人生产的卷烟）、雪茄烟、烟丝三个子目。

自2009年5月1日起，纳税人批发销售的所有牌号规格的卷烟，在卷烟批发环节加征一道从价计征的消费税，适用税率为5%，计税依据为批发卷烟的销售额（不含增值税）。

2.酒

本税目下设白酒、黄酒、啤酒、其他酒四个子目。

我国已经出台了调味品分类国家标准，按照该标准，调味料酒属于调味品，不属于配置酒和炮制酒，对调味料酒不再征收消费税。

（1）啤酒分为甲类啤酒和乙类啤酒。

饮食业、商业、娱乐业举办的啤酒屋（啤酒坊）利用啤酒生产设备生产的啤酒应当征收消费税。果啤属于啤酒税目。

（2）葡萄酒按照”其他酒”征收消费税。

3.高档化妆品

本税目征收范围包括高档美容、修饰类化妆品，高档护肤类化妆品和成套化妆品，即指生产（进口）环节销售（完税）价格（不含增值税）在10元/毫升（克）或15元/片（张）及以上的美容、修饰类化妆品和护肤类化妆品。

美容、修饰类化妆品是指香水、香水精、香粉、口红、指甲油、胭脂、眉笔、唇笔、蓝眼油、眼睫毛以及成套化妆品，不包括舞台、戏剧、影视演员化妆用的上妆油、卸装油、油彩。

4.贵重首饰及珠宝玉石

本税目征收范围包括以金、银、白金、宝石、珍珠、钻石、翡翠、珊瑚、玛瑙等高贵稀有物质以及其他金属、人造宝石等制作的各种纯金银首饰及镶嵌首饰和经采掘、打磨、加工的各种珠宝玉石。

对出国人员免税商店销售的金银首饰征收消费税。

5.鞭炮、焰火

本税目征收范围包括各种鞭炮、焰火，通常分为13类，即喷花类、旋转类、旋转升空类、火箭类、吐珠类、线香类、小礼花类、烟雾类、造型玩具类、爆竹类、摩擦炮类、组合烟花类、礼花弹类。

体育上用的发令纸、鞭炮药引线，不按本税目征收。

6.高尔夫球及球具

本税目征收范围包括高尔夫球、高尔夫球杆、高尔夫球包（袋）。高尔夫球杆的杆头、杆身和握把属于本税目的征收范围。

7.高档手表

高档手表是指销售价格（不含增值税）每只在10 000元（含）以上的各类手表。

8.游艇

本税目征收范围包括艇身长度大于8米（含）小于90米（含），内置发动机，可以在水上移动，一般为私人或团体购置，主要用于水上运动和休闲娱乐等非谋利活动的各类机动艇。

9.木制一次性筷子

本税目征收范围包括各种规格的木制一次性筷子。未经打磨、倒角的木制一次性筷子属于本税目征税范围。

10.实木地板

本税目征收范围包括各类规格的实木地板、实木指接地板、实木复合地板，以及用于装饰墙壁、天棚的侧端面为榫、槽的实木装饰板。未经涂饰的素板属于本税目征税范围。

11.成品油

本税目包括汽油、柴油、石脑油、溶剂油、航空煤油、润滑油、燃料油7个子目。

（1）用原油或其他原料加工生产的用于内燃机、机械加工过程的润滑产品均属于润滑油征税范围。

润滑脂是润滑产品，生产、加工润滑脂应当征收消费税。

（2）变压器油、导热类油等绝缘油类产品不属于润滑油，不征收消费税。

（3）航空煤油暂缓征收消费税。

（4）取消车用含铅汽油消费税，汽油税目不再划分二级子目，统一按照无铅汽油税率征收消费税。

12.摩托车

本税目征收范围包括轻便摩托车和三轮摩托车，2014年12月1日起，取消气缸容量250毫升（不含）以下的小排量摩托车消费税。

13.小汽车

本税目征收范围包括含驾驶员座位在内最多不超过9个座位（含）的，在设计和技术特性上用于载运乘客和货物的各类乘用车；以及含驾驶员座位在内的座位数在10~23座（含23座）的，在设计和技术特性上用于载运乘客和货物的各类中轻型商用客车。

14.电池

电池，包括原电池、蓄电池、燃料电池、太阳能电池和其他电池。

（1）对无汞原电池、金属氢化物镍蓄电池（又称“氢镍蓄电池”或“镍氢蓄电池”）、锂原电池、锂离子蓄电池、太阳能电池、燃料电池和全钒液流电池免征消费税。

（2）铅蓄电池自2016年1月1日起按4%税率征收消费税。

15.涂料

涂料指涂于物体表面能形成具有保护、装饰或特殊性能的固态涂膜的一类液体或固体材料之总称。对施工状态下挥发性有机物（Volatile Organic Compounds，VOC）含量低于420克/升（含）的涂料免征消费税。

（二）征税环节

消费税的征税环节是指应税消费品从生产到消费的流转过程中，应当在哪个环节发生纳税义务。我国现行消费税实行价内税，采用一次课征制，即只征一道税，一般选择在应税消费品的生产、委托加工或进口环节缴纳。

1.生产环节。纳税人生产的应税消费品，由生产者于销售时纳税。自产自用的应税消费品，用于连续生产应税消费品的，不纳税；用于其他方面的，于移送使用时纳税。

2.委托加工环节。委托加工的应税消费品，除受托方为个人外，由受托方在向委托方交货时代收代缴税款。委托个人加工的应税消费品，由委托方收回后缴纳消费税。委托加工收回的应税消费品用于连续生产应税消费品的，允许在计税时扣除其在委托加工环节缴纳的消费税税款；委托加工收回的应税消费品直接出售的，不再征收消费税。

3.进口环节。进口应税消费品由进口报关者于报关进口时纳税。

4.零售环节。金银首饰、钻石及钻石饰品消费税由生产环节征收改为零售环节征收。

5.批发环节。自2009年5月1日起，纳税人批发销售的所有牌号规格的卷烟，在卷烟批发环节加征一道从价计征的消费税。

三、纳税人

在中国境内生产、委托加工和进口应税消费品的单位和个人，以及国务院确定的销售应税消费品的其他单位和个人为消费税的纳税人。这具体包括：

1.生产销售（包括自用）应税消费品的，以生产销售的单位和个人为纳税人，由生产者直接纳税。

2.委托加工的应税消费品，除受托方为个人外，由受托方在向委托方交货时代收代缴税款。委托个人加工的应税消费品，由委托方收回后缴纳消费税。

3.进口应税消费品的，以进口的单位和个人为纳税人，由海关代征。个人携带或者邮寄进境的应税消费品的消费税，连同关税一并计征。

4.在我国境内从事卷烟批发业务的单位和个人。

此外，金银首饰、钻石及钻石饰品消费税的纳税人，为在我国境内从事商业零售金银首饰、钻石及钻石饰品的单位和个人。消费者个人携带、邮寄进境的金银首饰，以消费者个人为纳税人。经营单位进口的金银首饰，在进口时不缴纳消费税，待其在国内零售时再纳税。

四、税率

消费税采用比例税率、定额税率和复合税率三种税率。消费税税率设计的原则主要有四个：一要体现国家产业政策和消费政策；二要正确引导消费方向，有效抑制超前消费倾向，调节供求关系；三要适应消费者的经济支付能力和心理承受能力；四要考虑有一定的财政意义。

纳税人生产两种以上不同税率应税消费品的，应该分别核算不同税率应税消费品的销售额或销售数量，分别适用不同税率纳税；未分别核算的，按最高税率计征。纳税人若将应税消费品与非应税消费品以及适用税率不同的应税消费品组成成套消费品出售的，应根据组合产制品的销售金额按应税消费品的最高税率计征，具体见表5-1。

表5-1　　**消费税税目税率表**

税　目	税率（税额）
一、烟 1. 卷烟 （1）每标准条（200支）对外调拨价在70元以上的（含） （2）每标准条（200支）对外调拨价在70元以下的 （3）商业批发 2. 雪茄烟 3. 烟丝	 11%+0.005元/支 56%+150元/标准箱 或56%+0.003/支 36%+150元/标准箱 或36%+0.003/支 36% 30%
二、酒 1. 白酒 2. 黄酒 3. 啤酒 （1）每吨出厂价格（含包装物及包装物押金）在3 000元（不含增值税）以上的（含） （2）每吨出厂价格在3 000元（不含增值税）以下的 （3）娱乐业和饮食业自制的啤酒 4. 其他酒	 20%+0.5元/500克（或500毫升） 240元/吨 250元/吨 220元/吨 250元/吨 10%
三、高档化妆品	15%
四、贵重首饰及珠宝玉石 1.金银首饰、铂金首饰、钻石及钻石饰品 2.其他贵重首饰及珠宝玉石	 5% 10%
五、鞭炮、焰火	15%
六、成品油 1.汽油 2.柴油 3.航空煤油	 1.52元/升 1.20元/升 1.20元/升

续表

税　目	税率（税额）
4.石脑油	1.52元/升
5.溶剂油	1.52元/升
6.润滑油	1.52元/升
7.燃料油	1.20元/升
七、摩托车　气缸容量为250毫升的	3%
七、摩托车　气缸容量为250毫升以上的	10%
八、小汽车	
1.乘用车：	
（1）气缸容量（排气量）在1.0升（含）以下的	1%
（2）气缸容量（排气量）在1.0升以上至1.5升（含）的	3%
（3）气缸容量（排气量）在1.5升以上至2.0升（含）的	5%
（4）气缸容量（排气量）在2.0升以上至2.5升（含）的	9%
（5）气缸容量（排气量）在2.5升以上至3.0升（含）的	12%
（6）气缸容量（排气量）在3.0升以上至4.0升（含）的	25%
（7）气缸容量（排气量）在4.0升以上的	40%
2.中轻型商用客车	5%
3.超豪华小汽车	生产（进口）环节按乘用车和中轻型客车规定征收，零售环节税率为10%
九、高尔夫球及球具	10%
十、高档手表	20%
十一、游艇	10%
十二、木制一次性筷子	5%
十三、实木地板	5%
十四、电池	4%
十五、涂料	4%

注：1.卷烟在生产销售过程中，定额税率为每标准箱（50 000支）150元，而进口卷烟消费税定额税率为每标准条0.6元。消费税适用比例税率视销售价格而定，消费价格≥70元，比例税率为56%；消费价格<70元，比例税率为36%。

2.对我国驻外使领馆工作人员、外国驻华机构及人员、非居民常住人员、政府间协议规定等应税（消费税）进口自用，且完税价格130万元及以上的超豪华小汽车消费税，按照生产（进口）环节税率和零售环节税率（10%）加总计算，由海关代征。

第二节　消费税的计算

消费税实行从价定率、从量定额，或者从价定率和从量定额混合的计算方法。在15类应税消费品中，黄酒、啤酒、成品油这三种应税消费品实行从量定额计算，卷烟和白酒实行混合计算；其他的应税消费品实行从价定率计算。

一、从价定率计征消费税的计算

实行从价定率计征的应税消费品，其消费税税基和增值税税基是一致的，都是以含消费税（价内税）而不含增值税（价外税）的销售额作为计税依据。

（一）销售额的确定

销售额是指纳税人销售应税消费品向购买方收取的全部价款和价外费用。

销售是指有偿转让应税消费品所有权的行为，即以从受让方取得货币、货物、劳务或其他经济利益为条件转让应税消费品所有权的行为。

价外费用，是指价外向购买方收取的手续费、补贴、基金、集资费、返还利润、奖励费、违约金、滞纳金、延期付款利息、赔偿金、代收款项、代垫款项、包装费、包装物租金、储备费、优质费、运输装卸费以及其他各种性质的价外收费。但下列项目不包括在内：

（1）同时符合以下条件的代垫运输费用：①承运部门的运输费用发票开具给购买方的；②纳税人将该项发票转交给购买方的。

（2）同时符合以下条件代为收取的政府性基金或者行政事业性收费：①由国务院或者财政部批准设立的政府性基金，由国务院或者省级人民政府及其财政、价格主管部门批准设立的行政事业性收费；②收取时开具省级以上财政部门印制的财政票据；③所收款项全额上缴财政。

其他价外费用，无论是否属于纳税人的收入，均应并入销售额计算征税。

（二）含税销售额的换算

应税消费品在缴纳消费税的同时还要缴纳增值税。如果纳税人应税消费品的销售额中未扣除增值税税款或者因不得开具增值税专用发票而发生价款和增值税税款合并收取的，在计算消费税时，应当换算为不含增值税税款的销售额。其换算公式为：

应税消费品的销售额=含增值税的销售额÷（1+增值税税率或者征收率）

（三）应税消费品连同包装物销售计税的规定

应税消费品连同包装物销售的，无论包装物是否单独计价以及在会计上如何核算，均应并入应税消费品的销售额中缴纳消费税。如果包装物不作价随同产品销售，而是收取押金，此项押金则不应并入应税消费品的销售额中征税。但对因逾期未收回的包装物不再退还的和已收取1年以上的押金，应并入应税消费品的销售额，按照应税消费品的适用税率缴纳消费税。

对既作价随同应税消费品销售，又另外收取押金的包装物的押金，凡纳税人在规定的期限内没有退还的，均应并入应税消费品的销售额，按照应税消费品的适用税率缴纳消费税。

包装物押金一般为含增值税收入，在并入销售额征税时，应将其换算为不含增值税的收入。

（四）销售额的其他规定

1.纳税人销售的应税消费品，以外汇结算销售额的，其销售额的人民币折合率可以选择销售额发生的当天或者当月1日的国家外汇牌价(原则上为中间价)，纳税人应在事先确定采用何种折合率，确定后1年内不得变更。

2.纳税人通过自设非独立核算门市部销售的自产应税消费品，应当按照门市部对外销售数量或者销售额计算缴纳消费税。

3.纳税人用于换取生产资料和消费资料、投资入股和抵偿债务等方面的应税消费品，应当以纳税人同类应税消费品的最高销售价格作为计税依据，计算缴纳消费税。

4.纳税人将自产的应税消费品与外购或自产的非应税消费品组成套装销售的，以套装产品的销售额（不含增值税）为计税依据。

（五）应纳税额的计算

从价计征消费税按应税消费品的销售额和适用税率计算征收。计算公式为：

应纳税额=销售额×适用税率

纳税人销售的应税消费品，如因质量等原因由购买者退回时，经机构所在地或者居住地主管税务机关审核批准后，可退还已缴纳的消费税税款。

【例5-1】甲企业为高尔夫球及球具生产厂家，是增值税一般纳税人，2019年10月发生以下业务：

（1）购进一批PU材料，增值税专用发票注明价款10万元、增值税款1.3万元，委托乙企业将其加工成100个高尔夫球包，支付加工费2万元、增值税税款0.26万元；乙企业当月销售同类球包不含税销售价格为0.25万元/个。

（2）将委托加工收回的球包批发给代理商，收到不含税价款28万元。

（3）购进一批碳素材料、钛合金，增值税专用发票注明价款150万元、增值税税款19.5万元，委托丙企业将其加工成高尔夫球杆，支付加工费用30万元、增值税税款3.9万元。

（4）委托加工收回的高尔夫球杆的80%当月已经销售，收到不含税款300万元，尚有20%留存仓库。

（5）主管税务机关在11月初对甲企业进行税务检查时发现，乙企业已经履行了代收代缴消费税义务，丙企业未履行代收代缴消费税义务。

（其他相关资料：高尔夫球及球具消费税税率为10%，以上取得的增值税专用发票均已通过主管税务机关认证）

要求：根据上述资料，按序号回答下列问题，如有计算，每问需要计算出合计数。

（1）计算乙企业应代收代缴的消费税。

（2）计算甲企业批发球包应缴纳的消费税。

（3）计算甲企业销售高尔夫球杆应缴纳的消费税。

（4）计算甲企业留存仓库的高尔夫球杆应缴纳的消费税。

（5）计算甲企业当月应缴纳的增值税。

（6）丙企业有何涉税情况？

解：（1）乙企业应代收代缴的消费税=0.25×100×10%=2.5（万元）

（2）委托加工收回的高尔夫球包已经在委托加工环节缴纳了消费税，甲企业用于批发销售不用再缴纳消费税。

（3）甲企业销售高尔夫球杆应缴纳的消费税=300×10%=30（万元）

（4）甲企业留存仓库的高尔夫球杆应缴纳的消费税=（150+30）÷（1-10%）×10%×20%

=4（万元）

（5）进项税额=1.3+0.26+19.5+3.9=24.96（万元）

销项税额=28×13%+300×13%=42.64（万元）

应纳增值税=42.64-24.96=17.68（万元）

（6）丙企业未代收代缴消费税，主管税务机关应处以丙企业应代收代缴的消费税50%以上3倍以下的罚款。

二、从量定额计征消费税的计算

实行从量定额计征的应税消费品，计税依据为应税消费品的销售数量。

（一）应税数量的确定

销售数量是指应税消费品的数量，具体为：

（1）销售应税消费品的，为应税消费品的销售数量；

（2）自产自用应税消费品的，为应税消费品的移送使用数量；

（3）委托加工应税消费品的，为纳税人收回的应税消费品数量；

（4）进口应税消费品的，为海关核定的应税消费品进口数量。

（二）计量单位的换算标准

黄酒、啤酒以吨为税额单位；成品油以升为税额单位。实行从量定额办法计算应纳税额的应税消费品，计量单位的换算标准如下。

（1）黄酒：1吨=962升。

（2）啤酒：1吨=988升。

（3）汽油：1吨=1 388升。

（4）柴油：1吨=1 176升。

（5）航空煤油：1吨=1 246升。

（6）石脑油：1吨=1 385升。

（7）溶剂油：1吨=1 282升。

（8）润滑油：1吨=1 126升。

（9）燃料油：1吨=1 015升。

（三）应纳税额的计算

从量计征消费税以应税消费品的销售数量乘以适用的单位税额计算征收。计算公式为：

应纳税额=销售数量×定额税率

【例5-2】某啤酒厂销售A型啤酒20吨给副食品公司，开具税控专用发票，收取价款58 000元，收取包装物押金3 000元；销售B型啤酒10吨给宾馆，开具普通发票，收取价款32 760元，收取包装物押金1 500元。

要求：计算该啤酒厂应缴纳的消费税。

解：A型啤酒的单位售价=（58 000+3 000）÷1.13÷20=2 699.12（元/吨）

每吨出厂价格在3 000元以下的适用消费税率是220元/吨。

应纳消费税额=20×220=4 400（元）

B型啤酒的单位售价=（32 760+1 500）÷1.13÷10=3 031.86（元/吨）

每吨出厂价格在3 000元以上的适用消费税率是250元/吨。

应纳消费税额=10×250=2 500（元）

该啤酒厂应缴纳的消费税=4 400+2 500=6 900（元）

三、从价从量复合计征消费税的计算

现行消费税的征税范围中，只有卷烟、白酒采用既从价又从量的复合计税办法。

生产、销售卷烟和白酒的从量定额计税依据为实际销售数量。进口、委托加工、自产自用卷烟和白酒的从量定额计税依据分别为海关核定的进口数量、委托加工收回数量、移送使用数量。

计算公式为：

应纳税额=销售额×比例税率+销售数量×定额税率

【例5-3】某酒厂为增值税一般纳税人，主要生产粮食啤酒和白酒。2019年11月“主营业务收入”账户反映销售粮食白酒60 000斤，取得不含税销售额105 000元，销售啤酒150吨，每吨不含税销售价2 900元。在“其他业务收入”账户反映收取粮食白酒品牌使用费4 520元，“其他应付款”账户反映本月销售粮食白酒收取包装物押金9 040元，销售啤酒收取包装物押金1 130元。该酒厂本月应缴纳消费税税额（白酒单位税额0.5元/斤，比例税率20%，啤酒单位税额220元/吨）。

要求：计算应纳的消费税。

解：（1）粮食白酒品牌使用费、包装物租金，属于价外费用，应并入白酒的销售额计算消费税；收取粮食白酒的包装物押金时即并入销售额征收消费税，无论是否退还。

11月粮食白酒应缴纳消费税 =60 000×0.5+［105 000+（4 520+9 040）÷（1+13%）］×20%

=30 000+23 400=53 400（元）

（2）啤酒消费税从量征收，其包装物租金、包装物押金与消费税计税依据没有关系。

11月啤酒应缴纳消费税=150×220=33 000（元）

（3）该酒厂11月应纳消费税税额=53 400+33 000=86 400（元）

四、自产自用、用于连续生产应税消费品应纳消费税的计算

自产自用的应税消费品，是指纳税人生产应税消费品后，不是用于直接对外销售，而是用于自己连续生产应税消费品，或用于其他方面。

纳税人自产自用的应税消费品，用于连续生产应税消费品的，不纳税；用于其他方面的，于移送使用时纳税。

用于连续生产应税消费品是指纳税人将自产自用的应税消费品作为直接材料生产最终应税消费品，自产自用应税消费品构成最终应税消费品的实体。例如，卷烟厂生产出烟丝，再用生产出的烟丝生产卷烟。

用于其他方面，是指纳税人将自产自用的应税消费品用于生产非应税消费品、在建工程、管理部门、非生产机构、提供劳务、馈赠、赞助、集资、广告、样品、职工福利、奖励等方面。例如，生产企业将自产石脑油用于本企业连续生产汽油等应税消费品的，不缴纳消费税；用于连续生产乙烯等非应税消费品或其他方面的，于移送使用时缴纳消费税。

纳税人自产自用的应税消费品，按照纳税人生产的同类消费品的销售价格计算纳税；没有同类消费品销售价格的，按照组成计税价格计算纳税。

实行从价定率计算纳税的组成计税价格计算公式为：

$$\text{组成计税价格}=（\text{成本}+\text{利润}）\div（1-\text{消费税税率}）=\text{成本}\times（1+\text{成本利润率}）\div（1-\text{消费税税率}）$$

实行复合计算纳税的组成计税价格计算公式为：

组成计税价格=（成本+利润+自产自用数量×定额税率）÷（1-消费税税率）

公式中的成本，是指应税消费品的产品生产成本；利润，是指根据应税消费品的全国平均成本利润率计算的利润。

应税消费品的全国平均成本利润率由国家税务总局确定。具体规定如下：（1）甲类卷烟10%；（2）乙类卷烟5%；（3）雪茄烟5%；（4）烟丝5%；（5）粮食白酒10%；（6）薯类白酒5%；（7）其他酒5%；（8）高档化妆品5%；（9）鞭炮、焰火5%；（10）贵重首饰及珠宝玉石6%；（11）摩托车6%；（12）高尔夫球及球具10%；（13）高档手表20%；（14）游艇10%；（15）木制一次性筷子5%；（16）实木地板5%；（17）乘用车8%；（18）中轻型商用客车5%。

【例5-4】2019年11月某化妆品厂将一批自产高档护肤类化妆品用于集体福利，生产成本30 000元；将新研制的香水用于广告样品，生产成本10 000元，成本利润率为5%，消费税税率为15%。上述货物已全部发出，均无同类产品售价。

要求：计算该厂上述业务应纳消费税。

解：将自产应税消费品用于其他方面的，于移送使用时纳税。计税价格，没有同类消费品的销售价格，按照组成计税价格确定。

应纳消费税=（30 000+10 000）×（1+5%）÷（1-15%）×15%

=7 411.76（元）

【例5-5】甲酒厂将1 000瓶新研制的以粮食为原料的“特曲”（每瓶500克）以53元/瓶的价格销售给乙关联企业。由于该白酒还未投放市场，没有对外销售价格。已知每500克白酒的成本为50元，成本利润率为10%。

要求：计算该厂上述业务应纳消费税。

解：组成计税价格=［50×（1+10%）+0.5］÷（1-20%）=69.375（元）

上述业务应纳消费税=（69.375×20%+0.5）×1 000=14 375（元）

五、委托加工应税消费品应纳消费税的计算

委托加工的应税消费品，是指由委托方提供原料和主要材料，受托方只收取加工费和代垫部分辅助材料加工的应税消费品。除此之外都不能称为委托加工。对于由受托方提供原材料生产的应税消费品，或者受托方先将原材料卖给委托方，然后再接受加工的应税消费品，以及由受托方以委托方名义购进原材料生产的应税消费品，不论在财务上是否作销售处理，都不得作为委托加工应税消费品，而应当按照销售自制应税消费品缴纳消费税。

委托加工的应税消费品，除受托方为个人外，由受托方在向委托方交货时代收代缴税款。委托个人加工的应税消费品，由委托方收回后缴纳消费税。

委托方将收回的应税消费品以不高于受托方的计税价格出售的，为直接出售，不再缴纳消费税；委托方以高于受托方的计税价格出售的，不属于直接出售，需要按规定缴纳消费税，在计算时准予扣除受托方代收代缴的消费税。委托方在收回应税消费品后，若用于连续生产应税消费品的，已纳的消费税税款准予按规定抵扣。

对委托加工的应税消费品，按照受托方的同类消费品的销售价格计算纳税；没有同类消费品销售价格的，按照组成计税价格计算纳税。

实行从价定率办法计算纳税的组成计税价格计算公式：

组成计税价格=（材料成本+加工费）÷（1-消费税税率）

实行复合计税办法计算纳税的组成计税价格计算公式：

组成计税价格=（材料成本+加工费+委托加工数量×定额税率）÷（1-消费税税率）

公式中的材料成本，是指委托方所提供加工材料的实际成本。

【例5-6】某烟花厂受托加工一批焰火，委托方提供原材料成本30 000元，该厂收取加工费10 000元、代垫辅助材料款5 000元，没有同类焰火销售价格。

要求：计算该厂应代收代缴消费税（以上款项均不含增值税）。

解：该厂应代收代缴消费税=（30 000+10 000+5 000）÷（1-15%）×15%

=52 941.18×15%= 7 941.18（元）

六、外购或委托加工应税消费品已纳税款扣除的计算

消费税实行“一物一税，税不重征”原则。用于生产的应税消费品为已税消费品的，应当从生产的应税消费品的应纳税额中扣除其已纳消费税。例如，外购已税烟丝生产卷烟，烟丝支付了30%的消费税，把它生产成卷烟，对卷烟整体征税时，如果不扣除烟丝已交的消费税，那么对卷烟整体征税，对烟丝就征了两次。

准予从应纳税额中扣除已纳消费税的应税消费品的范围：

（1）以外购（委托加工收回）的已税烟丝生产的卷烟；

（2）以外购（委托加工收回）的已税化妆品生产的高档化妆品；

（3）以外购（委托加工收回）的已税珠宝玉石生产的贵重首饰及珠宝玉石；

（4）以外购（委托加工收回）的已税鞭炮、焰火生产的鞭炮、焰火；

（5）以外购（委托加工收回）的已税摩托车生产的摩托车；

（6）以外购（委托加工收回）的已税杆头、杆身和握把为原料生产的高尔夫球杆；

（7）以外购（委托加工收回）的已税木制一次性筷子为原料生产的木制一次性筷子；

（8）以外购（委托加工收回）的已税实木地板为原料生产的实木地板；

（9）以外购的已税汽油、柴油、石脑油、燃料油、润滑油为原料生产的应税产品油。

增值税有进项税额抵扣的问题，消费税也存在已纳消费税抵扣的问题，但扣除环节是不同的，进项税是购进扣税法，购进时取得增值税专用发票或取得合法凭证可以计算抵税的，可以在当期抵扣；而消费税是领用扣税法。

上述当期准予扣除的外购（委托加工收回）应税消费品已纳消费税税款的计算公式为：

$$\begin{array}{c}\text{当期准予扣除的外购应税}\\\text{消费品已纳税款}\end{array}=\begin{array}{c}\text{当期准予扣除的外购应税消费品}\\\text{(当期生产领用数量)买价}\end{array}\times\begin{array}{c}\text{外购应税消费品}\\\text{适用税率}\end{array}$$

$$\begin{array}{c}\text{当期准予扣除的外购}\\\text{应税消费品买价}\end{array}=\begin{array}{c}\text{期初库存的外购}\\\text{应税消费品的买价}\end{array}+\begin{array}{c}\text{当期购进的应税}\\\text{消费品的买价}\end{array}-\begin{array}{c}\text{期末库存的外购}\\\text{应税消费品的买价}\end{array}$$

当期准予扣除的委托加工应税消费品已纳税款=期初库存的委托加工应税消费品已纳税款+当期收回的委托加工应税消费品已纳税款-期末库存的委托加工应税消费品已纳税款

在处理准予按规定抵扣应税消费品已纳税款时，应把握的几个原则是：

（1）外购已税消费品的买价是指购货发票上注明的销售额（不包括增值税税款）。

（2）纳税人用外购或委托加工收回的已税珠宝玉石生产的改在零售环节征收消费税的金银首饰，在计税时一律不得扣除外购或委托加工收回的珠宝玉石的已纳消费税税款。

（3）对自己不生产应税消费品而只是购进后再销售应税消费品的工业企业，其销售的高档化妆品、鞭炮和焰火以及珠宝玉石，凡不能构成最终消费品进入市场而需进一步生产加工的，应当缴纳消费税，同时允许扣除上述外购应税消费品的已纳税款。

（4）允许扣除已纳税款的应税消费品只限于从工业企业购进的应税消费品和进口环节已缴纳消费税的应税消费品，对从境内商业企业购进的应税消费品的已纳税款一般不得扣除（符合抵扣条件的除外）。

（5）对当期投入生产的原材料可抵扣的已纳消费税大于当期应纳消费税情形的，在目前消费税纳税申报表未增加上期留抵消费税填报栏目的情况下，采用按当期应纳消费税的数额申报抵扣、不足抵扣部分结转下一期申报抵扣的方式处理。

（6）对用外购或委托加工收回的已税汽油生产的乙醇汽油免税。用自产汽油生产的乙醇汽油，按照生产乙醇汽油所耗用的汽油数量申报纳税。

（7）卷烟消费税在生产和批发两个环节缴纳后，批发企业在计算纳税时不得扣除已含的生产环节的消费税税款。

（8）自2018年3月1日起，外购、进口和委托加工收回的汽油、柴油、石脑油、燃料油、润滑油用于连续生产应税成品油的，应凭通过增值税发票选择确认平台确认的成品油专用发票、海关进口消费税专用缴款书，以及税收缴款书（代扣代收专用），按规定计算扣除已纳消费税税款，其他凭证不得作为消费税扣除凭证。

【例5-7】甲卷烟厂购进一批烟叶，委托乙卷烟厂为其加工成一批烟丝，该批烟叶的成本为30万元，乙卷烟厂收取加工费5万元，乙卷烟厂无同类烟丝售价。甲卷烟厂提货时乙卷烟厂代收代缴了消费税，该批烟丝收回后，甲卷烟厂将其中的80%以45万元对外销售。（以上价格均为不含税价格，烟丝消费税税率为30%）

要求：计算该烟厂应纳的消费税。

解：委托加工环节的组成计税价格=（30+5）÷（1-30%）=50（万元）

甲卷烟厂应缴纳的消费税=45×30%-50×30%×0.8=1.5（万元）

七、进口应税消费品应纳消费税的计算

（一）进口一般货物应纳消费税的计算

进口的应税消费品，于报关进口时缴纳消费税，由海关代征。个人携带或者邮寄进境的应税消费品的消费税，连同关税一并计征。

进口的应税消费品，按照组成计税价格计算纳税。

从价定率计征应纳税额的计算：

组成计税价格=（关税完税价格+关税）÷（1-消费税比例税率）

公式中的关税完税价格，是指海关核定的关税计税价格。

应纳税额=组成计税价格×消费税税率

从量定额计征应纳税额的计算：

应纳税额=应税消费品数量×消费税定额税率

实行复合计征应纳税额的计算：

$$\text{组成计税价格}=\left(\text{关税完税价格}+\text{关税}+\text{进口数量}\times\text{消费税定额税率}\right)\div\left(1-\text{消费税比例税率}\right)$$

应纳税额=组成计税价格×消费税税率

（二）进口卷烟应纳消费税的计算

进口卷烟比较特殊，国外的成本比我国低，价格也低，对国内市场有冲击，因此，在计税的办法上采用了特殊的办法，不同于国内生产卷烟。国内生产卷烟的价格不包括定额消费税在内，但是进口卷烟的计税价格是包括定额消费税的。所以，对于海关代征进口环节消费税，有两个步骤：一是确定适用税率，二是计算应纳税额。

$$\text{每标准条进口卷烟(200支)计税价格}=\left(\text{完税价格}+\text{关税}+\text{消费税定额税率}\right)\div\left(1-36\%\right)\geq 70\text{元/条}$$

适用税率56%，计税价格<70元，适用比例税率36%。

其中，消费税定额税率为每标准条（200支）0.6元（或每大箱150元）。

$$\text{组成计税价格}=\left(\text{关税完税价格}+\text{关税}+\text{消费税定额税}\right)\div\left(1-\text{进口卷烟消费税适用比例税率36\%或56\%}\right)$$

$$\text{从价定率应纳消费税}=\text{组成计税价格}\times\text{进口卷烟消费税适用比例税率（36\%或56\%）}$$

从量定额应纳消费税=海关核定的进口卷烟数量×消费税定额税率

应纳税消费税税额=从价定率应纳消费税+从量定额应纳消费税

【例5-8】某有进出口经营权的外贸公司，2019年10月从国外进口卷烟32箱（每箱250条，每条200支），支付买价400 000元，到达我国海关前的运输费为12 000元，保险费为8 000元，假定进口卷烟关税税率20%，计算该批卷烟在进口环节应缴纳的消费税金额。

解：

（1）每条进口卷烟适用比例税率的计税价格=［（400 000+12 000+8 000）×（1+20%）÷（32×250）+0.6］÷（1−36%）=99.38（元）>70（元/条）

（2）适用56%的比例税率

（3）进口卷烟应纳消费税=［（400 000+12 000+8 000）×（1+20%）+32×150］÷（1−56%）×56%+32×150=652 363.64（元）

八、金银首饰应纳消费税的计算

改在零售环节计征消费税的金银首饰、钻石及钻石饰品以销售额为计税依据，应纳消费税税额的计算公式为：

应纳税额=应税销售额×适用税率

金银首饰消费品的计税依据为纳税人销售金银首饰时向购买方收取的不含增值税的全部价款和价外费用。具体规定如下：

1.纳税人采用以旧换新（含翻新改制）方式销售的金银首饰，计税依据为实际收取的不含增值税的全部价款，包括增加或添加的材料价格以及收取的加工费。

2.纳税人连同包装物一同销售的金银首饰，无论包装物是否单独计价，也无论会计上如何核算，均应并入金银首饰的销售额中计征消费税。

3.用于馈赠、赞助、集资、广告、样品、职工福利、奖励等方面的金银首饰，计税依据为纳税人销售同类金银首饰的销售价格；没有同类金银首饰销售价格的，计税依据为组成计税价格。计算公式为：

$$组成计税价格=\frac{购进原价}{(或生产成本)}\times(1+成本利润率)\div(1-金银首饰消费税税率)$$

公式中的购进原价是对商业企业而言的，生产成本是对生产企业而言的，成本利润率统一规定为6%。

4.带料加工的金银首饰，计税依据为受托方同类金银首饰的销售价格；没有同类金银首饰销售价格的，计税依据为组成计税价格。计算公式为：

组成计税价格=（材料成本+加工费）÷（1-金银首饰消费税税率）

公式中的材料成本，是指委托方所提供加工材料的实际成本。委托方必须在委托加工合同上如实注明（或以其他方式提供）材料成本；凡未提供材料成本的，受托方所在地主管税务机关有权核定其材料成本。加工费，是指受托方加工金银首饰向委托方所收取的全部费用（包括代垫辅助材料的实际成本），但不包括收取的增值税。

5.纳税人用已税珠宝玉石生产的金、银和金基、银基合金的镶嵌首饰，一律不得扣除购买或已纳的消费税税款。经营单位兼营生产、加工、批发、零售金银首饰业务的，应分别核算销售额，未分别核算或划分不清的，一律视同零售金银首饰征收消费税。

6.对既销售金银首饰，又销售非金银首饰的生产、经营单位，应将两类商品划分清楚，分别核算销售额。凡划分不清楚或不能分别核算的，在生产环节销售的，一律从高适用税率征收消费税;在零售环节销售的，一律按金银首饰征收消费税。

7.金银首饰与其他产品组成成套消费品销售的，应按销售额全额征收消费税。

【例5-9】某首饰商城为增值税一般纳税人，2019年11月发生以下业务：

（1）零售金银首饰与镀金首饰组成的套装礼盒，取得收入29.38万元，其中金银首饰收入20.34万元、镀金首饰收入9.04万元。

（2）采取以旧换新方式向消费者销售金项链2 000条，新项链每条零售价0.25万元，旧项链每条作价0.22万元，每条项链取得差价款0.03万元。

（3）为个人定制加工金银首饰，商城提供的原料含税金额为29.38万元，取得个人支付的含税加工费收入4.52万元（商城无同类首饰价格）。

（4）用300条银基项链抵偿债务，该批项链账面成本为39万元，零售价为67.8万元。

（5）外购金银首饰一批，取得的普通发票上注明的价款为400万元；外购镀金首饰一批，取得经税务机关认可的增值税专用发票，注明价款50万元、增值税6.5万元。

金银首饰零售环节消费税税率为5%。

要求：计算下列问题中的税额，每问需计算出合计数。

（1）销售成套礼盒应缴纳的消费税；

（2）以旧换新销售金项链应缴纳的消费税；

（3）定制加工金银首饰应缴纳的消费税；

（4）用银基项链抵偿债务应缴纳的消费税；

（5）商城5月份应缴纳的增值税。

解：

（1）销售成套礼盒应缴纳的消费税=29.38÷（1+13%）×5%=1.3（万元）

（2）“以旧换新”销售金项链应缴纳的消费税=2 000×0.03÷（1+13%）×5%=2.65（万元）

（3）定制加工金银首饰应缴纳的消费税=（29.38+4.52）÷（1+13%）÷（1−5%）×5%

=1.58（万元）

（4）用银基项链抵偿债务应缴纳的消费税=67.8÷（1+13%）×5%=3（万元）

（5）应纳增值税=［29.38÷（1+13%）+2 000×0.03÷（1+13%）+（29.38+4.52）÷（1+13%）÷（1−5%）+67.8÷（1+13%）］×13%−6.5

=15.69（万元）

九、卷烟批发环节征收消费税的计算

自2009年5月1日起，在卷烟批发环节加征一道从价税。

1.纳税义务人：在我国境内从事卷烟批发业务的单位和个人。

2.征税范围：纳税人批发销售的所有牌号的卷烟。

3.计税依据：纳税人批发卷烟的不含增值税的销售额。

纳税人应将卷烟销售额与其他商品销售额分开核算，未分开核算的，一并征收消费税。

纳税人销售给纳税人以外的单位和个人的卷烟于销售时纳税。纳税人之间销售的卷烟不缴纳消费税。

卷烟消费税在生产和批发两个环节征收后，批发企业在计算纳税时不得扣除已含的生产环节的消费税税款。

4.适用税率：自2015年5月10日起，卷烟批发环节从价税税率由5%提高至11%，并按0.005元/支加征从量税。

5.纳税义务发生时间：纳税人收讫销售款或取得索取销售款凭据的当天。

6.纳税地点：卷烟批发企业的机构所在地，总机构与分支机构不在同一地区的，由总机构申报纳税。

【例5-10】甲卷烟批发企业2019年11月发生以下业务：

（1）从卷烟厂购进A卷烟10个标准箱，取得对方开具的增值税专用发票抵扣联，注明的价款为25万元；

（2）甲卷烟批发企业将国内采购的卷烟的40%销售给乙卷烟批发企业，开具了专用发票，取得销售收入15万元；

（3）甲卷烟批发企业将国内采购的卷烟的另外60%销售给丙烟草专卖店，共计取得不含税销售额30万元。

要求：回答以下问题。

（1）A卷烟属于甲类卷烟还是乙类卷烟？

（2）甲卷烟批发企业将卷烟批发给乙卷烟批发企业、丙烟草专卖店应该适用什么样的消费税政策？

（3）计算甲卷烟批发企业应纳的消费税。

（4）计算甲卷烟批发企业应纳的增值税。

解：

（1）A卷烟每个标准条价格=250 000÷10÷250=100（元）≥70元/条，属于甲类卷烟

（2）甲卷烟批发企业将卷烟批发给乙卷烟批发企业，属于纳税人之间销售卷烟，不缴纳批发环节的消费税；甲卷烟批发企业将卷烟批发给丙烟草专卖店，属于消费税法规定的纳税人将商品销售给纳税人以外的

单位和个人，应该在销售时缴纳批发环节的消费税。

（3）甲卷烟批发企业应纳的消费税=300 000×11%+50 000×0.005×10×60%

=3.45（万元）

（4）甲卷烟批发企业应纳的增值税的计算：

当期应纳销项税额=（15+30）×13%=5.85（万元）

当期允许抵扣的进项税额=25×13%=3.25（万元）

当期应纳增值税=5.85-3.25=2.6（万元）

（十）超豪华小汽车零售环节应纳消费税的计算

自2016年12月1日起，在生产（进口）环节按现行税率征收消费税的基础上，超豪华小汽车在零售环节加征一道消费税，税率为10%。

征收范围为每辆零售价格130万元（不含增值税）及以上的乘用车和中轻型商用客车，即乘用车和中轻型商用客车子税目中的超豪华小汽车。

以将超豪华小汽车销售给消费者的单位和个人为超豪华小汽车零售环节纳税人。

应纳税额=零售环节销售额（不含增值税）×零售环节税率

国内汽车生产企业直接销售给消费者的超豪华小汽车，消费税税率按照生产环节税率和零售环节税率加总计算。消费税应纳税额计算公式：

应纳税额=销售额×（生产环节税率+零售环节税率）

第三节　出口应税消费品退（免）税的计算

纳税人出口应税消费品与已纳增值税出口货物一样，国家都给予退（免）税优惠。出口应税消费品同时涉及退（免）增值税和消费税，且退（免）消费税与出口货物退（免）增值税在退（免）税范围的限定、退（免）税办理程序、退（免）税审核及管理上基本一致。

一、出口应税消费品退（免）税政策

对纳税人出口应税消费品，免征消费税，国务院另有规定的除外。

出口应税消费品退（免）消费税在政策上分为以下三种情况：

（一）出口免税并退税

出口企业出口或视同出口适用增值税退（免）税的货物，免征消费税，如果属于购进出口的货物，则退还前一环节对其已征的消费税。

适用于有出口经营权的外贸企业购进应税消费品直接出口，以及外贸企业受其他外贸企业委托代理出口应税消费品。

外贸企业只有受其他外贸企业委托，代理出口应税消费品才可办理退税。外贸企业受其他企业（主要是非生产性的商贸企业）委托，代理出口应税消费品是不予退（免）税的。

（二）出口免税但不退税

出口企业出口或视同出口适用增值税免税政策的货物，免征消费税，但不退还其以前环节已征的消费税，且不允许在内销应税消费品应纳消费税款中抵扣。

适用于有出口经营权的生产性企业自营出口或生产企业委托外贸企业代理出口自产的应税消费品，依据其实际出口数量免征消费税，不予办理退还消费税。

（三）出口不免税也不退税

出口企业出口或视同出口适用增值税征税政策的货物，应按规定缴纳消费税，不退还其以前环节已征的消费税，且不允许在内销应税消费品应纳消费税款中抵扣。

适用于除生产企业、外贸企业外的其他企业（指一般商贸企业），这类企业委托外贸企业代理出口应税消费品一律不予退（免）税。

二、出口退税率

计算出口应税消费品应退消费税的税率或单位税额，依据《消费税暂行条例》所附“消费税税目税率（税额）表”执行。这是退（免）消费税与退（免）增值税的一个重要区别。当出口的货物是应税消费品时，其退还增值税要按规定的退税率计算；而退还消费税则按该应税消费品所适用的消费税税率计算。

企业应将不同消费税税率的出口应税消费品分开核算和申报，凡划分不清适用税率的，一律从低适用税率计算应退消费税税额。

三、出口应税消费品退税的计算

出口应税消费品只有适用出口免税并退税政策时，才会涉及计算应退消费税的问题。生产企业直接出口应税消费品或委托外贸企业出口应税消费品，按规定直接予以免税的，可不计算应缴消费税。

外贸企业从生产企业购进应税消费品直接出口或受其他外贸企业委托代理出口应税消费品的应退消费税：

①属于从价定率计征消费税的应税消费品，应以外贸企业从生产企业购进该应税消费品时征收消费税的价格作为退税计税依据，计算应退消费税税额。

应退消费税税额=出口货物的工厂销售额×税率

②属于从量定额计征消费税的应税消费品，应以货物购进和报关出口的数量作为退税计税依据，计算应退消费税税额。

应退消费税税额=出口数量×单位税额

③属于复合计征消费税的应税消费品，应以外贸企业从生产企业购进该应税消费品时征收消费税的价格和货物购进和报关出口的数量为退税计税依据，计算应退消费税税额。

应退消费税税额=出口货物的工厂销售额×税率+出口数量×单位税额

卷烟出口企业经主管税务机关批准按国家批准的免税出口卷烟计划购进的卷烟免征增值税、消费税。

发生增值税、消费税不应退税或免税但已实际退税或免税的，出口企业和其他单位应当补缴已退或已免税款。

纳税人直接出口的应税消费品办理免税后，发生退关或国外退货，复进口时已予以免税的，可暂不办理补税，待其转为国内销售的当月申报缴纳消费税。

【例5-11】某外贸企业11月购进高档化妆品一批，取得的增值税专用发票上注明价款300万元，增值税税额39万元。化妆品的国内运输费、保险费等费用15万元，出口离岸价格为380万元。

要求：计算该外贸企业应退消费税税额（消费税税率15%）。

解：应退消费税税额=300×15%=45（万元）

【例5-12】某酒业制造有限公司2019年11月委托某外贸进出口公司向美国加利福尼亚州出口黄酒400吨，按规定实行先征后退方法。

要求：计算该公司应退消费税税额（黄酒单位税额为240元/吨）。

解：应退消费税税额=400×240=96 000（元）

第四节　消费税的申报与缴纳

一、减免税

1.对子午线轮胎免征消费税。

2.对航空煤油暂缓征收消费税。

3.对用外购或委托加工收回的已税汽油生产的乙醇汽油免税。

4.自2009年1月1日起，对符合生产原料中废弃的动物油和植物油用量所占比重不低于70%且生产的纯生物柴油符合国家《柴油机燃料调合用生物柴油（BD100）》标准的纯生物柴油免征消费税。

5.自2011年10月1日起，生产企业自产石脑油、燃料油用于生产乙烯、芳烃类化工产品的，按实际耗用数量暂免征收消费税。

6.军品以及军队系统所属企业出口军需工厂生产的应税产品在生产环节免征消费税，出口不再退税。

7.对无汞原电池、金属氢化物镍蓄电池（又称“氢镍蓄电池”或“镍氢蓄电池”）、锂原电池、锂离子蓄电池、太阳能电池、燃料电池和全钒液流电池免征消费税。

二、纳税义务发生时间

1.纳税人销售应税消费品的，按不同销售结算方式，纳税时间分别为：

（1）采取赊销和分期收款结算方式的，为书面合同约定的收款日期的当天；书面合同没有约定收款日期或者无书面合同的，为发出应税消费品的当天。

（2）采取预收货款结算方式的，为发出应税消费品的当天。

（3）采取托收承付和委托银行收款方式的，为发出应税消费品并办妥托收手续的当天。

（4）采取其他结算方式的，为收讫销售款或者取得索取销售款凭据的当天。

2.纳税人自产自用应税消费品的，为移送使用的当天。

3.纳税人委托加工应税消费品的，为纳税人提货的当天。

4.纳税人进口应税消费品的，为报关进口的当天。

三、纳税期限

消费税的纳税期限分别为1日、3日、5日、10日、15日、1个月或者1个季度。纳税人的具体纳税期限，由主管税务机关根据纳税人应纳税额的大小分别核定；不能按照固定期限纳税的，可以按次纳税。

纳税人以1个月或者1个季度为1个纳税期的，自期满之日起15日内申报纳税；以1日、3日、5日、10日或者15日为1个纳税期的，自期满之日起5日内预缴税款，于次月1日起15日内申报纳税并结清上月应纳税款。

纳税人进口应税消费品，应当自海关填发海关进口消费税专用缴款书之日起15日内缴纳税款。

四、纳税地点

1.纳税人销售应税消费品以及自产自用应税消费品的纳税地点

（1）纳税人销售应税消费品，以及自产自用应税消费品，除国务院财政、税务主管部门另有规定外，应当向纳税人机构所在地或者居住地的主管税务机关申报纳税。

（2）纳税人到外县（市）销售或者委托外县（市）代销自产应税消费品的，于应税消费品销售后，向机构所在地或者居住地主管税务机关申报纳税。

（3）纳税人的总机构与分支机构不在同一县（市）的，应当分别向各自机构所在地的主管税务机关申报纳税；经财政部、国家税务总局或者其授权的财政、税务机关批准，可以由总机构汇总向总机构所在地的主管税务机关申报纳税。

（4）卷烟批发环节加征的消费税纳税地点为卷烟批发企业的机构所在地，总机构与分支机构不在同一地区的，由总机构申报纳税。

2.委托加工应税消费品的纳税地点

（1）委托加工应税消费品，除受托方为个人外，由受托方向机构所在地或者居住地的主管税务机关解缴消费税税款。

（2）委托个人加工的应税消费品，由委托方向其机构所在地或者居住地主管税务机关申报纳税。

3.进口应税消费品的纳税地点

进口应税消费品，由进口人或者其代理人向报关地海关申报纳税

（改在零售环节征收消费税的金银首饰除外）。

4.退关或国外退货的应税消费品的补税地点

（1）出口的应税消费品办理退税后，发生退关或者国外退货进口时予以免税的，报关出口者必须及时向其机构所在地或者居住地主管税务机关申报补缴已退的消费税税款。

（2）纳税人直接出口的应税消费品办理免税后，发生退关或者国外退货，进口时已予以免税的，经机构所在地或者居住地主管税务机关批准，可暂不办理补税，待其转为国内销售时，再申报补缴消费税。

第五节 消费税的会计处理

一、会计科目设置

消费税与增值税之间存在着税基一致和交叉纳税的关系。消费税是价内税的性质决定了其会计处理只需对应缴纳以及已缴纳消费税进行核算。在“应交税费”科目下增设“应交消费税”明细账户进行会计核算。该明细账户采用三栏式账户记账，贷方核算企业按规定应缴纳的消费税，借方核算企业实际缴纳的消费税或待扣的消费税；期末借方余额表示企业多缴的消费税，贷方余额表示企业尚未缴纳的消费税。该账户的对应账户主要有“税金及附加”、“其他业务成本”、“委托加工物资”、“应付职工薪酬”、“销售费用”和“长期股权投资”等。

二、基本会计处理

（一）应税消费品销售的会计处理

1.销售应税消费品应纳的消费税，借记“税金及附加”，贷记“应交税费——应交消费税”；发生销货退回及退税时做相反会计分录。缴纳消费税时，借记“应交税费——应交消费税”，贷记“银行存款”。

【例5-13】某企业为增值税一般纳税人，2019年12月，该企业销售自产摩托车一批，取得含税销售额为113万元，已收到款项，已知摩托车适用消费税税率为10%。试作会计处理。

解：

含税销售额换算为不含税销售额=113÷（1+13%）=100（万元）

应纳消费税=100×10%=10（万元）

销售摩托车时，根据有关原始凭证：

借：银行存款　　1 130 000

　贷：主营业务收入　　1 000 000

　　　应交税费——应交增值税（销项税额）　　130 000

借：税金及附加　　100 000

　贷：应交税费——应交消费税　　100 000

实际缴纳消费税时，根据有关原始凭证：

借：应交税费——应交消费税　　100 000

　贷：银行存款　　100 000

【例5-14】某企业上月销售卷烟，现因质量问题退货，退回消费税金14 800元。试作会计处理。

解：

借：应交税费——应交消费税　　14 800

　贷：税金及附加　　14 800

借：银行存款　　14 800

　贷：应交税费——应交消费税　　14 800

2.随同产品销售而单独计价的包装物，按规定应缴纳的消费税借记“税金及附加”，贷记“应交税费——应交消费税”。

【例5-15】某卷烟厂9月份销售雪茄烟一批，开具的增值税专用发票上注明价款100 000元。收取单独计价的包装物价款2 260元，开具普通发票。已知雪茄烟成本60 000元，包装物成本1 200元，消费税税率36%。试作会计处理。

解：

应交消费税=（100 000+2 260÷1.13）×36%=36 720（元）

增值税销项税额=（100 000+2 260÷1.13）×13%=13 260（元）

相关会计分录如下：

（1）确认收入时：

借：银行存款　　115 260

　贷：主营业务收入　　100 000

　　　其他业务收入　　2 000

贷：应交税费——应交增值税（销项税额）　13 260

（2）处理消费税时：

借：税金及附加　36 720

贷：应交税费——应交消费税　36 720

（3）结转成本时：

借：主营业务成本　60 000

其他业务成本　1 200

贷：库存商品　60 000

周转材料包装物　1 200

（4）实际缴纳消费税时：

借：应交税费——应交消费税　36 720

贷：银行存款　36 720

企业逾期未退还的包装物押金，按规定应缴纳的消费税，借记“税金及附加”“其他应付款”，贷记“应交税费——应交消费税”。

【例5-16】2019年11月甲企业销售应税消费品（非酒类）收取押金2 260元，假定逾期一年未收回包装物，消费税适用税率10%。试作会计处理。

解：

（1）收取押金时：

借：银行存款　2 260

贷：其他应付款——存入保证金　2 260

（2）逾期时：

借：其他应付款——存入保证金　2 260

贷：其他业务收入　2 000

应交税费——应交增值税（销项税额）　260

借：税金及附加　200

贷：应交税费——应交消费税　200

（3）实际缴纳增值税、消费税时：

借：应交税费——应交增值税　260

——应交消费税　200

贷：银行存款　460

（二）应税消费品视同销售的会计处理

1.企业以生产的应税消费品换取生产资料、消费资料或抵偿债务等，应视同销售在会计上作销售处理，以纳税人同类应税消费品的最高销售价格为计税依据计算应交消费税。按规定应缴纳的消费税，借记“税金及附加”，贷记“应交税费——应交消费税”，并结转销售成本。

【例5-17】某化妆品厂以其自产的高档化妆品抵偿债务，该批高档化妆品的销售额为50 000元，成本为30 000元。试作会计处理。

解：

（1）确认销售收入时：

借：应付账款	56 500	
贷：主营业务收入		50 000
应交税费——应交增值税（销项税额）		6 500

（2）结转成本时：

借：主营业务成本	30 000	
贷：库存商品		30 000

（3）计提消费税时：

借：税金及附加（50 000×15%）	7 500	
贷：应交税费——应交消费税		7 500

（4）实际缴纳消费税时：

借：应交税费——应交消费税	7 500	
贷：银行存款		7 500

2.企业以自产应税消费品用于在建工程、职工福利的会计处理。

企业将自产的产品自用是一种内部结转关系，不存在销售行为，企业并没有现金流入，因此，应按产品成本转账，并据其用途记入相应账户。当企业将应税消费品移送自用时，按其成本转账，借记“在建工程”、“营业外支出”、“销售费用”和“应付职工薪酬”等，贷记“产成品”或“自制半成品”。

企业以自产应税消费品用于在建工程、职工福利，按自用产品的销售价格或组成计税价格计算应交消费税，借记“在建工程”、“销售费用”和“应付职工薪酬”等（不通过“税金及附加”），贷记“应交税费——应交消费税”。

【例5-18】某啤酒厂将自己生产的某新品牌啤酒20吨发给职工作为福利，10吨用于广告宣传，让客户及顾客免费品尝。该啤酒每吨成本2 000元，每吨出厂价格在2 500元以下，适用消费税税额220元/吨。试作会计处理。

解：

（1）发给职工啤酒时：

应付职工薪酬=20×2 500=50 000（元）

应交消费税=20×220=4 400（元）

应交增值税=20×2 500×13%=6 500（元）

借：应付职工薪酬——职工福利	56 500	
贷：主营业务收入		50 000
应交税费——应交增值税		6 500
借：税金及附加	4 400	
贷：应交税费——应交消费税		4 400
借：主营业务成本	40 000	
贷：产成品		40 000

（2）用于广告宣传的啤酒：

应交消费税=10×220=2 200（元）

应交增值税=10×2 500×13%=3 250（元）

借：销售费用	25 450	
贷：应交税费——应交增值税		3 250
应交税费——应交消费税		2 200
产成品		20 000

（三）委托加工应税消费品的会计处理

需要缴纳消费税的委托加工物资，由受托方代收代缴的消费税款（除受托加工或翻新改制金银首饰按规定由受托方缴纳消费税外），受托方按应交税款金额，借记“应收账款”“银行存款”，将代收代缴的消费税计入委托加工物资的成本，借记“委托加工物资”“生产成本”“自制半成品”等，贷记“应付账款”“银行存款”；委托加工物资收回后用于连续生产，按规定准予抵扣的，按代收代缴的消费税，借记“应交税费——应交消费税”，贷记“应付账款”“银行存款”等。

【例5-19】某卷烟厂委托A厂加工烟丝，卷烟厂和A厂均为一般纳税人。卷烟厂提供的烟叶价值55 000元，A厂收取加工费20 000元，增值税2 600元。A厂代扣代缴消费税。有关费用已用银行存款支付，月底委托加工的烟丝入库，所加工烟丝已全部用于生产卷烟。试作会计处理。

解：(1) 委托方的会计处理

①发出原料时：

借：委托加工物资　　　　55 000

　贷：原材料　　　　　　　　55 000

②支付加工费时：

借：委托加工物资　　　　20 000

　　应交税费——应交增值税（进项税额）　　2 600

　贷：银行存款　　　　　　　　22 600

③支付代扣消费税时：

代扣消费税=（55 000+20 000）÷（1−30%）×30%=32 143（元）

借：待扣税金——待扣消费税　　　　32 143

　贷：银行存款　　　　　　　　32 143

④加工的烟丝入库时：

借：产成品　　　　75 000

　贷：委托加工物资　　　　　　75 000

(2) 受托方的会计处理

①收取加工费时：

借：银行存款　　　　22 600

　贷：主营业务收入　　　　　　20 000

　　　应交税费——应交增值税（销项税额）　　2 600

②收取代收的消费税时：

借：银行存款　　　　32 143

　贷：应交税费——应交消费税　　　　32 143

③缴纳代收消费税时：

借：应交税费——应交消费税　　　　32 143

　贷：银行存款　　　　　　　　32 143

（四）金银首饰、钻石及其饰品零售业务的会计处理

有金银首饰零售业务的，以及采用以旧换新方式销售金银首饰的企业，在销售实现时，按应交消费税额，借记“税金及附加”，贷记“应交税费——应交消费税”。

有金银首饰零售业务的企业因受托代销金银首饰按规定应缴纳的消费税，应分不同情况处理：以收取手续费方式代销金银首饰的，其应交的消费税，借记“代购代销收入”，贷记“应交税费——应交消费税”；以其他方式代销金银首饰的，其应交的消费税，借记“税金及附加”，贷记“应交税费——应交消费税”。

有金银首饰批发、零售业务的企业将金银首饰用于馈赠、赞助、广告、职工福利、奖励等方面的，应于货物移送时，按应交消费税，借记“营业外支出”“销售费用”“应付职工薪酬”等，贷记“应交税费——应交消费税”。

随同金银首饰出售但单独计价的包装物，按规定应交的消费税，借记“税金及附加”，贷记“应交税费——应交消费税”。

各类企业因受托加工或翻新改制金银首饰按规定应缴纳的消费税，于企业向委托方交货时，借记“税金及附加”，贷记“应交税费——应交消费税”。

【例5-20】某金银首饰商店是经中国人民银行总行批准经营金银首饰的企业，某月门市部零售金银首饰的收入为850 000元；销售金银首饰包装物时，包装物单独计价，其收入为31 450元。试作会计处理。

解：

（1）销售实现时：

借：银行存款　　881 450

　贷：主营业务收入　　726 495.73

　　其他业务收入　　26 880.34

　　应交税费——应交增值税（销项税额）　　128 073.93

（2）计提消费税时：

借：税金及附加［850 000÷（1+13%）×5%+31 450÷（1+13%）×5%］

39 002.21

　贷：应交税费——应交消费税　　39 002.21

（五）进口应税消费品的会计处理

对进口的应税消费品，进口单位缴纳的消费税应计入应税消费品成本。按进口成本连同应纳关税、消费税、增值税，借记“固定资产”“材料采购”等，贷记“银行存款”。在特殊情况下，先提货后交税时，可以通过“应交税费”核算。

【例5-21】某企业进口高档化妆品一批，CIF价折合人民币260 000元，增值税税率为13%，消费税税率为15%，假定关税税率为25%。试作会计处理。

解：

应纳关税=260 000×25%=65 000（元）

消费税组成计税价格=260 000×（1+25%）÷（1-15%）=382 353（元）

消费税=382 353×15%=573 53（元）

增值税=382 353×13%=49 705.89（元）

借：材料采购	382 353	
应交税费——应交增值税（进项税额）	382 353	
贷：应付账款——外商		260 000
应交税费——应交关税、消费税、增值税		260 000

（六）出口应税消费品退（免）税的会计处理

企业出口应税消费品，应分以下不同情况进行会计处理：

1.生产企业直接出口应税消费品或通过外贸企业出口应税消费品，按规定直接予以免税的，可不计算应缴纳的消费税。

2.通过外贸企业出口应税消费品时，如按规定实行先征后退方法，按下列方法进行会计处理：

（1）委托外贸企业代理出口应税消费品的生产企业，在计算消费税时，借记“应收账款”，贷记“应交税费——应交消费税”；实际缴纳消费税时，借记“应交税费——应交消费税”，贷记“银行存款”。应税消费品出口收到外贸企业退回的税金，借记“银行存款”，贷记“应收账款”。发生退关、退货而补缴已退的消费税，做相反的会计分录。

代理出口应税消费品的外贸企业将应税消费品出口后，收到税务部门退回生产企业缴纳的消费税，借记“银行存款”，贷记“应付账款”；将此项税金退还生产企业时，借记“应付账款”，贷记“银行存款”；发生退关、退货而补缴已退的消费税，借记“应收账款——应收生产企业消费税”，贷记“银行存款”。收到生产企业退还的税款，做相反的会计分录。

（2）企业将应税消费品销售给外贸企业，由外贸企业自营出口的，其缴纳的消费税应记入“税金及附加”。借记“税金及附加”，贷记“应交税费——应交消费税”。

自营出口应税消费品的外贸企业，应在应税消费品报关出口后申请出口退税时，借记“其他应收款”，贷记“主营业务成本”；实际收到出口应税消费品退回的税金，借记“银行存款”，贷记“其他应收款”。发生退关或退货而补缴已退的消费税，做相反的会计分录。

【例5-22】某生产企业委托外贸企业出口高档化妆品一批，销售收入500 000元，适用税率15%，应交消费税75 000元。试作会计处理。

解：

（1）委托外贸企业出口时：

借：应收账款　　500 000

　贷：主营业务收入　　500 000

借：税金及附加　　75 000

　贷：应交税费——应交消费税　　75 000

（2）生产企业缴纳消费税时：

借：应交税费——应交消费税　　75 000

　贷：银行存款　　75 000

（3）受托外贸企业收到税务部门退回企业的消费税后退还给该生产企业时：

借：银行存款　　75 000

　贷：应付账款　　75 000

借：应付账款　　75 000

　贷：银行存款　　75 000

（4）生产企业收到退税时：

借：银行存款　　75 000

　贷：应收账款　　75 000

（5）假定该项业务发生了100 000元退货，应补缴已退消费税

15 000元。受托外贸企业补缴已退的消费税时：

借：应收账款——应收生产企业消费税　　15 000

　贷：银行存款　　15 000

（6）收到生产企业退还的税款时：

借：银行存款　　15 000

　贷：应收账款——应收生产企业消费税　　15 000

（7）生产企业根据退货通知：

借：应付账款　　15 000

　贷：银行存款　　15 000

技能训练题

一、单项选择题

1.根据消费税有相关规定，下列行为中应缴纳消费税的是（　　）。

A.进口雪茄烟　　B.零售粮食白酒

C.零售化妆品　　D.进口服装

2.依据消费税的有关规定，下列消费品中属于消费税征税范围的是（　　）。

A.用中轻型商用客车底盘改装的商务车

B.电动汽车

C.护肤、护发品

D.高尔夫车

3.下列单位经营的应税消费品，不需缴纳消费税的是（　　）。

A.啤酒屋利用啤酒生产设备生产的啤酒

B.商场销售的高档手表

C.免税商店销售的金银首饰

D.汽车制造厂公益性捐赠的自产小轿车

4.依据消费税的有关规定，下列货物中属于消费税征税范围的是（　　）。

A.高尔夫球包　　B.竹制筷子

C.鞭炮药引线　　D.电动汽车

5.下列关于消费税征收规定的说法不正确的是（　　）。

A.单位和个人进口货物属于消费税征税范围的，在进口环节一般也要缴纳消费税

B.改在零售环节征收消费税的金银首饰仅限于金基、银基合金首饰以及金、银和金基、银基合金的镶嵌首饰

C.卷烟消费税在生产和批发两个环节征收后，批发企业在计算纳税时可以扣除已含的生产环节的消费税税款

D.消费税的征收环节包括生产销售、委托加工、批发销售、进口环节、零售环节

6.下列各项中，应按当期生产领用数量计算准予扣除已纳消费税税款的是（　　）。

A.委托加工已税高档手表生产的高档手表

B.委托加工收回的汽油用于连续生产应税成品油

C.委托加工已税涂料生产的涂料

D.委托加工已税珠宝玉石生产的金银镶嵌首饰

7.下列各项属于消费税纳税义务人的是（　　）。

A.进口金银首饰的外贸企业　　B.受托加工烟丝的工业企业

C.生产护手霜的工业企业　　D.将自产卷烟用于抵债的卷烟厂

8.下列各项，属于消费税征税范围的是（　　）。

A.烟叶　　B.医用酒精

C.影视演员化妆用的上妆油　　D.鞭炮药引线

9.下列应税消费品，适用从价定率和从量定额复合计征办法计算消费税应纳税额的是（　　）。

A.雪茄烟　　B.啤酒

C.白酒　　D.小汽车

10.甲卷烟批发企业为增值税一般纳税人，2019年11月销售给乙卷烟批发企业A牌卷烟100标准箱，开具的增值税专用发票上注明销售额200万元；对外零售A牌卷烟20标准箱，开具普通发票，取得零售额58.5万元。甲卷烟批发企业当月应缴纳消费税（　　）万元。

A.2.5　　B.12.5

C.113.5　　D.141.8

11.委托个体经营者加工应税消费品，其消费税的纳税义务人应当

是（　　）。

A.委托方　　B.受托方

C.委托方或受托方　　D.销售方

12.某高尔夫球具厂以外购已税杆头为原料生产高尔夫球杆，下列关于外购已税杆头已纳的消费税税款的处理，正确的是（　　）。

A.外购已税杆头已纳的消费税可以按购进入库数量在计算高尔夫球杆应纳消费税税款中扣除

B.外购已税杆头已纳的消费税可以按生产领用数量在计算高尔夫球杆应纳消费税税款中扣除

C.外购已税杆头已纳的消费税可以按高尔夫球杆的出厂销售数量在计算高尔夫球杆应纳消费税税款中扣除

D.外购已税杆头已纳的消费税不可以在高尔夫球杆应纳消费税税款中扣除

13.消费税纳税人以1个季度为1个纳税期限的，应当自期满之日起（　　）内申报纳税。

A.7日　　B.10日

C.15日　　D.30日

14.下列出口业务中，实行消费税免税并退税的是（　　）。

A.有出口经营权的生产性企业自营出口的自产应税消费品

B.有出口经营权的外贸企业购进应税消费品直接出口的

C.生产企业委托外贸企业代理出口自产的应税消费品

D.外贸企业受非生产性的商贸企业委托代理出口的应税消费品

二、多项选择题

1.下列贵重首饰中，在零售环节缴纳消费税的有（　　）。

A.包金首饰　　B.镀金首饰

C.金基、银基合金首饰　　D.钻石饰品

2.下列关于金银首饰应纳消费税的说法中，不正确的有（　　）。

A.对既销售金银首饰又销售非金银首饰的生产、经营单位，凡未分别核算销售额的，一律按照金银首饰征收消费税

B.对出国人员免税商店销售的金银首饰免征消费税

C.对带料加工的金银首饰，应按受托方销售同类金银首饰的销售价

格确定计税依据征收消费税

D.对纳税人采用翻新改制方式销售的金银首饰，应按同类新金银首饰的销售价格确定计税依据征收消费税

3.下列业务中，应当征收消费税的有（　　）。

A.化妆品厂将自产的香水作为样品赠送给客户

B.卷烟厂将自产的烟丝用于继续生产卷烟

C.鞭炮厂将自产的鞭炮用于职工福利

D.地板厂将自产的实木地板用于抵偿债务

4.下列关于从量计征消费税销售数量确定方法的表述中，正确的有（　　）。

A.销售应税消费品的，为应税消费品的销售数量

B.自产自用应税消费品的，为应税消费品的生产数量

C.委托加工应税消费品的，为纳税人收回的应税消费品数量

D.进口应税消费品的，为海关核定的应税消费品进口征税数量

5.纳税人将自产的应税消费品用于下列情形的，应当以纳税人同类应税消费品的最高销售价格作为计税依据计算消费税的有（　　）。

A.用于换取生产资料　　B.用于抵偿债务

C.用于投资入股　　D.用于换取消费资料

6.下列关于消费税的表述，正确的有（　　）。

A.纳税人兼营不同税率的应税消费品，未分别核算销售额、销售数量的，应由税务机关分别核定销售额、销售数量，按照各自适用的税率计征消费税

B.纳税人兼营不同税率的应税消费品，未分别核算销售额、销售数量的，应从高适用税率征收消费税

C.以外购已税燃料油为原料继续生产的应税消费品，应按生产领用数量计算准予扣除的外购燃料油已纳的消费税税款

D.纳税人将不同税率的应税消费品组成成套消费品销售的，从高适用税率计征消费税

7.根据消费税的有关规定，下列说法中不正确的有（　　）。

A.委托个体工商户加工的应税消费品，由委托方收回后在委托方所在地缴纳消费税

B. 计算委托加工环节应税消费品组成计税价格的加工费不包括代垫辅助材料的成本和增值税税金

C. 受托方没有按规定代收代缴消费税税款的，由受托方补缴税款和滞纳金

D. 委托加工的应税消费品，其消费税纳税义务发生时间为纳税人提货的当天

8. 下列关于消费税纳税义务发生时间的表述中，正确的有（　　）。

A. 纳税人进口的应税消费品，其纳税义务发生时间为报关进口的当天

B. 纳税人自产自用的应税消费品，其纳税义务发生时间为移送使用的当天

C. 纳税人采取分期收款结算方式销售的应税消费品，其纳税义务发生时间为销售合同规定的收款日期的当天

D. 纳税人采取托收承付方式销售的应税消费品，其纳税义务发生时间为取得销售款的当天

9. 下列外购商品中已缴纳的消费税，可以从本企业应纳消费税额中扣除的有（　　）。

A. 进口已税烟丝生产的卷烟

B. 从工业企业购进已税珠宝玉石为原料生产的珠宝玉石

C. 进口已税溶剂油为原料生产的溶剂油

D. 从工业企业购进已税摩托车生产的摩托车

10. 根据委托加工应税消费品的规定，下列选项中不属于应当征收消费税的有（　　）。

A. 受托方负责采购委托方所需原材料的

B. 受托方提供原材料和全部辅助材料的

C. 受托方代垫原料和主要材料，委托方提供辅助材料的

D. 委托方提供原料和主要材料，受托方代垫部分辅助材料的

11. 下列有关消费税征税规定的表述，正确的有（　　）。

A. 商场零售高档化妆品时，其包装物无论是否分别核算，均应并入销售额中计征消费税

B. 收取啤酒包装物押金时间超过一年不再退还的，该押金应换算为

不含税价计征消费税

C.摩托车厂收取的逾期不再退还的摩托车包装物押金，应计算征收消费税

D.按现行税法的规定，酒类生产企业白酒的包装物押金无论如何核算，均在收取当期计征消费税

12.下列属于复合计征消费税的货物有（　　）。

A.烟丝　　B.卷烟

C.啤酒　　D.粮食白酒

13.某化妆品生产企业销售高档化妆品的同时，向购买方收取的以下款项属于价外费用性质的有（　　）。

A.手续费

B.返还利润

C.承运部门的运输费用发票开具给购买方由销售方转交的运费

D.违约金

14.下列关于消费税纳税申报的陈述，正确的有（　　）。

A.自产应税消费品于销售环节纳税

B.委托加工应税消费品，由受托方办理代收代缴消费税申报

C.委托加工应税消费品，委托方应向税务机关提供已由受托方代收代缴税款的完税证明

D.纳税人进口应税消费品，应当自海关填发进口消费税专用缴款书之日起10日内申报缴纳税款

15.根据现行税法，下列消费品的生产经营环节，既征收增值税又征收消费税的有（　　）。

A.批发环节销售的卷烟

B.零售环节销售的金基合金首饰

C.批发环节销售的白酒

D.申报进口的高尔夫球具

三、判断题

1.在现行消费税的征税范围中，除卷烟、白酒外，其他一律不得采用从价定率和从量定额相结合的混合计税方法。（　　）

2.对委托加工应税消费品，受托方没有代扣代缴消费税时，应在税

务检查中要求受托方补缴税款并对受托方进行处罚。（　　）

3. 应税消费品征收消费税的，其税基含有增值税；应税消费品征收增值税的，其税基不含有消费税。（　　）

4. 纳税人除委托个体经营者加工应税消费品一律于委托方收回后在委托方所在地缴纳消费税外，其余的委托加工应税消费品均由受托方在向委托方交货时代收代缴消费税。（　　）

5. 外贸企业只有受其他外贸企业委托，代理出口应税消费品才可办理消费税的退税。（　　）

6. 从其他工商企业购进的已税消费品，用于继续生产应税消费品销售的，在计征消费税时，生产耗用的外购应税消费品的已纳消费税税款准予扣除。（　　）

7. 企业应将不同消费税税率的出口应税消费品分开核算和申报退税，凡划分不清适用税率的，一律采用从低适用税率计算应退消费税税额。（　　）

8. 对饮食业、商业、娱乐业举办的啤酒屋（啤酒坊）利用啤酒生产设备生产的啤酒，应当征收消费税和增值税。（　　）

9. 纳税人通过自设独立核算门市部销售的自产应税消费品，应当按照门市部对外销售额或者销售数量征收消费税。（　　）

10. 出口应税消费品的消费税退税率为该应税消费品的消费税税率。（　　）

四、计算题

1. 某烟草进出口公司9月从国外进口卷烟80 000条（每条200支），支付买价2 000 000元，支付到达我国海关前的运输费用120 000元、保险费用80 000元。关税完税价格为2 200 000元。（假定进口卷烟关税税率为20%）

要求：计算进口卷烟消费税、增值税。

2. 某酒厂12月发生以下业务：

（1）以外购粮食白酒和自产糠麸白酒勾兑散装白酒1吨并销售，取得不含税收入3.8万元，货款已收到。

（2）自制粮食白酒5吨，对外售出4吨，收到不含税销售额20万元（含包装费3万元），另收取包装物押金（单独核算）0.2万元。

（3）以自制酒1 000斤继续加工成药酒1 200斤，全部售出，普通发票上注明的销售额为7.2万元。

（4）从另一酒厂购入粮食白酒800斤（已纳消费税0.4万元），全部勾兑成低度白酒出售，数量1 000斤，取得不含税收入2.5万元。

（5）为厂庆活动特制白酒2 000千克，全部发给职工，无同类产品售价。每千克成本为15元。

要求：请计算该酒厂本月应纳消费税。（白酒定额税率为0.5元 / 斤，比例税率为20%，药酒比例税率为10%，粮食白酒的成本利润率为10%）

3. 某化妆品生产企业为增值税一般纳税人，2019年10月上旬从国外进口一批散装高档化妆品，关税完税价格150万元。本月企业将进口的散装高档化妆品的80%加工为成套化妆品7 800件，对外批发销售6 000件，取得不含税销售额290万元；向消费者零售800件，取得含税销售额50.85万元。（高档化妆品的进口关税税率20%、消费税税率15%）

要求：

（1）计算该企业在进口环节应缴纳的消费税、增值税。

（2）计算该企业在国内生产销售环节应缴纳的增值税、消费税。

4. 露露酒厂（一般纳税人）生产白酒、啤酒。2019年10月主要有以下业务：

（1）销售自产白酒30吨，每吨售价4 000元（不含税），并负责送货，收取运输及装卸费1 000元，并开具增值税专用发票，另收取包装物押金1 000元。货物发出，款项已收到。

（2）特制一批葡萄酒发给本厂职工，生产成本总额40 000元。

（3）销售当月生产的啤酒100吨，每吨生产成本1 580元，出厂价3 200元（不含税），共取得销售收入320 000元，另收取包装物押金3 000元。

要求：根据上述资料计算该酒厂当月应纳的消费税额。

第六章

关税与船舶吨税会计

第一节　关税的基本要素

一、关税概述

关税是海关依法对进出国境或关境的货物、物品征收的一种税。关税是一个国家主权的体现。关境是指海关征收关税的领域；国境是一个国家以边界为界线，全面行使主权的境域，包括领土、领海、领空。关境和国境的含义一般是一致的，但有时关境小于国境，比如当某一国在国境内设立了自由港、自由贸易区等，如中国香港和澳门；还有一些国家只对来自或运往其他国家的货物进出共同关境征收关税，这些国家的关境大于国境，如欧盟国家。

可以从以下三方面加深对关税概念的理解：

（1）关税是一种税收形式。

（2）关税的征税对象是货物和物品。

（3）关税的征税范围是进出关境的货物和物品。

我国现行关税法律主要包括《中华人民共和国海关法》（以下简称《海关法》）以及《中华人民共和国进出口关税条例》（以下简称《进出口关税条例》）和《中华人民共和国海关进出口税则》（以下简称《海关进出口税则》）。关税作为独特的税种，除了具有一般税收的特点之外，还具有以下特点：

（1）以进出国境或关境的货物和物品为征税对象。关税不同于因商品交换或提供劳务取得收入而课征的流转税，也不同于因取得所得或拥有财产而课征的所得税或财产税，而是对特定货物和物品途经海关通道进出口而征税。

（2）关税由海关管理机构代表国家征收。关税的征收管理一般独立于其他国内税收，我国关税由专门负责进出口事务管理的海关总署及其所属机构具体管理和征收。

（3）关税具有涉外统一性，执行统一的对外经济政策。征收关税不单纯是为了满足政府财政的需要，更重要的是利用关税来贯彻执行统一的对外经济政策，实现国家的政治、经济目标。关税税率可以调节进出口贸易。在出口方面，通过低税、免税和退税来鼓励商品出口；在进口方面，通过税率的高低、减免来调节商品的进口。

（4）实行复式税则。同一进口货物设置优惠税率和普通税率。优惠税率是一般的、正常的税率，适用于同我国签订了贸易条约或协定的国家；普通税率适用于同我国没有签订贸易条约或协定的国家。这种复式税则充分反映了关税具有维护国家主权、平等互利发展国际贸易往来和经济技术合作的特点。

依据不同的标准，关税可以划分为不同的种类。

1.按征税对象不同，可分为进口关税、出口关税和过境关税

（1）进口关税，是指海关对进口货物和物品征收的关税。进口关税有正税和附加税之分。附加税亦称特别关税，是因某种特定的目的而对进口的货物和物品征收的关税，如反倾销税、反补贴税、报复关税等。附加税不是一个独立的税种，是从属于进口正税的。

①反倾销税，是针对实行商品倾销的进口商品而征收的一种进口附加税。

②反补贴税，是对直接或间接接受奖金或补贴的进口货物和物品征

收的一种进口附加税。

我国政府规定，任何国家或地区对其进口的原产于中华人民共和国的货物征收歧视性关税或者给予其他歧视性待遇的，我国海关对原产于该国家或地区的进口货物，可以征收特别关税。

（2）出口关税，是指海关对出口货物和物品征收的关税。发达国家一般都取消了出口关税，也有部分国家基于限制本国某些产品或自然资源输出等原因，对部分出口货物征收出口关税。

（3）过境关税，是对外国经过本国国境运往另一国的货物所征收的关税。目前，世界上大多数国家都不征收过境关税，我国也不征收。

2.按征收的标准，可以分为从价税、从量税、复合税、滑准税

（1）从价税，是一种最常用的关税计税标准。它以货物的价格或者价值为征税标准，以应征税额占货物价格或者价值的百分比为税率，价格越高则税额越高。目前，我国海关计征关税的标准主要是从价税。

（2）从量税，以货物的数量、重量、体积、容量等计量单位为计税标准，以每计量单位货物的应征税额为税率。我国目前对原油、啤酒和胶卷等进口商品征收从量税。

（3）复合税，又称混合税，即订立从价、从量两种税率，随着完税价格和进口数量而变化，征收时两种税率合并计征。它是对某种进口货物混合使用从价税和从量税的一种关税计征标准。我国目前仅对录像机、放像机、摄像机、数字照相机和摄录一体机等进口商品征收复合税。

（4）滑准税，是根据货物的不同价格适用不同税率的一类特殊的从价税。它是一种关税税率随进口货物价格由高至低而由低至高设置计征关税的方法。我国目前仅对进口新闻纸实行滑准税。

3.按货物国别来源而区别对待的原则，可以分为最惠国关税、协定关税、特惠关税和普通关税

（1）最惠国关税适用原产于与我国共同适用最惠国待遇条款的WTO成员国或地区的进口货物，或原产于与我国签订了相互给予最惠国待遇条款的双边贸易协定的国家或地区的进口货物。

（2）协定关税适用原产于我国参加的含有关税优惠条款的区域性贸易协定的有关缔约方的进口货物。

(3) 特惠关税适用原产于与我国签订了特殊优惠关税协定的国家或地区的进口货物。

(4) 普通关税适用原产于上述国家或地区以外的国家或地区的进口货物。

二、征税对象

关税的征税对象是指进出国境或关境的货物和物品。货物是指贸易性商品；物品是指非贸易性商品，包括入境旅客随身携带的行李和物品、个人邮递物品、各种运输工具上的服务人员携带进口的自用物品、馈赠物品以及以其他方式进入国境或关税的个人物品。关税在货物或物品进出关境的环节一次性征收。

三、纳税人

进口货物的收货人、出口货物的发货人、进出境物品的所有人，是关税的纳税人。进出口货物的收、发货人是依法取得对外贸易经营权，并从事进口或者出口货物业务的法人或者其他社会团体。进出境物品的所有人包括该物品的所有人和推定为所有人的人。一般情况下，对携带进境的物品，推定其携带人为所有人；对分离运输的行李，推定相应的进出境旅客为所有人；对以邮递方式进境的物品，推定其收件人为所有人；对以邮递或其他运输方式出境的物品，推定其寄件人或托运人为所有人。

四、关税进出口税则与税率

(一) 进出口税则

关税的进出口税则是指一国政府制定并公布实施的进出口货物和物品应税的关税税率表。我国现行税则包括《中华人民共和国进出口关税条例》《税率适用说明》《中华人民共和国海关进口税则》《中华人民共和国海关出口税则》《进口商品从量税、复合税、滑准税税目税率表》《进口商品关税配额税目税率表》《进口商品税则暂定税率表》《出口商品税则暂定税率表》《非全税目信息技术产品税率表》以及附录等。

税率表作为税则主体，包括税则商品分类目录和税率栏两大部分。税则商品分类目录是把种类繁多的商品加以综合，按照其不同特点分门别类地简化成数量有限的商品类目，分别编号按序排列，称为税则号列，并逐号列出该号中应列入的商品名称。商品分类的原则即归类规则，包括归类总规则和各类、章、目的具体注释。税率栏是按商品分类目录逐项定出的税率栏目。我国现行进口税则为四栏税率，出口税则为一栏税率。税则归类，就是按照税则的规定，将每项具体进出口商品按其特性在税则中找出其最适合的某一个税号，即“对号入座”，以便确定其适用的税率，计算关税税负。税则归类错误会导致关税的多征或少征，影响关税作用的发挥。

关税的税目和税率由《海关进出口税则》规定。《海关进出口税则》是根据世界海关组织（WCO）发布的《商品名称及编码协调制度》制定的，该制度是一部科学、系统的国际贸易商品分类体系，是国际上多个商品分类目录协调的产物，适合与国际贸易有关的多方面的需要，如海关、统计、贸易、运输、生产等，成为国际贸易商品分类的一种“标准语言”。它包括三个主要部分：归类总规则、进口税率表、出口税率表。其中，归类总规则是进出口货物分类的具有法律效力的原则和方法。

《商品名称及编码协调制度》是国际上多个商品分类目录综合的产物，其最大特点就是适合与国际贸易有关的各方面需要，成为国际贸易商品分类的“标准语言”。加入《商品名称及编码协调制度》的成员均使用《商品名称及编码协调制度》作为编制本国税则及统计目录的基础，即这些国家的进出口税则及海关统计商品目录的前六位数都与《商品名称及编码协调制度》目录相同。目前使用《商品名称及编码协调制度》的国家和地区涵盖了国际贸易总量的98%。

我国于1992年正式加入《商品名称及编码协调制度》，现行的税则及《海关统计商品目录》都是以协调制度为基础而制定的。《商品名称及编码协调制度》是我国最早与国际接轨的公约之一，是我国对外贸易、制造业、环境保护事务等走向世界的基础和桥梁。

为适应国际贸易形式的变化及科技的发展，世界海关组织（WCO）每4到6年对《商品名称及编码协调制度》进行一次全面修订。世界海关组织2017年版《商品名称及编码协调制度》修订目录，于2017年1月1日生效。它共有242组修订（其中9组为后续修订）。修订后，4位数品目删除3个，增加1个；6位数子目删除73个，增加235个；另对200个子目项下的商品范围和商品归类作了调整。

（二）关税税率

我国现行关税税率分为进口关税税率和出口关税税率。

1.进口关税税率

加入世界贸易组织（WTO）之前，我国进口税则设有两栏税率，即普通税率和优惠税率。对原产于与我国未订有关税互惠协议的国家或者地区的进口货物，按照普通税率征税；对原产于与我国订有关税互惠协议的国家或者地区的进口货物，按照优惠税率征税。

加入WTO之后，为履行我国在加入WTO关税减让谈判中承诺的有关义务，享有WTO成员应有的权利，自2002年1月1日起，我国进口税则设有最惠国税率、协定税率、特惠税率、普通税率、关税配额税率等。

此外，对进口货物在一定期限内可以实行暂定税率。不同税率的运用是以进口货物的原产地为标准的：确定进境货物原产国的主要原因之一，是便于正确运用进口税则的各栏税率，对产自不同国家或地区的进口货物适用不同的关税税率。我国原产地规定基本上采用了“全部产地生产标准”“实质性加工标准”两种国际上通用的原产地标准。

全部产地生产标准，是指进口货物“完全在一个国家内生产或制造”，生产或制造国即为该货物的原产国。

实质性加工标准是适用于确定有两个或两个以上国家参与生产的产品的原产国的标准，其基本含义是：经过几个国家加工、制造的进口货物，以最后一个对货物进行经济上可以视为实质性加工的国家作为有关货物的原产国。“实质性加工”是指产品加工后，在进出口税则中四位数税号一级的税则归类已经有了改变，或者加工增值部分所占新产品总值的比例已超过30%及以上的。

此外，按照国家规定实行关税配额管理的进口货物，如对部分进口农产品和化肥产品实行关税配额制度，关税配额内的，适用较低的关税配额税率；关税配额外的，其税率的适用按上述税率的形式的规定执行，适用较高的配额外税率。

根据经济发展需要，国家对部分进口原材料、零部件、农药原药和中间体、乐器及生产设备实行暂定税率。适用最惠国税率的进口货物有暂定税率的，应当适用暂定税率；适用协定税率、特惠税率的进口货物有暂定税率的，应当从低适用税率；适用普通税率的进口货物，不适用暂定税率。

2.出口关税税率

我国出口税为一栏税率，即出口税率。国家仅对少数资源性产品及易于竞相杀价、盲目出口、需要规范出口秩序的半制成品征收出口关税。1992年对47种商品计征出口关税，税率为20%～40%。现行税则对100余种商品计征出口关税，主要是鳗鱼苗、部分有色金属矿砂及其精矿、生锑、磷、氟钽酸钾、苯、山羊板皮、部分铁合金、钢铁废碎料、铜和铝原料及其制品、镍锭、锌锭、锑锭。但对上述范围内的部分商品实行0～25%的暂定税率。此外，根据需要对其他200种商品征收暂定税率。与进口暂定税率一样，出口暂定税率优先适用于出口税则中规定的出口税率。我国真正征收出口关税的商品只有20种，税率也较低。

（三）税率的运用

我国《进出口关税条例》规定，进出口货物应当依照税则规定的归类原则归入合适的税号，并按照适用的税率征税。其中：

（1）进出口货物，应当按照纳税义务人申报进口或者出口之日实施的税率征税。

（2）进口货物到达前，经海关核准先行申报的，应当按照装载此货物的运输工具申报进境之日实施的税率征税。

（3）进出口货物的补税和退税，适用该进出口货物原申报进口或者出口之日所实施的税率，但下列情况除外：

①按照特定减免税办法批准予以减免税的进口货物，后因情况改变经海关批准转让或出售或移作他用需予补税的，适用海关接受纳税人再次填写报关单申报办理纳税及有关手续之日实施的税率征税。

②加工贸易进口料、件等属于保税性质的进口货物，如经批准转为内销的，应按向海关申报转为内销之日实施的税率征税；如未经批准擅自转为内销的，则按海关查获日期所施行的税率征税。

③暂时进口货物转为正式进口需予补税时，应按其申报正式进口之日实施的税率征税。

④分期支付租金的租赁进口货物，分期付税时，适用海关接受纳税

人再次填写报关单申报办理纳税及有关手续之日实施的税率征税。

⑤溢卸、误卸货物事后确定需征税时，应按其原运输工具申报进口日期所实施的税率征税。如原进口日期无法查明的，可按确定补税当天实施的税率征税。

⑤对由于税则归类的改变、完税价格的审定或其他工作差错而需补税的，应按原征税日期实施的税率征税。

⑦对经批准缓税进口的货物以后缴税时，不论是分期还是一次交清税款，都应按货物原进口之日实施的税率征税。

⑧查获的走私进口货物需补税时，应按查获日期实施的税率征税。

（四）进出口关税调整

经国务院关税税则委员会审议通过，并报国务院批准，自2019年1月1日起，我国将调整部分商品的进出口关税。

1.为积极扩大进口，削减进口环节制度性成本，助力供给侧结构性改革，我国将对700余项商品实施进口暂定税率，包括新增对杂粕和部分药品生产原料实施零关税，适当降低棉花滑准税和部分毛皮进口暂定税率，取消有关锰渣等4种固体废物的进口暂定税率，取消氯化亚砜、新能源汽车用锂离子电池单体的进口暂定税率，恢复执行最惠国税率。继续对国内发展急需的航空发动机、汽车生产线焊接机器人等先进设备、天然饲草、天然铀等资源性产品实施较低的进口暂定税率。

2.为适应出口管理制度的改革需要，促进能源资源产业的结构调整、提质增效，自2019年1月1日起，对化肥、磷灰石、铁矿砂、矿渣、煤焦油、木浆等94项商品不再征收出口关税。

3.为支持“一带一路”和自由贸易区建设，加快推进我国与相关国家的经济贸易合作，营造有利于经济长期健康稳定发展的外部条件，2019年我国对原产于23个国家或地区的部分商品实施协定税率，其中进一步降税的有中国与新西兰、秘鲁、哥斯达黎加、瑞士、冰岛、澳大利亚、韩国、格鲁吉亚自贸协定以及亚太贸易协定。根据内地与香港、澳门签署的货物贸易协议，对原产于香港、澳门的进口货物将全面实施零关税。随着最惠国税率的降低，相应调整亚太贸易协定项下的孟加拉国和老挝两国特惠税率。

4.2019年7月1日起，我国还将对298项信息技术产品的最惠国税率实施第四步降税，同时对部分信息技术产品的暂定税率作相应调整。

第二节　关税的计算

一、计税依据

关税以进出口货物的完税价格为计税依据。关税的完税价格是指海关计征关税的价格，由海关以该货物的成交价格为基础审查确定。成交价格不能确定时，完税价格由海关依法估定。

（一）一般进口货物完税价格

进口货物以海关审定的以成交价格为基础的到岸价格为完税价格。实际成交价格是一般贸易项目下进口或者出口货物的买方为购买该货物向卖方实付或应付的价格。到岸价格是指货物在采购地的正常批发价格，加上国外已征的出口税和运抵我国输入地点起卸前的包装费、运费、保险费、手续费等一切费用。用公式表示为：

$$\text{进口货物关税完税价格}=\text{货价}+\text{采购费用}\left(\begin{matrix}\text{包括货物运抵中国关境内输入地起卸}\\ \text{前的运输、保险和其他劳务等费用}\end{matrix}\right)$$

进口货物的成交价格，因有不同的成交条件而有不同的价格形式，常用的价格条款有FOB、CFR、CIF三种。

FOB是含义为“船上交货”的价格术语的简称，又称离岸价格。

CFR是含义为“成本加运费”的价格术语的简称，又称离岸加运费价格。

CIF是含义为“成本加运费、保险费”的价格术语的简称，习惯上又称到岸价格。

实付或应付价格调整规定如下：

1.下列费用或者价值未包括在进口货物的实付或者应付价格中，应当计入完税价格：

（1）由买方负担的除购货佣金以外的佣金和经纪费。购货佣金指买方为购买进口货物向自己的采购代理人支付的劳务费用。经纪费指买方为购买进口货物向代表买卖双方利益的经纪人支付的劳务费用。

（2）由买方负担的与该货物视为一体的容器费用。

（3）由买方负担的包装材料和包装劳务费用。

（4）可以按照适当比例分摊的，由买方直接或间接免费提供或以低于成本价方式销售给卖方或有关方的货物或服务的价值。

（5）与该货物有关并作为卖方向我国销售该货物的一项条件，应当由买方直接或间接支付的特许权使用费。

（6）卖方直接或间接从买方对该货物进口后转售、处置或使用所得中获得的收益。

2.下列费用，如能与该货物实付或者应付价格区分，不得计入完税价格：

（1）厂房、机械、设备等货物进口后的基建、安装、装配、维修和技术服务的费用。

（2）货物运抵境内输入地点之后的运输费用。

（3）进口关税及其他国内税。

3.进口货物的价格不符合成交价格条件或者成交价格不能确定的，海关应当依下列顺序估定完税价格：

（1）相同货物成交价格方法。

（2）类似货物成交价格方法。

（3）倒扣价格方法。

（4）计算价格方法。

（5）以其他合理方法确定的价格为基础估定完税价格。

（二）特殊进口货物完税价格

1.加工贸易进口料件及其制成品：

（1）进口时须征税的进料加工进口料件，以料件申报进口时的价格估定。

（2）内销进料加工进口料件或其制成品，以料件原进口时的价格估定。

（3）内销来料加工进口料件或其制成品，以料件申报内销时的价格估定。

（4）出口加工区内企业内销的制成品，以制成品申报内销时的价格估定。

（5）保税区内加工企业内销进口料件或其制成品，分别以料件或制成品申报内销时的价格估定（制成品中扣除境内采购料件价格）。

（6）加工贸易过程中产生的边角料，以申报内销时的价格估定。

2.保税区或出口加工区销往区外、保税仓库出库内销的进口货物（不含加工贸易进口料件及其制成品），以海关审定的价格估定（含区内、库内发生的仓储、运输及相关费用）。

3.运往境外修理的货物，规定期限内复运进境，以海关审定的境外修理费、料件费、复运进境运输及相关费用、保险费估定价格。

4.运往境外加工的货物，以海关审定的境外加工费、料件费、复运进境运输及相关费用、保险费估定价格。

5.暂时进境的货物，按一般进口货物估价办法估定价格。

6.租赁方式进口的货物：

（1）以租金方式支付的，以海关审定的租金估定价格。

（2）留购的租赁货物，以海关审定的留购价格估定价格。

（3）承租人一次缴纳税款，按一般进口货物估价办法估定价格。

7.留购进口货样，以海关审定的留购价格估定。

8.予以补税的减免税货物，原进口时价格扣除折旧，即“原进口价格×［1-实际使用时间（月）÷（监管年限×12）］”。

9.其他方式进口货物，按一般进口货物估价办法估定价格。

（三）进口货物完税价格中运输及相关费用、保险费的计算

1.以一般陆运、空运、海运方式进口的货物

在进口货物的运输及相关费用、保险费计算中，海运进口货物可计算至货物运抵境内的卸货口岸（包括内江、内河口岸）。陆运进口货物可计算至该货物运抵境内的第一口岸；如果运输及相关费用、保险费支付至目的地口岸，则计算至目的地口岸。空运进口货物计算至该货物运抵境内的第一口岸；如果该货物的目的地为境内的第一口岸外的其他口岸，则计算至目的地口岸。

陆运、空运、海运进口货物的运费、保险费应当按照实际支付的费用计算。如果进口货物的运费无法确定或未实际发生，应当按照该货物进口同期运输行业公布的运费率（额）计算运费，按照“货价+运费”两者总额的3‰计算保险费。

2.以其他方式进口的货物

邮运的进口货物，应当以邮费作为运输及相关费用、保险费；以境外边境口岸价格条件成交的铁路或公路运输进口货物，应当按照货价的1%计算运输及相关费用、保险费；作为进口货物的自驾进口的运输工具，可以不另行计算运费。

（四）出口货物的完税价格

1.以成交价格为基础的完税价格

出口货物的完税价格，以该货物向境外销售的成交价格为基础审查确定，并应包括货物运至我国境内输出地点装卸前的运输及相关费用、保险费，但不含出口关税和支付给境外能单独列明的佣金。

2.出口货物海关估价方法

出口货物的成交价格不能确定时，完税价格由海关依次使用下列方法估定：

（1）同时或大约同时向同一国家或地区出口的相同货物的成交价格。

（2）同时或大约同时向同一国家或地区出口的类似货物的成交价格。

（3）根据境内生产相同或类似货物的成本、利润和一般费用、境内发生的运输费用及相关费用、保险费计算所得的价格。

（4）按照合理方法估定的价格。

二、应纳关税的计算

（一）应纳进口关税的计算

1.从价关税的计算公式

应纳关税税额=应税进（出）口货物数量×单位完税价格×税率=完税价格×税率

2.从量关税的计算公式

应纳关税税额=应税进口货物数量×单位货物税额

3.复合关税的计算公式

应纳关税税额=应税进口货物数量×单位货物税额+完税价格×税率

4.滑准关税的计算公式

应纳关税税额=完税价格×滑准关税税率

【例6-1】某商贸公司具有进出口经营权，2019年11月相关经营业务如下：

（1）进口高档化妆品一批，支付国外买价220万元、境内复制权费6万元、购货佣金4万元；支付运抵我国海关地前的运输费用20万元、装卸费用和保险费用11万元；支付海关地再运往商贸公司的运输费用8万元、装卸费用和保险费用3万元；关税税率为20%。

（2）将一台设备运往境外修理，出境时向海关报明价值100 000美元，支付境外修理费4 000美元、料件费1 000美元；支付复运进境的运输费2 000美元和保险费500美元（当期汇率1∶6.2，关税税率为7%）。

（3）2017年11月1日，经批准进口一台符合国家特定免征关税规定的科研设备用于研发项目，设备进口时经海关审定的完税价格折合人民币800万元（关税税率为10%），海关规定的监管年限为5年；2019年11月1日，公司研发项目完成后，将已计提折旧200万元的免税设备出售给国内另一家企业。

要求：（1）计算业务（1）应缴纳的关税、消费税、增值税；

（2）计算业务（2）应缴纳的关税、增值税；

（3）计算业务（3）应补缴的关税。

解：（1）进口货物在境内的复制权费不得计入完税价格，购货佣金不计入完税价格，支付运抵我国海关地前的费用应计入完税价格。

①关税=（220+20+11）×20%=50.20（万元）

②进口化妆品组成计税价格=（220+20+11+50.20）÷（1−15%）

=354.35（万元）

③进口化妆品的消费税=354.35×15%=53.15（万元）

④进口化妆品的增值税=354.35×13%=40.06（万元）

（2）通过报明海关运往境外修理的设备复运进境，以海关审定的境外修理费和料件费估定完税价格。

完税价格=（4 000+1 000）×6.2=31 000（元）

应纳关税=31 000×7% =2 170（元）

应纳增值税=（31 000+2 170）×13%=4 312.1（元）

（3）完税价格=800×（1−2÷5）=480（万元）

应补缴关税=480×10%=48（万元）

（二）应纳出口关税的计算

我国出口关税有从价和从量征收两种计征标准。

（1）实行从价计征标准的出口关税的计算公式：

应征出口关税税额=完税价格×出口关税税率

完税价格=成交价格÷（1+出口关税税率）

（2）计算程序：

①按照归类原则确定税则归类，将应税货物归入恰当的税目税号；

②根据完税价格审定办法、规定，确定应税货物的完税价格；

③根据汇率使用原则和税率使用原则，将外币折算成人民币；

④按照计算公式正确计算应征出口关税税款。

【例 6-2】某外贸企业 2019 年 12 月从某钢铁厂购进钢铁废料 1 000 吨，直接报关离境出口。钢铁废料出厂价每吨 4 800 元人民币，离岸价每吨 720 美元（汇率 1∶6.20），假设出口关税税率为 10%。

要求：计算该批钢铁废料应缴的出口关税。

解：（1）完税价格=1 000×720×6.20÷（1+10%）=4 058 181.82（元）

（2）出口关税税额=4 058 181.82×10%=405 818.18（元）

三、行李和邮递物品进口税

行李和邮递物品进口税，是海关对入境旅客行李物品和个人邮递物品征收的进口税。由于其中包含了在进口环节由海关代征的增值税、消费税，因而也是对个人非贸易性入境物品征收的进口关税和进口工商税收的总称。

我国《关于入境旅客行李物品和个人邮递物品征收进口税办法》规定的应征税物品有：入境旅客行李物品中的应税行李物品、个人邮递物品中的应税自用物品、运输工具服务人员携带进口的应税自用物品、用其他方式进口的个人应税自用物品。

进口应税个人自用汽车、摩托车及配件、附件所适用的征税办法不同于其他个人自用物品。对进口应税个人自用汽车、摩托车及配件、附件，应按《海关进出口税则》和其他有关税法的规定征税。

海关总署规定数额以内的个人自用进境物品，免征进口税。超过海关总署规定数额但仍在合理数量以内的个人自用进境物品，由进境物品的纳税义务人在进境物品放行前按照规定缴纳进口税。超过合理、自用数量的进境物品应当按照进口货物依法办理相关手续。

国务院关税税则委员会规定，按货物征税的进境物品，按照《进出口关税条例》第二章至第四章的规定征收关税。

携带应税行李物品、自用物品进境的旅客及运输工具服务人员，进境个人邮递物品的收件人，以其他方式进口个人自用物品的收件人，是进口税的纳税义务人。

海关按照“进境物品进口税税率表”及海关总署制定的“中华人民共和国进境物品归类表”“中华人民共和国进境物品完税价格表”对进境物品进行归类，确定完税价格和适用税率。

进口税的征税项目从原来的四类调整为三类，实行15%、30%、60%三档比例税率，详见表6-1。

表6-1　**我国进境物品进口税税率表**

税号	物品名称	税率（%）
1	书报、刊物、教育用影视资料；计算机、视频摄录一体机、数字照相机等信息技术产品；食品、饮料；金银；家具；玩具、游戏品、节目或其他娱乐用品	15
2	运动用品（不含高尔夫球及球具）、钓鱼用品；纺织品及其制成品；电视摄像机及其他电器用具；自行车；税目1、3中未包含的其他商品	30
3	烟、酒；贵重首饰及珠宝玉石；高尔夫球及球具；高档手表；化妆品	60

注：税号3所列商品的具体范围与消费税征收范围一致。

进口税实行从价计征，计税依据为完税价格。由于个人物品来自世界各地，数量零星，品种繁杂，同样物品的价格并不完全相同，甚至同一品种物品的价格在同一地区也有差异，因而海关一般参照国际市场平均零售价格确定完税价格。计算公式为：

进口税税额=完税价格×进口税税率

进境物品，适用海关填发税款缴款书之日实施的税率和完税价格。

纳税义务人应当在海关放行应税个人自用物品之前缴纳税款。

进境物品放行后，海关发现少征或者漏征税款，自纳税义务人缴纳税款或者物品放行之日起1年内，向纳税义务人补征。因纳税义务人违反规定而造成的少征或者漏征税款，海关在3年以内可以追征。海关多征的税款，海关发现后应当立即退还；纳税义务人亦可要求海关退还，但应在缴纳税款之日起：年内申请退还，逾期不予办理。

【例6-3】某出国人员回国带入境内一部手机，完税价格折合人民币4 000元，适用进口税税率为15%。

要求：计算该回国人员应纳多少关税。

解：应纳税额=4 000×15%= 600（元）

第三节　关税的申报与缴纳

一、关税的减免

关税减免分为法定减免税、特定减免税和临时减免税。除法定减免税外的其他减免税均由国务院决定。

（一）法定减免

法定减免是指根据《海关法》、《进出口关税条例》和《进出口税则》规定的减免，包括：

1.关税税额在人民币50元以下的一票货物可以免税。

2.无商业价值的广告品和货样可以免税。

3.外国政府、国际组织无偿赠送的物资可以免税。

4.进出境运输工具装载的途中必需的燃料、物料和饮食用品可以免税。

5.经海关核准暂时进境或者暂时出境并在6个月内复运出境或者复运进境的货样、展览品、施工机械、工程车辆、工程船舶、供安装设备时使用的仪器和工具、电视或者电影摄制器械、盛装货物的容器以及剧团服装道具，在货物收发人向海关缴纳相当于税款的保证金或者提供担保后，准予暂时免纳关税。

6.为境外厂商加工、装配成品和为制造外销产品而进口的原材料、辅料、零件、部件、配套件和包装物料，海关按照实际加工出口的成品数量免征进口关税；或者对进口料、件先征进口关税，再按照实际加工出口的成品数量予以退税。

7.因故退还的中国出口货物，经海关审查属实，可免予征收进口关税，但已征的出口关税不予退还。

8.因故退还的境外进口货物，经海关审查属实，可免予征收出口关税，但已征的进口关税不予退还。

9.有下列情形之一的进口货物，海关可以酌情减免关税：

（1）在境外运输途中或者起卸时，遭受损坏或者损失的；

（2）起卸后海关放行前，因不可抗力遭受损坏或者损失的；

（3）海关查验时已经破漏、损坏或者腐烂，经证明不是保管不慎造成的。

10.补偿、更换的无代价抵偿货物进口可以免税，但有残损或质量问题的原进口货物如未退运国外，其进口的无代价抵偿货物应该征税。

11.中华人民共和国缔结或者参加的国际条约规定减征、免征关税的货物、物品。

12.法律规定减免征税的其他货物。

（二）特定减免

特定减免是指在法定减免之外，为了适应经济发展的需要，由海关总署、财政部根据国务院的政策所规定的减免税，以及对某些情况经过特别批准实施的减免税，包括科教用品、残疾人专用品、扶贫慈善性捐赠物资、加工贸易产品、边境贸易进口物资、保税区进出口货物、出口加工区进出口货物、进口设备、特定行业或用途的减免税政策。

（三）临时减免

临时减免是指国务院运用一案一批原则，针对某个纳税人、某类商品、某个项目或某批货物的特殊情况，特别照顾，临时给予的减免。

二、申报与纳税期限

进口货物的纳税义务人应当自运输工具申报进境之日起14日内，出口货物的纳税义务人除海关特准的外，应当在货物运抵海关监管区后、装货24小时以前，向货物的进出境地海关申报。

纳税人应当自海关填发税款缴款书之日起15日内向指定银行缴纳税款。逾期缴纳税款的，海关应当自缴款期限届满之日起至缴清税款之日止，按日加收滞纳税款0.5‰的滞纳金。如果纳税人自海关填发税款缴款书之日起3个月仍未缴纳税款，经海关关长批准，海关可以采取强制扣缴、变价抵缴等强制措施。

关税纳税义务人因不可抗力或在国家税收政策调整的情况下，不能按期纳税的，经海关总署批准，可以延期纳税，但最长不得超过6个月。

三、纳税地点

关税的缴纳地点，应根据纳税人申报及进出口货物的具体情况确定。

1.关境地征收，即口岸征收。这是一种进出口货物在哪里通关，纳税人即在哪里纳税的常见方式。

2.主管地征收，即集中征收。这是一种由纳税人所在地的海关（主管地海关）监管其通关，关税也在纳税人所在地缴纳的方式。该方式只适用于集装箱运输。

四、追征与退还

1.关税补征，是因非纳税人违反海关规定造成少征或漏征关税，关税补征期为缴纳税款或货物放行之日起1年内。

2.关税追征，是因纳税人违反海关规定造成少征或漏征关税，关税追征期为进出口货物完税之日或货物放行之日起3年内。

3.如遇下列情况之一，可自缴纳税款之日起1年内，书面声明理由，连同原纳税收据向海关申请退税，逾期不予受理：

（1）因海关误征，多纳税款的。

（2）核准免验进口的货物，在完税后，发现有短缺情况，经审查认可的。

（3）已征出口关税的货物，因故未装运出口，申报退关，经海关查验属实的。对已征出口关税的出口货物和已征进口关税的进口货物，因货物品种或规格原因原状复运进境或出境的，才能退税；属于其他原因且不能以原状复运进境或出境的，不能退税。

第四节　关税的会计处理

一、会计账户设置

企业应当在“应交税费”账户下设置“应交进口关税”和“应交出口关税”两个明细账户，分别用来核算企业发生的和实际缴纳的进出口关税，其贷方反映企业在进出口报关时经海关核准应缴纳的进出口关税，其借方反映企业实际缴纳的进出口关税，余额在贷方反映企业应缴纳而未缴纳的进出口关税。

商品进出口业务发生的相关国内费用，计入采购成本或销售费用；进口时发生的国外费用，应计入商品采购成本；出口时发生的国外费用，应冲减商品销售收入。对于进口关税，应当计入进口货物的成本；对于出口关税，通常应当记入“税金及附加”科目。

二、基本会计处理

（一）进口关税的会计处理

进口业务分为自营进口和代理进口两种情况。

1. 自营进口

根据现行会计制度的规定，进口关税构成进口商品的采购成本。企业在计算出应缴纳进口关税时，应借记“材料采购”“原材料”“固定资产”等，贷记“应交税费——应交进口关税”。企业缴纳进口关税时，借记“应交税费——应交进口关税”，贷记“银行存款”。

【例 6-4】某外贸企业2019年11月从国外自营进口排气量2.2升的小轿车一批，CIF价格折合人民币200万元，假定进口关税税率为25%，代征消费税税率9%、增值税税率13%。根据海关开出的税款缴纳凭证，以银行转账支票付讫税款。试做会计分录。

解：应纳进口关税=2 000 000×25%=500 000（元）

代征消费税=（2 000 000+500 000）/（1−9%）×9%=2 747 253×9%=247 253（元）

代征增值税=2 747 253×13%=357 142.89（元）

会计分录如下：

（1）应付账款时：

借：商品采购　　2 000 000

　贷：应付账款　　2 000 000

（2）应交税费时：

借：商品采购　　747 253

　贷：应交税费——应交进口关税　　500 000

　　　　　　——应交消费税　　247 253

（3）缴纳税金时：

借：应交税费——应交增值税（进项税额）　　357 142.89

　　　　　——应交进口关税　　500 000

　　　　　——应交消费税　　247 253

　贷：银行存款　　1 104 395.89

【例6-5】某工业企业2019年11月从香港进口设备2台，设备的CFR价格为天津HKD120 000，保险费率0.3%，关税税率6%，代征增值税税率13%，假定计税日外汇牌价为HKD100=CNY80。

解：关税完税价格=120 000/（1-0.3%）×0.8=96 289（元）

应纳进口关税=96 289×6%=5 777（元）

应纳进口增值税=96 289×13%=12 517.57（元）

（1）应付价款时：

借：在建工程　　96 289

　贷：应付账款——××供应商　　96 289

（2）缴纳税费时：

借：在建工程　　5 777

　　应交税费——应交增值税（进项税额）　　12 517.57

　贷：银行存款　　18 294.57

2.代理进口

代理进口业务一般由外贸企业代理委托单位承办。外贸企业对其代理的进口业务并不负担盈亏，只是收取一定的手续费。因此，代理进口业务发生的进口关税，先由外贸企业代缴，然后向委托单位收取。外贸企业在代理进口业务中计算应缴纳的进口关税时，借记“应收账款——××单位”，贷记“应交税费——应交进口关税”；实际缴纳时，借记“应交税费——应交进口关税”，贷记“银行存款”。委托单位实际向外贸企业支付进口关税时，借记“材料采购”“固定资产”等，贷记“应付账款”等。

【例6-6】宏远公司委托天兴进出口贸易公司代理进口材料一批，宏远公司先付定金4 500 000元。该批材料实际支付离岸价为480 000美元，海外运输费、包装费、保险费共计20 000美元（支付日市场汇价为1美元=6.20元人民币），进口报关当日中国人民银行公布的市场汇价为1美元=6.20元人民币，进口关税税率为20%，增值税税率为13%。试作会计处理。

解：应纳进口关税=（480 000+20 000）×6.20×20%=620 000（元）

应纳增值税=［（480 000+20 000）×6.20+620 000］×13%=483 600（元）

（1）天兴公司：

①收到预付款时：

借：银行存款　　4 500 000

　贷：预收账款——宏远公司　　4 500 000

②进口货物，实际向国外支付货款及运输费、包装费和保险费为3 100 000元（（480 000+20 000）×6.20）：

借：预付账款——宏远公司　　3 100 000

　贷：银行存款　　3 100 000

③进口货物申报应纳增值税、关税时：

借：预收账款——宏远公司　　1 103 600

　贷：应交税费——应交进口关税　　620 000

　　　　　　——应交增值税　　483 600

④实际缴纳税款时：

借：应交税费——应交进口关税　　620 000

　　　　　——应交增值税　　483 600

　贷：银行存款　　1 103 600

⑤企业按规定向宏远公司收取商品全部进价的10%作为代理手续费：

代理手续费=（3 100 000+1 103 600）×10%=420 360（元）

借：应收账款——宏远公司　　420 360

贷：主营业务收入　　420 360

⑥实际收到宏远公司支付的其余货款时：

借：银行存款　　246 720

贷：预收账款　　246 720

（2）宏远公司：

①预付定金时：

借：预付账款——天兴公司　　4 500 000

贷：银行存款　　4 500 000

②实际收到天兴公司报来的账单时：

借：材料采购（3 100 000+620 000+420 360）　　4 140 360

应交税费　　483 600

贷：预付账款　　4 623 960

③实际支付其余货款时：

借：预付账款——天兴公司　　246 720

贷：银行存款　　246 720

（二）出口关税的会计处理

出口业务也分为自营出口和代理出口两种情况。

1.自营出口

企业自营出口商品以FOB价格作为完税价格计缴关税。出口关税是对销售环节征收的一种税金，因此其核算应作为税金，通过“税金及附加”等账户进行。企业计算出应缴纳的出口关税时，应借记“税金及附加”等，贷记“应交税费——应交出口关税”。实际缴纳出口关税时，借记“应交税费——应交出口关税”，贷记“银行存款”。

【例6-7】某企业直接对外出口产品一批，离岸价格为2 000 000元，出口关税税率为15%。试做会计分录。

解：应纳税额=2 000 000×15%=300 000（元）

借：税金及附加　　300 000

贷：应交税费——应交出口关税　　300 000

以银行存款缴纳出口关税时：

借：应交税费——应交出口关税　　300 000

贷：银行存款　　300 000

2.代理出口

对于代理出口业务，外贸企业在计算应纳出口关税时，借记“应收账款”，贷记“应交税费——应交出口关税”；实际缴纳时，借记“应交税费——应交出口关税”，贷记“银行存款”。对于委托企业，收到外贸企业账单时，对于出口关税，借记“税金及附加”，贷记“应付账款”；实际支付时，借记“应付账款”，贷记“银行存款”。

【例6-8】甲公司委托乙公司出口商品一批，离岸价格为1 000 000元，出口关税税率为15%。试做会计分录。

解：应纳出口关税=1 000 000×15%=150 000（元）

（1）乙公司有关会计处理如下：

出口报关时：

借：应收账款——甲公司	150 000	
贷：应交税费——应交出口关税		150 000

实际缴纳时：

借：应交税费——应交出口关税	150 000	
贷：银行存款		150 000

实际与甲公司结算时，将出口关税从应付账款中扣除：

借：应付账款——甲公司	150 000	
贷：应收账款——乙公司		150 000

（2）甲公司在收到乙公司报来的账单时：

借：税金及附加	150 000	
贷：应收账款——乙公司		150 000

注：其他会计分录略。

【例6-9】某进出口公司受托代理甲厂出口商品一批，离岸价格为360 000元，出口关税税率为20%，收取劳务费10 800元。试做会计分录。

解：应纳出口关税=360 000×20%=72 000（元）

（1）出口报关时：

借：应收账款——甲公司	72 000	
贷：应交税费——应交出口关税		72 000

（2）实际缴纳时：

借：应交税费——应交出口关税　　72 000

　贷：银行存款　　72 000

（3）应收劳务费时：

借：应收账款——甲公司　　10 800

　贷：其他业务收入——甲公司　　108 000

（4）收到委托单位划来的税款及劳务费时：

借：银行存款　　82 800

　贷：应收账款——甲公司　　82 800

（三）易货贸易关税的会计处理

易货贸易即以货易货，将出口和进口结合起来进行交易。易货贸易进口业务发生的进口关税，构成其进口商品的成本，企业在计算应缴纳易货贸易进口关税时，应借记“营业成本”，贷记“应交税费——应交进口关税”。企业缴纳进口关税时，借记“应交税费——应交进口关税”，贷记“银行存款”。对于易货贸易出口业务发生的出口关税，应借记“税金及附加”，贷记“应交税费——应交出口关税”；企业实际缴纳出口关税时，借记“应交税费——应交出口关税”，贷记“银行存款”。

【例6-10】某外贸公司按易货协议进口某商品一批，协议价格折合人民币100万元。增值税税率为13%，进口关税税率为20%，应缴增值税13万元，应缴进口关税20万元；该批商品对内销售价格为150万元，销项税额19.5万元，同时企业出口商品一批，协议价格也为100万元，商品成本为60万元，关税税率为10%。试做会计分录。

解：（1）计算应缴进口关税时：

借：主营业务成本——某商品　　200 000

　贷：应交税费——应交进口关税　　200 000

（2）以银行存款缴纳进口关税、增值税时：

借：应交税费——应交进口关税　　200 000

　　　　　——应交增值税（进项税额）　　130 000

　贷：银行存款　　330000

（3）该批商品对内销售，收到销货款时：

借：银行存款　　1 695 000

贷：主营业务收入　　1 500 000

　　应交税费——应交增值税（销项税额）　　195 000

（4）企业按规定报关出口时：

借：税金及附加　　100 000

　　贷：应交税费——应交出口关税　　100 000

（5）实际缴纳出口关税时：

借：应交税费——应交出口关税　　100 000

　　贷：银行存款　　100 000

（6）结转易货贸易出口商品成本：

借：主营业务成本　　60 000

　　贷：库存商品　　60 000

第四节　船舶吨税会计

一、征税对象

船舶吨税（简称吨税）是对从境外港口进入我国境内港口的应税船舶征收的一种税。自境外港口进入境内港口的应税船舶，应当缴纳船舶吨税。

现行船舶吨税的基本规范是2017年12月27日第十二届全国人民代表大会常务委员会第三十一次会议通过的《中华人民共和国船舶吨税法》（以下简称《船舶吨税法》），自2018年7月1日起施行。

二、税率

吨税设置有优惠税率和普通税率。

中华人民共和国国籍的应税船舶，船籍国（地区）与我国签订含有相互给予船舶税费最惠国待遇条款的条约或者协定的应税船舶，适用优惠税率。

其他应税船舶，适用普通税率。

吨税的税目、税率依照本法所附的《吨税税目税率表》执行，见表6-2。

表6-2　　　　　　　　　　　　**吨税税目税率表**

<table>
<tr><th rowspan="3">税目
（按船舶净吨位划分）</th><th colspan="6">税率（元/净吨）</th><th rowspan="3">备注</th></tr>
<tr><th colspan="3">普通税率（按执照期限划分）</th><th colspan="3">优惠税率
（按执照期限划分）</th></tr>
<tr><th>1年</th><th>90日</th><th>30日</th><th>1年</th><th>90日</th><th>30日</th></tr>
<tr><td>不超过2 000净吨</td><td>12.6</td><td>4.2</td><td>2.1</td><td>9.0</td><td>3.0</td><td>1.5</td><td rowspan="4">1. 拖船按照发动机功率每千瓦折合净吨位0.67吨
2. 无法提供净吨位证明文件的游艇，按照发动机功率每千瓦折合净吨位0.05吨
3. 拖船和非机动驳船按相同净吨位船舶税率的50%计征税款</td></tr>
<tr><td>超过2 000净吨，但不超过10 000净吨</td><td>24.0</td><td>8.0</td><td>4.0</td><td>17.4</td><td>5.8</td><td>2.9</td></tr>
<tr><td>超过10 000净吨，但不超过50 000净吨</td><td>27.6</td><td>9.2</td><td>4.6</td><td>19.8</td><td>6.6</td><td>3.3</td></tr>
<tr><td>超过50 000净吨</td><td>31.8</td><td>10.6</td><td>5.3</td><td>22.8</td><td>7.6</td><td>3.8</td></tr>
</table>

三、应纳税额的计算

吨税按照船舶净吨位和吨税执照期限征收。应纳税额按照船舶净吨位乘以适用税率计算。

净吨位，是指由船籍国（地区）政府授权签发的船舶吨位证明书上标明的净吨位。

计算公式为：

应纳税额=船舶净吨位×定额税率（元）

应税船舶负责人在每次申报纳税时，可以按照《吨税税目税率表》选择申领一种期限的吨税执照。

应税船舶在进入港口办理入境手续时，应当向海关申报纳税领取吨税执照，或者交验吨税执照。应税船舶在离开港口办理出境手续时，应当交验吨税执照。

应税船舶负责人申领吨税执照时，应当向海关提供下列文件：

1.船舶国籍证书或者海事部门签发的船舶国籍证书收存证明；

2.船舶吨位证明。

【例6-11】2019年9月20日，B国某运输公司一艘货轮驶入我国某港口，该货轮净吨位为30 000吨，货轮负责人已向我国该海关领取了吨税执照，在港口停留期为30天，B国已与我国签订有相互给予船舶税费最惠国待遇条款。要求：计算应缴纳的船舶吨税。

解：（1）根据船舶吨税的相关规定，该货轮应享受优惠税率，每净吨位为3.3元。

（2）应缴纳的船舶吨税=30 000×3.3=99 000（元）

四、税收优惠

（一）直接优惠

下列船舶免征吨税：

1.应纳税额在人民币50元以下的船舶；

2.自境外以购买、受赠、继承等方式取得船舶所有权的初次进口到港的空载船舶；

3.吨税执照期满后24小时内不上下客货的船舶；

4.非机动船舶（不包括非机动驳船）；

5.捕捞、养殖渔船；

6.避难、防疫隔离、修理、终止运营或者拆解，并不上下客货的船舶；

7.军队、武装警察部队专用或者征用的船舶；

8.依照法律规定应当予以免税的外国驻华使领馆、国际组织驻华代表机构及其有关人员的船舶；

9.国务院规定的其他船舶。

上述5～8项优惠，应当提供海事部门、渔业船舶管理部门或者卫生检疫部门等机构出具的具有法律效力的证明文件或者使用关系证明文件，申明免税理由。

（二）延期优惠

在吨税执照期限内，应税船舶发生下列情形之一的，海关按照实际发生的天数批注延长吨税执照期限：

1.避难、防疫隔离、修理，并不上下客货。

2.军队、武装警察部队征用。

3.应税船舶因不可抗力在未设立海关地点停泊的，船舶负责人应当立即向附近海关报告，并在不可抗力原因消除后，向海关申报纳税。

上述船舶，应当提供海事部门、渔业船舶管理部门或者卫生检疫部门等部门、机构出具的具有法律效力的证明文件或者使用关系证明文件，申明延长吨税执照期限的依据和理由。

五、申报与缴纳

1.吨税由海关负责征收。海关征收吨税应制发缴款凭证。

2.吨税纳税义务发生时间为应税船舶进入港口的当日。

3.应税船舶在吨税执照期满后尚未离开港口的，应当申领新的吨税执照，自上一次执照期满的次日起续缴吨税。

4.应税船舶负责人应当自海关填发吨税缴款凭证之日起15日内向指定银行缴清税款。未按期缴清税款的，自滞纳税款之日起，按日加收滞纳税款0.5‰的滞纳金。

5.应税船舶到达港口前，经海关核准先行申报并办结出入境手续的，应税船舶负责人应当向海关提供与其依法履行吨税缴纳义务相适应的担保；应税船舶到达港口后，依照规定向海关申报纳税。

六、会计处理

企业缴纳的船舶吨税，应通过“应交税费——应交船舶吨税”核算。其贷方反映企业应缴纳的船舶吨税，借方反映企业已经缴纳的船舶吨税。余额在贷方表示企业应交而未交的船舶吨税。

纳税人计算出应交的船舶吨税时，应借记“税金及附加”，贷记“应交税费——应交船舶吨税”；实际缴纳船舶吨税时，应借记“应交税费——应交船舶吨税”，贷记“银行存款”。

【例6-12】以【例6-11】为例。

（1）计算本期应纳船舶吨税时：

借：税金及附加	99 000	
贷：应交税费		99 000

（2）缴纳船舶吨税时：

借：应交税费——船舶吨税	99 000	

贷：银行存款　　99 000

技能训练题

一、单项选择题

1.凡是我国允许进口或出口的（　　），在进出关境时，除国家另有规定外，都应依照《海关进出口税则》的规定征收进口关税和出口关税。

A.各种货物　　B.货物、物品

C.货物、运输工具和人员　　D.物品

2.下列各项中，属于进口完税价格组成部分的有（　　）。

A.进口人向境外采购代理人支付的佣金

B.进口人向卖方支付的购货佣金

C.进口设施的安装调试费用

D.货物运抵境内输入地点起卸之后的运输费用

3.关税纳税义务人因不可抗力或者在国家税收政策调整的情形下，不能按期缴纳税款的，经海关总署批准，可以延期缴纳税款，但最多不得超过（　　）个月。

A.3　　B.6

C.9　　D.12

4.关税税率随进口商品价格由高到低而由低到高设置，这种计征关税的方法称为（　　）。

A.从价税　　B.从量税

C.复合税　　D.滑准税

5.进口货物的保险费应计入进口完税价格中，但陆、空、邮运进口货物的保险费无法确定时，可按“货价加运费”之和的（　　）计算保险费。

A.1‰　　B.2‰

C.3%　　D.3‰

6.在缴纳关税时，纳税义务人应当自海关填发税款缴款书之日起（　　）日内，向指定银行缴纳税款。

A.15　　B.20

C.25　　D.30

7.下列各项中，符合关税对特殊进口货物完税价格规定的是（　　）。

A.运往境外加工的货物，应以加工后进境时的到岸价格为完税价格

B.准予暂时进口的施工机械，应当按照一般进口货物估价办法的规定估定完税价格

C.转让进口的免税旧货物，以原入境的到岸价为完税价格

D.留购的进口货样，以进口价格作为完税价格

8.下列各项中，符合关税法定免税规定的是（　　）。

A.残疾人专用品

B.边境贸易进出口的基建物资和生产用车辆

C.关税税款在人民币100元以下的一票货物

D.经海关核准进口的无商业价值的广告品和货样

9.以下计入进口货物关税完税价格的项目有（　　）。

A.货物运抵境内输入地点之后的运输费用

B.进口关税

C.国内保险费

D.卖方间接从买方对该货物进口后使用所得中获得的收益

10.进口货物的完税价格，由海关以进出口货物的（　　）为基础审定完税价格。

A.申报价格　　B.到岸价格

C.离岸价格　　D.实际成交价格

二、多项选择题

1.下列各项目中，不计入进口完税价格的有（　　）。

A.进口关税及其他国内税

B.进口设备进口后的维修服务费用

C.货物运抵我国境内输入地起卸后的运输装卸费

D.进口货物在境内的复制权费

2.下列各项中，属于关税法定纳税义务人的有（　　）。

A.进口货物的收货人　　B.进口货物的代理人

C.出口货物的发货人　　D.出口货物的代理人

3.进口货物的到岸价格包括货价，以及货物运达我国输入地点起卸前的有关费用，这些费用包括（　　）。

A.包装费　　　　B.运输费

C.保险费　　　　D.手续费

4.下列未包含在进口货物价格中的项目，应计入关税完税价格的有（　　）。

A.由买方负担的购货佣金

B.由买方负担的包装材料和包装劳务费

C.由买方负担的经纪费用

D.由买方负担的与该货物视为一体的容器费用

5.下列符合关于对入境旅客行李物品和个人邮递物品征收进口税办法的有（　　）。

A.个人物品行李的进口税，包括关税和增值税、消费税

B.进境物品进口税的纳税义务人不得委托他人代为办理纳税手续

C.进口税从价计征

D.进境物品适用海关填发税款缴纳书之日的税率和完税价格

6.进口关税计征方法包括（　　）。

A.从价税　　　　B.从量税

C.复合税　　　　D.反倾销税

7.目前，我国既可以采用从价计征方式又可以采用从量计征方式的税种有（　　）。

A.进口关税　　　　B.进口环节增值税

C.进口环节消费税　　　　D.出口关税

8.下列选项中，如能与该货物实付价格区分，不得列入进口关税完税价格的费用有（　　）。

A.进口关税及其他国内税

B.货物运抵境内输入地点之后的运输费用

C.买方为购进货物向代表双方利益的经纪人支付的劳务费

D.为在境内复制进口货物而支付的费用

9.以下属于进口附加税的是（　　）。

A.滑准税　　　　B.反补贴税

C.反倾销税　　　　　　　　　　D.保障措施关税

10.下列关于关税征税对象的说法正确的有（　　）。

A.关税的征税对象是准许进出境的货物，但是不包括物品

B.香港虽是我国的单独关境区，但是其完全适用我国海关法律、法规等

C.飞机上的乘务人员携带进口的自用物品属于关税的征税对象

D.个人邮寄的物品属于关税的征税对象

11.下列关于船舶吨税的说法，正确的是（　　）。

A.拖船和非机动驳船按相同净吨位船舶税率的50%计征税款

B.吨税设置一栏税率

C.吨税按照船舶净吨位和执照期限征收

D.吨税由海关负责征收

三、判断题

1.我国目前对进出口货物试行从量关税、复合关税和滑准关税。（　　）

2.出口货物应以海关审定的成交价格为基础的离岸价格为关税的完税价格。（　　）

3.出口货物完税价格中不包括货物从内地口岸至最后出境口岸所支付的国内段运输费用，进口货物完税价格包括国内段运费。（　　）

4.为了鼓励出口，我国只对进口货物或物品征收关税，不征出口关税。（　　）

5.我国对少数进口商品计征关税时所采用的滑准税实质上是一种特殊的从价税。（　　）

6.出口关税税率只有一栏普通税率。（　　）

7.关税纳税人同海关就进口增值税、消费税发生纳税争议，可在缴纳税款后向税务机关申请复议。（　　）

8.行李和邮递物品进口税简称行邮税，是海关对入境旅客行李物品和个人邮递物品征收的进口税，包含了在进口环节征收的增值税、消费税。（　　）

9.如果一国境内设有自由贸易区、自由港等，则该国的关境大于国境。（　　）

10. 关税完税价格并不一定等于纳税人向海关申报的价格，只有经过海关审核并接受的申报价格才能作为完税价格。（　）

四、计算题

1. 上海某进出口公司从美国进口货物一批，货物以离岸价格成交，成交价格折合人民币1 410万元（包括单独计价并已经海关审查属实的向境外采购代理人支付的买方佣金10万元，但不包括适用该货物而向境外支付的软件费50万元、向卖方支付的佣金15万元），另支付货物运抵我国上海港的运费、保险费等35万元。假设该货物适用的关税税率为20%，增值税税率为13%，消费税税率为10%。

要求：分别计算该公司应纳关税、消费税和增值税。

2. 企业2019年11月将一台账面余值55万元的进口设备运往境外修理，当月在海关规定的期限内复运进境。经海关审定的境外修理费为4万元、料件费为6万元。假定该设备的进口关税税率为15%。

要求：计算该企业应缴纳的关税。

3. 我国某公司2019年11月从国内甲港口出口一批锌锭到国外，货物成交价格170万元（不含出口关税），其中包括货物运抵甲港口装载前的运输费10万元、单独列明支付给境外的佣金12万元。甲港口到国外目的地港口之间的运输保险费为20万元。锌锭出口关税税率为20%。

要求：计算该公司出口锌锭应缴纳的出口关税。

五、业务核算题（根据所给经济业务作相关的涉税会计处理）

1. 某外贸企业从国外自营进口商品一批，CIF价格折合人民币为400 000元，进口关税税率为20%，代征增值税税率13%，根据海关开出的专用缴款书，以银行转账支票付讫税款。试做会计分录。

2. 某单位委托某进出口公司进口商品一批，进口货款1 820 000元已汇入进出口公司存款户。该进口商品我国口岸CIF价格为USD240 000，进口关税税率为20%，当日的外汇牌价为USD1=RMB6.20，代理手续费按货价2%收取，现该批商品已运达，向委托单位办理结算。试做会计分录。

3. 某进出口公司代理某工厂出口一批商品。我国口岸FOB价折合人民币为360 000元，出口关税税率为15%，手续费为10 800元。试做会计分录。

4.2019年12月10日，A国某运输公司的一艘拖船驶入我国某港口，该拖船发动机功率为44 776.12千瓦，拖船负责人已向我国海关领取了吨税执照，在港口停留期限为30天，A国已与我国签订有相互给予船舶税费最惠国待遇条款，已知船舶净吨位超过10 000净吨但不超过50 000净吨、执照期限为30日的普通税率为4.6元/净吨，优惠税率为3.3元/净吨。

要求：计算应向我国海关缴纳的船舶吨税，并作相应的涉税会计处理。

第七章

城市维护建设税与教育费附加会计

第一节　城市维护建设税及其会计处理

一、城市维护建设税概述

城市维护建设税（简称城建税），是国家对缴纳增值税、消费税（简称“两税”）的单位和个人，以其实际缴纳的税额为计税依据，计算征收的一种附加税[①]。城建税出口不退，进口不征。现行城建税的基本规范是1985年2月8日国务院发布并于同年1月1日实施的《中华人民共和国城市维护建设税暂行条例》（简称《城市维护建设税暂行条例》），以及2010年10月18日国务院发布的《关于统一内外资企业和个人城市维护建设税和教育费附加制度的通知》。

城建税是一种具有受益性质的行为税，具有以下特点：

1.征税范围较广。城建税以缴纳的增值税和消费税税额为税基，意

① “营改增”之前城建税和教育费附加是针对缴纳增值税、消费税和营业税的单位和个人征收，“营改增”后，在流转环节主要涉及增值税和消费税。

味着对所有纳税人都要征收城建税。它的征税范围比其他任何税种的征税范围都要广。

2.属于一种附加税。城建税以增值税、消费税实际缴纳的税额为计税依据，随增值税和消费税同时附征。税法规定对纳税人减免增值税和消费税时，相应也减免了城建税，征管方法基本按照增值税、消费税的有关规定办理。

3.根据城镇规模设计税率。城建税的负担水平不是依据纳税人获取的利润水平或经营特点，而是根据纳税人所在城镇的规模及资金需要设计的。城镇规模大的，税率高一些；反之，就低一些。

4.税款专款专用。城建税所征税款要求保证用于城市的公用事业及公共设施的维护和建设。

二、纳税人

城建税的纳税人是指在征税范围内从事工商经营并缴纳增值税、消费税的单位和个人，即负有缴纳增值税、消费税义务的单位和个人。

国务院决定，自2010年12月1日起，对外商投资企业、外国企业及外籍个人（统称外资企业）征收城建税。之前，城建税只对内资企业、单位和个人征收。

三、税率

城建税实行地区差别比例税率，按纳税人所在地的行政区划来设定适用税率，具体为：

1.纳税人所在地在城市市区的，税率为7%；

2.纳税人所在地在县城、建制镇的，税率为5%；

3.纳税人所在地不在城市市区、县城、建制镇的，税率为1%。

纳税人一般应按所在地适用的税率计算纳税，但对下列两种情况，可按缴纳“两税”所在地的适用税率就地缴纳城建税：

（1）由受托方代征、代扣“两税”的单位和个人，其代征代扣的城建税按受托方所在地适用税率；

（2）流动经营等无固定经营场所和纳税地点的单位和个人，在经营地缴纳“两税”的，其城建税的缴纳按经营地适用税率。

对中国国家铁路集团有限公司应纳的城建税，税率统一为5%。

四、应纳税额的计算

城建税以纳税人实际缴纳的“两税”税额为计税依据。纳税人违反“两税”有关规定而加收的滞纳金和罚款，不作为城建税的计税依据，但纳税人在被查补“两税”以及被处以罚款时，应同时对其偷漏的城建税进行补税、征收滞纳金和罚款。计算公式为：

应纳税额=实际缴纳的增值税、消费税税额×适用税率

【例7-1】位于某市的甲地板厂2019年11月购进一批原材料，取得普通发票注明价款800 000元；当月委托位于县城的乙工厂加工成实木地板，取得乙工厂开具的增值税专用发票注明加工费140 000元、辅料费10 000元。乙工厂当月交付50%的实木地板，12月交付剩余部分。

要求：计算乙工厂11月应代收代缴甲地板厂的城建税（实木地板消费税税率为5%）。

解：纳税人委托加工的应税消费品，其消费税纳税义务发生时间为纳税人提货的当天；由受托方代扣代缴、代收代缴“两税”的单位和个人，其代扣代缴、代收代缴的城建税按受托方所在地适用税率执行。

应代收代缴城建税=（800 000+140 000+10 000）×50%÷（1-5%）×5%（消费税税率）×5%（城建税税率）

=1 250（元）

五、申报与缴纳

（一）减免税

城建税原则上不单独减免，但因城建税具有附加税性质，当主税发生减免时，城建税相应发生减免。城建税的税收减免有以下几种情况：

1.城建税按减免后实际缴纳的“两税”税额计征，即随“两税”的减免而减免。

2.对“两税”实行先征后返、先征后退、即征即退办法的，除另有规定外，对随“两税”附征的城建税和教育费附加，一律不予退（返）还。

3.海关对进口产品代征“两税”的，不征收城建税；对出口产品退还“两税”的，不退还已缴纳的城建税。

4.经国务院批准，为支持国家重大水利工程建设，对国家重大水利工程建设基金免征城建税和教育费附加。

（二）纳税地点

1.纳税人直接缴纳“两税”的，在缴纳地缴纳城建税。

2.代扣代缴的纳税地点。代征、代扣、代缴“两税”的企业单位，同时也要代征、代扣、代缴城建税。如果没有代扣城建税的，应纳税单位或个人回到其所在地申报纳税。

3.各银行缴纳的增值税，均由取得业务收入的核算单位就地缴纳。县以上各级银行直接经营业务取得的收入，由各级银行分别在所在地纳税；县和设区的市，由县支行或区办事处在其所在地纳税，而不能分别按所属营业所的所在地计算纳税。

六、会计处理

城建税的会计核算均应通过“应交税费——应交城建税”账户进行。计算应缴纳的城建税时，借记“税金及附加”“其他业务成本”“固定资产清理”等，贷记“应交税费——应交城建税”；缴纳城建税时，借记“应交税费——应交城建税”，贷记“银行存款”。

【例 7-2】某工厂 2019 年 11 月 30 日计算出企业当月应纳增值税 68 000 元。该企业地处某城市市区，城建税税率为 7%。计算应纳城建税并作会计处理。

解：计提城建税时：

应纳城建税税额=68 000×7%=4 760（元）

借：税金及附加	4 760	
贷：应交税费——应交城建税		4 760

缴纳城建税时：

借：应交税费——应交城建税	4 760	
贷：银行存款		4 760

第二节　教育费附加及其会计处理

一、教育费附加概述

教育费附加是对缴纳增值税、消费税（简称“两税”）的单位和个人，就其实际缴纳的税额为计税依据征收的一种附加费。现行的教育费附加的基本规范是《国务院关于修改〈征收教育费附加的暂行规定〉的决定》（中华人民共和国国务院令第448号），自2005年10月1日起施行，以及2010年10月18日国务院发布的《关于统一内外资企业和个人城市维护建设税和教育费附加制度的通知》。2016年5月1日我国全面实行“营改增”试点后，对教育费附加的有关规定也相应发生了变化。

教育费附加作为专项收入，由教育部门统筹安排使用。此外，一些地方政府为发展地方教育事业，还根据教育法规的规定，开征了“地方教育费附加”。

二、纳费人

教育费附加的纳费人是指负有缴纳增值税和消费税义务的单位和个人。

国务院决定，自2010年12月1日起，对外商投资企业、外国企业及外籍个人（统称外资企业）征收教育费附加。之前，教育费附加只对内资企业、单位和个人征收。

三、征收率

教育费附加的征收率为3%，地方教育附加征收率统一为2%。

四、计算

教育费附加以纳税人实际缴纳的增值税、消费税的税额为计费依据。计算公式为：

应纳教育费附加=实际缴纳的增值税、消费税×3%

【例7-3】某县城一家食品加工企业为增值税小规模纳税人，2019年第三季度购进货物取得普通发票的销售额合计500 000元，销售货物开具普通发票销售额合计721 000元，出租设备取得收入103 000元。

要求：计算当期应纳的城建税、教育费附加和地方教育附加。

解：应纳城建税=（72.1+10.3）÷（1+3%）×3%×5%=0.12（万元）

应纳教育费附加=（72.1+10.3）÷（1+3%）×3%×3%=0.072（万元）

应纳地方教育附加=（72.1+10.3）÷（1+3%）×3%×2%=0.048（万元）

五、申报与缴纳

纳税人申报缴纳增值税、消费税的同时，申报、缴纳教育费附加。

海关进口产品征收增值税、消费税，不征收教育费附加。

教育费附加由税务局负责征收。

六、会计处理

教育费附加虽不是税金，但应在“应交税费”账户下设“应交教育费附加”明细账户核算其应交、已交和欠交情况。计算应交教育费附加时，借记“税金及附加”“其他业务成本”“固定资产清理”等，贷记“应交税费——应交教育费附加”；缴纳教育费附加时，借记“应交税费——应交教育费附加”，贷记“银行存款”。

【例 7-4】地处某市的某工厂2019年11月30日计算出企业当月应交的增值税68 000元。试作会计处理。

解：计提教育费附加时：

应缴纳教育费附加=68 000×3%=2 040（元）

借：税金及附加　　2 040

　贷：应交税费——应交教育费附加　　2 040

缴纳教育费附加时：

借：应交税费——应交教育费附加　　2 040

　贷：银行存款　　2 040

技能训练题

一、单项选择题

1.位于市区的某企业2019年11月份共缴纳增值税、消费税和关税562万元，其中关税102万元，进口环节缴纳的增值税和消费税260万元。该企业11月份应缴纳的城市维护建设税为（　　）万元。

A.14　　B.18.2

C.32.2　　D.39.34

2.下列经济行为中，（　　）在缴纳相关税种的同时，还应缴纳城建税。

A.私营企业销售货物　　B.某企业进口货物一批

C.企业购置车辆　　D.个人取得有奖发票中奖所得

3.下列情况中，符合城建税有关规定的是（　　）。

A.个体经营者不缴纳城建税

B.流动经营的纳税人在经营地缴纳城建税

C.流动经营的纳税人在居住地缴纳城建税

D.城建税的减免只有省、市、自治区政府有权决定

4.根据现行规定，关于城建税和教育费附加的减免规定，下列表述正确的是（　　）。

A.对出口产品退还增值税、消费税的，可以同时退还已征的教育费附加

B.对海关进口产品征收的增值税、消费税，应征收教育费附加

C.对因减免税而需要进行增值税、消费税退库的，不可以同时退还已征的城建税

D.对增值税、消费税实行先征后返、先征后退、即征即退办法的，除另有规定外，对随征的城市维护建设税，一律不予退（返）还

5.下列项目中，不作为城建税计税依据的是（　　）。

A.纳税人被认定为偷税少缴的增值税款

B.纳税人被认定为抗税少缴的消费税款

C.纳税人应纳的增值税

D.对欠缴增值税加收的滞纳金

6.市区某专营进出口业务的生产企业在2019年11月计算出口货物应退税额20万元，免抵税额为20万元；当月进口货物向海关缴纳增值税35万元、消费税25万元。该企业当月应缴纳城市维护建设税及教育费附加（　　）万元。

A.5.6　　　　B.1.4

C.4.2　　　　D.2

7.市区某专营进出口业务的生产企业在2019年6月计算出口货物应退税额为20万元，免抵税额为20万元；当月进口货物向海关缴纳增值税35万元、消费税25万元。该企业当月应缴纳城市维护建设税、教育费附加及地方教育附加为（　）万元。

A.5.6　　　　B.5.4

C.4.2　　　　D.2.4

8.下列项目属于城市维护建设税计税依据的是（　　）。

A.中外合资企业在华机构缴纳的企业所得税

B.个体工商户拖欠增值税加收的滞纳金

C.个人独资企业偷税被处的增值税罚款

D.外资商场偷逃的增值税税金

9.目前我国城建税的税率实行的是（　　）的方法。

A.纳税人所属行业差别比例税率

B.纳税人所在地差别比例税率

C.纳税人所属行业累进税率

D.纳税人所在地统一累进税率

10.地方教育附加的计征比例为（　　）。

A.1%　　B.2%

C.3%　　D.5%

二、多项选择题

1.城建税和教育费附加的计算基数不包括（　　）。

A.某生产企业出口货物确认的免抵退税额

B.查补的增值税、消费税

C.享受税收优惠而减免的增值税、消费税

D.货物进口时征收的增值税、消费税

2.下列行为中，需要缴纳城建税和教育费附加的有（　　）。

A.政府机关出租房屋行为

B.企业购买房屋行为

C.油田开采天然原油并销售的行为

D.企业产权整体转让行为

3.下列情况中，不缴纳城建税的有（　　）。

A.外商缴纳的增值税

B.外商缴纳的消费税滞纳金

C.某内资企业本月进口货物海关代征的增值税

D.某服务性内资企业本年直接免征的增值税

4.城建税适用的税率有（　　）。

A.7%　　B.5%

C.3%　　D.1%

5.下列各项中，关于教育费附加的正确表述有（　　）。

A.教育费附加征收比率按照地区差别设定

B.对海关进口的产品征收增值税、消费税，但不征收教育费附加

C. 出口产品退还增值税、消费税的，同时退还已征收的教育费附加

D. 外商投资企业和外国企业也要缴纳教育费附加

6. 根据相关规定，下列属于城市维护建设税的特点的有（　　）。

A. 税款专款专用，具有受益税性质

B. 实行从量定额征收

C. 征收范围广

D. 属于一种附加税

7. 位于某市的卷烟生产企业委托设在县城的烟丝加工厂加工一批烟丝，提货时，加工厂代收代缴的消费税为1 600元，其城建税和教育费附加按以下办法处理（　　）。

A. 在烟丝加工厂所在地缴纳城建税及教育费附加160元

B. 在烟丝加工厂所在地缴纳城建税80元

C. 在卷烟厂所在地缴纳教育费附加48元

D. 在卷烟厂所在地缴纳城建税及教育费附加112元

8. 下列各项中，属于城市维护建设税的纳税义务人的有（　　）。

A. 国有企业　　B. 集体企业

C. 私营企业　　D. 外商投资企业

9. 下列说法符合城建税以及教育费附加规定的是（　　）。

A. 纳税人缴纳增值税和消费税的地点，就是该纳税人缴纳教育费附加的地点

B. 由受托方代收代缴增值税和消费税的，代收代缴的城建税按受托方所在地适用税率执行

C. 海关对进口产品代征的增值税、消费税，不征收教育费附加

D. 纳税人因延迟缴纳而补缴增值税和消费税的，不需要补缴教育费附加

10. 根据现行规定，下列关于教育费附加的说法中正确的有（　　）。

A. 海关对进口产品代征消费税的，不代征教育费附加

B. 对于减免增值税、消费税而发生退税的，可以同时退还已征收的教育费附加

C. 出口产品退还增值税、消费税的，同时退还已经征收的教育费附加

D.流动经营无固定纳税地点的单位和个人，不缴纳教育费附加

三、判断题

1.城建税的计税依据是纳税人实际缴纳的增值税和消费税税额之和。（ ）

2.由受托方代收代缴消费税的，代收代缴的城建税按委托方所在地的适用税率计算。（ ）

3.城市维护建设税的计税依据为纳税人实际缴纳的增值税、消费税税额和查补的增值税、消费税税额，以及对纳税人违反增值税、消费税法规而加收的滞纳金和罚款。（ ）

4.生产企业自营出口或委托外贸企业代理出口的自产货物在出口产品退还增值税、消费税时，一并退还已缴纳的城建税；有出口经营权的外贸企业收购后直接出口或委托其他外贸企业代理出口的货物在出口产品退还增值税、消费税时，不退还已缴纳的城建税。（ ）

5.某外贸企业进口一批小汽车，其进口汽车可按1%的最低档税率征收城建税。（ ）

四、计算与核算题

位于市区的某具有出口经营权的高尔夫球具厂，出口货物增值税实行“免抵退”税办法，2019年11月初增值税留抵税额为3 800元，当月还发生如下业务：

（1）从境内购买原材料，取得增值税专用发票注明增值税22万元。

（2）从境外购买原材料，关税完税价格为80万元，关税税率为20%，海关已经代征进口环节增值税。

（3）将自产的一批成本价为60万元的高尔夫球具移送下设的非独立核算门市部（位于本市），当月门市部将其中70%销售，取得价税合计金额81.9万元。

（4）将一批成本价为80万元的高尔夫球具抵顶上月欠某原材料供应商的材料款。已知同类高尔夫球具的平均不含税售价为93.33万元，最高不含税售价为95万元。

（5）将自产的一批高尔夫球具销往美国，出口离岸价折合人民币100万元。

已知：高尔夫球具适用的消费税税率为10%，成本利润率为10%。

增值税出口退税率为11%，增值税征税率为13%。企业取得的相关发票均经过税务机关认证并在当月抵扣。

要求：

（1）计算该高尔夫球具厂当月应缴纳或退还的增值税。

（2）计算该高尔夫球具厂当月应缴纳的消费税。

（3）计算该高尔夫球具厂当月应缴纳的城市维护建设税。

（4）计算该高尔夫球具厂当月应缴纳的教育费附加。

（5）试作应缴纳的城市维护建设税和教育费附加的涉税会计处理。

第八章

资源税与环境保护税会计

第一节 资源税的基本要素

一、资源税概述

资源是一个含义相当广泛的概念，包括自然资源和社会资源。资源税是以各种自然资源为课税对象征收的一种税。自然资源是指天然存在的自然物质资源，一般包括土地资源、海洋资源、森林资源、草原资源、水力资源、生物资源、矿藏资源及阳光、空气等资源。

我国开征资源税的历史很悠久，早在周朝就有“山泽之赋”，对在山上伐木、采矿、狩猎，水上捕鱼、煮盐等行为，都要征税。战国时期秦国对盐的生产、运销所课征的“盐课”，也属于资源税。明朝的“坑冶之课”，实际上就是矿税，其征收对象包括金、银、铜、铝、朱砂等矿产品。

目前我国开征的资源税以部分自然资源为课税对象，对在我国境内开采应税矿产品及生产盐的单位和个人征收。

我国现行资源税的法律依据是2011年9月21日国务院第173次常务会议修订通过的《中华人民共和国资源税暂行条例》（以下简称《资源税暂行条例》）、财政部和国家税务总局修订通过的《中华人民共和国资源税暂行条例实施细则》（以下简称《资源税暂行条例实施细则》），以及财政部、国家税务总局《关于全面推进资源税改革的通知》，自2016年7月1日起正式实施。

我国资源税具有以下特点：

（1）对特定资源产品征税，征税范围小。资源税法采取列举方法，征税范围仅包括应税矿产品和盐，实质上是一种矿产资源税制，范围仅限于采掘业。

（2）征税目的主要在于调节级差收入。资源税的立法目的主要在于调节资源开采企业因资源开采条件的差异所形成的级差收入，为资源开采企业之间开展公平竞争创造条件。

（3）实行从价计征和从量计征两种方式。

（4）资源税具有单一环节一次课征的特点，只在开采后出厂销售或移送自用环节纳税，其他批发、零售环节不再纳税。

为深化财税制度改革，促进资源节约集约利用，加快生态文明建设，自2016年7月1日起全面推进资源税改革，已实施从价计征的原油、天然气、煤炭、稀土、钨、钼6个资源品目资源税政策暂不调整，仍按原办法执行。

1.扩大资源税征收范围。

（1）开展水资源税改革试点工作。2016年先在河北省开展试点，2017年12月1日起试点扩展到北京、天津、山西、内蒙古、山东、河南、四川、陕西、宁夏等9个省（自治区、直辖市）。

（2）逐步将其他自然资源纳入征收范围。鉴于森林、草场、滩涂等资源在各地区的市场开发利用情况不尽相同，对其全面开征资源税条件尚不成熟，此次改革不在全国范围统一规定对森林、草场、滩涂等资源征税。各省、自治区、直辖市人民政府可以结合本地实际，根据森林、草场、滩涂等资源开发利用情况提出征收资源税的具体方案建议，报国务院批准后实施。

2.实施矿产资源税从价计征改革。

3.全面清理涉及矿产资源的收费基金。将全部资源品目矿产资源补偿费费率降为零，停止征收价格调节基金，取缔地方针对矿产资源违规设立的各种收费基金项目。

4.合理确定资源税税率水平。

5.加强矿产资源税收优惠政策管理，提高资源综合利用效率。

6.明确收入分配体制及经费保障。

（1）此次纳入改革的矿产资源税收入全部为地方财政收入。

（2）水资源税仍按水资源费中央与地方1：9的比例分成。在缴纳南水北调工程基金期间，河北省的水资源税收入全部留给该省。

（3）资源税改革实施后，相关部门履行正常工作职责所需经费，由中央和地方财政统筹安排和保障。

二、征税对象

资源税以应税矿产品和盐为征税对象。矿产品是指原矿和选矿产品，具体包括原油、煤炭、天然气、原矿、精矿（或原矿加工品）、金锭、氯化钠初级产品，见表8-1。

表8-1 **资源税税目表**

<table>
<tr><th colspan="3">征税范围</th><th>不征或暂不征收的项目</th></tr>
<tr><td colspan="3">原油（天然原油）</td><td>不包括人造石油</td></tr>
<tr><td colspan="3">天然气（专门开采或与原油同时开采的天然气）</td><td></td></tr>
<tr><td colspan="3">煤炭，包括原煤、未税原煤加工洗选煤</td><td>其他煤炭制品</td></tr>
<tr><td rowspan="2">金属矿</td><td>黑色金属矿</td><td rowspan="2">铁矿、金矿、铜矿等原矿或者精矿</td><td rowspan="4">对未列举的其他金属和非金属矿产品，由省级人民政府根据实际情况确定具体税目和适用税率</td></tr>
<tr><td>有色金属矿</td></tr>
<tr><td rowspan="2">非金属矿</td><td colspan="2">（海盐、湖盐和井矿盐、提取地下卤水晒制的盐）包括固体盐和液体形态的初级产品</td></tr>
<tr><td colspan="2">石墨、煤层气、硅藻土等等</td></tr>
</table>

对未列举名称的其他矿产品，省级人民政府可对本地区主要矿产品按矿种设定税目，对其余矿产品按类别设定税目，并按其销售的主要形态（如原矿、精矿）确定征税对象。

为促进共伴生矿的综合利用，纳税人开采销售共伴生矿，共伴生矿与主矿产品销售额分开核算的，对共伴生矿暂不计征资源税；没有分开核算的，共伴生矿按主矿产品的税目和适用税率计征资源税。财政部、国家税务总局另有规定的，从其规定。

三、纳税人

资源税仅对在我国领域和管辖的其他海域开采矿产品或者生产盐的单位和个人征收，进口的矿产品和盐不征收资源税，对出口应税产品不免征或退还已纳资源税。

单位，是指企业、行政单位、事业单位、军事单位、社会团体及其他单位。

个人，是指个体工商户和其他个人。

其他单位和其他个人包括外商投资企业、外国企业及外籍人员。

自2011年11月1日起，中外合作开采陆上石油资源、海洋石油资源的中国企业和外国企业依法缴纳资源税，不再缴纳矿区使用费。

《资源税暂行条例》第十一条规定，为加强资源税的征管，收购未税矿产品的单位为资源税的扣缴义务人。收购未税矿产品的单位包括独立矿山、联合企业及其他收购未税矿产品的单位（包括个体户）。

独立矿山是指只有采矿或只有采矿和选矿、独立核算、自负盈亏的单位，其生产的原矿和精矿主要用于对外销售；联合企业是指采矿、选矿、冶炼（或加工）连续生产的企业或采矿、冶炼（或加工）连续生产的企业，其采矿单位一般是该企业的二级或二级以下核算单位；其他收购未税矿产品的单位，是指自己并不生产应税矿产品，而从事矿产品原矿收购自用或卖给其他使用单位的矿产品收购单位。

四、税率

资源税主要采用比例税率，仅对黏土、砂石实行从量定额计征，采用定额税率，见表8-2。

表8-2　　资源税税目税率表

序号	税目		征税对象	税率幅度
1	金属矿	铁矿	精矿	1%～6%
2		金矿	金锭	1%～4%
3		铜矿	精矿	2%～8%
4		铝土矿	原矿	3%～9%
5		铅锌矿	精矿	2%～6%
6		镍矿	精矿	2%～6%
7		锡矿	精矿	2%～6%
8		未列举名称的其他金属矿产品	原矿或精矿	税率不超过20%
9	非金属矿	石墨	精矿	3%～10%
10		硅藻土	精矿	1%～6%
11		高岭土	原矿	1%～6%
12		萤石	精矿	1%～6%
13		石灰石	原矿	1%～6%
14		硫铁矿	精矿	1%～6%
15		磷矿	原矿	3%～8%
16		氯化钾	精矿	3%～8%
17		硫酸钾	精矿	6%～12%
18		井矿盐	氯化钠初级产品	1%～6%
19		湖盐	氯化钠初级产品	1%～6%
20		提取地下卤水晒制的盐	氯化钠初级产品	3%～15%
21		煤层（成）气	原矿	1%～2%
22		黏土、砂石	原矿	每吨或立方米0.1元～5元
23		未列举名称的其他非金属矿产品	原矿或精矿	从量税率每吨或立方米不超过30元；从价税率不超过20%
24		海盐	氯化钠初级产品	1%～5%
25		原油		6%
26		天然气		6%
27		煤炭		2%～10%

备注：

（1）铝土矿包括耐火级矾土、研磨级矾土等高铝黏土。

（2）氯化钠初级产品是指井矿盐、湖盐原盐、提取地下卤水晒制的盐和海盐原盐，包括固体和液体形态的初级产品。

（3）海盐是指海水晒制的盐，不包括提取地下卤水晒制的盐。

独立矿山、联合企业收购未税矿产品的单位，按照本单位应税产品税额、税率标准征税。

其他收购单位收购的未税矿产品，按税务机关核定的应税产品税额、税率标准征税。

五、应纳税额的计算

（一）纳税环节

资源税在应税产品的销售或自用环节计算缴纳。以自采原矿加工精矿产品的，在原矿移送使用时不缴纳资源税，在精矿销售或自用时缴纳资源税。

纳税人以自采原矿加工金锭的，在金锭销售或自用时缴纳资源税。纳税人销售自采原矿或者自采原矿加工的金精矿、粗金，在原矿或者金精矿、粗金销售时缴纳资源税，在移送使用时不缴纳资源税。

（二）计税依据

1.从价定率征收的计税依据

（1）从价定率征收的计税依据为销售额，它是指纳税人销售应税产品向购买方收取的全部价款和价外费用，不包括增值税销项税额、运杂费用，以及同时符合三项条件的代为收取的政府性基金、行政事业性收费。

运杂费用是指应税产品从坑口或洗选（加工）地到车站、码头或购买方指定地点的运输费用、建设基金以及随运销产生的装卸、仓储、港杂费用。

运杂费用应取得合法有效凭据并与销售额分别核算，凡未取得合法有效凭据或不能与销售额分别核算的，应当一并计征资源税。

（2）为公平原矿与精矿之间的税负，对同一种应税产品，征税对象为精矿的，纳税人销售原矿时，应将原矿销售额换算为精矿销售额缴纳资源税；征税对象为原矿的，纳税人销售自采原矿加工的精矿，应将精矿销售额折算为原矿销售额缴纳资源税。换算比或折算率原则上应通过原矿售价、精矿售价和选矿比计算，也可通过原矿销售额、加工环节平均成本和利润计算。

金矿以标准金锭为征税对象，纳税人销售金原矿、金精矿的，应比照上述规定将其销售额换算为金锭销售额缴纳资源税。

换算比或折算率应按简便可行、公平合理的原则，由省级财税部门确定，并报财政部、国家税务总局备案。

（3）特殊情形下销售额的确定。

①纳税人开采应税产品由其关联单位对外销售的，按其关联单位的销售额征收资源税。

②纳税人既有对外销售应税产品，又有将应税产品自用于除连续生产应税产品以外的其他方面的（包括用于非生产项目或生产非应税产品），则自用的这部分应税产品，按纳税人对外销售应税产品的平均价格计算销售额征收资源税。

③纳税人将其开采的应税产品直接出口的，按其离岸价格（不含增值税）计算销售额征收资源税。

④纳税人申报的应税产品销售额明显偏低并且无正当理由的、有视同销售应税产品行为而无销售额的，除财政部、国家税务总局另有规定外，按下列顺序确定：

按纳税人最近时期同类产品的平均销售价格确定；

按其他纳税人最近时期同类产品的平均销售价格确定；

按组成计税价格确定。

组成计税价格=成本×（1+成本利润率）÷（1-资源税税率）

公式中的成本是指应税产品的实际生产成本。公式中的成本利润率由省、自治区、直辖市税务机关确定。

⑤纳税人用已纳资源税的应税产品进一步加工应税产品销售的，不再缴纳资源税。纳税人以未税产品和已税产品混合销售或者混合加工为应税产品销售的，应当准确核算已税产品的购进金额，在计算加工后的应税产品销售额时，准予扣减已税产品的购进金额；未分别核算的，一并计算缴纳资源税。

纳税人在进行资源税纳税申报时，除财政部、国家税务总局另有规定外，应当将其应税和减免税项目分别计算和报送。

自2017年10月1日起，液化天然气销售定价调整为26.64元/GJ，管道天然气销售定价调整为0.94元/立方米。

2.从量定额征收的计税依据

实行从量定额征收的以销售数量为计税依据。

（1）销售数量包括纳税人开采或者生产应税产品的实际销售数量和视同销售的自用数量。

（2）纳税人不能准确提供应税产品销售数量的，以应税产品的产量或者主管税务机关确定的折算比换算成的数量为计征资源税的销售数量。

（3）金属和非金属矿产品原矿：因无法准确掌握纳税人移送使用原矿数量的，可将其精矿按选矿比折算成原矿数量。

（4）纳税人以自产的液体盐加工固体盐，按固体盐税额征税，以加工的固体盐数量为课税数量。纳税人以外购的液体盐加工成固体盐，其加工固体盐所耗用液体盐的已纳税额准予抵扣。

（三）一般情况下应纳资源税的计算

资源税的应纳税额，按照从价定率或从量定额的办法，分别以应税产品的销售额乘以纳税人具体适用的比例税率或者以应税产品的销售数量乘以纳税人具体适用的定额税率计算。

1.实行从价定率计征方式的计算公式为：

应纳税额=销售额×税率

2.实行从量定额计征方式的计算公式为：

应纳税额=课税数量×单位税额

【例8-1】中国南方某矿务局2019年11月开采原煤24 000吨，对外直接销售20 000吨，实现销售收入920万元，库存还有4 000吨。

要求：计算该矿务局当月应纳的资源税。（原煤适用税率6%）

解：应纳税额 = 920×6% = 55.2（万元）

【例8-2】华北某油田9月份生产原油5 000吨，其中3 000吨用于外销，实现销售收入1 500万元；1 000吨用于加热和修井，还有1 000吨待销售。另外在采油过程中还同时回收天然气2 000万立方米，对外销售实现销售收入360万元。

要求：计算该油田当月应纳的资源税。（该油田适用的单位不含税售价为每吨5 000元，天然气适用的单位不含税售价为每万立方米1 800元；原油适用税率为6%，天然气适用税率为5%）

解：应纳税额 = 1 500×6% + 360×5%

= 108（万元）

【例8-3】某油田是增值税一般纳税人，2019年11月生产原油20万吨和高凝油3万吨，伴采天然气1 000万立方米。当月用于生产过程加热使用原油2万吨，将其余的原油销售，取得销售额（不含增值税）180万元，将伴采的天然气全部销售，取得销售额（不含增值税）50万元。为邻省某油田进行油田基本建设，在劳务发生地预缴了0.6万元税款后实际取得款项19.4万元：当月购入生产用水电取得增值税发票标明增值税9万元，从小规模纳税人处外购办公用品。取得税务机关代开的增值税发票，税款1万元。假定当地原油、天然气资源税税率均为6%。

要求计算：（1）该企业原油应纳的资源税；（2）该企业高凝油应纳的资源税；（3）该企业天然气应纳的资源税；（4）该企业可抵扣的增值税进项税；（5）该企业应纳的增值税。

解：

（1）该企业原油应纳的资源税=180×6%=10.8（万元）

注意：开采原油过程中用于加热、修井的原油免征资源税。

（2）该企业高凝油未销售不缴纳资源税。

（3）该企业天然气应纳的资源税=50×6%=3（万元）

注意：与开采石油伴采的天然气征税。

（4）该企业可抵扣的增值税进项税=9+1=10（万元）

（5）该企业应纳的增值税=180×13%+50×9%+（19.4+0.6）÷（1+13%）×13%−10−0.6

=19.6（万元）

注意：原油增值税税率调整为13%，天然气增值税适用9%低税率，油田基本建设收入征收增值税，在劳务发生地预缴的税款可从其应纳增值税中抵扣。

（四）煤炭资源税应纳税额的计算

1.计算方法

煤炭资源税应纳税额按照原煤或者洗选煤计税销售额乘以适用税率计算。

纳税人开采原煤直接对外销售的，以原煤销售额作为应税煤炭销售额计算缴纳资源税。

原煤应纳税额=原煤销售额×适用税率

纳税人将其开采的原煤加工为洗选煤销售的，以洗选煤销售额乘以折算率作为应税煤炭销售额计算缴纳资源税。

洗选煤应纳税额=洗选煤销售额×折算率×适用税率

（1）原煤计税销售额是指纳税人销售原煤向购买方收取的全部价款和价外费用，不包括收取的增值税销项税额以及从坑口到车站、码头或购买方指定地点的运输费用。

原煤应纳税额=原煤销售额×适用税率

（2）洗选煤计税销售额按洗选煤销售额乘以折算率计算。洗选煤销售额是指纳税人销售洗选煤向购买方收取的全部价款和价外费用，包括洗选副产品的销售额，不包括收取的增值税销项税额以及从洗选煤厂到车站、码头或购买方指定地点的运输费用。

（3）在计算煤炭计税销售额时，纳税人原煤及洗选煤销售额中包含的运输费用、建设基金以及伴随运销产生的装卸、仓储、港杂等费用按规定扣减，扣减的凭据包括有关发票或者经主管税务机关审核的其他凭据。

（4）运输费用明显高于当地市场价格导致应税煤炭产品价格偏低，且无正当理由的，主管税务机关有权合理调整计税价格。

2.洗选煤折算率

由省、自治区、直辖市财税部门或其授权地市级财税部门根据煤炭资源区域分布、煤质煤种等情况确定，洗选煤折算率计算公式如下：

公式一：$\text{洗选煤折算率}=(\text{洗选煤平均销售额}-\text{洗选环节平均成本}-\text{洗选环节平均利润})\div\text{洗选煤平均销售额}\times100\%$

公式二：$\text{洗选煤折算率}=\text{原煤平均销售额}\div(\text{洗选煤平均销售额}\times\text{综合回收率})\times100\%$

洗选煤应纳税额=洗选煤销售额×折算率×适用税率

3.特殊销售情形

（1）纳税人销售应税煤炭的，在销售环节缴纳资源税。

（2）纳税人以自采原煤直接或者经洗选加工后连续生产焦炭、煤气、煤化工、电力及其他煤炭深加工产品的，视同销售，在原煤或者洗选煤移送环节缴纳资源税。

（3）纳税人煤炭开采地与洗选、核算地不在同一行政区域（县级以上）的，煤炭资源税在煤炭开采地缴纳。纳税人在本省、自治区、直辖市范围开采应税煤炭，其纳税地点需要调整的，由省、自治区、直辖市税务机关决定。

（4）纳税人申报的原煤或洗选煤销售价格明显偏低且无正当理由的，或者有视同销售应税煤炭行为而无销售价格的，主管税务机关应按下列顺序确定计税价格：

①按纳税人最近时期同类原煤或洗选煤的平均销售价格确定。

②按其他纳税人最近时期同类原煤或洗选煤的平均销售价格确定。

③按组成计税价格确定。

组成计税价格=成本×（1+成本利润率）÷（1-资源税税率）

公式中的成本利润率由省、自治区、直辖市地方税务局按同类应税煤炭的平均成本利润率确定。

（5）纳税人与其关联企业之间的业务往来，应当按照独立企业之间的业务往来收取或支付价款、费用；不按照独立企业之间的业务往来收取或支付价款、费用，而减少其应纳税收入的，税务机关有权按照《中华人民共和国税收征收管理法》及其实施细则的有关规定进行合理调整。

（6）纳税人将其开采的原煤，自用于连续生产洗选煤的，在原煤移送使用环节不缴纳资源税；自用于其他方面的，视同销售原煤，计算缴纳资源税。

纳税人将其开采的原煤加工为洗选煤自用的，视同销售洗选煤。

4.扣税额的计算

纳税人将自采原煤与外购原煤（包括煤矸石）进行混合后销售的，应当准确核算外购原煤的数量、单价及运费，在确认计税依据时可以扣减外购相应原煤的购进金额。

计税依据=当期混合原煤销售额−当期用于混售的外购原煤的购进金额

外购原煤的购进金额=外购原煤的购进数量×单价

纳税人将自采原煤连续加工的洗选煤与外购洗选煤进行混合后销售的，比照上述有关规定计算缴纳资源税。

纳税人以自采原煤和外购原煤混合加工洗选煤的，应当准确核算外购原煤的数量、单价及运费，在确认计税依据时可以扣减外购相应原煤的购进金额。

计税依据=当期洗选煤销售额×折算率−当期用于混洗混售的外购原煤的购进金额

外购原煤的购进金额=外购原煤的购进数量×单价

纳税人扣减当期外购原煤或者洗选煤购进额的，应当以增值税专用发票、普通发票或者海关报关单作为扣减凭证。

第二节　资源税的申报、缴纳与会计处理

一、减免税

1.开采原油过程中用于加热、修井的原油，免税。

2.纳税人开采或者生产应税产品过程中，因意外事故或者自然灾害等原因遭受重大损失的，由省、自治区、直辖市人民政府酌情决定减税或者免税。

3.铁矿石资源税减按40%征收。

4.对鼓励利用的低品位矿、废石、尾矿、废渣、废水、废气等提取的矿产品，由省级人民政府根据实际情况确定是否给予减税或免税。

5.油气减征资源税项目：

（1）油田范围内运输稠油过程中用于加热的原油、天然气，免征资源税；

（2）对稠油、高凝油和高含硫天然气资源税减征40%；

（3）对三次采油、深水油气田资源税减征30%；

（4）对低丰度油气田资源税暂减征20%。

6.煤炭减征资源税项目：

（1）对实际开采年限在15年以上的衰竭期矿山开采的矿产资源，

资源税减征30%；

（2）对依法在建筑物下、铁路下、水体下通过充填开采方式采出的矿产资源，资源税减征50%。

二、纳税义务发生时间

资源税的纳税义务发生时间的规定与增值税、消费税规定大致相同，不同之处在于资源税进口不征，所以没有进口环节纳税义务发生时间的规定。

1.纳税人销售应税产品，其纳税义务发生时间是：

（1）纳税人采取分期收款结算方式的，为销售合同规定的收款日期的当天；

（2）纳税人采取预收货款结算方式的，为发出应税产品的当天；

（3）纳税人采取其他结算方式的，为收讫销售款或者取得索取销售款凭据的当天。

2.纳税人自产自用应税产品的纳税义务发生时间，为移送使用应税产品的当天。

3.扣缴义务人扣缴税款的纳税义务发生时间，为支付货款的当天。

三、纳税期限

资源税的纳税期限为1日、3日、5日、10日、15日或者1个月，由主管税务机关根据实际情况具体核定。不能按固定期限计算纳税的，可以按次计算纳税。

纳税人以1个月为一期纳税的，自期满之日起10日内申报纳税；以1日、3日、5日、10日或者15日为一期纳税的，自期满之日起5日内预缴税款，于次月1日起10日内申报纳税并结清上月税款。

四、纳税地点

纳税人应当向矿产品的开采地或盐的生产地缴纳资源税。纳税人在本省、自治区、直辖市范围开采或者生产应税产品，其纳税地点需要调整的，由省级税务机关决定。

纳税人应纳的资源税属于跨省开采，其下属生产单位与核算单位不在同一省、自治区、直辖市的，对其开采的矿产品一律在开采地纳税。

扣缴义务人代扣代缴的资源税，也应向收购地主管税务机关缴纳。

五、会计处理

企业进行资源税核算时，应在“应交税费”账户下设“应交资源税”明细账户，贷方反映企业应缴纳的资源税税款，借方反映企业已经缴纳或允许抵扣的资源税，余额在贷方表示企业应交而未交的资源税。

纳税人与税务机关结算上月税款，补缴税款时，借记“应交税费——应交资源税”，贷记“银行存款”。退回多缴的税款时，借记“银行存款”，贷记“应交税费——应交资源税”。

企业未按规定期限缴纳资源税，向税务机关缴纳滞纳金时，借记“营业外支出”，贷记“银行存款”。

1. 销售应税资源产品的会计处理

企业按规定计算出对外销售应税产品的资源税时，借记“税金及附加”，贷记“应交税费——应交资源税”；上缴资源税时，借记“应交税费——应交资源税”，贷记“银行存款”。

【例 8-4】以【例 8-1】为例，试作相应的会计处理。

解：计提资源税时：

借：税金及附加	552 000	
贷：应交税费——应交资源税		552 000

缴纳资源税税款时：

借：应交税费——应交资源税	552 000	
贷：银行存款		552 000

2. 自产自用应税资源产品的会计处理

对企业自产自用应税资源产品，其应缴纳的税金不计入产品销售税金，而是计入产品的生产成本。借记“生产成本”或“制造费用”，贷记“应交税费——应交资源税”。

【例 8-5】某油田 4 月份原油实际产量 80 000 吨，自产自用 60 000 吨，按规定计提的资源税 480 000 元，其中，应记入“生产成本”450 000 元，记入“制造费用”30 000 元。试作会计处理。

解：计提资源税时：

借：生产成本	450 000	
制造费用	30 000	

贷：应交税费——应交资源税　　480 000

缴纳资源税时：

借：应交税费——应交资源税　　480 000

贷：银行存款　　480 000

3.收购未税矿产品的会计处理

独立矿山、联合企业收购未税矿产品，按实际支付的收购款，借记“材料采购”等，贷记“银行存款”。按代扣代缴的资源税，借记“材料采购”，贷记“应交税费——应交资源税”。

【例8-6】某企业收购未税矿石2 500吨，实际支付货款500 000元，按规定代扣代缴的资源税为25 000元，款项以银行存款支付。试作会计处理。

解：计提应代扣代缴的资源税时：

借：材料采购　　525 000

贷：银行存款　　500 000

应交税费——应交资源税　　25 000

上缴资源税时：

借：应交税费——应交资源税　　25 000

贷：银行存款　　25 000

4.外购液体盐加工固体盐的会计处理

企业外购液体盐加工成固体盐，在购入液体盐时，按允许抵扣的资源税，借记“应交税费——应交资源税”；按外购价款扣除允许抵扣资源税后的数额，借记“材料采购”等；按应付的全部价款，贷记“银行存款”或“应付账款”、“应付票据”。企业加工成固体盐出售时，按计算出的固体盐应交的资源税，借记“税金及附加”，贷记“应交税费——应交资源税”；而将销售固体盐应纳资源税抵扣液体盐已纳资源税后的差额上缴时，借记“应交税费——应交资源税”，贷记“银行存款”。

【例8-7】某盐场11月份购进液体盐16万吨用于加工固体盐，支付价款1 440万元，增值税187.2万元；本月销售固体盐不含税价款1 920万元（假定液体盐适用税率2%，固体盐适用税率4%）。试作会计处理。

解：购入液体盐时：

借：材料采购	14 112 000	
应交税费——应交增值税（进项税额）	1 872 000	
——应交资源税	288 000	
贷：银行存款		16 272 000

销售固体盐时：

借：银行存款	21 696 000	
贷：主营业务收入		19 200 000
应交税费——应交增值税（销项税额）		2 496 000

销售固体盐应纳资源税：

借：税金及附加	768 000	
贷：应交税费——应交资源税		768 000

企业按规定缴纳资源时：

借：应交税费——应交资源税	768 000	
贷：银行存款		768 000

第三节　环境保护税会计

一、环境保护税概述

环境保护税是对我国领域以及管辖的其他海域，直接向环境排放应税污染物的企业事业单位和其他生产经营者征收的一种税。它由英国经济学家庇古最先提出，荷兰是征收环境保护税比较早的国家。我国环境保护税是由排污费改革而来。

我国现行的环境保护税的基本规范，是2016年12月25日第十二届全国人民代表大会常务委员会第二十五次会议通过的《中华人民共和国环境保护税法》（以下简称《环境保护税法》）和2017年12月30日国务院公布的《环境保护税法实施条例》，自2018年1月1日起施行。同时，不再征收排污费。

二、征税对象

环境保护税针对应税污染物征税，是指《环境保护税法》所附的“环境保护税税目税额表”和“应税污染物和当量值表”规定的大气污染物、水污染物、固体废物和噪声。

大气污染物是指向大气排放，导致大气污染的物质，包括二氧化硫、氮氧化物、粉尘等。

水污染物是指直接或者间接向水体排放的，能导致水体污染的物质，包括重金属、悬浮物、动植物油等。

固体废物是指在生产、生活和其他活动中产生的丧失原有利用价值或者虽未丧失利用价值但被抛弃或者放弃的固态、半固态和置于容器中的气态的物品、物质以及法律行政法规规定纳入固体废物管理的物品、物质，包括煤矸石、尾矿等。

噪声是指工业噪声，即在工业生产活动中使用固定的设备时产生的超过国家规定的环境噪声排放标准的、干扰周围生活环境的声音。

依法设立的城乡污水集中处理、生活垃圾集中处理场所超过国家和地方规定的排放标准向环境排放应税污染物的，应当缴纳环境保护税。

企业事业单位和其他生产经营者贮存或者处置固体废物不符合国家和地方环境保护标准的，应当缴纳环境保护税。

有下列情形之一的，不属于直接向环境排放污染物，不缴纳相应污染物的环境保护税：

（1）企业事业单位和其他生产经营者向依法设立的污水集中处理、生活垃圾集中处理场所排放应税污染物的；

（2）企业事业单位和其他生产经营者在符合国家和地方环境保护标准的设施、场所贮存或者处置固体废物的。

对为社会公众提供生活污水处理服务的城乡污水集中处理场所，在达标排放的情况下给予免征环境保护税的优惠。但对服务工业园区企业的污水处理厂，需要缴纳环境保护税。

根据《环境保护税法》的规定，目前未将建筑施工噪声和交通噪声纳入征收范围。

三、纳税人

在我国领域和管辖的其他海域，直接向环境排放应税污染物的企业事业单位和其他生产经营者为环境保护税的纳税人。

居民个人不属于税法规定的企业事业单位和其他生产经营者，不缴纳环境保护税。

四、税率

环境保护税采用定额税率。其中，对应税大气污染物和水污染物规定了幅度定额税率，具体适用税额的确定和调整，由省、自治区、直辖市人民政府统筹考虑本地区环境承载能力、污染物排放现状和经济社会生态发展目标要求，在规定的税额幅度内提出，报同级人民代表大会常务委员会决定，并报全国人民代表大会常务委员会和国务院备案，见表8-3。

表8-3　　环境保护税税目税额表

税目		计税单位	税额	备注
大气污染物		每污染当量	1.2元至12元	
水污染物		每污染当量	1.4元至14元	
固体废物	煤矸石	每吨	5元	
	尾矿	每吨	15元	
	危险废物	每吨	1 000元	
	冶炼渣、粉煤灰、炉渣、其他固体废物（含半固态、液态废物）	每吨	25元	
噪声	工业噪声	超标1~3分贝	每月350元	1.一个单位边界上有多处噪声超标，根据最高一处超标声级计算应纳税额；当沿边界长度超过100米有两处以上噪声超标，按照两个单位计算应纳税额 2.一个单位有不同地点作业场所的，应当分别计算应纳税额，合并计征 3.昼、夜均超标的环境噪声，昼、夜分别计算应纳税额，累计计征 4.声源一个月内超标不足15天的，减半计算应纳税额 5.夜间频繁突发和夜间偶然突发厂界超标噪声的，按等效声级和峰值噪声两种指标中超标分贝值高的一项计算应纳税额
		超标4~6分贝	每月700元	
		超标7~9分贝	每月1 400元	
		超标10~12分贝	每月2 800元	
		超标13~15分贝	每月5 600元	
		超标16分贝以上	每月11 200元	

五、应纳环境保护税的计算

环境保护税主要按照污染物排放量计征，但污染物排放量的计量较为复杂，大气、水、固体废物、噪声等计量标准不尽相同。

（一）计税依据确定的基本方法

应税污染物的计税依据，按照下列方法确定：

1.应税大气污染物、水污染物，按照污染物排放量折合的污染当量数确定。污染当量数，以该污染物的排放数量除以该污染物的污染当量值计算。每种应税大气污染物、水污染物对应的污染当量值，依照税法所附《应税污染物和当量值表》执行。

所称污染当量，指根据各种污染物或污染排放活动对环境的有害程度以及处理的技术经济性，衡量不同污染物对环境污染的一个综合性指标或计量单位。相同污染当量的不同污染物，其污染程度基本相当。

应税大气污染物、水污染物的污染当量数=该污染物的排放量÷该污染物的污染当量值

每一排放口或者没有排放口的应税大气污染物，按照污染当量数从大到小排序，对前三项污染物征税。

每一排放口的应税水污染物，按照《应税污染物和当量值表》，区分第一类水污染物和其他类水污染物，按照污染当量数从大到小排序，对第一类水污染物按照前五项征税，对其他类水污染物按照前三项征税。

省、自治区、直辖市人民政府根据本地区污染物减排的特殊需要，可以增加同一排放口征收环境保护税的应税污染物项目数，报同级人民代表大会常务委员会决定，并报全国人民代表大会常务委员会和国务院备案。

对于纳税人自行对污染物进行监测所获取的监测数据，符合国家有关规定和监测规范的，在计算环境保护税时视同监测机构出具的监测数据。

纳税人有下列情形之一的，以其当期应纳税大气污染物、水污染物的充实量作为污染物的排放量：

（1）未安装使用污染物自动监测设备或者未将污染物自动监测设备与环境保护主管部门的监控设备联网。

（2）损毁或擅自移动、改变污染物自动监测设备。

（3）篡改、伪造污染物监测数据。

（4）通过暗管、渗井、渗坑、灌注或者稀释排放以及不正常运行防治污染设施等方式违法排放应税污染物。

（5）进行虚假纳税申报。

2.应税固体废物，按照固体废物的排放量确定。固体废物的排放量是指不符合国家和地方环境保护标准贮存或者处置的固体废物的数量。

固体废物的贮存量、处置量，是指在符合国家和地方环境保护标准的设施、场所贮存或者处置的固体废物数量；固体废物的综合利用量，是指按照国务院发展改革、工业和信息化主管部门关于资源综合利用要求以及国家和地方环境保护标准进行综合利用的固体废物数量。

纳税人有下列情形之一的，以其当期应税固体废物的产生量作为固体废物的排放量：

（1）非法倾倒应税固体废物；

（2）进行虚假纳税申报。

3.应税噪声，按照超过国家规定标准的分贝数确定。

工业噪声按超过国家规定标准的分贝数确定应纳税额，超过国家规定标准的分贝数是指实际生产的工业噪声与国家规定的工业噪声排放标准限值之间的差值。

（二）应税大气污染物、水污染物、固体废物的排放量和噪声分贝数确定方法

应税大气污染物、水污染物、固体废物的排放量和噪声的分贝数，按照下列方法和顺序计算：

（1）纳税人安装使用符合国家规定和监测规范的污染物自动监测设备的，按照污染物自动监测数据计算；

（2）纳税人未安装使用污染物自动监测设备的，按照监测机构出具的符合国家有关规定和监测规范的监测数据计算；

（3）因排放污染物种类多等原因不具备监测条件的，按照国务院环境保护主管部门规定的排污系数、物料衡算方法计算；

（4）不能按照前述3项规定的方法计算的，按照省、自治区、直辖市人民政府环境保护主管部门规定的抽样测算的方法核定计算。

（三）应纳税额的计算

1.应税大气污染物应纳税额的计算

应税大气污染物的应纳税额为污染当量数乘以具体适用税额。计算公式如下：

应税大气污染物的应纳税额=污染当量数×适用税额

【例8-8】某企业2019年9月向大气直接排放二氧化硫、氟化物各1 000千克，一氧化碳200千克、氯化氢80千克。假定该企业只有一个排放口，该省应税污染物的污染当量值分别为0.95、0.87、16.7、10.75（单位：千克），大气污染物适用税额为1.2元/污染当量。

要求：计算该企业9月大气污染物应缴纳的环境保护税。

解：（1）计算各污染物的污染当量数。

二氧化硫污染当量数=1 000/0.95=1 052.63（千克）

氟化物污染当量数=1 000/0.87=1 149.43（千克）

一氧化碳污染当量数=200/16.7=11.98（千克）

氯化氢污染当量数=80/10.75=7.44（千克）

（2）按污染物的污染当量数排序。

氟化物（1 149.43）>二氧化硫（1 052.63）>一氧化碳（11.98）>氯化氢（7.44）

企业只有一个排放口，排序选取计税前3项污染物为：氟化物、二氧化硫、一氧化碳。

（3）计算应纳税额。

应纳税额=（1 149.43+1 052.63+11.98）×1.2=2 656.85（元）

2.应税水污染物的应纳税额为污染当量数乘以具体适用税额。计算公式如下：

应税水污染物的应纳税额=污染当量数×适用税额

【例8-9】某企业2019年9月向水体直接排放水污染物总汞、总镉、总铅、总银各10千克。假定该企业只有一个排放口，该省水污染物的污染当量值分别为：0.0005、0.005、0.025、0.02，水污染物适用税额为1.4元/污染当量。

要求：计算该企业9月水污染物应缴纳的环境保护税。

解：（1）计算水污染物的污染当量数

总汞的污染当量数=10/0.0005=20 000（千克）

总镉的污染当量数=10/0.005=2 000（千克）

总铅的污染当量数=10/0.025=400（千克）

总银的污染当量数=10/0.02=500（千克）

（2）对水污染物污染当量数排序

总汞（20 000）>总镉（2 000）>总银（500）>总铅（400）

企业只有一个排放口，排序选取计税前3项污染物为：总汞、总镉、总银。

（3）计算第一类水污染物应纳税额

应纳税额=（20 000+2 000+500）×1.4=31 500（元）

3.应税固体废物的应纳税额为固体废物排放量乘以具体适用税额。计算公式如下：

应税固体废物的应纳税额=排放量×适用税额

固体废物的排放量为当期应税固体废物的产生量减去当期应税固体废物的贮存量、处置量、综合利用量的余额。

【例8-10】某企业2019年9月产生尾矿1 000吨，其中综合利用的尾矿300吨（符合国家和地方环境保护标准），在符合国家和地方环境保护标准的设施贮存200吨。假定尾矿适用税额为15元/吨。

要求：计算该企业9月应税固体废物应纳的环境保护税。

解：应纳税额=（1 000−300−200）×15=7 500（元）

4.应税噪声的应纳税额为超过国家规定标准的分贝数对应的具体适用税额。计算公式如下：

应税噪声的应纳税额=分贝数×适用税额

【例8-11】假设某工业企业只有一个生产场所，只在昼间生产，边界处声环境功能区类型为1类，生产时产生噪声为60分贝，《工业企业厂界环境噪声排放标准》规定，1类功能区昼间的噪声排放限值为55分贝，沿边界长度超100米只有一处噪声超标。该企业当月生产21天，生产的时候产生的噪声均为55分贝。

要求：计算该企业当月噪声污染应缴纳的环境保护税。

解：超标分贝数=60−55=5（分贝）

根据《环境保护税税目税额表》，可得出该企业当月噪声污染应缴纳环境保护税700元。

六、申报与缴纳

（一）减免税

1.暂免征税项目

对下列情形，暂予免征环境保护税：

（1）农业生产（不包括规模化养殖）排放应税污染物的；

（2）机动车、铁路机车、非道路移动机械、船舶和航空器等流动污染源排放应税污染物的；

（3）依法设立的城乡污水集中处理、生活垃圾集中处理场所排放相应应税污染物，不超过国家和地方规定的排放标准的；

（4）纳税人综合利用的固体废物，符合国家和地方环境保护标准的；

（5）国务院批准免税的其他情形。

2.减征税额项目

（1）纳税人排放应税大气污染物或者水污染物的浓度值低于国家和地方规定的污染物排放标准30%的，减按75%征收环境保护税。

（2）纳税人排放应税大气污染物或者水污染物的浓度值低于国家和地方规定的污染物排放标准50%的，减按50%征收环境保护税。

（二）纳税义务发生时间

纳税义务发生时间为纳税人排放应税污染物的当日。

税务机关依法履行环境保护税纳税申报受理、涉税信息比对、组织税款入库等职责。

纳税人申报缴纳时，应当向税务机关报送所排放应税污染物的种类、数量，大气污染物、水污染物的浓度值，以及税务机关根据实际需要要求纳税人报送的其他纳税资料。纳税人应当依法如实办理纳税申报，对申报的真实性和完整性承担责任。

环境保护主管部门依法负责应税污染物监测管理，制定和完善污染物监测规范。

（三）纳税期限

环境保护税按月计算，按季申报缴纳。不能按固定期限计算缴纳的，可以按次申报缴纳。纳税人按季申报缴纳的，应当自季度终了之日起15日内，向税务机关办理纳税申报并缴纳税款。纳税人按次申报缴纳的，应当自纳税义务发生之日起15日内，向税务机关办理纳税申报并缴纳税款。纳税人可以通过网上申报、上门申报等方式办理纳税申报。

（四）纳税地点

纳税人应当向应税污染物排放地的税务机关申报缴纳环境保护税。

七、会计处理

企业在缴纳环境保护税时，应通过“应交税费——应交环境保护税”账户进行核算。该账户贷方反映企业应缴纳的环境保护税，借方反映企业已缴纳的环境保护税，贷方余额反映企业应交未交的环境保护税。

企业计算出应缴纳的环境保护税时，借记“税金及附加”，贷记“应交税费——应交环境保护税”；缴纳环境保护税时，借记“应交税费——应交环境保护税”，贷记“银行存款”。

不定期缴纳的环境保护税可直接借记“税金及附加”，贷记“银行存款”。

【例8-12】以【例8-8】为例，试作会计处理。

解：（1）计提环境保护税时：

借：税金及附加　　2 656.85

　贷：应交税费——应交环境保护税　　2 656.85

（2）上缴环境保护税时：

借：应交税费——应交环境保护税　　2 656.85

　贷：银行存款　　2 656.85

技能训练题

一、单项选择题

1.下列单位出售的矿产品中，不缴纳资源税的是（　　）。

A.开采单位销售自行开采的天然大理石

B.油田出售自行开采的天然气

C.盐场销售自行开采的卤水

D.进口的天然气

2.下列应征资源税的煤炭产品有（　　）。

A.洗选煤　　B.居民生活用煤

C.原煤　　D.焦煤

3.根据现行政策的规定，销售原油的资源税应（　　）。

A.从量定额征收　　B.从价定率征收

C.复合征收　　D.直接按固定的金额征收

4.下列企业既是增值税纳税人又是资源税纳税人的是（　　）。

A.销售有色金属矿产品的贸易公司

B.进口有色金属矿产品的企业

C.在境内开采有色金属矿产品的企业

D.在境外开采有色金属矿产品的企业

5.下列油类产品中，应征收资源税的是（　　）。

A.人造石油　　B.天然原油

C.汽油　　D.机油

6.资源税纳税人包括（　　）。

A.盐业销售公司

B.销售有色金属矿产品的贸易公司

C.开采陆上石油资源的中外合作企业

D.进口原油的石油进出口公司

7.下列各项中，征收资源税的是（　　）。

A.人造石油　　B.洗选煤

C.与原油同时开采的天然气　　D.地面抽采煤层气

8.下列各项中，不属于资源税纳税人的有（　　）。

A.开采原煤的国有企业

B.进口铁矿石的私营企业

C.开采石灰石的个体经营者

D.开采天然原油的外商投资企业

9.下列资源税应税产品，适用从量定额征收的有（　　）。

A.原油　　B.天然气

C.煤炭　　D.黏土、砂石

10.纳税人应当向矿产品的（　　）地或盐的生产地缴纳资源税。

A. 开采　　B. 销售

C. 加工　　D. 进口

二、多项选择题

1. 下列各项中，属于资源税应税范围的有（　　）。

A. 进口原油　　B. 生产销售固体盐

C. 生产销售洗选煤　　D. 开采销售有色金属矿原矿

2. 依据我国《资源税暂行条例》及实施细则的规定，下列单位和个人的生产经营行为应缴纳资源税的有（　　）。

A. 冶炼企业进口矿石　　B. 个体经营者开采煤矿

C. 军事单位开采石油　　D. 中外合作开采海洋石油资源

3. 某煤矿开采销售原煤，应缴纳的税金有（　　）。

A. 资源税　　B. 增值税

C. 消费税　　D. 城建税

4. 根据资源税的相关规定，下列不属于资源税的应税产品的有（　　）。

A. 开采的石油天然气　　B. 钢铁厂进口的铁矿石

C. 商业企业销售的洗选煤　　D. 开采的煤矿瓦斯

5. 下列各项中，应征资源税的有（　　）。

A. 生产盐的外商投资企业　　B. 进口的原油

C. 批发零售企业销售盐　　D. 生产用于出口的卤水

6. 资源税改革的主要内容包括（　　）。

A. 扩大资源税征收范围　　B. 开展水资源税改革试点工作

C. 实施矿产资源税从价计征改革　　D. 合理确定资源税税率水平

7. 下列各项中，属于资源税应税资源的有（　　）。

A. 天然原油　　B. 海盐原盐

C. 液体盐　　D. 森林

8. 我国现行资源税的特点有（　　）。

A. 具有受益税性质　　B. 具有级差收入税的特点

C. 实行从量定额征收　　D. 只对特定资源征税

9. 下列关于环境保护税应纳税额计算的表述中，正确的有（　　）。

A. 应税大气污染物的应纳税额为污染排放量乘以具体适用税额

B. 应税水污染物的应纳税额为污染当量数乘以具体适用税额

C. 应税固体废物的应纳税额为固体废物排放量乘以具体适用税额

D. 应税噪声的应纳税额为超过国家规定标准的分贝数对应的具体适用税额

10. 下列各项中，暂予免征环境保护税的有（　　）。

A. 农业生产（不包括规模化养殖）排放应税污染物的

B. 机动车等流动污染源排放应税污染物的

C. 依法设立的城乡污水集中处理、生活垃圾集中处理场所排放应税污染物的

D. 纳税人综合利用的固体废物，符合国家和地方环境保护标准的

三、判断题

1. 资源税仅对在中国境内开采或生产应税产品的单位和个人征收。（　　）

2. 资源税的应税产品，在缴纳增值税时均适用9%的低税率。（　　）

3. 现行资源税采用比例税率和定额税率两种形式。（　　）

4. 资源税需对应税资源在每一流转环节计算征收。（　　）

5. 中外合作开采石油、天然气，不征收资源税，而征收矿区使用费。（　　）

四、计算与核算题

1. 华北某油田2019年11月开采原油8 000吨，当月销售5 000吨，取得不含税销售额1 700万元；用于开采原油过程中加热的原油400吨；用于职工食堂和浴室的原油20吨；当月与原油同时开采的天然气40 000立方米，均已全部销售，取得不含税销售额8.5万元，已知该原油与天然气适用的资源税税率都是6%。

要求：计算该油田11月份应纳资源税，并作相应的涉税会计处理。

2. 某油田2019年12月份生产销售原油5万吨，售价15 00万元，销售人造石油1万吨，售价300万元，销售与原油同时开采的天然气2 000万立方米，售价500万元。已知资源税税率为6%。（以上售价均为不含增值税售价）

要求：计算该油田12月份应纳资源税，并作相应的涉税会计处理。

3. 青海某天然气公司2019年12月生产天然气12 000万立方米，销售其中的10 000万立方米，收到不含增值税价款是5 300万元；另外2 000万立方米用于其他方面。资源税税率为6%。

要求：计算该油田12月份应纳资源税，并作相应的涉税会计处理。

4.某矿务局2019年11月开采原煤40 000吨，对外直接销售36 000吨，实现销售收入1 120万元；库存还有4 000吨。原煤适用税率为6%。

要求：计算该矿务局当月应纳的资源税，并作相应的涉税会计处理。

5.假设某企业8月产生尾矿1 000吨，其中综合利用的尾矿300吨（符合国家和地方环境保护标准），在符合国家和地方环境保护标准的设施贮存200吨。（适用单位税额15元/吨）

要求：计算该企业8月尾矿应缴纳的环境保护税，并作相应的涉税会计处理。

6.某企业8月向大气直接排放二氧化硫、氟化物各10千克，一氧化碳、氯化氢各100千克。假定适用的大气污染物每污染当量税额最低标准1.2元，该企业只有一个排放口。

要求：计算该企业8月大气污染物应缴纳的环境保护税，并作相应的涉税会计处理。

第九章

城镇土地使用税与耕地占用税会计

第一节　城镇土地使用税的基本要素

一、城镇土地使用税概述

城镇土地使用税是以城镇土地为征税对象，对在城镇范围内拥有土地使用权的单位和个人征收的一种税。国家对土地征税的历史很悠久，早在古希腊时代土地征税就已出现；我国早在周朝就开始对土地征税，规定“民耕百亩者，彻取十亩以为赋”。

现行的城镇土地使用税的基本规范是2012年12月4日国务院第32次常务会议修改的《中华人民共和国城镇土地使用税暂行条例》（以下简称《城镇土地使用税暂行条例》），同年12月7日起施行。

开征城镇土地使用税，可以加强对土地的管理，变土地的无偿使用为有偿使用。一方面，这有利于合理、节约地使用土地，提高土地使用效益；另一方面，有利于调节不同地区、不同地段之间的土地级差收入，理顺国家与土地使用者之间的分配关系。

二、征税范围

城镇土地使用税的征税范围，包括在城市、县城、建制镇和工矿区内的国家所有和集体所有的土地。具体标准如下：

1. 城市是指经国务院批准设立的市，包括市区和市郊；

2. 县城是指县人民政府所在地；

3. 建制镇是指镇人民政府所在地；

4. 工矿区是指工商业比较发达，人口比较集中，符合国务院规定的建制镇标准，但尚未设立建制镇的大中型工矿企业所在地，工矿区须经省、自治区、直辖市人民政府批准。

上述城镇土地使用税的征税范围中，城市的土地包括市区和郊区的土地，县城的土地是指县人民政府所在地的城镇土地，建制镇的土地是指镇人民政府所在地的土地。

在城镇土地使用税征收范围内，利用林场土地兴建度假村等休闲娱乐场所的，其经营、办公和生活用地，应按规定征收城镇土地使用税。

自2009年1月1日起，公园、名胜古迹内的索道公司经营用地，应按规定缴纳城镇土地使用税。

三、纳税人

在城市、县城、建制镇、工矿区范围内使用土地的单位和个人，为城镇土地使用税的纳税人。

所称单位，包括国有企业、集体企业、私营企业、股份制企业、外商投资企业、外国企业以及其他企业和事业单位、社会团体、国家机关、军队以及其他单位；所称个人，包括个体工商户以及其他个人。

城镇土地使用税的纳税人通常包括以下几类：

1. 拥有土地使用权的单位或个人；

2. 拥有土地使用权的纳税人不在土地所在地的，由代管人或实际使用人纳税；

3. 土地使用权未确定或权属纠纷未解决的，由实际使用人纳税；

4. 土地使用权共有的，由共有各方分别纳税；

5. 在城镇土地使用税征税范围内，承租集体所有建设用地的，由直接从集体经济组织承租土地的单位和个人，缴纳城镇土地使用税。

四、税率[①]

城镇土地使用税实行分级幅度定额税率，每个幅度税额的差距为20倍，从量定额计征。按大、中、小城市和县城、建制镇、工矿区分别规定每平方米城镇土地使用税年应纳税额，具体规定如下：

1.大城市为1.5元至30元；

2.中等城市为1.2元至24元；

3.小城市为0.9元至18元；

4.县城、建制镇、工矿区为0.6元至12元。

经省、自治区、直辖市人民政府批准，经济落后地区的土地使用税适用额标准可以适当降低，但降低额不得超过规定的最低税额的30%。经济发达地区城镇土地使用税的适用额标准可以适当提高，但须报经财政部批准。

第二节　城镇土地使用税的计算

一、计税依据

城镇土地使用税以纳税人实际占用的土地面积为计税依据，土地面积计量标准为平方米。纳税人实际占用的土地面积按下列办法确定：

1.凡由省、自治区、直辖市人民政府确定的单位组织测定土地面积的，以测定的面积为准；

2.尚未组织测量，但纳税人持有政府部门核发的土地使用证书的，以证书确认的土地面积为准；

3.尚未核发土地使用证书的，应由纳税人申报土地面积，据以纳税，待核发土地使用证书以后再作调整。

4.对在城镇土地使用税征税范围内单独建造的地下建筑用地，暂按应征税款的50%征收城镇土地使用税。其中，已取得地下土地使用权证的，按土地使用权证确认的土地面积计算应征税款；未取得地下土地

① 几个人或几个单位共同拥有一块土地的使用权，城镇土地使用税的纳税人应是对该土地拥有使用权的每一个人或每一个单位，以其实际使用的土地面积占总面积的比例，分别计算缴纳土地使用税。

使用权证或地下土地使用权证上未标明土地面积的，按地下建筑垂直投影面积计算应征税款。

二、应纳税额计算

城镇土地使用税的应纳税额按纳税人实际占用的土地面积和规定的税额标准计征。计算公式为：

全年应纳税额=实际占用的应税土地面积（平方米）×适用税额

【例9-1】某公司与政府机关共同使用一栋共有土地使用权的建筑物。该建筑物占用土地面积2 000平方米，建筑物面积10 000平方米（公司与机关的占用比例为4∶1），该公司所在市城镇土地使用税单位税额每平方米为5元。试计算该公司应纳城镇土地使用税。

解：应纳城镇土地使用税＝2 000×4÷5×5＝8 000（元）

第三节　城镇土地使用税的申报、缴纳与会计处理

一、减免税

（一）法定免缴土地使用税的优惠

1.国家机关、人民团体、军队自用的土地（指自身的办公用地和公务用地），免缴土地使用税。

2.由国家财政部门拨付事业经费的单位自用的土地（指自身的业务用地），免缴土地使用税。

3.宗教寺庙、公园、名胜古迹自用的土地，免缴土地使用税。

4.市政街道、广场、绿化地带等公共用地，免缴土地使用税。

5.直接用于农、林、牧、渔业的生产用地，免缴土地使用税。

6.经批准开山填海整治的土地和改造的废弃土地，从使用的月份起免缴土地使用税5～10年。

7.在城镇土地使用税征收范围内经营采摘、观光农业的单位和个人，其直接用于采摘、观光的种植、养殖、饲养的土地，免征城镇土地使用税。

8.纳税人新征用的耕地，从批准征用之日起满1年后征收城镇土地使用税，征用非耕地因不需要缴纳耕地占用税，应从批准征用之次月起

征收城镇土地使用税。

9.免税单位无偿使用纳税单位的土地（如公安、海关等单位使用铁路、民航等单位的土地），免征城镇土地使用税。纳税单位无偿使用免税单位的土地，纳税单位应照章缴纳城镇土地使用税。纳税单位与免税单位共同使用、共有使用权土地上的多层建筑，对纳税单位可按其占用的建筑面积占建筑总面积的比例计征城镇土地使用税。

10.对行使国家行政管理职能的中国人民银行总行（含国家外汇管理局）所属分支机构自用的土地，免征城镇土地使用税。

（二）省、自治区、直辖市税务局确定的土地使用税减免优惠

1.个人所有的居住房屋及院落用地；

2.房产管理部门在房租调整改革前经租的居民住房用地；

3.免税单位职工家属宿舍用地；

4.集体和个人举办学校、医院、托儿所、幼儿园用地。

二、纳税义务发生时间

1.购置新建商品房，自房屋交付使用之次月起计征城镇土地使用税。

2.购置存量房，自办理房屋权属转移、变更登记手续，房地产权属登记机关签发房屋权属证书之次月起计征城镇土地使用税。

3.出租、出借房产，自交付出租、出借房产之次月起计征城镇土地使用税。

4.房地产开发企业自用、出租、出借本企业建造的商品房，自房屋使用或交付之次月起计征城镇土地使用税。

5.以出让或转让方式有偿取得土地使用权的，应由受让方从合同约定交付土地时间的次月起缴纳城镇土地使用税；合同未约定交付土地时间的，由受让方从合同签订的次月起缴纳城镇土地使用税。

6.新征用的土地，依照下列规定缴纳城镇土地使用税：

（1）征用的耕地，自批准征用之日起满1年时开始缴纳土地使用税；

（2）征用的非耕地，自批准征用次月起缴纳土地使用税。

（3）通过招标、拍卖、挂牌方式取得的建设用地，不属于新征用的耕地，纳税人应按照合同约定交付土地时间的次月起缴纳城镇土地使用

税；合同未约定交付土地时间的，从合同签订的次月起缴纳城镇土地使用税。

三、纳税期限

城镇土地使用税实行按年计算、分期缴纳的征收方法，具体纳税期限由省、自治区、直辖市人民政府确定。各省、自治区、直辖市税务机关根据当地情况，一般确定按月、季或半年等期限缴纳城镇土地使用税。

四、纳税地点

城镇土地使用税在土地所在地缴纳，由土地所在地税务机关征收管理。土地管理机关应当向土地所在地的税务机关提供土地使用权属资料。

纳税人使用的土地不属于同一省（自治区、直辖市）管辖范围的，应由纳税人分别向土地所在地税务机关缴纳土地使用税。在同一省（自治区、直辖市）管辖范围内，纳税人跨地区使用的土地，如何确定纳税地点，由各省、自治区、直辖市税务局确定。

五、会计处理

企业在缴纳城镇土地使用税时，应通过“应交税费——应交城镇土地使用税”账户进行会计核算。该账户贷方反映企业应缴纳的城镇土地使用税，借方反映企业已缴纳的城镇土地使用税，贷方余额反映企业应交未交的城镇土地使用税。

企业计算出应缴纳的城镇土地使用税时，借记“税金及附加”，贷记“应交税费——应交城镇土地使用税”；缴纳城镇土地使用税时，借记“应交税费——应交城镇土地使用税”，贷记“银行存款”。

由于城镇土地使用税按年征收分期缴纳（一般是6个月），如果企业分期缴纳的税额较大，可以通过“待摊费用”账户，分期摊入管理费用。

【例9-2】某工业企业某年实际占用土地面积5 000平方米。该土地每平方米年税额为4元，当地的城镇土地使用税每半年征收一次。试作相关会计处理。

解：每次应纳城镇土地使用税=5 000×4÷2=10 000（元）

计提城镇土地使用税税金时：

借：税金及附加　　10 000

　　贷：应交税费——应交城镇土地使用税　　10 000

上缴税金时：

借：应交税费——应交城镇土地使用税　　10 000

　　贷：银行存款　　10 000

第四节　耕地占用税及其会计处理

一、耕地占用税概述

耕地占用税是国家对占用耕地建房或从事其他非农业建设的单位和个人，就其实际占用的耕地面积征收的一种税，属于对特定土地资源占用课税。现行耕地占用税的基本规范是2018年12月29日第十三届全国人民代表大会常务委员会第七次会议通过的《中华人民共和国耕地占用税法》，自2019年9月1日起施行。2007年12月1日国务院公布的《中华人民共和国耕地占用税暂行条例》同时废止。

二、征税对象

耕地占用税的征税对象为耕地，是指占用耕地建房或从事其他非农业建设的行为。决定耕地占用税征税对象有两方面要素：一是建设行为；二是被占耕地。占用园地、林地、草地、农田水利用地、养殖水面、渔业水域滩涂以及其他农用地建设建筑物、构筑物或者从事非农业建设的，依法缴纳耕地占用税。

占用农用地建设直接为农业生产服务的生产设施的，不缴纳耕地占用税。纳税人因建设项目施工或者地质勘查临时占用耕地，应依法缴纳耕地占用税。纳税人在批准临时占用耕地期满之日起一年内依法复垦，恢复种植条件的，全额退还已经缴纳的耕地占用税。

三、纳税人

在我国境内占用耕地建设建筑物、构筑物或者从事非农业建设的单位和个人，为耕地占用税的纳税人，具体包括国有企业、集体企业、私营企业、股份制企业、外商投资企业、外国企业以及其他企业和事业单位、社会团体、国家机关、部队以及其他单位、个体工商户以及其他个人。

四、税率

耕地占用税实行从量计征的地区差别定额税率，以规定单位面积的税额作为征收标准。具体税额（年税额）规定如下：

1. 人均耕地不超过1亩的地区（以县级行政区域为单位，下同），每平方米为10元至50元；

2. 人均耕地超过1亩但不超过2亩的地区，每平方米为8元至40元；

3. 人均耕地超过2亩但不超过3亩的地区，每平方米为6元至30元；

4. 人均耕地超过3亩的地区，每平方米为5元至25元。

各地区耕地占用税的适用税额，由省、自治区、直辖市人民政府根据人均耕地面积和经济发展等情况，在前款规定的税额幅度内提出，报同级人民代表大会常务委员会决定，并报全国人民代表大会常务委员会和国务院备案。各省、自治区、直辖市耕地占用税适用税额的平均水平，不得低于《各省、自治区、直辖市耕地占用税平均税额表》（表9-1）规定的平均税额。

表9-1 **各省、自治区、直辖市耕地占用税平均税额表**

省、自治区、直辖市	平均税额（元/平方米）
上海	45
北京	40
天津	35
江苏、浙江、福建、广东	30
辽宁、湖北、湖南	25
河北、安徽、江西、山东、河南、重庆、四川	22.5
广西、海南、贵州、云南、陕西	20
山西、吉林、黑龙江	17.5
内蒙古、西藏、甘肃、青海、宁夏、新疆	12.5

在人均耕地低于0.5亩的地区，省、自治区、直辖市可以根据当地经济发展情况，适当提高耕地占用税的适用税额，但提高的部分不得超

过每平方米为8元至40元适用税额的50%。

占用基本农田的，应当按照每平方米为8元至40元适用税额或者当地适用税额，加按150%征收。

五、应纳税额的计算

耕地占用税以纳税人实际占用的耕地面积为计税依据，按照规定的适用税额一次性征收，应纳税额为纳税人实际占用的耕地面积（平方米）乘以适用税额。计算公式为：

应纳税额=实际占用的耕地面积（平方米）×适用税额

【例9-3】假设某市一家企业新占用19 800平方米耕地用于工业建设，所占耕地适用的定额税率为20元/平方米。

要求：计算该企业应纳的耕地占用税。

解：应纳税额=19 800×20=396 000（元）

六、申报与缴纳

（一）减免税

1.军事设施、学校、幼儿园、社会福利机构、医疗机构占用耕地，免征耕地占用税。

2.铁路线路、公路线路、飞机场跑道、停机坪、港口、航道、水利工程占用耕地，减按每平方米2元的税额征收耕地占用税。

3.农村居民在规定用地标准以内占用耕地新建自用住宅，按照当地适用税额减半征收耕地占用税；其中农村居民经批准搬迁，新建自用住宅占用耕地不超过原宅基地面积的部分，免征耕地占用税。

4.农村烈士遗属、因公牺牲军人遗属、残疾军人以及符合农村最低生活保障条件的农村居民，在规定用地标准以内新建自用住宅，免征耕地占用税。

根据国民经济和社会发展的需要，国务院可以规定免征或者减征耕地占用税的其他情形，报全国人民代表大会常务委员会备案。

按规定免征或者减征耕地占用税后，纳税人改变原占地用途，不再属于免征或者减征耕地占用税情形的，应当按照当地适用税额补缴耕地占用税。

（二）纳税义务发生时间

耕地占用税的纳税义务发生时间为纳税人收到自然资源主管部门办

理占用耕地手续的书面通知的当日。

（三）纳税期限

纳税人应当自纳税义务发生之日起30日内申报缴纳耕地占用税。

耕地占用税由税务机关负责征收。

税务机关发现纳税人的纳税申报数据资料异常或者纳税人未按照规定期限申报纳税的，可以提请相关部门进行复核，相关部门应当自收到税务机关复核申请之日起30日内向税务机关出具复核意见。

自然资源主管部门凭耕地占用税完税凭证或者免税凭证和其他有关文件发放建设用地批准书。

七、会计处理

企业按规定缴纳的耕地占用税可以不通过“应交税费”账户核算。企业所缴纳的耕地占用税按是否形成固定资产价值，分别记入“在建工程”或“管理费用”。

1.计算应缴纳的耕地占用税时：

借：在建工程

　贷：银行存款

2.工程竣工后汇算清缴，如果预缴税款少于应纳税款：

借：在建工程

　贷：银行存款

3.如果有多缴的预缴税款退还：

借：银行存款

　贷：在建工程

【例9-4】某企业经批准占用耕地5 000平方米兴建厂房，该地区适用的耕地占用税单位税额为10元/平方米。试作会计处理。

解：应纳税额=5 000×10=50 000（元）

借：在建工程	50 000	
贷：银行存款		50 000

技能训练题

一、单项选择题

1.城镇土地使用税的计税依据是（　　）。

A.实际占用的土地面积　　B.纳税人申报面积

C.评估面积　　D.建筑面积

2.不征城镇土地使用税的区域是（　　）。

A.城市　　B.县城

C.建制镇和工矿区　　D.农村

3.下列城镇土地使用税纳税人确定不正确的是（　　）。

A.拥有土地使用权的单位和个人

B.土地使用权未确定的，由代管人纳税

C.土地使用权共有的，由共有各方分别纳税

D.外商投资企业和外国企业不是纳税人

4.甲企业生产经营用地分布于A、B、C三个地域，A的土地使用权属于甲企业，面积10 000平方米，其中幼儿园占地1 000平方米，厂区绿化占地2 000平方米；B的土地使用权属甲企业与乙企业共同拥有，面积5 000平方米，实际使用面积各半；C面积3 000平方米，甲企业一直使用但土地使用权未确定。假设A、B、C的城镇土地使用税的单位税额为每平方米5元，甲企业全年应纳城镇土地使用税（　　）元。

A.57 500　　B.62 500

C.72 500　　D.85 000

5.下列应征城镇土地使用税的是（　　）。

A.国家机关公务用地

B.全额拨付事业经费的事业单位用地

C.某商场经营用地

D.用于农业的生产用地

6.下列土地中，免征城镇土地使用税的是（　　）。

A.营利性医疗机构自用的土地

B.公园内附设照相馆使用的土地

C.生产企业使用海关部门的免税土地

D.公安部门无偿使用铁路企业的应税土地

7.根据城镇土地使用税的有关规定，经济发达地区，城镇土地使用税的适用税额标准可以（　　）。

A.适当提高，但提高额不得超过规定的最高税额的30%

B.适当提高，但提高额不得超过规定的最低税额的30%
C.适当提高，但须报经国家税务总局批准
D.适当提高，但须报经财政部批准

二、多项选择题

1.城镇土地使用税的征税范围为（　　）。
A.城市　　B.县城
C.建制镇　　D.工矿区
2.下列城镇土地使用税的计税依据确定正确的有（　　）。
A.土地使用证书确认的土地面积
B.计划占用土地面积
C.没有土地使用证书的，按纳税人申报的土地面积
D.土地使用权共有的，按各方实际占用的土地面积
3.下列各项中，应缴纳城镇土地使用税的有（　　）。
A.用于水产养殖业的生产用地
B.名胜古迹园区内附设的照相馆用地
C.公园中管理单位的办公用地
D.学校食堂对外营业的餐馆用地
4.下列各项中，可以免缴城镇土地使用税的有（　　）。
A.财政拨付事业经费单位的食堂用地
B.名胜古迹场所设立的照相馆用地
C.公园内设立的影剧院用地
D.宗教寺庙人员的生活用地
5.下列属于城镇土地使用税的征税对象的是（　　）。
A.国家高新技术产业开发区内的土地
B.农村承包土地
C.外商投资企业用地
D.外国企业用地
6.以下关于城镇土地使用税的表述中，正确的是（　　）。
A.纳税人使用的土地不属于同一省（自治区、直辖市）管辖范围内的，由纳税人分别向土地所在地的税务机关申报缴纳
B.纳税人使用的土地在同一省（自治区、直辖市）管辖范围内，纳

税人跨地区使用的土地，由纳税人分别向土地所在地的税务机关申报缴纳

C.纳税人出租房产，自交付出租房产之次月起计征城镇土地使用税

D.城镇土地使用税按年计算，分期缴纳

7.在征税范围内，下列占用土地免征城镇土地使用税的有（　　）。

A.公园自用的土地

B.外商投资企业占用的生产用地

C.企业内绿化占用的土地

D.国家机关自用的土地

8.对纳税人实际占用的土地面积，可以按照（　　）的方法确定。

A.凡由省、自治区、直辖市人民政府确定的单位组织测定土地面积的，以测定面积为准

B.尚未组织测量，但纳税人持有政府部门核发的土地使用证书的，以证书确认面积为准

C.尚未核发土地使用证书的，应由纳税人申报土地面积据以纳税，待核发土地使用证以后再作调整

D.尚未核发土地使用证书的，应由当地人民政府予以确定，作为计税依据

9.下列属于土地使用税纳税人的有（　　）。

A.县城的私营企业

B.农村的股份制企业

C.市区的集体企业

D.城市、县镇、工矿区外的工矿企业

三、判断题

1.城镇土地使用税的征税范围是城市、县城、镇和工矿区范围内的国家所有的土地。（　　）

2.经省、自治区、直辖市人民政府批准，经济发达地区城镇土地使用税的适用税额标准可以适当提高，但提高额不得超过暂行条例规定最高税额的30%。（　　）

3.纳税人实际占用的土地面积尚未核发土地使用证书的，应由纳税人申报土地面积，并以此为计税依据计算征收城镇土地使

用税。（ ）

4.经批准开山填海整治的土地和改造的废弃土地，可以由各省、自治区、直辖市地方税务局确定是否减免其城镇土地使用税。（ ）

5.纳税单位无偿使用免税单位的土地免征城镇土地使用税；免税单位无偿使用纳税单位的土地照章征收城镇土地使用税。（ ）

6.几个人或几个单位共同拥有同一块土地的使用权，则由其轮流缴纳这块土地的城镇土地使用税。（ ）

7.纳税人在全国范围内跨省、自治区、直辖市使用的土地，其城镇土地使用税的纳税地点由国家税务总局确定。（ ）

四、计算与核算题

1.某外商投资企业2019年年初实际占地面积为50 000平方米，其中，企业自办幼儿园占地2 000平方米，职工医院占地2 000平方米，企业绿化占地5 000平方米，无偿向某部队提供训练用地1 000平方米。2019年4月该企业为扩大生产，根据有关部门的批准，新征用非耕地8 000平方米。该企业所处地段适用年税额3元/平方米。

要求：计算应纳的城镇土地使用税，并作相应的涉税会计处理。

2.某企业2019年年初实际占地面积共为20 000平方米，其中企业子弟学校占地2 000平方米，医院占地1 000平方米，7月底经批准新占用耕地15 000平方米用于扩大生产经营。企业所在地城镇土地使用税单位税额每平方米3元，耕地占用税单位税额为每平方米25元。

要求：计算应纳的城镇土地使用税和耕地占用税，并作相应的涉税会计处理。

3.A公司为位于某城市郊区的一国有企业，2019年土地使用的相关资料如下：

（1）公司提供的政府部门核发的土地使用证书显示，A公司实际占用的土地面积中，公司内托儿所和医院共占地1 000平方米，厂区以外的公用绿化用地为2 000平方米。

（2）1月1日将一块100平方米的土地无偿借给某国家机关作公务使用。

（3）1月1日从某公园无偿借到一块50平方米的土地作为办公室。

（4）与该企业开办的某外商投资企业在A公司拥有同一办公楼。该办公楼建筑面积5 000平方米，其中A公司实际使用2 000平方米，其余归外商投资企业使用。该办公楼占用土地3 000平方米。

（5）除上述土地外，其余土地为10 000平方米，均为A公司生产经营用地。

要求：假设当地的城镇土地使用税每年征收一次，该地区每平方米土地年税额1元，请根据上述资料，分析计算A公司2019年应缴纳多少城镇土地使用税，并做出相应的涉税会计处理。

4. 某企业兴建厂房，经批准占用耕地50亩，该地区耕地占用税额为7元/平方米。

要求：计算其应纳的耕地占用税，并做出相应的涉税会计处理。

第十章

房产税会计

第一节　房产税的基本要素

一、房产税概述

房产税是以房产为征税对象，以房屋的计税余值或租金收入为计税依据，向房产所有人或经营人征收的一种财产税。现行房产税的基本规范，是1986年9月15日国务院颁布的《中华人民共和国房产税暂行条例》（以下简称《房产税暂行条例》）。

征收房产税，有利于运用税收杠杆，加强对房产的管理，提高房产的使用效益；有利于配合国家房产政策的调整；有利于合理调节房产所有人和经营人的收入，均衡社会财富；有利于为逐步建立完善的地方税制创造条件。

二、征税对象与范围

房产税的征税对象是房产。与房屋不可分割的各种附属设施或不单独计价的配套设施，也属于房屋，应一并征税。独立于房屋之外的建筑物（如水塔、围墙、加油站罩棚等）不属于房屋，不征房产税。所谓房产，是以房屋形态表现的财产，是指有屋面和围护结构（有墙或两边有柱），能遮风避雨，可供人们在其中生产、工作、学习、娱乐、居住或储藏物资的场所。

房产税的征税范围为位于城市、县城、建制镇和工矿区的房屋，坐落在农村的房屋暂不征收房产税。对上述范围的具体解释如下：

1.城市是指经国务院批准建立的市，征税范围为市区和郊区。

2.县城是指未设立建制镇的县人民政府所在地。

3.建制镇是指省人民政府批准设立的建制镇，征税范围为镇人民政府所在地，不包括所辖的行政村。

4.工矿区是指工商业比较发达，人口比较集中，符合国务院的建制镇标准，但尚未设立建制镇的大中型工矿企业所在地。工矿区开征房产税须经省、自治区、直辖市人民政府批准。

在上述开征地区范围内所有的房产，除另有规定免税者外，均应依法缴纳房产税。对不在开征地区范围之内的房产，不征收房产税，如农村。

三、纳税人

房产税以在征税范围内的房屋产权所有人为纳税人。产权属于全民的，房产税由经营管理单位缴纳；房产税产权出典的，由承典人缴纳；产权所有人、承典人不在房产所在地的，或者产权未确定及租典纠纷未解决的，房产税由房产代管人或者使用人缴纳。

自2009年1月1日起，外商投资企业、外国企业和组织以及外籍个人（包括中国港澳台资企业和组织以及华侨、港澳台同胞在内，统称外资企业及外籍个人）依照《房产税暂行条例》缴纳房产税，属于房产税纳税人。

纳税单位和个人无租使用房产管理部门、免税单位及纳税单位的房产，应由使用人代为缴纳房产税。例如，企业无租金使用政府提供的办公楼用于办公，则企业为纳税单位。

四、税率

我国现行房产税采用的是比例税率。根据其计税依据的不同，税率分为：

1. 以房产原值一次减除10%至30%损耗后的房产余值为计税依据的，年税率为1.2%。

2. 以房产租金收入为计税依据的，税率为12%；对个人出租的住房，不区分用途，按4%的税率征收房产税；对企事业单位、社会团体以及其他组织按市场价格向个人出租用于居住的住房，减按4%的税率征收房产税。

第二节 房产税的计算

一、计税依据

房产税的计税依据是房产的计税余值或房产的租金收入。按照房产计税余值征税的，称为从价计征；按照房产租金收入征税的，称为从租计征。

（一）从价计征

这是指以房产原值一次减除10%～30%后的余值为计税依据，具体减除幅度由省、自治区、直辖市人民政府确定。

房产原值，是指纳税人按照会计制度的规定，在会计账簿“固定资产”科目中记载的房屋原价。

对依照房产原值计税的房产，不论是否记载在会计账簿“固定资产”科目中，均应按照房屋原价计算缴纳房产税。房屋原价应根据国家有关会计制度的规定进行核算。对纳税人未按国家会计制度的规定核算并记载的，应按规定予以调整或重新评估。

1. 对按照房产原值计税的房产，无论会计如何核算，房产原值均应包含地价，包括为取得土地使用权支付的价款、开发土地发生的成本费用等。

宗地容积率低于0.5的，按房产建筑面积的2倍计算土地面积并据此确定计入房产原值的地价。

容积率=总建筑面积/土地面积

2. 房产原值应包括与房屋不可分割的各种附属设备或一般不单独计算价值的配套设施。

（1）以房屋为载体，不可随意移动的附属设备和配套设施，如给排水、采暖、消防、中央空调、电气及智能化楼宇设备等，无论在会计核算中是否单独记账与核算，都应计入房产原值，计征房产税。

（2）对于更换房屋附属设备和配套设施的，在其价值计入房产原值时，可扣减原来相应设施的价值。

（3）对附属设备和配套设施中易损坏、需要经常更换零配件，更新后不再计入房产原值。

3.纳税人对原有房屋进行改建、扩建，要相应增加房屋原值。

4.投资联营房产的计税依据。

（1）对于以房产投资联营，投资者参与投资利润分红，共担风险的，按房产的计税余值作为计税依据计征房产税（被投资方是纳税人）。

（2）对以房产投资，收取固定收入，不承担联营风险的，实际是以联营名义取得房产租金，应由出租方按租金收入计算缴纳房产税。

（3）融资租赁的房产，由承租人自租赁合同约定开始日的次月起依照房产余值缴纳房产税。合同未约定开始日的，由承租人自合同签订的次月起依照房产余值缴纳房产税。

5.对居民住宅区内业主共有的经营性房产，由实际经营（包括自营和出租）的代管人或使用人缴纳房产税。其中自营的，依照房产原值减除10%～30%后的余值计征，没有房产原值或不能将业主共有房产与其他房产的原值准确划分开的，由房产所在地税务机关参照同类房产核定房产原值；出租的，依照租金收入计征。

6.无租使用其他单位房产的应税单位和个人，依照房产余值代缴纳房产税；产权出典的房产，由承典人依照房产余值缴纳房产税。

7.凡在房产税征收范围内的具备房屋功能的地下建筑，包括与地上房屋相连的地下建筑以及完全建在地面以下的建筑、地下人防设施等，均应当依照有关规定征收房产税。

对于与地上房屋相连的地下建筑，如房屋的地下室、地下停车场、商场的地下部分等，应将地下部分与地上房屋视为一个整体，按照地上房屋建筑的有关规定计算征收房产税。

（二）从租计征

房屋出租的，以取得的租金收入为计税依据。租金收入是房屋产权所有人出租房产使用权所得的报酬，包括货币收入、实物收入及其他形式的收入。

（1）对出租房产，租赁双方签订的租赁合同约定有出租的地下建筑，按照出租地上房屋建筑的有关规定计算征收房产税。

（2）如果是以劳务或者其他形式为报酬抵付房租收入的，应根据当地同类房产的租金水平，确定一个标准租金额从租计征。

（3）合同约定免收租金期限的，免收租金期间由产权所有人按照房产原值缴纳房产税。（区别无租使用房产的规定）

二、应纳税额的计算

房产税应纳税额的计算方法有以下两种：

1.按房产余值从价计征的计算公式为：

应纳税额=房产原值×（1-减除比例）×税率

2.按租金收入从租计征的计算公式为：

应纳税额=房产租金收入×税率

以人民币以外的货币为记账本位币的外资企业及外籍个人在缴纳房产税时，均应将其根据记账本位币计算的税款按照缴款上月最后一日的人民币汇率中间价折合成人民币。

【例10-1】位于建制镇的某公司主要经营农产品采摘、销售、观光业务，占地3万平方米，其中采摘、观光的种植用地2.5万平方米、职工宿舍和办公用地0.5万平方米，房产原值300万元。该公司2019年发生以下业务：

（1）全年取得旅游观光收入150万元、农产品零售收入180万元；

（2）6月30日签订房屋租赁合同一份，将价值50万元的办公室从7月1日起出租给他人使用，租期12个月，月租0.2万元，每月收租金1次；

（3）8月与保险公司签订农业保险合同一份，支付保险费3万元；

（4）9月与租赁公司签订融资租赁合同一份，租赁价值30万元的鲜果拣选机一台，租期5年，租金共计40万元，每年支付8万元。

该公司适用的城镇土地使用税税率为每平方米5元，省里规定计算房产余值的扣除比例为30%。

要求：计算2019年应缴纳的城镇土地使用税和房产税。

解：（1）应缴纳的城镇土地使用税 =（3−2.5）×5×10 000 = 25 000（元）

（2）应缴纳的房产税 = 300×（1−30%）×1.2%×50%×10 000+（300−50）×（1−30%）×1.2%×50%×10 000+0.2×6×12%×10 000 = 24 540（元）

第三节　房产税的申报、缴纳与会计处理

一、减免税

1.国家机关、人民团体、军队自用的房产免纳房产税，这是指这些单位本身的办公用房和公务用房。

2.由国家财政部门拨付事业经费的单位（包括实行差额预算管理的事业单位）自用的房产免纳房产税，这是指这些单位本身的业务用房。

3.宗教寺庙、公园、名胜古迹自用的房产免纳房产税。宗教、寺庙自用的房产，是指举行宗教仪式等的房屋和宗教人员使用的生活房屋。公园、名胜古迹自用的房产，是指提供参观游览的房屋及其管理单位的办公用房。

上述享受免税单位出租的房产以及非本身业务用的生产、营业用房，不属于免税范围，应征收房产税。

4.个人所有的非营业用房产免征房产税。

5.对于营业用的人防设施暂不征收房产税。

6.基建工地的临时性房屋，在施工期间免征房产税。

7.自2019年1月1日至2021年12月31日，对高校学生公寓（指为高校学生提供住宿服务，按照国家规定的收费标准收取住宿费的学生公寓）免征房产税。

8.对廉租住房经营管理单位的租金收入免征房产税。

二、纳税义务发生时间

1.纳税人将原有房产用于生产经营，从生产经营之次月起，缴纳房产税。

2.纳税人自行新建房屋用于生产经营，自建成之次月起，缴纳房产税。

3.纳税人委托施工企业建设的房屋，从办理验收手续之次月起，缴纳房产税。

4.纳税人购置新建商品房，自房屋交付使用之次月起，缴纳房产税。

5.纳税人购置存量房，自办理房屋权属转移、变更登记手续，房地产权属登记机关签发房屋权属证书之次月起，缴纳房产税。

6.纳税人出租、出借房产，自交付出租、出借房产之次月起，缴纳房产税。

7.房地产开发企业自用、出租、出借本企业建造的商品房，自房屋使用或交付之次月起，缴纳房产税。

8.纳税人因房产的实物或权利状态发生变化而依法终止房产税的纳税义务的，其应纳税款的计算应截止到房产的实物或权利发生变化的当月末。

三、纳税期限

房产税实行按年计算、分期缴纳的征收方法，具体纳税期限由省、自治区、直辖市人民政府规定。

四、纳税地点

房产税由纳税人向房产所在地税务机关缴纳。房产不在同一地方的纳税人，应按房产的坐落地点分别向房产所在地税务机关缴纳。

五、会计处理

企业应在“应交税费”账户下设置“应交房产税”明细账户进行核算。在计算应缴纳的房产税税额时，借记“税金及附加”，贷记“应交税费——应交房产税”；缴纳房产税时，借记“应交税费——应交房产税”，贷记“银行存款”。

【例10-2】某公司2019年自有房屋20栋，其中12栋用于生产经营，房产原值302万元，当地政府规定，按房产原值一次扣除20%后的余值计税。另外7栋用于对外出租，年租金收入120万元。还有1栋由于年久失修，于本年度1月份申报停止使用（假定按季缴纳房产税）。试作有关会计处理。

解：经营用房产应缴纳的房产税=30 20 000×（1−20%）×1.2%=28 992（元）

出租房产应缴纳的房产税=1 200 000×12%=144 000（元）

全年共计缴纳房产税=144 000+28 992=172 992（元）

每季预缴房产税=172 992÷4=43 248（元）

每季作如下会计处理：

借：税金及附加　　43 248

　贷：应交税费——应交房产税　　43 248

缴纳房产税时：

借：应交税费——应交房产税　　43 248

　贷：银行存款　　43 248

技能训练题

一、单项选择题

1.以下应缴纳房产税的项目有（　　）。

A.集团公司的仓库　　B.合伙企业的露天游泳池

C.股份制企业的围墙　　D.工厂的独立烟囱

2.下列房屋应从交付使用之次月起缴纳房产税的是（　　）。

A.纳税人购置新建商品房

B.纳税人自行新建房屋用于生产经营

C.纳税人购置存量房

D.纳税人委托施工企业建设的房屋

3.某企业有房产1 000平方米，房产原值100万元。2019年该企业将其中的200平方米房产出租，年租金20万元，已知省政府规定其减除比例为30%。该企业当年应纳房产税（　　）万元。

A.0.84　　B.0.4

C.12　　D.3.072

4.不征房产税的地区是（　　）。

A.城市　　B.县城和建制镇

C.工矿区　　D.农村

5.赵某拥有两处房产：一处原值60万元的房产供自己及家人居住；另一处原值20万元的房产于2019年7月1日出租给王某居住，按市场价每月取得租金收入1 200元。赵某当年应缴纳的房产税为（　　）元。

A.288　　B.576

C.840　　　　　　　　　D.864

6.下列各项中，符合房产税纳税义务人规定的是（　　）。

A.产权出典的，由出典人缴纳

B.产权属于国家所有的，不缴纳房产税

C.产权纠纷未解决的，由代管人或使用人缴纳

D.外商投资企业开办的商业企业，不缴纳房产税

7.下列各项中，不属于房产税纳税人的是（　　）。

A.在市区拥有房产且开设个人独资企业的个人

B.在农村拥有房产建立工厂的企业

C.在工矿区拥有房产的国有企业

D.在市区承典房屋的单位

8.以下关于房产税纳税人和征税范围的说法正确的是（　　）。

A.房产税的征税对象是房屋和建筑物

B.产权属于国家所有的，免纳房产税

C.无租使用其他单位房产的单位和个人，使用人代为缴纳房产税

D.农村的农民出租房屋也应缴纳房产税

二、多项选择题

1.下列各项中，符合房产税纳税义务发生时间规定的有（　　）。

A.将原有房产用于生产经营，从生产经营之次月起缴纳房产税

B.委托施工企业建设的房屋，从办理验收手续之次月起缴纳房产税

C.纳税人出租、出借房产，自交付出租、出借房产之次月起，缴纳房产税

D.购置新建商品房，自权属登记机关签发房屋权属证书之次月起缴纳房产税

2.下列关于房产税的纳税说法正确的有（　　）。

A.产权出典的，由承典人依照房产余值缴纳房产税

B.无租使用其他单位房产的应税单位和个人，依照当地同类租金水平缴纳房产税

C.无租使用其他单位房产的应税单位和个人，依照房产余值缴纳房产税

D.融资租赁的房产，由承租人依照支付的租赁费缴纳房产税

3. 以下房产需要征收房产税的是（　　）。

A. 城市的农副产品加工用房

B. 建制镇的农副产品生产用房

C. 农村的农副业生产用房

D. 农村的居住用房

4. 房产税的计税依据可以是（　　）。

A. 融资租赁房屋的，以房产原值计税

B. 联营投资房产，共担投资风险的，以房产余值计税

C. 出租房产的，以租金计税

D. 租入房产的，以租金计税

5. 下列各项中，不应当征收房产税的有（　　）。

A. 经营性单位从房地产开发企业购入的办公用商品房

B. 个人非营业用房产

C. 邮政部门坐落在城市、县城、建制镇、工矿区以外的房产

D. 农村的经营性用房

6. 以下关于房产税纳税人的表述中，正确的有（　　）。

A. 外籍个人不缴纳房产税

B. 房屋产权出典的，承典人为纳税人

C. 房屋产权属于集体所有的，集体单位为纳税人

D. 房屋产权未确定及租典纠纷未解决的，代管人或使用人为纳税人

三、判断题

1. 房产税的征税对象是房屋，由于房屋属于不动产，所以与房屋不可分割的各种附属设备也应作为房屋一并征税。上述“各种附属设备”包括独立于房屋之外的建筑物，如水塔、烟囱等。（　　）

2. 农民王某2019年将他在本村价值20万元的楼房出租，取得租金收入3 000元。按照房产税从租计征的规定，王某当年应缴纳房产税360元。（　　）

3. 纳税人购置房屋，应自办理房屋权属转移、变更登记手续，房地产权属登记机关签发房屋权属证书之次月起，缴纳房产税。（　　）

4. 对以融资租赁方式租出的房屋，在计征房产税时应当以房产余值

计算纳税。（　　）

5. 房地产开发企业建造的商品房在出售前，不征收房产税，但对出售前房地产开发企业已使用或出租的房产应按规定征收房产税。（　　）

四、计算与核算题

1. 某市生产企业2019年年初共拥有房产10栋，房产原值共计34 600万元，当年房产情况如下：

（1）2018年12月31日与本单位职工签订房屋租赁合同，自2019年1月1日起，将房产原值为300万元的自有住房，按政府规定价格出租给职工居住，每月取得租金收入10万元。

（2）2019年2月1日对1栋房产原值为800万元的厂房进行大修理，10月底大修理完工。修理后该房产价值上升为12 000万元，11月1日投入本单位使用。

（3）2019年4月30日签订房产租赁合同一份，将原值为500万元的仓库出租给其他企业，租期1年，每月收取租金收入1.8万元。

（4）2019年7月1日企业将1栋房产原值为8 000万元的办公楼用于对外投资，投资期限为2年，不承担联营风险，每月收取固定收入30万元。

（5）2019年10月底该企业1栋房产原值为5 000万元的厂房被有关部门认定为危险房屋，自2019年11月1日起停止使用。

（6）2018年12月委托某施工企业新建厂房1栋，2019年3月31日完工，并办理了厂房验收手续，同时接管基建工地价值100万元的材料棚，一并转入本企业的固定资产，原值合计为800万元。

（7）剩余的5栋房产一直用于企业的生产经营活动，房产原值共计20 000万元。

已知：计算房产余值的扣除比例为30%。

要求：

（1）根据业务（1）有关资料，计算该项房产应缴纳的房产税。

（2）根据业务（2）有关资料，计算该项房产应缴纳的房产税。

（3）根据业务（3）有关资料，计算该项房产应缴纳的房产税。

（4）根据业务（4）有关资料，计算该项房产应缴纳的房产税。

（5）根据业务（5）有关资料，计算该项房产应缴纳的房产税。

（6）根据业务（6）有关资料，计算该项房产应缴纳的房产税。

（7）根据业务（7）有关资料，计算该项房产应缴纳的房产税。

（8）计算2019年该企业共应缴纳的房产税。

（9）根据上述经济业务，试作相关的涉税会计处理。

2. 某中外合资企业2019年度的上半年共有房产原值4 000万元，7月1日起企业将原值200万元、占地面积400平方米的一栋仓库出租给某商场存放货物，租期1年，每月租金收入1.5万元。8月10日对委托施工单位建设的生产车间办理验收手续，由在建工程转入固定资产，原值500万元。

要求：计算该企业2019年应缴纳的房产税（房产税计算余值的扣除比例是20%），并作相关的涉税会计处理。

第十一章

车船税会计

第一节　车船税的基本要素

一、车船税概述

车船税是对在我国境内依法应当到公安、交通、农业、渔业、军事等管理部门办理登记的车辆、船舶，根据其种类，按照规定的计税单位和年税额标准计算征收的一种财产税。

我国对车船课税历史悠久，早在公元前129年（汉武帝元光六年）就开征了“算商车”。中华人民共和国成立后，政务院于1951年9月颁布了《中华人民共和国车船使用牌照税暂行条例》，在全国部分地区开征。1973年简化税制、合并税种时，把对国营企业和集体企业征收的车船使用牌照税并入工商税。1984年10月工商税制改革时，决定恢复对车船征税。1986年9月15日，国务院发布了《中华人民共和国车船使用税暂行条例》，决定从1986年10月1日起在全国施行。该条例不适用于外商投资企业、外国企业和外籍个人。2006年12月27日，国务院第162次常务会议通过了《中华人民共和国车船税暂行条例》，原适用的两个暂行条例同时废止。

现行车船税的基本规范是2011年2月25日第十一届全国人民代表大会常务委员会第十九次会议通过的《中华人民共和国车船税法》（以下简称《车船税法》）和2011年11月23日国务院第182次常务会议通过的《中华人民共和国车船税法实施条例》（以下简称《车船税法实施条例》），自2012年1月1日起施行。为进一步规范车船税管理，提高车船税管理水平，国家税务总局于2015年11月发布了《车船税管理规程（试行）》公告，自2016年1月1日起施行，对车船税管理中涉及的税源管理、税款征收、减免税和退税等问题进行了明确。

二、征税对象

车船税的征税对象是依法应当在车船登记管理部门登记的机动车辆和船舶或依法不需要在车船登记管理部门登记的在单位内部场所行驶或者作业的机动车辆和船舶。

车辆为机动车，包括载客汽车、载货汽车、三轮汽车、低速货车、摩托车、专项作业车和轮式专用机械车。

船舶为机动船和非机动驳船。机动船是指依靠燃料等能源为动力运行的船舶；非机动船是指自身没有动力装置，包括畜力驳船、木船、帆船、舢板及各种人力驾驶船，依靠外力驱动的船舶。

对临时入境的外国车船和中国香港特别行政区、中国澳门特别行政区、中国台湾地区的车船，不征收车船税。

对境内单位和个人租入的外国籍船舶，不征收车船税。对境内单位和个人将船舶出租到境外的，应依法征收车船税。

纯电动汽车、燃料电池汽车不属于车船税征收范围，其他混合动力汽车按照同类车辆适用税额减半征税。

三、纳税人

在我国境内属于《车船税法》所附《车船税税目税额表》规定的车辆、船舶的所有人或者管理人，为车船税的纳税人，应当缴纳车船税。

管理人，是指对车船具有管理使用权而不具有所有权的单位；车船管理部门，是指公安、交通、农业、渔业、军事等依法具有车船管理职能的部门。

目前，我国对车船进行登记、核发牌证的工作中，载客汽车、载货汽车、三轮汽车、低速货车由公安部门负责；拖拉机由农业（农业机械）部门负责；普通船舶由交通部门负责；渔船由渔业部门负责；军用车船由军队、武警自行管理。

从事机动车交通事故责任强制保险业务的保险机构为机动车车船税的扣缴义务人，应依法代扣代缴车船税。

四、税率

车辆采取幅度税额，由省、自治区、直辖市人民政府在规定的幅度税额内，确定本地区的适用固定税额；船舶采用固定税额。

车船税确定税额的总原则是：排气量小的车辆税负轻于排气量大的车辆；载人少的车辆税负轻于载人多的车辆；自重小的车辆税负轻于自重大的车辆；小吨位船舶的税负轻于大吨位船舶。具体见表11-1。

表11-1　**车船税税目税额表**

<table>
<tr><th colspan="2">税目</th><th>计税单位</th><th>年基准税额</th><th>备注</th></tr>
<tr><td rowspan="7">乘用车（按发动机汽缸容量（排气量）分档）</td><td>1.0升（含）以下的</td><td rowspan="7">每辆</td><td>60～360元</td><td rowspan="7">核定载客人数9人（含）以下</td></tr>
<tr><td>1.0升以上至1.6升（含）的</td><td>300～540元</td></tr>
<tr><td>1.6升以上至2.0升（含）的</td><td>360～660元</td></tr>
<tr><td>2.0升以上至2.5升（含）的</td><td>660～1 200元</td></tr>
<tr><td>2.5升以上至3.0升（含）的</td><td>1 200～2 400元</td></tr>
<tr><td>3.0升以上至4.0升（含）的</td><td>2 400～3 600元</td></tr>
<tr><td>4.0升以上的</td><td>3 600～5 400元</td></tr>
<tr><td rowspan="2">商用车</td><td>客车</td><td>每辆</td><td>480～1 440元</td><td>核定载客人数9人以上，包括电车</td></tr>
<tr><td>货车</td><td>整备质量每吨</td><td>16～120元</td><td>包括半挂牵引车、三轮汽车和低速载货汽车等</td></tr>
</table>

续表

税目		计税单位	年基准税额	备注
挂车		整备质量每吨	按照货车税额的50%计算	
其他车辆	专用作业车	整备质量每吨	16～120元	不包括拖拉机
	轮式专用机械车		16～120元	
摩托车		每辆	36～180元	
船舶	机动船舶	净吨位每吨	3～6元	拖船、非机动驳船分别按照机动船舶税额的50%计算
	游艇	艇身长度每米	600～2 000元	

注：1.机动船舶，具体适用税额为：（1）净吨位小于或等于200吨的，每吨3元；（2）净吨位201~2 000吨的，每吨4元；（3）净吨位2 001~10 000吨的，每吨5元；（4）净吨位10 001吨及以上的，每吨6元；（5）拖船按照发动机功率每2马力折合净吨位1吨计算征收车船税。

2.游艇，具体适用税额为：（1）艇身长度不超过10米的，每米600元；（2）艇身长度超过10米但不超过18米的，每米900元；（3）艇身长度超过18米但不超过30米的，每米1 300元；（4）艇身长度超过30米的，每米2 000元；（5）辅助动力帆艇，每米600元。

3.《车船税法》及其实施条例涉及的整备质量、净吨位、艇身长度等计税单位，有尾数的一律按照含尾数的计税单位据实计算车船税应纳税额。计算得出的应纳税额小数点后超过两位的可四舍五入保留两位小数。

第二节　车船税的计算

一、计税依据

车船税的计税依据，按车船的种类和性能，分别确定为每辆、整备质量每吨（自重吨位）、净吨位每吨和艇身长度每米。

商用货车、专用作业车和轮式专用机械车，以整备质量每吨（自重吨位）为计税依据。

机动船舶、非机动驳船、拖船，以净吨位每吨为计税依据。游艇以艇身长度每米为计税依据。

自重吨数，是指机动车的整备质量，即总质量减去核定载质量的差额。对机动船来说，净吨位一般是指额定装运货物和载运旅客的船舱所占用的空间容积，即船舶各个部位的总容积扣除按税法规定的非营业用容积后的余数。非营业用容积包括驾驶室、轮机间、业务办公室、船员生活用房等。

二、应纳税额的计算

车船税的应纳税额，根据不同类型的车船及适用的计税标准分别计算。计算公式为：

应纳税额=计税依据×适用的年税额

购置的新车船，购置当年的应纳税额自纳税义务发生的当月起按月计算。应纳税额为年应纳税额除以12再乘以应纳税月份数。

已缴纳车船税的车船在同一纳税年度内办理转让过户的，不另纳税，也不退税。

1.车辆应纳车船税的计算。车辆采取幅度税额，由省、自治区、直辖市人民政府在规定的幅度税额内，确定本地区的适用固定税额。

（1）载客汽车年应纳税额=每辆×适用的年税额

（2）载货汽车年应纳税额=整备质量每吨×适用的年税额

（3）客货两用汽车应纳税额=整备质量每吨×适用的年税额

（4）三轮汽车和低速货车应纳税额=整备质量每吨×适用的年税额

（5）摩托车应纳税额=辆数×适用的年税额

购置当年的应纳税额自纳税义务发生的当月起按月计算。计算公式为：

应纳税额=年应纳税额÷12×应纳税月份数

2.船舶应纳车船税的计算。船舶采用固定税额，其应纳税额计算公式如下：

船舶年应纳税额=机动船的净吨位×适用的年税额

3.游艇应纳车船税的计算。游艇采用固定税额，其应纳税额计算公式如下：

游艇应纳税额=每米×适用的年税额

【例 11-1】某运输公司2019年拥有并使用以下车辆和船舶：（1）从事运输的自重为2吨的三轮汽车5辆；（2）自重5吨的载货卡车10辆；（3）净吨位为4吨的拖船5艘；（4）2辆客车，载客容量为20人。

当地政府规定，载货汽车的车辆税额为60元/吨，乘坐20人的客车税额为500元/辆，船舶每年税额为6元/吨。

要求：计算该公司2019年应纳的车船税。

解：（1）应纳车船税=2×60×5=600（元）

（2）应纳车船税=5×60×10=3 000（元）

（3）应纳车船税=4×6×50%×5=60（元）

（4）应纳车船税=500×2=1 000（元）

2019年应纳车船税=600+3 000+60+1 000=4 660（元）

【例 11-2】某外资运输公司2019年1月拥有8吨载重货车10辆、4.36吨载重货车5辆、大轿车9辆、中型面包车4辆、乘人小轿车2辆，机动船15艘。其中，净吨位1万吨的机动船5艘，净吨位1.5万吨的机动船6艘，净吨位2万吨的机动船4艘。8月购进新大轿车3辆、500.25吨小型机动船12艘、450吨非机动驳船10艘，当月取得有关部门核发的登记证并投入使用。

当地车船税年税额分别为：载货汽车每吨60元，大轿车每辆250元，中型面包车每辆200元，小轿车每辆150元；船舶200～10 000吨的每吨5元，10 001吨以及以上的每吨6元。

要求：（1）计算该运输公司8月外购车辆、船舶当年应缴纳的车船税；

（2）计算该运输公司所拥有的车辆当年应缴纳的车船税；

（3）计算该运输公司所拥有的船舶当年应缴纳的车船税。

解：（1）8月外购车辆、船舶当年应纳车船税=3×250×5÷12+12×500.25×5×5÷12+10×450×5×5÷12

=22 193.75（元）

（2）当年拥有的车辆应纳车船税=10×8×60+5×4.5×60+9×250+4×200+2×150

=9 500（元）

（3）当年拥有的船舶应纳车船税=5×10 000×5+6×15 000×6+4×20 000×6

=1 270 000（元）

第三节　车船税的申报、缴纳与会计处理

车船税的征收管理，依照《车船税法》和《税收征管法》的规定执行。车辆的所有人或者管理人在申请办理车辆相关登记、定期检验手续时，应向公安机关交通管理部门提交依法纳税或者免税证明，公安机关交通管理部门核查后予以办理相关手续。

一、减免税

（一）法定减免

1.捕捞、养殖渔船。这指在渔业船舶管理部门登记为捕捞船或者养殖船的船舶。

2.军队、武装警察部队专用的车船。这是指按照规定在军队、武装警察部队车船管理部门登记，并领取军队、武警牌照的车船。

3.警用车船。这是指公安机关、国家安全机关、监狱、劳动教养管理机关和人民法院、人民检察院领取警用牌照的车辆和执行警务的专用船舶。

4.依照法律规定应当予以免税的外国驻华使领馆、国际组织驻华代表机构及其有关人员的车船。

5.对节约能源的车辆，减半征收车船税；对使用新能源的车辆，免征车船税。

6.省、自治区、直辖市人民政府根据当地实际情况，可以对公共交通车船，农村居民拥有并主要在农村地区使用的摩托车、三轮汽车和低速载货汽车定期减征或者免征车船税。

（二）特定减免

1.对经批准临时入境的外国车船和中国香港特别行政区、中国澳门特别行政区、中国台湾地区的车船，不征收车船税。

2.按照规定缴纳船舶吨税的机动船舶，自《车船税法》实施之日起5年内免征车船税。

3.依法不需要在车船登记管理部门登记的机场、港口内部行驶或作业的车船，自《车船税法》实施之日起5年内免征车船税。

二、纳税义务发生时间

车船税纳税义务发生时间为取得车船所有权或者管理权的当月，以购买车船的发票或者其他证明文件所载日期的当月为准。对无法提供车船购置发票的，主管税务机关有权核定其纳税义务发生时间。

已办理退税的被盗抢车船失而复得的，纳税人应当从公安机关出具相关证明的当月起计算缴纳车船税。

新购置的车船自纳税义务发生的当月起按月计算。

三、纳税期限

车船税按年申报，分月计算，一次性缴纳。具体申报纳税期限由各省、自治区、直辖市人民政府规定。纳税年度为公历1月1日至12月31日。

纳税人在购买“交强险”时，由扣缴义务人代收代缴车船税的，凭注明已收税款信息的“交强险”保险单，车辆登记地的主管税务机关不再征收该纳税年度的车船税。再次征收的，车辆登记地主管税务机关应予退还。

四、纳税地点

车船税实行源泉控制，纳税地点为车船的登记地；由保险机构代收代缴车船税的，纳税地点为保险机构所在地；依法不需要办理登记的车船，车船税的纳税地点为车船的所有人或者管理人所在地。

五、会计处理

企业缴纳的车船税，应通过“应交税费——应交车船税”账户进行核算。其贷方反映企业应缴纳的车船税，借方反映企业已经缴纳的车船税。余额在贷方表示企业应交而未交的车船税。

当企业计算出应交的车船税时，应借记“税金及附加”，贷记“应交税费——应交车船税”；当企业实际缴纳车船税时，应借记“应交税费——应交车船税”，贷记“银行存款”。

【例11-3】以【例11-1】为例，试作相应的会计处理。

解：(1) 计提车船税时：

借：税金及附加　　4 660

　贷：应交税费——应交车船税　　4 660

(2) 上缴车船税时：

借：应交税费——应交车船税　4 660

　贷：银行存款　4 660

技能训练题

一、单项选择题

1.下列各项中，属于车船税免税项目的有（　）。

A.在国外已纳船舶吨税的我国远洋运输船

B.外商投资企业汽车

C.武警消防车

D.政府机关办公用车辆

2.车船税实行（　），即按单位征税对象直接确定固定的税额，简便易算。

A.比例税率　B.定额税率

C.累进税率　D.累退税率

3.下列关于车船税纳税人的说法错误的是（　）。

A.中美合资公司在华拥有车船的，是车船税的纳税人

B.港澳台同胞在华拥有车船的，是车船税的纳税人

C.外国企业在华拥有车船的，不是车船税的纳税人

D.中国公民在华拥有车船的，是车船税的纳税人

4.下列各项中，不属于车船税征税范围的是（　）。

A.三轮汽车　B.火车

C.摩托车　D.养殖渔船

5.车船税的纳税地点为（　）。

A.车辆所在地　B.车辆行驶地

C.纳税人所在地　D.车船登记地

二、多项选择题

1.根据《车船税法》的规定，下列船舶中，需要缴纳车船税的有（　）。

A.清洁船　B.游船

C.工程船　D.渡船

2.下列车船中，以自重吨位作为车船税计税依据的有（　）。

A.载客汽车　　B.载货汽车

C.船舶　　D.专项作业车

3.车船税征税过程中，以“辆”为计税依据的有（　　）。

A.电车　　B.载货汽车

C.专项作业车　　D.中型客车

4.使用下列车船，应缴纳车船税的有（　　）。

A.私人拥有的汽车　　B.外商投资企业拥有的汽车

C.国有运输企业拥有的货船　　D.旅游公司拥有的客船

5.下列关于车船税表述正确的有（　　）。

A.属于行为税类

B.实行从量定额征收

C.适用于在我国境内拥有或管理车船的所有单位和个人，但不包括外商投资企业

D.按年申报缴纳

三、判断题

1.车船税是对行驶于我国公共道路的车辆和航行于境内河流、湖泊和领海口岸的船舶征收的一种税。（　　）

2.车船税中应税船舶采用的是全国统一的分类级的固定税额。（　　）

3.车船税采取的是按年计征分期预缴的办法。（　　）

4.对租赁双方未商定纳税事宜的，由车辆拥有人缴纳车船税。（　　）

5.车船的所有人或者管理人未缴纳车船税的，使用人应当代为缴纳车船税。（　　）

四、计算与核算题

1.2019年度某运输公司拥有载客人数9人以下的小汽车20辆，载客人数9人以上的客车30辆，载货汽车15辆（每辆整备质量8吨），另有纯电动小汽车8辆。小汽车每辆年税额800元，客车每辆年税额1 200元，货车每吨年税额60元。

要求：计算该公司当年应纳车船税，并作相应的涉税会计处理。

2.某船舶公司2019年拥有非机动驳船4艘，每艘净吨位均为3 000

吨；拖船2艘，每艘发动机功率为2 600马力。其所在省机动船舶的车船税计税标准为：净吨位为2 000吨以下的，每吨4元；净吨位为2 001～10 000吨的，每吨5元。

要求：计算该公司当年应纳车船税，并作相应的涉税会计处理。

3. 某交通运输企业2019年拥有自重5吨的载重汽车20辆；自重4吨的挂车10辆；自重3吨的客货两用车6辆。该企业所在地载货汽车年税额为40元/吨，乘人汽车年税额为200元/辆。

要求：计算该企业当年应纳车船税，并作相应的涉税会计处理。

4. 某公司2019年2月1日购入一载货商用车，当月办理机动车辆权属证书，并办理车船税完税手续。此车整备质量为10吨，每吨年税额96元。该车于6月1日被盗，经公安机关确认后，该公司向税务局申请退税，但在办理退税手续期间，此车又于9月1日被追回并取得公安机关证明。

要求：计算该公司当年实际应缴纳的车船税，并作相应的涉税会计处理。

第十二章

车辆购置税会计

第一节 车辆购置税的基本要素

一、车辆购置税概述

车辆购置税是对购置应税车辆的单位和个人征收的一种税。它是在原交通部门收取的车辆购置税附加费的基础上，通过“费改税”方式改革而来的。现行车辆购置税的基本规范是2018年12月29日第十三届全国人民代表大会常务委员会第七次会议通过的《中华人民共和国车辆购置税法》，自2019年7月1日起施行。2000年10月22日国务院公布的《中华人民共和国车辆购置税暂行条例》同时废止。

车辆购置税是对在我国境内购置应税车辆的单位和个人征收的一种税，它有以下三个特点：一是在购置应税车辆的特定环节实行一次课征，购置已征车辆购置税的车辆，不再征收车辆购置税；二是征税具有特定用途，即用于交通建设；三是车辆购置税实行价外征收，纳税人即是负税人，税负不转嫁。

二、征税对象

车辆购置税以列举的应税车辆为征税对象，未列举的车辆不纳税。

应税车辆包括汽车、有轨电车、汽车挂车、排气量超过一百五十毫升的摩托车。

车辆购置包括纳税人购买、进口、自产、受赠、获奖或者以其他方式取得并自用应税车辆的行为。

三、纳税人

车辆购置税的纳税人是在我国境内购置应税车辆的单位和个人。

四、税率

车辆购置税实行比例税率，税率为10%。

第二节　车辆购置税的计算

一、计税依据

车辆购置税实行从价定率、价外征收的方法，计税依据为购置应税车辆的计税价格。应税车辆的计税价格，按照下列规定确定：

1.纳税人购买自用应税车辆的计税价格，为纳税人实际支付给销售者的全部价款，不包括增值税税款。

2.纳税人进口自用应税车辆的计税价格，为关税完税价格加上关税和消费税。

计税价格=关税完税价格+关税+消费税

=关税完税价格×（1+关税税率）÷（1-消费税税率）

3.纳税人自产自用应税车辆的计税价格，按照纳税人生产的同类应税车辆的销售价格确定，不包括增值税税款。

4.纳税人以受赠、获奖或者其他方式取得自用应税车辆的计税价格，按照购置应税车辆时相关凭证载明的价格确定，不包括增值税税款。

5.纳税人申报的应税车辆计税价格明显偏低，又无正当理由的，由税务机关依照《税收征管法》的规定核定其应纳税额。

6.免税、减税车辆因转让、改变用途等原因不再属于免税、减税范围的，纳税人应当在办理车辆转移登记或者变更登记前缴纳车辆购置税。计税价格以免税、减税车辆初次办理纳税申报时确定的计税价格为基准，每满一年扣减10%。

7.纳税人将已征车辆购置税的车辆退回车辆生产企业或者销售企业的，可以向主管税务机关申请退还车辆购置税。退税额以已缴税款为基准，自缴纳税款之日至申请退税之日，每满一年扣减10%。

二、应纳税额的计算

车辆购置税的应纳税额按照应税车辆的计税价格乘以税率计算。计税公式为：

应纳税额=计税价格×适用税率

纳税人以外汇结算应税车辆价款的，按照申报纳税之日的人民币汇率中间价折合成人民币计算缴纳税款。

【例12-1】家园建设有限责任公司2019年6月12日开出转账支票一张，从某汽车市场购入小汽车一辆，价款169 500元（含增值税）。试计算应纳的车辆购置税。

解：计税价格 = 169500÷（1 + 13%） = 150 000（元）

应纳税额 = 150 000×10% = 15 000（元）

【例12-2】东方融资租赁公司经批准从美国进口小轿车2辆，每辆到岸价格为2.5万美元，海关征收30%的进口关税，消费税税率为9%，该公司进行车辆购置税纳税申报当日中国人民银行公布的基准汇价为1美元=6.20元人民币。试计算该公司应纳的车辆购置税。

解：计税价格=25 000×6.20×（1+30%）÷（1−9%） = 221 428.57（元）

应纳税额=221 428.57×10%×2=44 285.71（元）

【例12-3】张某于2019年11月购买福利彩票中奖获得小汽车1辆，假定计税价格为200 000元。试计算张某应纳的车辆购置税。如果张某缴纳车辆购置税后，将该汽车转让给王某，转让价175 000元，那么王某是否还应缴纳车辆购置税？

解：张某应纳税额 = 200 000×10% = 20 000（元）

车辆购置税实行一次课征，购置已税车辆，不再征收车辆购置税。所以王某不再缴纳车辆购置税。

【例12-4】某外国驻华使馆的外交官员汤姆于2019年6月3日从某

公司购入小轿车一辆，发票总金额169 500元。后因工作需要，汤姆决定于次年6月底回国。汤姆在回国前，将小轿车转让给我国的外交官员靳某，转让价156 000元，手续已办理完毕。

要求：汤姆购入小轿车自用是否应缴纳车辆购置税？靳某向汤姆购入的小轿车应如何缴纳车辆购置税？

解：领事馆和国际组织驻华机构及其外交人员自用的车辆属于车辆购置税的免税、减税范围，汤姆购入小轿车自用享受免征车辆购置税。

免税、减税车辆因转让、改变用途等原因不再属于免税、减税范围的，应当在办理车辆过户手续前或者办理变更车辆登记注册手续前缴纳车辆购置税。

靳某应纳税额=169 500÷（1+13%）×90%×10%=13 500（元）

第三节 车辆购置税的申报、缴纳与会计处理

一、减免税

（一）法定减免税

下列车辆免征车辆购置税：

1.依照法律规定应当予以免税的外国驻华使馆、领事馆和国际组织驻华机构及其有关人员自用的车辆；

2.中国人民解放军和中国人民武装警察部队列入装备订货计划的车辆；

3.悬挂应急救援专用号牌的国家综合性消防救援车辆；

4.设有固定装置的非运输专用作业车辆；

5.城市公交企业购置的公共汽电车辆。

根据国民经济和社会发展的需要，国务院可以规定减征或者其他免征车辆购置税的情形，报全国人民代表大会常务委员会备案。

（二）临时减免税

1.对利用国债资金购置的农村巡回医疗车，免征车辆购置税；对中国妇女发展基金会申请的“母亲健康快车”项目的流动医疗车免征车辆

购置税。

2. 自2018年1月1日至2020年12月31日，对购置的新能源汽车免征车辆购置税。

3. 自2018年7月1日至2021年6月30日，对购置挂车（指由汽车牵引才能正常使用且用于载运货物的无动力车辆）减半征收车辆购置税。

二、纳税义务发生时间

车辆购置税的纳税义务发生时间为纳税人购置应税车辆的当日。

车辆购置税由税务局征收，实行一车一申报制度。完税证明分为正本和副本，按车核发，每车一证。正本由车主保管，副本用于办理车辆登记注册，应纳税款于纳税人办理纳税申报时一次性缴清。购买二手车时，购买者应当向原车主索要完税证明。

公安机关交通管理部门办理车辆注册登记，应当根据税务机关提供的应税车辆完税或者免税电子信息对纳税人申请登记的车辆信息进行核对，核对无误后依法办理车辆注册登记。

纳税人应当在向公安机关交通管理部门办理车辆注册登记前，缴纳车辆购置税。

三、纳税期限

车辆购置税实行一车一申报制度。纳税人应当自纳税义务发生之日起六十日内申报缴纳车辆购置税。

1. 购买自用应税车辆的，应当自购买之日（指“机动车销售统一发票”或者其他有效凭证的开具日期）起60日内申报纳税。

2. 进口自用应税车辆的，应当自进口之日（指“海关进口增值税专用缴款书”或者其他有效凭证的开具日期）起60日内申报纳税。

3. 自产、受赠、获奖或者以其他方式取得并自用应税车辆的，应当自取得之日（指合同、法律文书或者其他有效凭证的生效或者开具日期）起60日内申报纳税。

4. 免税车辆因转让、改变用途等原因，免税条件消失的，纳税人应在免税条件消失之日起60日内到主管税务机关重新申报纳税。

四、纳税地点

纳税人购置应税车辆，应当向车辆登记地的主管税务机关申报缴纳车辆购置税；购置不需要办理车辆登记的应税车辆的，应当向纳税人所在地的主管税务机关申报缴纳车辆购置税。

纳税人购置应税车辆，应向车辆登记注册地（即车辆的上牌落籍地）的主管税务机关申报纳税。若车辆不需办理登记注册手续，则应向纳税人所在地主管税务机关申报纳税。登记注册地具体是指，军队、武警的车辆的登记注册地为军队、武警车辆管理部门所在地；部分农用运输车辆的登记注册地为地、市或县农机车管部门所在地；摩托车的登记注册地为县（市）公安车管部门所在地；上述车辆以外的各种应税车辆的登记注册地为地、市或地、市以上公安车管部门所在地。

五、车辆购置税的退税

已缴纳车辆购置税的车辆，发生下列情形之一的，准予纳税人申请退税：

1.车辆退回生产企业或者经销商的，纳税人申请退税时，主管税务机关自纳税人办理纳税申报之日起，按已缴纳税款每满1年扣减10%计算退税额；未满1年的，按已缴纳税款全额退税。

2.符合免税条件的设有固定装置的非运输车辆但已征税的。

3.其他依据法律法规的规定应予退税的情形。

其他退税情形，纳税人申请退税时，主管税务机关依据有关规定计算退税额。

六、会计处理

一般来说，企业按规定缴纳的车辆购置税，应作为购置车辆的成本。车辆购置税是一次性缴纳的，可不通过“应交税费”账户进行核算。企业实际缴纳的车辆购置税，借记“固定资产”，贷记“银行存款”。

通过“应交税费”账户核算时，企业购买车辆应缴纳的车辆购置税计入固定资产成本，借记“固定资产”，贷记“应交税费——应交车辆购置税”；缴纳时，借记“应交税费——应交车辆购置税”，贷记“银行存款”。

企业购置的减税、免税车辆改制后用途发生变化的，按规定应补缴的车辆购置税，借记“固定资产”（红字），贷记“银行存款”。

【例12-5】胜利创业公司2019年11月1日通过银行转账支票，从某汽车市场购入北京现代AT小汽车1辆（1.6升排量），含税价11.3万元/辆，当月到主管税务机关缴纳车辆购置税。试作有关会计处理（假定1.6升排量以下小汽车减半征收车辆购置税）。

解：计税价格 = 113 000÷（1 + 13%） = 100 000（元/辆）

应纳税额 = 100 000×10%×50% = 5 000（元）

（1）购置车辆时：

借：固定资产——车辆　　100 000

　　应交税费——应交增值税（进项税额）　　13 000

　贷：银行存款（应付账款）　　11 300

（2）申报车辆购置税时：

借：固定资产——车辆　　5 000

　贷：应交税费——应交车辆购置税　　5 000

（3）缴纳车辆购置税时：

借：应交税费税时——应交车辆购置税　　5 000

　贷：银行存款　　5 000

技能训练题

一、单项选择题

1. 车辆购置税的税率是（　　）。

A.10%　　B.13%

C.17%　　D.33%

2. 根据车辆购置税的有关规定，纳税人购买车辆并自用时，下列各项应计入车辆购置税计税依据的是（　　）。

A. 增值税税款　　B. 控购费

C. 车辆牌照费　　D. 车辆装饰费

3. 下列关于车辆购置税的说法，正确的是（　　）。

A. 纳税人购置自用的应税车辆，应自购买之日起15日内申报纳税

B. 纳税人进口自用的应税车辆，应自进口之日起30日内申报纳税

C. 纳税人购置需办理车辆登记注册手续的应税车辆，向车辆登记注册地的税务机关申报纳税

D. 纳税人购置无须办理车辆登记注册手续的应税车辆，向车辆销售商所在地的税务机关申报纳税

4. 下列人员中属于车辆购置税纳税义务人的是（　）。

A. 应税车辆的赠与者　　B. 应税车辆的购买使用者

C. 自产车辆的销售者　　D. 应税车辆的出口者

5. 车辆购置税的纳税环节是（　　）。

A. 销售和使用环节　　B. 生产环节

C. 零售环节　　D. 登记注册前的使用环节

二、多项选择题

1. 下列车辆免缴车辆购置税的有（　　）。

A. 外国驻华使馆、领事馆和国际组织驻华机构及其有关人员自用的车辆

B. 悬挂应急救援专用号牌的国家综合性消防救援车辆

C. 设有固定装置的非运输专用作业车辆

D. 城市公交企业购置的公共汽电车辆

2. 属于车辆购置税的应税车辆有（　　）。

A. 汽车　　B. 排气量超过150毫升的摩托车

C. 有轨电车　　D. 汽车挂车

3. 车辆购置税的计税依据有（　　）。

A. 纳税人购买自用应税车辆的计税价格，为纳税人实际支付给销售者的全部价款，不包括增值税税款

B. 纳税人以受赠、获奖或者其他方式取得自用应税车辆的计税价格，按照购置应税车辆时相关凭证载明的价格确定，不包括增值税税款

C. 纳税人进口自用应税车辆的计税价格，为关税完税价格加上关税和消费税

D. 纳税人自产自用应税车辆的计税价格，按照纳税人生产的同类应税车辆的销售价格确定，不包括增值税税款

4. 进口自用车辆计算缴纳车辆购置税的计税价格包括（　　）。

A. 关税完税价格　　B. 关税

C. 增值税　　D. 消费税

5. 下列有关车辆购置税的表述，正确的有（　　）。

A. 车辆购置税的税率为15%

B.车辆购置税实行从价计征的方式

C.车辆购置税的征收对象可以是单位或个人

D.车辆购置税的计税价格包括销售额的增值税

三、判断题

1.车辆购置税的纳税人是销售应税车辆的单位和个人。（ ）

2.根据国民经济和社会发展的需要，国务院可以规定减征或者其他免征车辆购置税的情形，报全国人民代表大会常务委员会备案。（ ）

3.车辆购置税的计税依据随车辆来源不同而不尽相同。（ ）

4.一公司进口3辆小轿车用于在国内销售，其在进口环节应计算缴纳车辆购置税。（ ）

5.只要购置机动车辆，均应缴纳车辆购置税（ ）

四、计算与核算题

1.某机动车制造股份公司为增值税一般纳税人，2019年9月有关业务如下：

（1）内销自产货物包括：销售A型小轿车80辆（消费税税率为5%），不含税单价8万元/辆；销售客货两用车32辆，不含税单价3.4万元/辆；销售农用汽车取得不含税销售额71.18万元。

（2）将10辆A型小轿车奖励给对公司有突出贡献之人员，规定其自用，不得转让或出售；厂部自用客货两用车3辆；捐赠给汽车拉力赛4辆特制越野车（消费税税率为20%），生产成本23.75万元/辆。

（3）进口5辆小汽车，总完税价格为75万元（消费税税率为12%，关税税率为15%），缴纳进口环节税金后，海关放行；车辆运抵单位，该公司将其中2辆作为行政部办公用车，其余3辆配给公司的3名副总。

要求：

（1）计算该公司业务（1）应纳的消费税；

（2）计算该公司业务（2）应纳的车辆购置税；

（3）计算该公司业务（3）应纳的车辆购置税；

（4）计算该公司合计应纳的车辆购置税；

（5）根据上述经济业务作相应的涉税会计处理。

2.某经营进口汽车的汽车销售公司2019年11月直接从韩国进口一辆自用的小轿车，经报关地口岸海关对有关报关资料审查确定，关税计税价格为284 000元，海关征收关税26 800元，并按增值税、消费税有关规定分别缴纳进口增值税44 400元、消费税30 672元。

要求：计算该企业应纳车辆购置税，并作相应的涉税会计处理（消费税税率为9%）。

第十三章

印花税会计

第一节　印花税的基本要素

一、印花税概述

印花税是在经济活动和经济交往中，以书立、领受应税凭证的行为为征税对象征收的一种税。印花税始创于荷兰，是一个比较古老的税种，因在凭证上粘贴印花税票作为完税的标志而得名，是一种具有行为税性质的凭证税。

现行印花税的基本规范是1988年8月6日国务院发布并于同年10月1日实施的《中华人民共和国印花税暂行条例》（以下简称《印花税暂行条例》）和同年9月财政部、国家税务总局颁发的《中华人民共和国印花税暂行条例施行细则》，2011年1月8日根据国务院令第588号《国务院关于废止和修改部分行政法规的决定》对其进行了修订。

开征印花税，有利于完善税制体系，扩大地方财政收入；有利于促进社会主义市场经济新秩序的建立；有利于提高各类凭证的法律地位，增强纳税人自觉依法纳税的意识。

二、征税范围

印花税采用列举征税范围的方式征税，凡列举的项目都征税，未列入范围的不征税。具体征税范围如下：

1.经济合同

经济合同是指依据《合同法》和其他有关合同法规订立的合同。

具有合同性质的凭证是指具有合同效力的协议、契约、合约、单据、确认书及其他各种名称的凭证。

（1）购销合同，包括供应、预购、采购、购销结合及协作、调剂、补偿、易货等合同；还包括各出版单位与发行单位（不包括订阅单位和个人）之间订立的图书、报刊、音像征订凭证。

对纳税人以电子形式签订的各类应税凭证按规定征收印花税。

对发电厂与电网之间、电网与电网之间（国家电网公司系统、南方电网公司系统内部各级电网互供电量除外）签订的购售电合同按购销合同征收印花税。电网与用户之间签订的供用电合同不属于印花税列举征税的凭证，不征收印花税。

（2）加工承揽合同，包括加工、定做、修缮、印刷、广告、测绘、测试等合同。

（3）建设工程勘察设计合同，包括勘察、设计合同的总包合同、分包合同和转包合同。

（4）建筑安装工程承包合同，包括建筑、安装工程承包合同的总包合同、分包合同和转包合同。

（5）财产租赁合同，包括租赁房屋、船舶、飞机、机动车辆、机械、器具、设备等合同，还包括企业、个人出租门店、柜台等签订的合同。

（6）货物运输合同，包括民用航空、铁路运输、海上运输、公路运输和联运合同，以及作为合同使用的单据。

（7）仓储保管合同，包括仓储、保管合同，以及作为合同使用的仓单、栈单等。

（8）借款合同，包括银行及其他金融组织和借款人（不包括银行同业拆借）签订的借款合同以及融资租赁合同。

（9）财产保险合同，如“家庭财产两全保险”属于家庭财产保险性质，其合同在财产保险合同之列，照章纳税。

（10）技术合同，包括技术开发、转让、咨询、服务等合同。技术转让合同包括专利申请转让、非专利技术转让所书立的合同，但不包括专利权转让、专利实施许可所书立的合同（适用于产权转移书据）。一般的法律、会计、审计等方面的咨询不属于技术咨询，其所书立的合同不贴印花。

2.产权转移书据

产权转移书据是指单位和个人在产权的买卖、继承、赠与、交换、分割等产权主体变更过程中，产权出让人与受让人之间所立的民事法律文书。

我国印花税税目中的产权转移书据包括财产所有权、版权、商标专用权、专利权、专有技术使用权共5项产权的转移书据。对于土地使用权出让合同、土地使用权转让合同、商品房销售合同以及专利权转让、专利实施许可所书立的合同，均按照产权转移书据征收印花税。

3.营业账簿

营业账簿是指单位或者个人记载生产经营活动的财务会计核算账簿。按反映内容的不同，其可分为记载资金的账簿和其他账簿。

记载资金的账簿是指反映生产经营单位资本金数额增减变化的账簿，即反映生产经营单位“实收资本”和“资本公积”金额增减变化的账簿。

其他账簿是指除上述账簿以外的有关其他生产经营活动内容的账簿，包括日记账簿和各明细分类账簿。

对采用一级核算形式的单位，只就财会部门设置的账簿贴花；采用分级核算形式的，除财会部门的账簿应贴花之外，财会部门设置在其他部门和车间的明细分类账，亦应按规定贴花。

车间、门市部、仓库设置的不属于会计核算范围的或虽属于会计核算范围，但不记载金额的登记簿、统计簿、台账等，不贴花。

对有经营收入的事业单位，凡属由国家财政部门拨付事业经费，实行差额预算管理的单位，其记载经营业务的账簿，按其他账簿定额贴花，不记载经营业务的账簿不贴花；凡属经费来源实行自收自支的单位，对其营业账簿，应就记载资金的账簿和其他账簿分别按规定贴花。

跨地区经营的分支机构使用的营业账簿，应由各分支机构在其所在地缴纳印花税。企业债权转股权新增加的资金按规定贴花。企业改制中经评估增加的资金按规定贴花。

凡银行用以反映资金存贷经营活动、记载经营资金增减变化、核算经营成果的账簿，如各种日记账、明细账和总账都属于营业账簿，应按照规定征收印花税。

银行根据业务管理需要设置的各种登记簿，如空白重要凭证登记簿、有价单证登记簿、现金收付登记簿等，其记载的内容与资金活动无关，仅用于内部备查，属于非营业账簿，均不贴花。

4.权利、许可证照

权利、许可证照仅包括“四证一照”，即政府部门发给的房屋产权证、工商营业执照、商标注册证、专利证、土地使用证。

5.经财政部确定征税的其他凭证

不论以何种形式或名称书立的凭证，只要其性质属于上述列举的征收范围，均应照章纳税。有些业务部门将货物运输合同、仓储保管合同、银行借款合同、财产保险合同等单据作为合同使用，也应按照合同凭证纳税。对于《印花税暂行条例》没有列举的凭证，则不属于印花税的征税范围，不征收印花税。

对于企业集团内具有平等法律地位的主体之间自愿订立、明确双方购销关系、据以供货和结算、具有合同性质的凭证，应按规定征收印花税。对于企业集团内部执行计划使用的、不具有合同性质的凭证，不征收印花税。

三、纳税义务人

印花税的纳税义务人，是指在中国境内书立、使用、领受印花税法规所列举的凭证并应依法履行纳税义务的单位和个人。按照书立、使用、领受应税凭证的不同，可以分别确定为立合同人、立据人、立账簿人、领受人和使用人。

1.立合同人，指合同的当事人。所谓当事人，是指对凭证有直接权利义务关系的单位和个人，但不包括合同的担保人、证人、鉴定人。各类合同的纳税人是立合同人。

当事人的代理人有代理纳税的义务，与纳税人负有同等的税收法律义务和责任。

2.立据人，产权转移书据的纳税人是立据人，即土地、房屋权属转移过程中买卖双方的当事人。

3.立账簿人，营业账簿的纳税人是立账簿人。所谓立账簿人，是指设立并使用营业账簿的单位和个人。

4.领受人，权利、许可证照的纳税人是领受人。所谓领受人，是指领取或接受并持有该项凭证的单位和个人。

5.使用人，在国外书立、领受，但在国内使用的应税凭证，其纳税人是使用人。

6.各类电子应税凭证的签订人，即以电子形式签订各类应税凭证的当事人。

对应税凭证，凡由两方或两方以上当事人共同书立的，其当事人各方都是印花税的纳税人，应当就其所持凭证的计税金额履行纳税义务。

四、税率

印花税的税率有两种形式，即比例税率和定额税率。

（一）比例税率

1.1‰：股权转让书据[①]、财产保险合同、财产租赁合同和仓储保管合同。

2.0.5‰：加工承揽合同、建设工程勘察设计合同、货物运输合同、产权转移书据和记载资金的账簿。

3.0.3‰：购销合同、建筑安装工程承包合同和技术合同。

4.0.05‰：借款合同（融资租赁合同，比照借款合同贴花）。

（二）定额税率

权利、许可证照和营业账簿中的其他账簿，适用定额税率，按件贴花，税额为每件5元。

自2018年5月1日起，对按万分之五的税率贴花的资金账簿减半征

① 证券交易印花税现为单边征收，对买入方（承受方）不再征税。

收印花税，对按件贴花五元的其他账簿免征印花税。

第二节 印花税的计算

印花税根据不同征税项目，分别实行从价计征和从量计征。

一、从价计征情况下计税依据的确定

1.各类经济合同，以合同所记载的金额、收入或费用为计税依据。

(1) 购销合同的计税依据为合同记载的购销金额。采用以货换货方式进行商品交易签订的合同，应按合同所载的购销金额合计数计税贴花。

(2) 加工承揽合同的计税依据是加工或承揽收入的金额。

对于由受托方提供原材料的加工、定做合同，凡在合同中分别记载加工费金额和原材料金额的，应分别按加工承揽合同、购销合同计税；若合同中未分别记载，则应就全部金额依照加工承揽合同计税贴花。

对于由委托方提供主要材料或原料，受托方只提供辅助材料的加工合同，无论加工费和辅助材料金额是否分别记载，均以辅助材料与加工费的合计数，依照加工承揽合同计税贴花。对委托方提供的主要材料或原料不计税贴花。

(3) 建设工程勘察设计合同的计税依据为勘察、设计收取的费用(勘察、设计收入)。

(4) 建筑安装工程承包合同的计税依据为承包金额，不得剔除任何费用。如果施工单位将自己承包的建设项目再分包或转包给其他施工单位，其所签订的分包或转包合同，应按所载金额另行贴花。

(5) 财产租赁合同的计税依据为租赁金额，税额不足1元的，按1元贴花。

(6) 货物运输合同的计税依据为取得的运输费金额，即运输费收入，不包括所运货物的金额、装卸费和保险费等。

如果同时销售货物，要单独计算纳税。国内货物联运和国际货运的计税依据如图13-1所示。

- 国内货物联运
  - 起运地统一结算全程运费的 → 以全程运费为计税依据，由起运地运费结算双方缴纳印花税
  - 分程结算运费的 → 以分程的运费作为计税依据，分别由办理运费结算的各方缴纳印花税

- 国际货运
  - 由我国运输企业运输的
    - 运输企业：以本程运费为计税依据
    - 托运方：以全程运费为计税依据
  - 由外国运输企业运输的
    - 运输企业：免纳印花税
    - 托运方：以运费金额为计税依据

图13-1　国内货物联运和国际货运的计税依据

（7）仓储保管合同的计税依据为收取的仓储保管费用（保管费收入）。

（8）借款合同（不包括银行同行拆借）的计税依据为借款金额。

①凡是一项信贷业务既签订借款合同，又一次或分次填开借据的，以借款合同所载金额为计税依据计税贴花；凡只填开借据并作为合同使用的，以借据所载金额为计税依据计税贴花。

②借贷双方签订的流动资金周转性借款合同，一般按年（期）签订，规定最高限额，借款人在规定的期限和最高限额内随借随还。这类合同只以规定的最高限额为计税依据，在签订时贴花一次，在限额内随借随还不签订新合同的，不再贴印花。

③对借款方以财产作为抵押，从贷款方取得一定数量抵押贷款的合同，应按借款合同贴花；当借款方因无力偿还借款而将抵押财产转移给贷款方时，应再就双方书立的产权转移书据，按产权转移书据的有关规定计税贴花。

④对银行及其他金融组织的融资租赁业务所签订的融资租赁合同，应按合同所载租金总额，暂按借款合同计税贴花。

⑤在贷款业务中，如果贷款方系由若干银行组成的银团，银团各方均承担一定的贷款数额，则按各自的借款金额计税贴花。

⑥在基本建设贷款中，如果按年度用款计划分年签订借款合同，在最后一年按总概算签订借款总合同，且总合同的借款金额包括各个分合同的借款金额，则应按分合同分别贴花；最后签订的总合同，只就借款总额扣除分合同借款金额后的余额计税贴花。

（9）财产保险合同的计税依据为支付（收取）的保险费，不包括所保财产的金额。

（10）技术合同的计税依据为合同所载的价款、报酬或使用费。为了鼓励技术研究开发，技术开发合同中的研究开发经费不作为计税依据进行贴花，只按所载的报酬计税贴花。

2.产权转移书据的计税依据为所载金额。

3.记载资金的营业账簿以实收资本和资本公积两项合计金额为计税依据。

跨地区经营的分支机构的营业账簿在计税贴花时，为了避免对同一资金重复计税，上级单位记载资金的账簿，应按扣除拨给下属机构资金数额后的其余部分计税贴花。

凡资金账簿在次年度的实收资本和资本公积未增加的，对其不再计税贴花。

4.有些合同（如技术转让合同中的转让收入）在签订时无法确定计税金额，可在签订时先按定额5元贴花，以后结算时再按实际金额计税，补贴印花。

需要特别强调的是，由于增值税为价外税，因此本章（含习题部分）所称“收入”或“金额”“费用”均不含增值税。

二、从量计税情况下计税依据的确定

实行从量计税的其他营业账簿和权利、许可证照，以计税数量为计税依据，单位税额为每件5元。

三、应纳税额的计算

印花税的应纳税额，根据应纳税凭证的性质，分别按比例税率或者定额税率计算。计算公式是：

应纳税额=应税凭证计税金额（或应税凭证件数）×适用税率

【例13-1】某高新技术企业2019年3月开业，注册资金220万元，当年发生的经济活动如下：

（1）领受工商营业执照、房屋产权证、土地使用证各一份；

（2）建账时共设8个账簿，其中资金账簿中记载实收资本220万元；

（3）签订购销合同4份，共记载金额280万元；

（4）签订借款合同1份，记载金额50万元，当年取得借款利息0.8

万元；

（5）与广告公司签订广告制作合同1份，记载加工费3万元，该公司提供的原材料7万元；

（6）签订技术服务合同1份，记载金额60万元；

（7）签订租赁合同1份，记载租赁费50万元；

（8）签订转让专有技术使用权合同1份，记载金额150万元。

要求：（1）计算领受权利、许可证照应缴纳的印花税；

（2）计算设置账簿应缴纳的印花税；

（3）计算签订购销合同应缴纳的印花税；

（4）计算签订借款合同应缴纳的印花税；

（5）计算签订广告制作合同应缴纳的印花税；

（6）计算签订技术服务合同应缴纳的印花税；

（7）计算签订租赁合同应缴纳的印花税；

（8）计算签订专有技术使用权转让合同应缴纳的印花税。

解：（1）领受权利、许可证照应缴纳的印花税税额=3×5=15（元）

（2）资金账簿应缴纳的印花税税额=2 200 000×0.5‰×50%=550（元）

（3）购销合同应缴纳的印花税税额=2 800 000×0.3‰=840（元）

（4）借款合同应缴纳的印花税税额=500 000×0.05‰=25（元）

（5）广告制作合同应缴纳的印花税税额=30 000×0.5‰+70 000×0.3‰=36（元）

（6）技术服务合同应缴纳的印花税税额=600 000×0.3‰=180（元）

（7）租赁合同应缴纳的印花税税额=500 000×1‰=500（元）

（8）专有技术使用权转让合同应缴纳的印花税税额=1 500 000×0.5‰=750（元）

第三节 印花税的申报、缴纳与会计处理

一、减免税

1.对已缴纳印花税凭证的副本或者抄本免税。但以副本或者抄本视同正本使用的，则应另贴印花。

2.对财产所有人将财产赠给政府、社会福利单位、学校所立的书据免税。

3. 对国家指定的收购部门与村民委员会、农民个人书立的农副产品收购合同免税。

4. 对无息、贴息贷款合同免税。

5. 对外国政府或者国际金融组织向我国政府及国家金融机构提供优惠贷款所书立的合同免税。

6. 对房地产管理部门与个人签订的用于生活居住的租赁合同免税。

7. 对军事物资运输、抢险救灾物资运输及新建铁路临管线运输等特殊货运凭证免税。

8. 对经国务院和省级人民政府决定或批准进行的国有（含国有控股）企业改组改制而发生的上市公司国有股权无偿转让行为，暂不征收证券（股票）交易印花税。

9. 对微利、亏损企业记载资金的账簿，第一次贴花数额较大，难以承担的，经当地税务机关批准，可允许在3年内分次贴足印花。

10. 对廉租住房、经济适用住房经营管理单位与廉租住房、经济适用住房相关的印花税以及廉租住房承租人、经济适用住房购买人涉及的印花税予以免征。

11. 对与高校学生签订的高校学生公寓租赁合同，免征印花税。

二、纳税方法

印花税一般由纳税人根据规定自行计算应纳税额，自行购买并自行一次贴足印花税票。企业应向税务机关或其指定的代售单位购买印花税票，将印花税票粘贴在应税凭证后即行注销，注销标记应与骑缝处相交。

根据纳税人的实际情况，印花税还有几种简易的缴纳方法。

（1）简化贴花手续。对一份凭证应纳税额超过500元的，纳税人可向当地税务机关申请填写缴款书或者完税凭证，将其中一联粘贴在凭证上或者由税务机关在凭证上加注完税标记，代替贴花。

（2）汇总缴纳。同一种类应纳税凭证使用数量较多，需频繁贴花的，可向当地税务机关申请发放汇缴许可证，实行定期汇总缴纳的办法，按照当地税务机关核准的限期限额（但最长期限不得超过一个月）汇总计算应纳税额缴库。

（3）核定印花税的计税依据。税务机关核定征收印花税应向纳税人发放核定征收印花税通知书，注明核定征收的计税依据和规定的税款缴纳期限。

（4）关于证券交易印花税的扣缴问题。自2014年12月1日起，证券交易场所和证券登记结算机构扣缴证券交易印花税，应当在证券公司给参与集中交易的投资者开具的“成交过户交割凭单”（简称交割单）、证券登记结算机构或证券公司给办理非集中交易过户登记的投资者开具的“过户登记确认书”（简称确认书）中注明应予扣收税款的计税金额、税率和扣收税款的金额，交割单、确认书应加盖开具单位的相关业务章戳。已注明扣收税款信息的交割单、确认书可以作为纳税人已完税的证明。

纳税人需要另外再开具正式完税凭证的，可以凭交割单或确认书，连同税务登记证副本或纳税人身份证明材料，向证券交易场所和证券登记结算机构所在地的主管税务机关要求开具“税收完税证明”。为保证纳税人依法取得正式完税凭证，证券交易场所和证券登记结算机构应当将扣缴证券交易印花税的纳税人明细信息及时报送主管税务机关。

三、纳税环节

印花税应当在书立或领受时贴花。具体是指在合同签订、账簿启用和证照领受环节贴花。如果合同是在国外签订但是不便在国外贴花的，应在将合同带入境时办理贴花手续。

四、纳税地点

印花税一般实行就地纳税。对于全国性商品物资订货会（包括展销会、交易会等）上所签订的合同应纳的印花税，由纳税人回其所在地后及时办理贴花完税手续；对地方主办、不涉及省际关系的订货会、展销会上所签订合同的印花税，其纳税地点由各省、自治区、直辖市人民政府自行确定。

五、违章处罚

根据国家税务总局《关于印花税违章处罚有关问题的通知》，对违反印花税规定的处罚标准为：

1.在应纳税凭证上未贴或者少贴印花税票的或者已粘贴在应税凭证上的印花税票未注销或者未画销的，适用《税收征管法》第六十四条的处罚规定。

2.已贴用的印花税票揭下重用造成未缴或少缴印花税的，适用《税收征管法》第六十三条的处罚规定。

3.伪造印花税票的，适用《税收征管法实施细则》第九十一条的处罚规定。

4.按期汇总缴纳印花税的纳税人，超过税务机关核定的纳税期限，未缴或少缴印花税款的，视其违章性质，适用《税收征管法》第六十三条或第六十四条的处罚规定，情节严重的，同时撤销其汇缴许可证。

5.纳税人违反以下规定的，适用《税收征管法》第六十条的处罚规定：

（1）违反《印花税条例施行细则》第二十三条的规定："凡汇总缴纳印花税的凭证，应加注税务机关指定的汇缴戳记、编号并装订成册，将已贴印花或者缴款书的一联粘附册后，盖章注销，保存备查。"

（2）违反《印花税条例施行细则》第二十五条的规定："纳税人对纳税凭证应妥善保存。凭证的保存期限，凡国家已有明确规定的，按规定办；没有明确规定的其余凭证均应在履行完毕后保存一年。"

六、会计处理

1.按合同自行贴花。企业缴纳的印花税，不会发生应付未付税款的情况，不需要预计应纳税金额，同时也不存在与税务机关结算或清算的问题。企业缴纳的印花税可以不通过"应交税费"账户核算。

当企业计算出应交的印花税时，借记"税金及附加"，贷记"银行存款"。

2.汇总缴纳。同一种类应纳税凭证，需频繁贴花的，应向当地税务机关申请按期汇总缴纳印花税。企业按规定应交的印花税，在"应交税费"下设置"应交印花税"明细账户核算。计算出应交的印花税时，借记"税金及附加"，贷记"应交税费——应交印花税"；实际缴纳时，借记"应交税费——应交印花税"，贷记"银行存款"。

【例13-2】某公司2019年1月开业，领取相关证照共4件，当日订立转让专利技术使用权合同一项，合同载明金额100万元；当月订立产品购销合同2份，所载金额共500万元；实收资本账户记载金额600万元，其他营业账簿共15本。试作会计处理。

解：证照应缴纳的印花税税额=4×5=20（元）

转让专利技术应缴纳的印花税税额=1 000 000×0.3‰=300（元）

购销合同应缴纳的印花税税额=5 000 000×0.3‰=1 500（元）

资金账簿应缴纳的印花税税额=6 000 000×0.5‰×50%=1 500（元）

其他账簿应缴纳的印花税税额=15×0=0（元）

本月共计应缴纳的印花税税额=20+300+1 500+1 500+0=3 320（元）

计提印花税时：

借：税金及附加　　3 320

　贷：应交税费——应交印花税　　3 320

技能训练题

一、单项选择题

1.甲公司与乙公司分别签订了两份合同：一是以货换货合同，甲公司的货物价值200万元，乙公司的货物价值150万元；二是采购合同，甲公司购买乙公司50万元货物，但因故合同未能兑现。甲公司应缴纳印花税（　　）元。

A.150　　B.600

C.1 050　　D.1 200

2.某公司受托加工制作广告牌，双方签订的加工承揽合同中分别注明加工费40 000元、委托方提供价值60 000元的主要材料，受托方提供价值2 000元的辅助材料。该公司此项合同应缴纳印花税（　　）元。

A.20　　B.21

C.38　　D.39

3.永安汽车修配厂与机械进出口公司签订购买价值2 000万元的测试设备合同，为购买此设备，修配厂与工商银行签订了2 000万元的借款合同。后因故购销合同作废，改签融资租赁合同，租赁费1 000万元。根据上述情况，该厂一共应缴纳印花税（　　）元。

A.1 500　　B.6 500

C.7 000　　D.7 500

4.某建筑公司与甲企业签订一份建筑承包合同，合同金额6 000万元（含相关费用50万元）。施工期间，该建筑公司又将其中价值800万元的安装工程转包给乙企业，并签订转包合同。该建筑公司此项业务应缴纳印花税（　　）万元。

A.1.785　　B.1.8

C.2.025　　D.2.04

5.应纳印花税的凭证应当于（　　）贴花。

A.年度内　　B.书立或领受时

C.履行完毕时　　D.开始履行时

6.下列凭证中，应缴纳印花税（贴花）的有（　　）。

A.税务登记证　　B.卫生许可证

C.工商营业执照　　D.结婚证

7.已贴印花税票的凭证（经济合同）修改后，增加金额的（　　）。

A.应按修改后的金额补贴印花税票

B.应就增加部分补贴印花税票

C.应贴印花税票5元

D.一般不再补贴印花税票

8.对于采用按期缴纳印花税方法的纳税人，税法确定的使用期限最长不超过（　　）。

A.半个月　　B.1个月

C.2个月　　D.半年

9.对于已粘贴在纳税凭证上的印花税票未加以注销或未划销，由税务机关追缴其不缴或少缴的税款、滞纳金，并处不缴或少缴的税款（　　）的罚款。

A.1倍至5倍　　B.50%以上5倍以下

C.1倍至3倍　　D.5倍至10倍

10.2019年1月，甲公司将闲置厂房出租给乙公司，合同约定每月租金2 500元，租期未定。签订合同时，预收租金5 000元，双方已按定额贴花。5月底合同解除，甲公司收到乙公司补交租金7 500元。甲公司5月份应补缴印花税（　　）元。

A.7.5　　B.8

C.9.5　　D.12.5

二、多项选择题

1.下列各项中，应当征收印花税的项目有（　　）。

A.产品加工合同　　B.法律咨询合同

C.技术开发合同　　D.出版印刷合同

2.某单位有以下权利许可证照，应贴印花税票的有（　　）。

A.房屋产权证　　B.工商营业执照

C.卫生许可证　　D.税务登记证

3.记载资金的账簿按（　　）合计金额作为印花税的计税依据。

A.实收资本　　B.固定资金

C.资本公积　　D.流动资金

4.下列应税凭证中，可免印花税的有（　　）。

A.无息、贴息贷款合同

B.合同的正本或副本

C.外国政府或国际金融组织向我国企业提供优惠贷款所书立的合同

D.国家指定收购部门与村民委员会书立的农产品收购合同

5.下列合同中，属于印花税征税对象的有（　　）。

A.企业与其主管部门签订的租赁承包合同

B.银行与企业签订的借款合同

C.企业与个人出租柜台所签订的租赁合同

D.会计师事务所签订的招聘合同

6.对不同的借款形式，《印花税暂行条例》规定了不同的计税方法。下列表述中，处理正确的有（　　）。

A.借贷双方签订的流动资金周转性借款合同，只以规定的最高限额为计税依据，在签订时贴花一次

B.对借贷方以财产作抵押，从贷款方取得一定数量抵押贷款的合同，应按借款合同贴花

C.凡是一项信贷业务既签订借款合同，又一次或分次填开借据的，应分别按借款合同和借款金额计税贴花

D.对银行融资租赁业务签订的融资租赁合同，应按借款合同计税贴花

7.下列各项中，应征收印花税的有（　　）。

A.分包或转包合同　　　　B.会计咨询合同

C.财政贴息贷款合同　　　　D.未列明金额的购销合同

8.产权转移书据是在产权的买卖、交换、继承、赠与、分割等产权主体变更过程中，由产权出让人之间所订立的民事法律文书。下列项目中，属于我国印花税产权转移书据征税范围的有（　　）。

A.财产所有权　　　　B.公民诉讼权

C.商标注册权　　　　D.民事纠纷权

9.印花税税率的形式有（　　）。

A.定额税率　　　　B.超额累进税率

D.比例税率　　　　D.货物运输单据

10.下列各项中，应按“产权转移书据”税目征收印花税的有（　　）。

A.商品房销售合同　　　　B.土地使用权转让合同

C.专利申请权转让合同　　　　D.个人无偿赠与不动产登记表

三、判断题

1.印花税征税范围包括所有合同。（　　）

2.纳税人购买了印花税票，就等于履行了纳税义务。（　　）

3.贴印花税票的，纳税人可以申请退税或者在其他应税凭证上抵用。（　　）

4.企业与主管部门签订的租赁承办经营合同免征印花税。（　　）

5.对应税凭证，凡由两方或两方以上当事人共同书立的，其当事人各方都是印花税的纳税人，应各就其所持凭证的计税金额履行纳税义务。（　　）

6.印花税实行比例税率和定额税率两种税率。现行适用的比例税率，最高的是最低的20倍。（　　）

7.印花税的税率有两种形式，即比例税率和定额税率。加工承揽合同适用比例税率，税率为0.5‰；营业账簿适用定额税率，税额为每件5元。（　　）

8.甲公司与乙公司签订一份加工合同，甲公司提供价值30万元的辅助材料并收取加工费25万元，乙公司提供价值100万元的原材料。甲公司应纳印花税275元。（　　）

9.货物运输合同的计税依据为取得的运输费金额，包括所运货物的

金额、装卸费和保险费等。（　）

10.对于由委托方提供原材料的加工承揽合同，凡是合同中分别记载加工费金额和原材料金额的，应分别按“加工承揽合同”和“购销合同”计税贴花；若合同中未分别记载，则应就全部金额依照“加工承揽合同”计税贴花。（　）

11.由国家财政拨付事业经费、实行差额预算管理的事业单位，如有经营收入，其记载经营业务的账簿应按其他账簿定额贴花。（　）

四、计算与核算题

某交通运输企业2019年12月签订以下合同：

（1）与某银行签订融资租赁合同购置新车15辆，合同载明租赁期限为3年，每年支付租金100万元；

（2）与某客户签订货物运输合同，合同载明货物价值500万元，运输费用65万元（含装卸费5万元，货物保险费10万元）；

（3）与某运输企业签订租赁合同，合同载明将本企业闲置的总价值300万元的10辆货车出租，每辆车月租金4 000元，租期未定；

（4）与某保险公司签订保险合同，合同载明为本企业的50辆车上第三方责任险，每辆车每年支付保险费4 000元。

要求：计算该企业当月应纳的印花税，并作相应的涉税会计处理。

第十四章

契税会计

第一节　契税的基本要素

一、契税概述

契税是对土地、房屋权属转移时，向产权承受人征收的一种财产税。契税是一个古老的税种，它起源于1600多年前东晋的“古税”。新中国成立以后颁布的第一个税收法规就是《中华人民共和国契税暂行条例》。

现行契税的基本规范是1997年7月7日国务院发布并于同年10月1日实施的《中华人民共和国契税暂行条例》（以下简称《契税暂行条例》）。

契税与其他税种相比，具有如下特点：

（1）契税属于财产转移税。契税以发生转移的不动产，即土地和房屋为征税对象，具有财产转移课税性质。土地、房屋产权未发生转移的，不征契税。

（2）契税由财产承受人缴纳。一般税种都确定销售者为纳税人，即卖方纳税。契税则属于土地、房屋产权发生交易过程中的财产税，由承受人纳税，即买方纳税。

二、征税对象

契税的征税对象是境内发生土地使用权和房屋所有权权属转移的土地和房屋。具体征税范围包括：

1.国有土地使用权出让，是指土地使用者向国家交付土地使用权出让费用，国家将国有土地使用权在一定年限内让予土地使用者的行为。国有土地使用权出让不得因减免土地出让金而减免契税。

2.土地使用权转让，是指土地使用者以出售、赠与、交换或者其他方式将土地使用权转移给其他单位和个人的行为。

土地使用权出售，是指土地使用者以土地使用权作为交易条件，取得货币、实物、无形资产或者其他经济利益的行为。土地使用权赠与，是指土地使用者将土地使用权无偿转让给受赠者的行为。土地使用权交换，是指土地使用者之间相互交换土地使用权的行为。土地使用权转让不包括农村集体土地承包经营权的转移。

3.房屋买卖，是指房屋所有者将其房屋出售，由承受者交付货币、实物、无形资产或者其他经济利益的行为。

4.房屋赠与，是指房屋所有者将其房屋无偿转让给受赠者的行为。非法定继承人根据遗嘱承受继承死者生前的土地、房屋权属，属于遗赠，也属于赠与行为，应征收契税。

5.房屋交换，是指房屋所有者之间相互交换房屋所有权的行为。

6.视同土地使用权转让、房屋买卖或者房屋赠与的行为。土地、房屋权属以下列方式转移的，视同土地使用权转让、房屋买卖或者房屋赠与行为：

（1）以土地、房屋权属作价投资、入股。但以自有房产作股投入本人独资经营企业，免纳契税。

（2）以土地、房屋权属抵债。经当地政府或有关部门批准，以房抵债和实物交换房屋，均视同房屋买卖，应由产权承受人按房屋现值缴纳契税。

（3）以获奖方式承受土地、房屋权属。以获奖方式取得房屋产权的，其实质是接受赠与房产，应照章缴纳契税。

（4）以预购方式或者预付集资建房款方式承受土地、房屋权属。

7.买房拆料或翻建新房。

8.房屋附属设施有关契税政策：

（1）对于承受与房屋相关的附属设施（包括停车位、汽车库、自行车库、顶层阁楼以及储藏室，下同）所有权或土地使用权的行为，征收契税；对于不涉及土地使用权和房屋所有权转移的，不征收契税。

（2）对采取分期付款方式购买房屋附属设施土地使用权、房屋所有权的，应按合同规定的总价款计征契税。

（3）承受的房屋附属设施权属如为单独计价的，对其按照当地确定的适用税率征收契税；如与房屋统一计价的，适用与房屋相同的契税税率。

（4）对承受国有土地使用权应支付的土地出让金，要征收契税。不得因减免出让金而减免契税。

（5）对纳税人因改变土地用途而签订土地使用权出让合同变更协议或者重新签订土地使用权出让合同的，应征收契税。计税依据为“因改变土地用途应补缴的土地收益金及应补缴政府的其他费用”。

（6）土地使用者将土地使用权及所附建筑物、构筑物等（包括在建的房屋，其他建筑物、构筑物和其他附着物）转让给他人的，对其应按照转让的总价款计征契税。

（7）土地使用者转让、抵押或置换土地，无论其是否取得了该土地的使用权属证书，无论其在转让、抵押或置换土地过程中是否与对方当事人办理了土地使用权属证书变更登记手续，只要土地使用者享有占有、使用、收益或处分该土地的权利，且有合同等证据表明其实质转让、抵押或置换了土地并取得了相应的经济利益，土地使用者及对方当事人应当依照税法规定缴纳契税。

三、纳税人

契税的纳税人是指在我国境内转移土地、房屋权属过程中，承受土地使用权或房屋所有权的单位和个人。承受，是指以受让、购买、受赠、交换等方式取得土地、房屋权属的行为。

国有土地使用权出让、土地使用权转让，房屋买卖、赠与和交换，以土地和房屋权属作价投资、入股以及抵偿债务，以获奖方式承受土地和房屋权属，以预购或集资建房方式承受土地房屋权属的承受人，均为契税的纳税人。

四、税率

契税实行3%～5%的幅度比例税率。

自2010年10月1日起，对个人购买普通住房，且该住房属于家庭唯一住房的，减半征收契税，对个人购买90平方米及以下普通住房，且该住房属于家庭唯一住房的，减按1%税率征收契税。

各地具体的适用税率，由省、自治区、直辖市人民政府在国家规定的幅度内按照本地区的实际情况确定。

第二节 契税的计算

一、计税依据

契税的计税依据为不动产的价格。

1.国有土地使用权出让、土地使用权出售、房屋买卖，计税依据为成交价格。成交价格，是指土地、房屋权属转移合同确定的价格，包括承受者应交付的货币、实物、无形资产或者其他经济利益。

2.土地使用权赠与、房屋赠与，计税依据由征收机关参照土地使用权出售、房屋买卖的市场价格核定。

3.土地使用权交换、房屋交换，计税依据为所交换的土地使用权、房屋的价格的差额。交换价格相等的，免征契税；交换价格不等的，由多交付货币、实物、无形资产或者其他经济利益的一方按价格的差额缴纳契税。

土地使用权与房屋所有权之间相互交换，由多交付货币、实物、无形资产或者其他经济利益的一方按价格的差额缴纳契税。

4.以划拨方式取得土地使用权的，经批准转让房地产时，由房地产转让者补缴契税。计税依据为补缴的土地使用权出让费用或者土地收益。

对成交价格明显低于市场价格并且无正当理由的，或者所交换土地使用权、房屋的价格的差额明显不合理并且无正当理由的，计税依据由征收机关参照市场价格核定。

需要注意的是，房屋买卖的契税计税价格为房屋买卖合同的总价款，买卖装修好的房屋，装修费用应包括在内。

此外，由于增值税为价外税，因此本章（含习题部分）所称“收入”或“成交价格”“费用”均不含增值税。

二、应纳税额的计算

契税采用比例税率，应纳税额的基本计算公式为：

应纳税额=计税依据×适用税率

【例14-1】王某有两套住房，他将一套房屋出售给李某，成交价格为150 000元，将另一套住房与谢某交换，王某的住房价值为180 000元，谢某的住房价值为150 000元，谢某支付30 000元差价给王某。当地政府规定的契税税率为3%。试计算王某、李某、谢某各自应缴纳的契税。

解：王某不缴纳契税。

李某应纳税额 = 150 000×3% = 4 500（元）

谢某应纳税额 = （180 000−150 000）×3% = 900（元）

第三节　契税的申报、缴纳与会计处理

一、减免税

（一）契税优惠的一般规定

1.国家机关、事业单位、社会团体、军事单位承受土地、房屋用于办公、教学、医疗、科研和军事设施的，免征契税。

2.城镇职工按规定第一次购买公有住房的，免征契税。

3.因不可抗力丧失住房而重新购买住房的，酌情准予减征或者免征契税，例如因地震新建房。

4.土地、房屋被县级以上人民政府征用后，重新承受土地、房屋权属的，由省级人民政府确定是否减免。

5.承受荒山、荒沟、荒丘、荒滩土地使用权，并用于农、林、牧、渔业生产的，免征契税。

6.依照我国法律以及我国缔结或参加的双边和多边条约的规定，应当予以免税的外国驻华使馆及领事馆、联合国驻华机构及其外交代表、领事官员和其他外交人员承受土地、房屋权属的，免征契税。

7.公租房经营单位购买住房作为公租房，免征契税。

8.个人购买首套住房建筑面积在90（含）平方米以下，税率为1%，建筑面积在90平方米以上，税率为1.5%；个人购买第二套改善性住房建筑面积在90（含）平方米以下，税率为1%，建筑面积在90平方米以上，税率为2%。（北上广深暂不实行）

（二）契税优惠的特殊规定

1.企业改制。企业整体改制，包括非公司制企业改制为有限责任公司或股份有限公司，有限责任公司变更为股份有限公司，股份有限公司变更为有限责任公司，原企业投资主体存续并在改制（变更）后的公司中所持股权（股份）比例超过75%，且改制（变更）后公司承继原企业权利、义务的，对改制（变更）后公司承受原企业土地、房屋权属，免征契税。

2.事业单位改制。事业单位按照国家有关规定改制为企业，原投资主体存续并在改制后企业中出资（股权、股份）比例超过50%的，对改制后企业承受原事业单位土地、房屋权属，免征契税。

3.公司合并。两个或两个以上的公司，依据法律规定、合同约定，合并为一个公司，且原投资主体存续的，对合并后的公司承受原合并方的土地、房屋权属的，免征契税。

4.公司分立。公司依照法律规定、合同约定分设为两个或两个以上与原公司投资主体相同的公司，对派生方、新设方承受原公司的土地、房屋权属，免征契税。

5.企业破产。企业依照有关法律、法规的规定实施破产后，债权人承受破产企业土地、房屋权属以抵偿债务的，免征契税；对非债权人承受破产企业土地、房屋权属，凡按照《中华人民共和国劳动法》妥善安置原企业全部职工，其中与原企业30%以上职工签订服务年限不少于3年劳动用工合同的，对其承受所购企业的土地、房屋权属，减半征收契税；与原企业全部职工签订服务年限不少于3年的劳动用工合同的，免征契税。

6.资产划转。对承受县级以上人民政府或国有资产管理部门按规定进行行政性调整、划转国有土地、房屋权属的单位，免征契税。

同一投资主体内部所属企业之间土地、房屋权属的划转，包括母公司与其全资子公司之间，同一公司所属全资子公司之间，同一自然人与其设立的个人独资企业、一人有限公司之间土地、房屋权属的划转，免征契税。

7.债权转股权。经国务院批准实施债权转股权的企业，对债权转股权后新设立的公司承受原企业的土地、房屋权属，免征契税。

8.划拨用地出让或作价出资。以出让方式或国家作价出资（入股）方式承受原改制重组企业、事业单位划拨用地的，不属上述规定的免税范围，对承受方应按规定征收契税。

9.公司股权（股份）转让。在股权（股份）转让中，单位、个人承受公司股权（股份），公司土地、房屋权属不发生转移的，不征收契税。

二、纳税义务发生时间

1.契税的纳税义务发生时间是纳税人签订土地、房屋权属转移合同的当天，或者纳税人取得其他具有土地、房屋权属转移合同性质凭证的当天。

2.纳税人因改变土地、房屋用途应当补缴已经减征、免征契税的，其纳税义务发生时间为改变有关土地、房屋用途的当天。

三、纳税期限

1.纳税人应当自纳税义务发生之日起10日内，向土地、房屋所在地的契税征收机关办理纳税申报，并在契税征收机关核定的期限内缴纳税款。

2.纳税人符合减征或者免征契税规定的，应当在签订土地、房屋权属转移合同后10日内，向土地、房屋所在地的契税征收机关办理减征或者免征契税手续。

四、纳税地点

契税的纳税地点为土地、房屋所在地，由当地税务机关负责征收管理，不得委托代征。

五、会计处理

纳税人取得土地、房屋产权按规定缴纳的契税，可不通过“应交税费”账户核算，借记“固定资产”“无形资产”“管理费用”等，贷记

"银行存款"。

1. 对于企业取得的土地使用权，若是有偿取得的，一般应作为无形资产入账，相应地，为取得该项土地使用权而缴纳的契税，也应当计入无形资产价值。

【例 14-2】某中外合资企业 2019 年 9 月从当地政府手中取得一块土地的使用权，支付土地使用权出让费 1 200 000 元，省政府规定的契税税率为 3%。试作有关会计处理。

解：应纳税额 = 1 200 000×3% = 36 000（元）

缴纳契税时：

借：无形资产——土地使用权　　36 000

　贷：银行存款　　36 000

2. 若该土地使用权为无偿取得，则一般不将该土地使用权作为无形资产入账，相应地，企业缴纳的契税可作为当期费用入账。

【例 14-3】某福利工厂 2019 年 12 月收到当地政府无偿的划拨土地一块，该企业申报缴纳契税，契税征收机关参照同样土地市价，确定该土地使用权价格为 600 000 元，当地政府规定的契税税率为 4%。试作有关会计处理。

解：应纳税额 = 600 000×4% = 24 000（元）

缴纳契税时：

借：管理费用　　24 000

　贷：银行存款　　24 000

3. 对于房地产开发企业，其取得土地使用权所发生的支出，包括其缴纳的契税，应当计入开发成本。

【例 14-4】某房地产开发企业 2019 年 11 月购入国有土地一块，按规定缴纳土地出让费 12 000 000 元，用于房地产开发。企业按规定申报缴纳契税，当地政府规定的契税税率为 5%。试作有关会计处理。

解：应纳税额 = 12 000 000×5% = 600 000（元）

缴纳契税时：

借：开发成本　　600 000

　贷：银行存款　　600 000

4. 对于企业承受房屋权属所应缴纳的契税，不管是有偿取得还是无偿取得，按规定都应当计入固定资产价值。

【例14-5】某企业2019年8月购入办公用房一幢，价值6 400 000元，当地政府规定的契税税率为3%，企业按规定申报缴纳契税。试作有关会计处理。

解：应纳税额＝6 400 000×3%＝192 000（元）

缴纳契税时：

借：固定资产　　192 000

　贷：银行存款　　192 000

【例14-6】甲企业将其拥有的库房10间，与乙企业拥有的一座厂房相交换，双方协议规定由甲企业补付现金1 000 000元，契税税率为4%。试作有关会计处理。

解：甲企业应纳税额＝1 000 000×4%＝40 000（元）

缴纳契税时：

借：固定资产——厂房　　40 000

　贷：银行存款　　40 000

技能训练题

一、单项选择题

1.契税是以所有权发生转移的不动产为征税对象，向（　　）征收的一种税。

A.产权承受人　　B.产权所有人

C.产权中介人　　D.产权登记人

2.下列应征契税的是（　　）。

A.国有土地使用权出让　　B.房屋使用权等价交换

C.房地产分割　　D.房地产出租

3.下列各项中，契税计税依据可由征收机关核定的是（　　）。

A.土地使用权出售　　B.国有土地使用权出让

C.土地使用权赠与　　D.以划拨方式取得土地使用权

4.下列免缴契税的是（　　）。

A.国家机关办公用房　　B.以房产对外投资

C.土地使用权转让　　D.房屋买卖

5.符合契税减免税规定的纳税人，向土地、房屋所在地征收机关办理减免税手续的期限为签订转移产权合同后的（　　）日内。

A.5　　B.7

C.10　　D.30

6.某公司2019年10月发生两笔互换房产业务，并已办理了相关手续。第一笔业务换出的房产价值为500万元，换进的房产价值为800万元；第二笔业务换出的房产价值为600万元，换进的房产价值为300万元。已知当地政府规定的契税税率为3%，该公司应缴纳契税（　　）万元。

A.0　　B.9

C.18　　D.33

7.某企业破产清算时，其房地产评估价值为4 000万元，其中以价值3 000万元的房地产抵偿债务，将价值1 000万元的房地产进行拍卖，拍卖收入为1 200万元。债权人获得房地产后，与他人进行房屋交换，取得额外补偿500万元。各方合计应缴纳契税（　　）万元（适用契税税率为3%）。

A.15　　B.36

C.51　　D.126

8.下列各项中，应征收契税的是（　　）。

A.法定继承人承受房屋权属

B.企业以行政划拨方式取得土地使用权

C.承包者获得农村集体土地承包经营权

D.运动员因成绩突出获得国家奖励的住房

二、多项选择题

1.属于契税征税范围的有（　　）。

A.土地使用权赠与　　B.房屋买卖

C.以房产抵债　　D.房产作股权转让

2.下列各项中，（　　）发生契税应税行为，属于契税的纳税人。

A.“三资”企业　　B.国有企业

C.个体工商户　　D.外籍公民

3.下列免征契税的有（　　）。

A.学校教学用房

B.城镇职工第一次购买公有住房

C.被县以上政府征用的房屋

D.翻新建房

4.下列各项中，按税法规定应缴纳契税的有（　　）。

A.农民承包荒山造林的土地

B.银行承受企业抵债的房产

C.科研事业单位受赠的科研用地

D.劳动模范获得政府奖励的住房

5.根据契税的有关规定，用某些特殊方式转移土地、房屋权属的，也将视同土地使用权转让、房屋买卖行为征收契税。这些特殊方式有（　　）。

A.以土地、房屋权属作价投资

B.以土地、房屋权属抵偿债务

C.以获奖方式承受土地、房屋权属

D.企业分立后承受原企业的土地、房屋权属

6.按照契税的有关规定，下列表述正确的有（　　）。

A.拆迁居民因拆迁重新购置住房的，对购房成交价格中相当于拆迁补偿款的部分免征契税

B.契税由承受人纳税，即买方纳税

C.对第一次购买住房的个人应征收契税

D.契税的纳税人也包括外籍个人

7.下列以成交价格为依据计算契税的有（　　）。

A.土地使用权赠与　　B.土地使用权出让

C.土地使用权出售　　D.土地使用权转让

三、判断题

1.境内承受转移土地、房屋权属的单位和个人为契税的纳税人，但不包括外商投资企业和外国企业。（　　）

2.房屋交换，双方都不缴纳契税。（　　）

3.某国有企业将以无偿划拨方式取得的土地使用权转让，免缴契税。（　　）

4. 在企业分立中，存续分立的企业承受原企业土地、房屋权属的，不缴纳契税；新设分立的企业承受原企业土地、房屋权属的，也不缴纳契税。（ ）

5. 以竞价方式出让的土地，其契税计税依据的价格为竞价的成交价格。（ ）

6. 纳税人须持契税完税凭证和其他资料，向房地产管理部门办理房地产变更登记手续。（ ）

7. 企业合并中，新设方或者存续方承受被解散方土地、房屋权属，如合并前各方为相同投资主体的，不缴纳契税，其余的则缴纳契税。（ ）

8. 对于承受与房屋相关的附属设施（包括停车位、汽车库、自行车库、顶层阁楼以及储藏室），无论是否涉及所有权转移变动，均应征收契税。（ ）

四、计算与核算题

1. 某企业与某公司5月份签订一份购房合同，面积为8 000平方米，房屋地处前进路180号，并于当年8月份办理了产权转让手续，成交价格为6 000万元，当地规定的契税税率为4%。

要求：计算该企业应纳契税，并作相应涉税会计处理。

2. 胜利创业公司11月10日与长河公司达成购买房屋协议，购入长河公司一栋价值600万元的房屋，双方于15日后签署了房屋权属转移合同，胜利创业公司支付价款600万元。胜利创业公司所在地地方政府规定的契税税率为4%。

要求：计算胜利创业公司应纳的契税，并作相应涉税会计处理。

第十五章

土地增值税会计

第一节 土地增值税的基本要素

一、土地增值税概述

土地增值税是对转让国有土地使用权、地上建筑物及其附着物（简称转让房地产）并取得收入的单位和个人，就其转让房地产所取得的增值额征收的一种税。它是我国为了规范土地、房地产交易秩序，对转让房地产的过高收益进行调节，以抑制投机、牟取暴利的行为，维护国家权益，保护正常从事房地产开发的经营者的合法权益，促进房地产市场健康发展，同时也是为了规范国家参与土地增值收益的分配方式，增加国家财政收入，于1994年1月1日新开征的一个税种。

现行的土地增值税基本规范是国务院于1993年12月13日颁布的《中华人民共和国土地增值税暂行条例》（以下简称《土地增值税暂行条例》），自1994年1月1日起施行。

土地增值税具有以转让房地产取得的增值额为征税对象、征税面比较广、采用扣除法和评估法计算增值额、实行超率累进税率、实行按次征收等特点。

二、征税对象和范围

土地增值税的征税对象是有偿转让国有土地使用权、地上建筑物及其附着物产权所取得的增值额。

土地增值税的征税范围包括：

(1) 国有土地使用权。国有土地是指按国家法律规定属于国家所有的土地。

(2) 地上建筑物及其附着物连同国有土地使用权一并转让。地上建筑物及其附着物是指建于土地上的一切建筑物、构筑物、地上地下的各种附属设施，以及附着于该土地上的不能移动或一旦移动就会遭损坏的各种植物、养殖物及其他物品。

这一征税范围包括以下三层含义（判别征与不征的三个标准）：

(1) 土地增值税只对转让国有土地使用权和地上建筑物及其附着物的行为征税。这里所强调的是，转让使用权的土地是否为国家所有。这是判断是否属于土地增值税征税范围的标准之一。

(2) 土地增值税是对国有土地使用权、地上建筑物及其附着物的转让行为征税。这里所强调的是，土地使用权、地上建筑物及其附着物的产权是否发生转让。这是判断是否属于土地增值税征税范围的标准之二。

(3) 土地增值税是对转让房地产并取得收入的行为征税。这里所强调的是，是否从土地使用权、地上建筑物及其附着物的转让行为中取得收入。这是判断是否属于土地增值税征税范围的标准之三。

需要强调的是，无论是单独转让国有土地使用权，还是房屋产权与国有土地使用权一并转让，只要取得收入，均属于土地增值税的征税范围，应对其征收土地增值税。

土地使用者转让、抵押或置换土地，无论其是否取得了该土地的使用权属证书，无论其在转让、抵押或置换土地过程中是否与对方当事人办理了土地使用权属证书变更登记手续，只要土地使用者享有占有、使用、收益或处分该土地的权利，且有合同等证据表明其实质转让、抵押或置换了土地并取得了相应的经济利益，土地使用者及对方当事人都应当依照税法规定缴纳土地增值税。

三、纳税人

土地增值税的纳税人是指转让国有土地使用权、地上建筑物及其附着物并取得收入的单位和个人，具体包括国家机关、社会团体、部队、企事业单位、个体工商业户、个人，以及外商投资企业、外国企业、外国驻华机构、华侨、我国港澳台同胞和外籍个人等。

四、税率

土地增值税的税率采用四级超率累进税率，见表15-1。

表15-1　**土地增值税四级超率累进税率**

级次	增值额与扣除项目金额的比率	税率（%）	速算扣除系数（%）
1	不超过50%的部分	30	0
2	50%～100%的部分	40	5
3	100%～200%的部分	50	15
4	超过200%的部分	60	35

第二节　土地增值税的计算

一、土地增值税的计税依据

土地增值税的计税依据是纳税人转让房地产所得的增值额。转让房地产的增值额，是纳税人转让房地产的收入额减除税法规定的扣除项目金额后的余额。

（一）收入额的确定

纳税人转让房地产所取得的收入，是指包括货币收入、实物收入和其他收入在内的全部价款及有关的经济利益，不允许从中减除任何成本费用。

对取得的实物收入，要按收入时的市场价格折算成货币收入；对取得的无形资产收入，要进行专门的评估，在确定其价值后折算成货币收入。

对取得的收入为外国货币的，应当以取得收入当天或当月1日国家公布的市场汇价折合成人民币。当月以分期收款方式取得的外币收入，也应按实际收款日或收款当月1日国家公布的市场汇价折合成人民币。

“营改增”后，纳税人转让房地产的土地增值税应税收入不含增值税。适用增值税一般计税方法的纳税人，其转让房地产的土地增值税应税收入不含增值税销项税额。房地产开发企业中的一般纳税人销售自行开发的房地产项目，适用一般计税方法计税，按照取得的全部价款和价外费用，扣除当期销售房地产项目对应的土地价款后的余额计算销售额。

销售额=（全部价款和价外费用−当期允许扣除的土地价款）÷（1+税率）

增值税销项税额=销售额×税率

土地增值税不含税收入=销售额−增值税销项税额

适用简易计税方法的纳税人，其转让房地产的土地增值税应税收入不含增值税应纳税额。

$$\text{土地增值税不含税收入}=\text{含税销售收入}-\text{增值税应纳税额}=\text{含税销售收入}-\text{含税销售收入}\div(1+5\%)\times5\%=\text{含税销售收入}\div(1+5\%)$$

为方便纳税人，简化土地增值税预征税款计算，房地产开发企业采取预收款方式销售自行开发的房地产项目的，可按照以下方法计算土地增值税预征的计征依据：

土地增值税预征的计征依据=预收款−应预缴增值税税款

（二）扣除项目及其金额的确定

在确定房地产转让的增值额和计算缴纳土地增值税时，允许从房地产转让收入总额中扣除的项目及其金额，可分为以下六类：

1.取得土地使用权所支付的金额，包括地价款和取得土地使用权时按国家规定缴纳的有关费用（适用新建房转让和存量房地产转让），指纳税人为取得土地使用权支付的地价款和按国家统一规定缴纳的有关税费之和。房地产开发企业为取得土地使用权所支付的契税，应视同“按国家统一规定缴纳的有关费用”，计入“取得土地使用权所支付的金额”中扣除。

“取得土地使用权所支付的金额”可以有三种形式：以出让方式取得土地使用权的，为支付的土地出让金；以行政划拨方式取得土地使用权的，为转让土地使用权时按规定补缴的出让金；以转让方式取得土地使用权的，为支付的地价款。

2.开发土地、新建房及配套设施的成本（简称房地产开发成本，适用新建房转让），指纳税人开发房地产项目实际发生的成本。这些成本允许按实际发生数扣除，主要包括土地征用及拆迁补偿费、前期工程费、建筑安装工程费、基础设施费、公共配套设施费、开发间接费用等。

（1）土地征用及拆迁补偿费，包括土地征用费、耕地占用税、劳动力安置费及有关地上地下附着物拆迁补偿的净支出、安置动迁用房支出等。

（2）前期工程费，包括规划、设计、项目可行性研究和水文、地质、勘察、测绘、“三通一平”等支出。

（3）建筑安装工程费，是指以出包方式支付给承包单位的建筑安装工程费、以自营方式发生的建筑工程安装费。

（4）基础设施费，包括开发小区内的道路、供水、供电、供气、排污、通信、照明、环卫、绿化等工程发生的支出。

（5）公共配套设施费，包括不能有偿转让的开发小区内公共配套设施发生的支出。

（6）开发间接费用，是指直接组织、管理开发项目所发生的费用，包括工资、职工福利费、折旧费、修理费、办公费、水电费、劳动保护费、周转房摊销等。

3.开发土地、新建房及配套设施的费用（简称房地产开发费用，适用新建房转让），指与房地产开发项目有关的销售费用、管理费用、财务费用。根据新会计制度的规定，与房地产开发有关的费用直接计入当年损益，不按房地产项目进行归集或分摊。

（1）能够按转让房地产项目计算分摊利息支出，并能提供金融机构的贷款证明的：

房地产开发费用=利息+（取得土地使用权所支付的金额+房地产开发成本）×5%以内

（2）不能按转让房地产项目计算分摊利息支出，或不能提供金融机构贷款证明的（包含全部使用自有资金的无借款的情况）：

房地产开发费用=（取得土地使用权所支付的金额+房地产开发成本）×10%以内

需要注意以下两点：一是计算扣除的具体比例，由省、自治区、直辖市人民政府规定。二是利息最高不能超过按商业银行同类同期贷款利率计算的金额。超期利息、超标利息及罚息不得扣除。

房地产开发企业既向金融机构借款，又有其他借款的，其房地产开发费用计算扣除时不能同时适用上述（1）、（2）项所述两种办法。

土地增值税清算时，已经计入房地产开发成本的利息支出，应调整至财务费用中计算扣除。

4.与转让房地产有关的税金（适用新建房转让和存量房地产转让）。这指在转让房地产时缴纳的印花税、城建税、教育费附加，也可视同税金扣除。“营改增”后不再征收营业税，增值税为价外税不得扣除。

允许扣除的印花税是指在转让房地产时缴纳的印花税。房地产开发企业按照《施工、房地产开发企业财务制度》的有关规定，将缴纳的印花税列入管理费用，印花税不再单独扣除。房地产开发企业以外的其他纳税人在计算土地增值税时，允许扣除在转让房地产环节缴纳的印花税。

对于个人购入房地产再转让的，其在购入环节缴纳的契税，由于已经包含在旧房及建筑物的评估价格之中，因此，计征土地增值税时，不能作为与转让房地产有关的税金予以扣除。

5.财政部确定的其他扣除项目（适用新建房转让）。对房地产开发的纳税人，可按取得土地使用权所支付的金额与房地产开发成本之和加计20%的扣除。此条优惠只适用于从事房地产开发的纳税人，除此之外的其他纳税人不适用。

其他扣除项目金额=（取得土地使用权所支付的金额+房地产开发成本）×20%

对于县级及县级以上人民政府要求房地产开发企业在售房时代收的各项费用，可处理如下：（1）如果代收费用计入房价向购买方一并收取，则可作为转让房地产所取得的收入计税，在计算扣除项目金额时，代收费用可以扣除，但不得作为扣除20%的基数。（2）如果代收费用未计入房价中而单独收取，可以不作为转让房地产的收入，当然，在计算扣除项目金额时，代收费用也不能扣除。

6.旧房及建筑物的评估价格（适用存量房地产转让），指在转让已使用的房屋及建筑物时，由政府批准设立的房地产评估机构评定的重置成本价乘以成新度折扣率后的价格。评估价格须经当地税务机关确认。

转让旧房及建筑物的评估价格、取得土地使用权所支付的地价款和按国家统一规定缴纳的有关费用及在转让环节缴纳的税金，可以在计征土地增值税时扣除。对取得土地使用权时未支付地价款或不能提供已支付的地价款凭据的，在计征土地增值税时不允许扣除。

纳税人在转让旧房及建筑物时，因计算纳税需要对房地产进行评估，其支付的评估费用允许在计算土地增值税时予以扣除。但是，对纳税人因隐瞒、虚报房地产成交价等情形而按房地产评估价格计算征收土地增值税时发生的评估费用，不允许在计算土地增值税时予以扣除。

纳税人转让旧房及建筑物，凡不能取得评估价格，但能提供购房发票的，经当地税务部门确认，可按发票所载金额并从购买年度起至转让年度止每年加计5%计算扣除。计算扣除项目时“每年”按购房发票所载日期起至售房发票开具之日止，每满12个月计1年；超过1年，未满12个月但超过6个月的，可以视同为1年。

对纳税人购房时缴纳的契税，凡能提供契税完税凭证的，准予作为“与转让房地产有关的税金”予以扣除，但不作为加计5%的基数。

对于转让旧房及建筑物，既没有评估价格，又不能提供购房发票的，税务机关可以根据《税收征管法》第三十五条的规定，实行核定征收。

（三）增值额的确定

计算土地增值税是以增值额与扣除项目金额的比率大小按相适用的税率累进计算征收的，增值额与扣除项目金额的比率越大，适用的税率越高，缴纳的税款越多，因此，准确核算增值额是很重要的。

土地增值额为纳税人转让房地产所取得的收入减除规定的扣除项目金额后的余额。

纳税人有下列情形之一的，按照房地产评估价格计算征收：（1）隐瞒、虚报房地产成交价格的；（2）提供扣除项目金额不实的；（3）转让房地产的成交价格低于房地产评估价格，又无正当理由的。

隐瞒、虚报房地产成交价格的，应由评估机构参照同类房地产的市场交易价格进行评估。税务机关根据评估价格确定转让房地产的收入。

提供扣除项目金额不实的，应由评估机构按照房屋重置成本价乘以成新度折扣率而计算的房屋成本价和取得土地使用权时的基准地价进行评估。税务机关根据评估价格确定扣除项目金额。

纳税人转让旧房及建筑物，凡不能取得评估价格，但能提供购房发票的，经当地税务部门确认，扣除项目的金额可按发票所载金额并从购买年度起至转让年度止每年加计5%计算。对于转让旧房及建筑物，既没有评估价格，又不能提供购房发票的，税务机关可以实行核定征收。

二、应纳税额的计算

土地增值税按照纳税人转让房地产所取得的增值额和规定的税率计算征收。

土地增值税的计算方法及计算程序如下：

（一）计算方法

土地增值税以纳税人转让房地产所取得的增值额为计税依据，按照超率累进税率计算应纳税额，其应纳税额有以下两种计算方法：

1.分步计算法，即按照每一级距的土地增值额乘以该级距相应的税率，分别计算各级次土地增值税税额，然后将其相加汇总，求得应纳税额。计算公式为：

应纳税额=$\sum$(每一级距的土地增值额×适用税率)

这种分步计算法计算过程比较烦琐，因此，在实际工作中，一般采用速算扣除法，以简化计算过程。

2.速算扣除法，即按照增值额乘以适用税率，减去扣除项目金额乘以速算扣除系数的简便方法计算应纳税额。具体计算公式如下：

（1）增值额未超过扣除项目金额50%的：

土地增值税税额=增值额×30%

（2）增值额超过扣除项目金额50%，未超过100%的：

土地增值税税额=增值额×40%−扣除项目金额×5%

（3）增值额超过扣除项目金额100%，未超过200%的：

土地增值税税额=增值额×50%−扣除项目金额×15%

（4）增值额超过扣除项目金额200%的：

土地增值税税额=增值额×60%−扣除项目金额×35%

上述公式中的5%、15%、35%均为速算扣除系数。

（二）计算程序

1.计算扣除项目金额。如系转让旧房及建筑物的，应计算评估价格，再确定扣除项目金额。

评估价格=重置成本价×成新度折扣率

2.计算增值额。

增值额=转让收入额-扣除项目金额

3.计算增值额占扣除项目金额的比重（以下简称增值率）。

增值率=增值额÷扣除项目金额×100%

4.依据增值率确定适用税率。

5.依据适用税率计算应纳税额。

应纳税额=增值额×适用税率-扣除项目金额×速算扣除系数

【例15-1】M市某房地产开发公司为一般纳税人，2018年开发一栋高层住宅楼，2019年8月有关经营情况如下：

（1）该住宅楼销售90%，取得销售收入6 300万元，并签订了销售合同。剩余10%以每年100万元对外进行出租，租期一年，租金一次性收取，并签订了租赁合同。

（2）签订土地使用权购买合同，支付与该项目相关的土地使用权价款900万元，相关税费39万元。

（3）发生土地拆迁补偿费400万元，前期工程费200万元，支付工程价款1 000万元，基础设施及公共配套设施费250万元，开发间接费用50万元。

（4）发生销售费用300万元，财务费用60万元，管理费用80万元。

（5）该房地产开发公司不能按转让房地产项目计算分摊利息，当地政府规定的开发费用扣除比例为9%。

已知：以上收入均为含增值税收入，房地产开发公司按照一般计税方法征税。本题不考虑地方教育费附加。

要求：根据上述资料，回答下列问题：

（1）计算土地增值税时准予扣除的税金；

（2）计算土地增值税时准予扣除的取得土地使用权支付的金额；

（3）计算土地增值税时准予扣除项目的合计金额；

（4）计算该房地产开发公司应缴纳的土地增值税。

解：

（1）准予扣除的税金 =（6 300 − 900×90%）÷（1 + 9%）×9%×（7%+3%）

= 45.33（万元）

（2）准予扣除的取得土地使用权支付的金额 =（900 + 39）×90% = 845.1（万元）

允许扣除的土地使用权支付金额，包含地价款和相关税费。

要坚持配比原则，住宅楼销售90%，剩余面积对外出租，出租部分不交土地增值税，对应的为取得土地使用权所支付的金额就不能扣除。

（3）准予扣除的房地产开发成本 =（400 + 200 + 1 000 + 250 + 50）×90%

= 1 710（万元）

（4）准予扣除的房地产开发费用 =（845.1 + 1 710）×9% = 229.96（万元）

（5）加计扣除费用 =（845.1 + 1 710）×20% = 511.02（万元）

（6）准予扣除项目合计金额 = 845.1 + 1 710 + 229.96 + 511.02 + 45.33

= 3 341.41（万元）

（7）增值税销售额=（6 300 − 900×90%）=5 490（万元）

销项税额=5 490÷（1+9%）×9%=453.30（万元）

不含税收入=含税收入−销项税额=6 300−453.30=5 846.7（万元）

或

不含增值税收入 = 6 300−（6 300 − 900×90%）÷（1 + 9%）×9% = 5 846.7（万元）

增值额 = 5 846.7 − 3 341.41 = 2 505.29（万元）

增值率 = 2 505.29÷3 341.41×100% = 74.98%，适用税率40%，速算扣除系数5%

应纳土地增值税 = 2 505.29×40% − 3 341.41×5% = 835.05（万元）

【例15-2】甲企业（一般纳税人）在2019年6月以840万元出售一幢办公楼。该办公楼原始购买发票金额为210万元，日期为2016年7月1日，缴纳契税6.3万元。该房产无评估价值。

要求：计算应纳的土地增值税。

解：

（1）甲企业转让办公楼应纳增值税=（840−210）÷（1+5%）×5%=30（万元）

（2）不含税转让收入=840−30=810（万元）

（3）与转让房地产有关的税金=6.3+30×（7%+3%）+810×0.5‰=9.71（万元）

（4）$\frac{\text{土地增值税}}{\text{扣除项目金额}}=\frac{\text{发票所}}{\text{载金额}}\times\left[1+\left(\frac{\text{转让}}{\text{年度}}-\frac{\text{购买}}{\text{年度}}\right)\times 5\%\right]+\frac{\text{与房地产转让}}{\text{有关税金}}+\frac{\text{与房地产转让}}{\text{有关费用}}$

=210×（1+3×5%）+9.71=251.21（万元）

（5）增值额=810-251.21=558.79（万元）

（6）增值率=558.79÷251.21×100%=222.44%

（7）应纳土地增值税税额=558.79×60%-251.21×35%=247.35（万元）

三、房地产开发企业土地增值税清算

1.清算单位。

（1）土地增值税以国家有关部门审批的房地产开发项目为单位进行清算，对于分期开发的项目，以分期项目为单位清算。

（2）开发项目中同时包含普通住宅和非普通住宅的，应分别计算增值额。

2.清算条件。

（1）纳税人应进行土地增值税清算的三种情况：

①房地产开发项目全部竣工、完成销售的；

②整体转让未竣工决算房地产开发项目的；

③直接转让土地使用权的。

（2）主管税务机关可要求纳税人进行土地增值税清算的四种情况：

①已竣工验收的房地产开发项目，已转让的房地产建筑面积占整个项目可售建筑面积的比例在85%以上，或该比例虽未超过85%，但剩余的可售建筑面积已经出租或自用的；

②取得销售（预售）许可证满三年仍未销售完毕的；

③纳税人申请注销税务登记但未办理土地增值税清算手续的；

④省级税务机关规定的其他情况。

3.非直接销售和自用房地产的收入确定。

（1）房地产开发企业将开发产品用于职工福利、奖励、对外投资、分红、偿债、换取非货币性资产等，发生所有权转移时应视同销售房地产。

（2）房地产企业用建造的该项目房地产安置回迁户的，安置用房视同销售处理。

收入按下列方法和顺序确认：

①按本企业在同一地区、同一年度销售的同类房地产的平均价格确定；

②由主管税务机关参照当地当年、同类房地产的市场价格或评估价值确定。

（3）将开发的部分房地产转为企业自用或用于出租等商业用途时，产权未发生转移的情况下不扣除相应的成本和费用。

4.扣除项目规定。

（1）可据实扣除的项目：

①开发建造的与清算项目配套的社区居委会和派出所用房、会所、停车场（库）、物业管理场所、变电站、热力站、水厂、文体场馆、学校、幼儿园、托儿所、医院、邮电通信等公共设施：第一，建成后产权属于全体业主所有的，其成本、费用可以扣除；第二，建成后无偿移交给政府、公用事业单位用于非营利性社会公共事业的，其成本、费用可以扣除；第三，建成后有偿转让的，应计算收入，并准予扣除成本、费用。

②房地产开发企业销售已装修的房屋，其装修费用可以计入房地产开发成本。

③房地产开发企业在工程竣工验收后，根据合同约定，扣留建筑安装施工企业一定比例的工程款，作为开发项目的质量保证金，在计算土地增值税时，建筑安装施工企业就质量保证金对房地产开发企业开具发票的，按发票所载金额予以扣除。

④房地产开发企业为取得土地使用权所支付的契税，应视同“按国家统一规定缴纳的有关费用”，计入“取得土地使用权所支付的金额”中扣除。

⑤房地产开发企业支付给回迁户的补差价款，计入拆迁补偿费；回迁户支付给房地产开发企业的补差价款，应抵减本项目拆迁补偿费。

⑥货币安置拆迁的，房地产开发企业凭合法有效凭据计入拆迁补偿费。

（2）可核定扣除项目：

其包括：前期工程费、建筑安装工程费、基础设施费、开发间接费用的凭证或资料不符合清算要求或不实的。

（3）不可扣除的项目：

①扣除取得土地使用权所支付的金额、房地产开发成本、费用及与转让房地产有关税金，须提供合法有效凭证；不能提供合法有效凭证的，不予扣除。

②房地产开发企业的预提费用，除另有规定外，不得扣除。

③竣工后，建筑安装施工企业就质量保证金对房地产开发企业未开具发票的，扣留的质保金不得计算扣除。

④房地产开发企业逾期开发缴纳的土地闲置费不得扣除。

5.土地增值税的核定征收。

税务机关可以参照与其开发规模和收入水平相近的当地企业的土地增值税税负情况，按不低于预征率的征收率核定征收土地增值税的五种行为：

（1）依照法律、行政法规的规定应当设置但未设置账簿的；

（2）擅自销毁账簿或者拒不提供纳税资料的；

（3）虽设置账簿，但账目混乱或者成本资料、收入凭证、费用凭证残缺不全，难以确定转让收入或扣除项目金额的；

（4）符合土地增值税清算条件，未按照规定的期限办理清算手续，经税务机关责令限期清算，逾期仍不清算的；

（5）申报的计税依据明显偏低，又无正当理由的。

核定的征收率原则上不得低于5%，各省级税务机关要结合本地实际，区分不同房地产类型制定核定征收率。

6.清算后再转让房地产。

在土地增值税清算时未转让的房地产，清算后销售或有偿转让时，纳税人应按规定进行土地增值税的纳税申报，扣除项目金额按清算时的单位建筑面积成本费用乘以销售或转让面积计算。

单位建筑面积成本费用=清算时的扣除项目总金额÷清算的总建筑面积

7.清算后应补税额与滞纳金。

纳税人按规定预缴土地增值税后，清算补缴的土地增值税，在主管税务机关规定的期限内补缴的，不加收滞纳金。

第三节　土地增值税的申报与缴纳

一、减免税

1.纳税人建造普通标准住宅出售，增值额未超过扣除项目金额20%

的，免征土地增值税。增值额超过扣除项目金额20%的，应就其全部增值额按规定计税。

对于纳税人既建普通标准住宅又进行其他房地产开发的，应分别核算增值额。不分别核算增值额或不能准确核算增值额的，其建造的普通标准住宅不能适用这一免税规定。

2.因国家建设需要依法征用、收回的房地产，免征土地增值税。

3.因城市实施规划、国家建设的需要而搬迁，由纳税人自行转让原房地产的，免征土地增值税。

4.单位转让旧房作为公租房房源且增值率未超过20%的，予以免税。

5.改制重组过程中涉及的土地增值税政策（不适用于房地产开发企业）：

（1）非公司制企业整体改建为有限责任公司或者股份有限公司，有限责任公司（股份有限公司）整体改建为股份有限公司（有限责任公司）。对改建前的企业将国有土地、房屋权属转移、变更到改建后的企业，暂不征土地增值税。

（2）按照法律规定或者合同约定，两个或两个以上企业合并为一个企业，且原企业投资主体存续的，对原企业将国有土地、房屋权属转移、变更到合并后的企业，暂不征土地增值税。

（3）按照法律规定或者合同约定，企业分设为两个或两个以上与原企业投资主体相同的企业，对原企业将国有土地、房屋权属转移、变更到分立后的企业，暂不征土地增值税。

（4）单位、个人在改制重组时以国有土地、房屋进行投资，对其将国有土地、房屋权属转移、变更到被投资的企业，暂不征土地增值税。

二、纳税义务发生时间

1.以一次交割、付清价款方式转让房地产的，在办理过户、登记手续前一次性缴纳全部税额。

2.以分期收款方式转让的，先计算出应纳税总额，然后根据合同约定的收款日期和约定的收款比例确定应纳税额。

3.项目全部竣工结算前转让房地产的：

（1）纳税人进行小区开发建设的，其中一部分房地产项目因先行开发并已转让出去，但小区内的部分配套设施往往在转让后才建成，在这种情况下，税务机关可以对先行转让的项目，在取得收入时预征土地增值税。

（2）纳税人以预售方式转让房地产的，对在办理结算和转交手续前就取得的收入，税务机关也可以预征土地增值税。具体办法由各省、自治区、直辖市税务局根据当地情况制定。

凡采用预征方法征收土地增值税的，在该项目全部竣工办理清算时，都需要对土地增值税进行清算，根据应征税额和已征税额进行结算，多退少补。

除保障性住房外，东部地区省份预征率不得低于2%，中部和东北部地区省份不得低于1.5%，西部地区省份不得低于1%。

三、纳税期限

土地增值税的纳税人应自转让房地产合同签订之日起7日内，向房地产所在地的主管税务机关办理纳税申报，同时向税务机关提交房屋产权证、土地使用权证书、土地转让合同、房产买卖合同、房地产评估报告及其他与转让房地产有关的资料。

纳税人因经常发生房地产转让而难以在每次转让后申报的，经税务机关审核同意后，可以定期进行纳税申报，具体期限由税务机关根据有关情况确定。

四、纳税地点

纳税人应向房地产所在地（坐落地）主管税务机关办理纳税申报，并在税务机关核定的期限内缴纳土地增值税。

（1）纳税人是法人的。当转让的房地产坐落地与其机构所在地或经营所在地一致时，在办理税务登记的原管辖税务机关申报纳税即可；如果转让的房地产坐落地与其机构所在地或经营所在地不一致，则应在房地产坐落地所管辖的税务机关申报纳税。

（2）纳税人是自然人的。当转让的房地产坐落地与其居住所在地一致时，在住所所在地税务机关申报纳税；当转让的房地产坐落地与其居住所在地不一致时，则在办理过户手续所在地的税务机关申报纳税。

第四节　土地增值税的会计处理

一、会计科目设置

企业应在“应交税费”科目下设“应交土地增值税”明细账户，专门用来核算土地增值税的发生和缴纳情况，其贷方反映企业计算出的应缴纳的土地增值税，其借方反映企业实际缴纳的土地增值税，余额在贷方反映企业应缴纳而未缴纳的土地增值税。预缴纳土地增值税的企业，其“应交税费——应交土地增值税”借方余额反映预缴纳的土地增值税。实际缴纳时，借记“应交税费——应交土地增值税”，贷记“银行存款”。

二、基本会计处理

1.兼营房地产业务的企业，应由当期收入负担的土地增值税，借记“税金及附加——土地增值税”，贷记“应交税费——应交土地增值税”。

2.转让的国有土地使用权与其地上建筑物及其附着物一并在“固定资产”或“在建工程”核算的，转让时应缴纳的土地增值税借记“固定资产清理/在建工程”，贷记“应交税费——应交土地增值税”。

3.企业在项目全部竣工结算前转让房地产取得的收入，按税法规定预缴的土地增值税，借记“应交税费——应交土地增值税”，贷记“银行存款”。

4.待该项房地产销售收入实现时，再按上述销售业务的会计处理方法进行处理。该项目全部竣工、办理结算后进行清算，收到退回多缴的土地增值税，借记“银行存款”，贷记“应交税费——应交土地增值税”。

5.待该项房地产销售收入实现时，再按上述销售业务的会计处理方法进行处理。该项目全部竣工、办理结算后进行清算，补缴的土地增值税，借记“税金及附加——土地增值税”，贷记“应交税费——应交土地增值税”；实际缴纳时，借记“应交税费——应交土地增值税”，贷记“银行存款”。

（一）房地产开发企业土地增值税会计处理

房地产开发企业一般设置“税金及附加——土地增值税”“应交

税费——应交土地增值税”等账户来对企业应纳土地增值税进行核算。计提土地增值税时，借记“税金及附加——土地增值税”，贷记“应交税费——应交土地增值税”。实际缴纳时，借记“应交税费——应交土地增值税”，贷记“银行存款”。

【例15-3】某房地产开发企业出售新建楼房5栋，计算应缴纳的土地增值税税额为800万元。试作会计处理。

解：(1) 企业计提土地增值税税款时，作如下会计分录：

借：税金及附加——土地增值税　　8 000 000

　贷：应交税费——应交土地增值税　　8 000 000

(2) 企业向税务机关缴纳税款时，作如下会计分录：

借：应交税费——应交土地增值税　　8 000 000

　贷：银行存款　　8 000 000

(二) 其他企业土地增值税会计处理

其他企业转让土地使用权核算应缴的土地增值税时，土地使用权与地上建筑物及其附着物一并在“固定资产”等科目核算的，借记“固定资产清理”等，贷记“应交税费——应交土地增值税”；土地使用权在“无形资产”科目核算的，按实际收到的金额，借记“银行存款”，按应缴纳的土地增值税，贷记“应交税费——应交土地增值税”，同时冲销土地使用权的账面价值，贷记“无形资产”科目，按其差额，借记“营业外支出”或贷记“营业外收入”。实际缴纳土地增值税时，借记“应交税费——应交土地增值税”，贷记“银行存款”。

【例15-4】某工业企业出售一栋办公楼，售价800万元，原价600万元，计提折旧114万元。房地产评估机构评定，现再建同样的办公楼需要1 200万元，该办公楼出售时四成新，转让缴纳的各种税金为44.4万元。计算该企业应纳土地增值税并作相关会计处理。

解：扣除项目金额=1 200×40%+44.4=524.4（万元）

增值额=800−524.4=275.6（万元）

增值额与扣除项目金额的比例 = 275.6÷524.4×100% = 52.56%

应纳土地增值税 = 275.6×40%−524.4×5% = 84.02（万元）

(1) 注销固定资产时：

借：固定资产清理　　4 860 000
　　累计折旧　　1 140 000
　贷：固定资产　　6 000 000

（2）计提土地增值税时：

借：固定资产清理　　840 200
　贷：应交税费——应交土地增值税　　840 200

（3）缴纳土地增值税时：

借：应交税费——应交土地增值税　　840 200
　贷：银行存款　　840 200

技能训练题

一、单项选择题

1. 下列各项中，应征收土地增值税的是（　　）。

A. 赠予社会公益事业房地产

B. 个人之间互换自有居住用房地产

C. 抵押期满权属转让给债权人房地产

D. 出租房地产

2. 根据《土地增值税暂行条例》的规定，我国现行土地增值税实行的税率属于（　　）。

A. 比例税率　　B. 超额累进税率

C. 定额税率　　D. 超率累进税率

3. 房地产开发企业将开发产品用于下列（　　）项目，不属于视同销售房地产。

A. 开发的部分房地产用于换取其他单位的非货币性资产

B. 开发的部分房地产用于职工福利

C. 开发的部分房地产用于出租

D. 开发的部分房地产用于对外投资

4. 房地产开发企业在确定土地增值税的扣除项目时，允许单独扣除的税金是（　　）。

A. 增值税　　B. 消费税

C. 城市维护建设税　　D. 印花税

5.下列各项中，应当征收土地增值税的是（　　）。

A.国有土地使用权的出让　　B.国有土地使用权的转让

C.房地产出租　　D.房地产被国家征用

6.下列各项中，应当征收土地增值税的是（　　）。

A.公司与公司之间互换房产

B.房地产开发公司为客户代建房产

C.兼并企业从被兼并企业取得房产

D.双方合作建房按比例分配房产后自用

7.土地增值税纳税人应在签订房地产转让合同7日内，到（　　）税务机关办理纳税申报。

A.房地产所在地　　B.纳税人注册地

C.纳税人核算地　　D.合同签订地

二、多项选择题

1.下列国有土地使用权变动项目中，属于土地增值税征税范围的有（　　）。

A.出让国有土地使用权　　B.出租国有土地使用权

C.转让国有土地使用权　　D.交换国有土地使用权

2.下列各项中，不属于土地增值税征税范围的有（　　）。

A.以房地产抵债而尚未发生房地产权属转让的

B.以房地产抵押贷款而房地产尚在抵押期间的

C.被兼并企业的房地产在企业兼并中转让到兼并方的

D.以出地、出资双方合作建房，建成后又转让给其中一方的

3.纳税人发生下列情形中的（　　），土地增值税以房地产评估价格为依据计算征收。

A.隐瞒、虚报房地产成交价格

B.提供扣除项目金额不实

C.转让已使用的房屋及建筑物

D.转让房地产成交价格低于评估价格，又无正当理由

4.转让旧房产，计算其土地增值税增值额时准予扣除的项目有（　　）。

A.旧房产的评估价格　　B.支付评估机构的费用

C.建造旧房产的重置成本　　D.转让环节缴纳的各种税费

5.在计算土地增值税应纳税额时，纳税人为取得土地使用权支付的地价款准予扣除，以下关于地价款的表述，正确的有（　　）。

A.以协议方式取得土地使用权的，地价款为纳税人所支付的土地出让金

B.以行政划拨方式取得土地使用权的，地价款为同类土地的市场价格

C.以转让方式取得土地使用权的，地价款为向原土地使用权人实际支付的地价款

D.以拍卖方式取得土地使用权的，地价款为纳税人所支付的土地出让金

6.对下列各种情形，不征收土地增值税的有（　　）。

A.继承房地产

B.房地产的评估增值

C.房地产公司的代建房行为

D.房地产开发企业将自建的商品房用于职工福利

7.纳税人在计算土地增值税时，允许从收入中扣减的税金及附加有（　　）。

A.所得税　　B.增值税

C.城建税　　D.教育费附加

8.计算土地增值税时，允许从房地产转让收入中扣除的项目有（　　）。

A.取得土地使用权支付的金额　　B.旧房及建筑物的评估价格

C.与转让房地产有关的税金　　D.房地产开发成本

9.计算土地增值税时，下列项目中准予扣除的有（　　）。

A.契税

B.开发小区的排污费、绿化费

C.安置动迁用房的支出

D.按照有关规定未计入房价向购买者收取的代收费用

三、判断题

1.转让旧房的，应按房屋的净值、取得土地使用权所支付的地价款和按国家统一规定缴纳的有关费用及在转让环节缴纳的税金作为扣除项目金额计征土地增值税。（　　）

2.土地增值税的计税依据为转让房地产的全部收入。 ( )

3.土地增值税的纳税人为转让土地使用权、地上的建筑物及其附着物并取得收入的单位和个人。 ( )

4.房地产开发费是指与房地产开发项目有关的销售费用、管理费用和财务费用。 ( )

5.与转让房地产有关的税金是指增值税、城建税、印花税。 ( )

6.土地增值税纳税人在纳税申报时提供扣除项目金额不实的，应由评估机关按照房屋重置成本价乘以成新度折扣率计算的房屋成本价和取得土地使用权时的基准地价进行评估，税务机关根据评估价格确定扣除项目金额。 ( )

四、计算与核算题

1.某房地产开发公司转让一幢写字楼取得不含增值税收入1 000万元。已知该公司为取得土地使用权所支付的金额为50万元，房地产开发成本为200万元，房地产开发费用为40万元，与转让房地产有关的允许扣除的税金为60万元。

要求：计算该公司应纳土地增值税税额，并作相应的涉税会计处理。

2.2019年9月某房地产开发公司转让5年前购入的一块土地，取得不含增值税转让收入2 800万元，该土地购进价1 200万元，取得土地使用权时缴纳相关费用40万元，转让该土地时缴纳相关税费35万元（不含增值税和印花税）。

要求：计算该公司应纳土地增值税税额，并作相应的涉税会计处理。

第十六章

烟叶税会计

第一节　烟叶税的基本要素

一、烟叶税概述

烟叶税是以纳税人收购烟叶的收购金额为计税依据征收的一种税。现行烟叶税的基本规范是2017年12月27日第十二届全国人民代表大会常务委员会第三十一次会议通过的《中华人民共和国烟叶税法》（以下简称《烟叶税法》），自2018年7月1日起施行。

烟叶税的诞生是税制改革的结果，也是国家对烟草实行“寓禁于征”政策的继续，更标志着由消费税、增值税及烟叶税形成的烟草税收调控体系已经形成。

二、征税对象

烟叶税以烟叶为征税对象。

所称烟叶，是指烤烟叶、晾晒烟叶。

三、纳税人

在我国境内收购烟叶的单位为烟叶税的纳税人。

收购烟叶的单位，是指依照《中华人民共和国烟草专卖法》的规定有权收购烟叶的烟草公司或者受其委托收购烟叶的单位。

依照《中华人民共和国烟草专卖法》查处没收的违法收购的烟叶，由收购罚没烟叶的单位按照购买金额计算缴纳烟叶税。

烟叶税不得委托其他单位代征。

四、税率

烟叶税实行比例税率，税率为20%。

烟叶税税率的调整，由国务院决定。

第二节　烟叶税的计算

一、计税依据

烟叶税的计税依据为纳税人收购烟叶实际支付的价款总额。

二、应纳税额的计算

烟叶税的应纳税额按照纳税人收购烟叶的收购金额和规定的税率计算。计算公式为：

应纳税额=收购金额×税率

【例16-1】某烟草公司（增值税一般纳税人）2019年7月收购烟叶一批，支付烟叶生产者收购价款44 000元，货款全部付清。

要求：计算应纳的烟叶税。

解：应纳税额=44 000×20%=8 800（元）

【例16-2】某卷烟厂6月从农业生产者手中收购烟叶，收购凭证上注明收购价款40 000元。

要求：计算应纳的烟叶税和允许抵扣的进项税额。

解：应纳烟叶税税额=40 000×20%=8 000（元）

允许抵扣的进项税额=（40 000+8 000）×10%=4 800（元）

第三节　烟叶税的申报、缴纳与会计处理

烟叶税的征收管理，按照《税收征管法》和《烟叶税法》的有关规定执行。

一、纳税义务发生时间

烟叶税的纳税义务发生时间为纳税人收购烟叶的当天（指纳税人向烟叶销售者付讫收购烟叶款项或者开具收购烟叶凭据的当天）。

二、纳税期限

纳税人应当自纳税义务发生之日起30日内申报纳税，具体纳税期限由主管税务机关核定。

三、纳税地点

纳税人收购烟叶，应当向烟叶收购地的主管税务机关申报纳税。

四、会计处理

烟叶税作为价内流转税，其应缴纳税额构成烟叶收购单位的采购成本。

企业按照税法规定计算本期应缴纳的烟叶税，借记“材料采购或在途物资”，贷记“应交税费——应交烟叶税”；实际缴纳烟叶税时，借记“应交税费——应交烟叶税”，贷记“银行存款”。

①烟叶尚未提回时，根据有关收购凭证等作账务处理：

借：在途物资

　　应交税费——应交增值税（进项税额）

　贷：银行存款

　　　应交税费——应交烟叶税

②烟叶提回入库时，根据收货单等凭证作账务处理：

借：库存商品

　贷：在途物资

③缴纳烟叶税时：

借：应交税费——应交烟叶税

　贷：银行存款

【例16-3】某卷烟厂11月份收购烟叶20 000元，并向烟农开出专用收购发票，试作相关会计处理。

解：应纳烟叶税=20 000×20%=4 000（元）

（1）计算本期应纳烟叶税时：

借：材料采购 176 000

应交税费——应交增值税（进项税额） 24 000

贷：银行存款（或库存现金） 20 000

同时：

借：材料采购 4 000

贷：应交税费——应交烟叶税 4 000

（2）实际缴纳烟叶税时：

借：应交税费——应交烟叶税 4 000

贷：银行存款 4 000

技能训练题

一、单项选择题

1.（　　）为烟叶税的纳税人。

A.在中华人民共和国境内收购烟叶的单位

B.在中华人民共和国境内收购烟叶的单位和个人

C.在中华人民共和国境内销售烟叶的单位和个人

D.在中华人民共和国境内销售烟叶的单位

2.烟叶税的征税对象为（　　）。

A.烟叶　　B.烟丝

C.卷烟　　D.烟草

3.烟叶税的适用税率是（　　）。

A.10%　　B.15%

C.20%　　D.25%

4.纳税人收购烟叶应当向（　　）的主管税务机关申报纳税。

A.烟叶收购地　　B.登记注册地

C.经营所在地　　D.烟叶销售地

5.烟叶税由（　　）征收。

A.税务局　　B.财政局

C.烟草公司　　D.市场监督管理局

二、多项选择题

1.我国《烟叶税法》所称烟叶是指（　　）。

A.晾晒烟叶　　B.烤烟叶

C.薰烟叶　　D.土烟叶

2.烟叶税的征收管理依照（　　）的有关规定执行。

A.《税收征管法》

B.《烟叶税法》

C.国家法律、法规

D.烟草法律、法规

3.下列关于烟叶税的说法，正确的有（　　）。

A.在中国境内收购的烟叶的单位需要代扣代缴烟叶税

B.烟叶税的税率为20%

C.烟叶的应纳税额等于烟叶收购金额乘以税率

D.烟叶税的纳税义务发生时间为纳税人收购烟叶的当天

4.烟叶税的征税范围包括（　　）。

A.采摘烟叶　　B.晾晒烟叶

C.烤烟叶　　D.烟丝

三、判断题

1.烟叶税实行全国统一比例税率，税率为20%。（　　）

2.在中华人民共和国境内收购烟叶的单位和个人为烟叶税的纳税人。（　　）

3.纳税人收购烟叶，应当向烟叶收购地的主管税务机关申报纳税。（　　）

4.烟叶税的纳税义务发生时间为纳税人收购烟叶的当天。（　　）

5.纳税人应当自纳税义务发生之日起60日内申报纳税。（　　）

四、计算与核算题

1.某卷烟厂向烟农购烟叶，支付收购价款100 000元，另外向运输公司支付该批烟叶的运输费2 000元。

要求：计算烟厂收购烟叶应纳的烟叶税，并作相应的涉税会计处理。

2. 某烟草公司某月从农业生产者手中收购烟叶，收购凭证上注明收购价款50 000元。

要求：计算应纳的烟叶税，并作相应的涉税会计处理。

第十七章

企业所得税会计

第一节　企业所得税的基本要素

一、企业所得税概述

所得税是以所得额为课税对象而课征的税种统称。从经济学角度来看，所得是指人们在两个时点之间以货币表示的经济能力的净增加值。从会计学的角度来看，所得必须以实现的交易为基础，即在某一时期内，一切交易所实现的收入减去为实现收入而消耗的成本、费用后的余额。从税收实务的角度来看，所得是指应税所得，是在会计所得基础上，经过必要调整而计算的须缴纳所得税的所得。应税所得就企业而言是企业收入减去成本、费用、流转税和法定扣除项目后的余额；就个人而言是个人收入扣除个人生计费、赡养费和其他费用及法定扣除项目后的余额。

企业所得税是对在我国境内的企业和其他取得收入的组织的生产经营所得和其他所得征收的一种税。现行的企业所得税的基本规范，是

2007年3月16日十届全国人大五次会议通过的《中华人民共和国企业所得税法》（以下简称《企业所得税法》），将原内资企业适用的《中华人民共和国企业所得税暂行条例》和原外资企业适用的《中华人民共和国外商投资企业和外国企业所得税法》两法合一。同年12月11日，国务院发布《中华人民共和国企业所得税法实施条例》（以下简称《企业所得税法实施条例》），自2008年1月1日起施行。

企业所得税具有以下特点：

（1）计税依据是应纳税所得额。它是收入总额扣除允许扣除的项目金额后的余额，与企业的本年利润是不相同的。

（2）应纳税所得额的计算较复杂。税法在规定纳税人收入总额的前提下，对允许和不允许扣除的项目、允许扣除项目的扣除标准作了较详细的规定，所以导致应纳税所得额的计算较为复杂。

（3）量能负担。企业所得税以纳税人的应税所得和适用税率计税，所得多的多纳税，所得少的少纳税，无所得的不纳税，体现了税收的纵向公平原则。

（4）实行按年征收、分期预缴的征收管理方法。企业的经营业绩通常是按年衡量的，企业的会计核算也是按年进行的，所以企业所得税实行按纳税年度计征，有利于税款的征收管理。

二、纳税人

依法在中国境内成立的企业和其他取得收入的组织为企业所得税的纳税人，包括：

（1）依法在中国境内成立的企业，但依照中国法律、行政法规成立的个人独资企业、合伙企业除外。

依法在中国境内成立的企业，包括依照中国法律、行政法规在中国境内成立的企业、事业单位、社会团体以及其他取得收入的组织。

（2）依照外国（地区）法律成立但实际管理机构在中国境内的企业。

依照外国（地区）法律成立的企业，包括依照外国（地区）法律成立的企业和其他取得收入的组织。在我国香港特别行政区、澳门特别行政区和台湾地区成立的企业，视同依照外国（地区）法律成立的企业。

企业依据登记注册地标准与实际管理机构地标准相结合的方法来判

定企业的居民身份。

居民与非居民，在税收领域中是一对互相联系的有特殊含义的概念。所谓居民，是指按照该国法律，由于住所、居住时间、注册登记地或管理机构所在地，或其他类似标准，在该国负有全面纳税义务的人，包括个人居民和法人居民。非居民是指凡不符合该国居民身份，在该国负有有限纳税义务的人。居民与非居民身份的确定，能够区别不同类型的纳税义务人，明确划分税收管辖权。

居民企业是指依法在中国境内成立，或者依照外国（地区）法律成立但实际管理机构在中国境内的企业。只要企业的登记注册地和实际管理机构地的其中一个设在中国境内，就是居民企业。这使得那些并不是按照中国法律在中国登记注册，但其实际管理机构设在中国境内的外国企业也成了居民企业。同样，按照中国法律在中国登记注册，但其实际管理机构设在中国境外的中资企业，也是中国的居民纳税人。居民企业承担无限纳税义务，应当就其来源于中国境内、境外的所得缴纳企业所得税。

非居民企业是指依照外国（地区）法律成立且实际管理机构不在中国境内，但在中国境内设立机构、场所的，或者在中国境内未设立机构、场所，但有来源于中国境内所得的企业，承担有限纳税义务，一般只就其来源于我国境内的所得纳税。

实际管理机构是指对企业的生产经营、人员、账务、财产等实施实质性全面管理和控制的机构。

机构、场所是指在中国境内从事生产经营活动的机构、场所，包括：(1) 管理机构、营业机构、办事机构；(2) 工厂、农场、开采自然资源的场所；(3) 提供劳务的场所；(4) 从事建筑、安装、装配、修理、勘探等工程作业的场所；(5) 其他从事生产经营活动的机构、场所。

非居民企业委托营业代理人在中国境内从事生产经营活动的，包括委托单位和个人经常代其签订合同，或者储存、交付货物等，该营业代理人被视为非居民企业在中国境内设立的机构、场所。

三、征税对象和范围

企业所得税的征税对象是企业取得的生产经营所得、其他所得和清算所得。

1.居民企业应就来源于中国境内、境外的所得作为征税对象。所得包括销售货物所得、提供劳务所得、转让财产所得、股息红利等权益性投资所得、利息所得、租金所得、特许权使用费所得、接受捐赠所得和其他所得。

2.非居民企业在中国境内设立机构、场所的，应当就其所设机构、场所取得的来源于中国境内的所得，以及发生在中国境外但与其所设机构、场所有实际联系的所得，缴纳企业所得税。非居民企业在中国境内未设立机构、场所的，或者虽设立机构、场所但取得的所得与其所设机构、场所没有实际联系的，应当就其来源于中国境内的所得缴纳企业所得税。

实际联系，是指非居民企业在中国境内设立的机构、场所拥有据以取得所得的股权、债权，以及拥有、管理、控制据以取得所得的财产等。

关于所得来源地的确定：

（1）销售货物所得，按照交易活动发生地确定；

（2）提供劳务所得，按照劳务发生地确定；

（3）转让财产所得中，不动产转让所得按照不动产所在地确定，动产转让所得按照转让动产的企业或者机构、场所所在地确定，权益性投资资产转让所得按照被投资企业所在地确定；

（4）股息红利等权益性投资所得，按照分配所得的企业所在地确定；

（5）利息所得、租金所得、特许权使用费所得，按照负担或者支付所得的企业或者机构、场所所在地，负担或者支付所得的个人的住所所在地确定；

（6）其他所得，由国务院财政、税务主管部门确定。

四、税率

1.基本税率为25%。其适用于居民企业和在中国境内设有机构、场所且所得与机构、场所有关联的非居民企业。

2.低税率为20%。其适用于在中国境内未设立机构、场所，或虽设立机构、场所但取得的所得与所设机构、场所没有实际联系的非居民企业。目前实际征税时对该类企业减按10%的税率征收。

第二节 企业所得税应纳税所得额的确定

应纳税所得额是企业所得税的计税依据，是计算企业所得税的关键。企业每一纳税年度的收入总额，减除不征税收入、免税收入、各项扣除以及允许弥补的以前年度亏损后的余额，为应纳税所得额。计算公式为：

$$\text{应纳税所得额}=\text{收入总额}-\text{不征税收入}-\text{免税收入}-\text{准予扣除项目金额}-\text{允许弥补的以前年度亏损}$$

企业确实不能提供真实、完整、准确的收入、支出凭证，不能正确申报应纳税所得额的，税务机关可以采取成本加合理利润、费用换算以及其他合理方法核定其应纳税所得额。

企业应纳税所得额的计算，除有特殊规定外，以权责发生制为原则，属于当期的收入和费用，不论款项是否收付，均作为当期的收入和费用；不属于当期的收入和费用，即使款项已经在当期收付，也不作为当期的收入和费用。应纳税所得额的计算主要包括收入总额、扣除范围和标准、资产的税务处理、亏损弥补等。在计算应纳税所得额时，企业财务、会计处理办法与税收法律、行政法规的规定不一致的，应当依照税收法律、行政法规的规定计算。

一、收入总额

企业以货币形式和非货币形式从各种来源取得的收入，为收入总额。企业以货币形式取得的收入，包括现金、银行存款、应收账款、应收票据、准备持有至到期的债券投资以及债务的豁免等。企业以非货币形式取得的收入，包括存货、固定资产、投资性房地产、生物资产、无形资产、股权投资、劳务、不准备持有至到期的债券投资等资产以及其他权益。

企业以非货币形式取得的收入，应当按公允价值确定收入额。公允价值是指按照市场价格确定的价值。

（一）一般收入的确认

1.销售货物收入，是指企业销售商品、产品、原材料、包装物、低值易耗品以及其他存货取得的收入。

2.提供劳务收入，是指企业从事建筑安装、修理修配、交通运输、仓储租赁、金融保险、邮电通信、咨询经纪、文化体育、科学研究、技术服务、教育培训、餐饮住宿、中介代理、卫生保健、社区服务、旅游娱乐、加工和其他劳务服务活动取得的收入。

3.转让财产收入，是指企业转让固定资产、投资性房地产、生物资产、无形资产、股权、债权等所取得的收入。

企业转让股权收入，应于转让协议生效且完成股权变更手续时，确认收入的实现。转让股权收入扣除为取得该股权所发生的成本后的余额，为股权转让所得。企业在计算股权转让所得时，不得扣除被投资企业未分配利润等股东留存收益中按该项股权所可能分配的金额。

被清算企业的股东分得的剩余资产的金额，其中相当于被清算企业累计未分配利润和累计盈余公积中按该股东所占股份比例计算的部分，应确认为股息所得；剩余资产减除股息所得后的余额，超过或低于股东投资成本的部分，应确认为股东的投资转让所得或损失。

投资企业从被投资企业撤回或减少投资，其取得的资产中，相当于初始出资的部分，应确认为投资收回；相当于被投资企业累计未分配利润和累计盈余公积按减少实收资本比例计算的部分，应确认为股息所得；其余部分确认为投资资产转让所得。被投资企业发生的经营亏损，由被投资企业按规定结转弥补；投资企业不得调整减低其投资成本，也不得将其确认为投资损失。

4.股息、红利等权益性投资收益，是指企业因权益性投资从被投资方取得的分配收入。除国务院财政、税务主管部门另有规定外，按照被投资方做出利润分配决定的日期确认收入的实现。

被投资企业将股权（票）溢价所形成的资本公积转为股本的，不作为投资方企业的股息、红利收入，投资方企业也不得增加该项长期投资的计税基础。

以未分配利润、盈余公积转增资本，作为投资方企业的股息、红利收入，投资方企业增加该项长期投资的计税基础。

对内地企业投资者通过深港通投资香港联交所上市股票取得的股息红利所得，计入其收入总额，依法计征企业所得税。其中，内地居民企业连续持有H股满12个月取得的股息红利所得，依法免征企业所得税。

5.利息收入，是指企业将资金提供给他人使用但不构成权益性投资或因他人占用本企业资金所取得的利息收入，包括存款利息、贷款利息、债券利息、欠款利息等收入。应按照合同约定的债务人应付利息的日期确认收入的实现。

6.租金收入，是指企业提供固定资产、包装物和其他资产的使用权取得的收入。应按照合同约定的承租人应付租金的日期确认收入的实现。如果交易合同或协议中规定租赁期限跨年度，且租金提前一次性支付的，根据收入与费用配比原则，出租人可对上述已确认的收入，在租赁期内，分期均匀计入相关年度收入。

7.特许权使用费收入，是指企业提供专利权、非专利技术、商标权、著作权以及其他特许权的使用权而取得的收入。按照合同约定的特许权使用人应付特许权使用费的日期确认收入的实现。

8.接受捐赠收入，是指企业接受的来自其他企业、组织和个人自愿和无偿给予的货币性或非货币性资产。应按实际收到捐赠资产的日期确认收入的实现。

9.其他收入，是指企业取得的除税法规定的上述收入以外的一切收入，包括企业资产溢余收入、逾期未退包装物押金收入、确实无法偿付的应付款项、已作坏账损失处理后又收回的应收款项、债务重组收入、补贴收入、违约金收入、汇兑收益等。

（二）特殊收入的确认

1.以分期收款方式销售货物的，按照合同约定的收款日期确认收入的实现。

2.企业受托加工制造大型机械设备、船舶、飞机等，以及从事建筑、安装、装配工程业务或者提供劳务等，持续时间超过12个月的，按照纳税年度内完工进度或者完成的工作量确认收入的实现。

3.采取产品分成方式取得收入的，按照企业分得产品的时间确认收入的实现，其收入额按照产品的公允价值确定。

4.企业发生非货币性资产交换，以及将货物、财产、劳务用于捐赠、赞助、集资、广告、样品、职工福利和利润分配，应当视同销售货物、转让财产和提供劳务，国务院财政、税务主管部门另有规定的除外。

（三）处置资产收入的确认

处置资产收入的确认的关键是看资产所有权属在形式和实质上是否发生改变。

1.内部处置资产——所有权属在形式和内容上均不变，不视同销售确认收入（资产转移至境外的除外）。

2.资产移送他人——所有权属已发生改变，按视同销售确认收入。

3.企业转让限售股取得的收入，扣除限售股原值和合理税费后的余额为该限售股转让所得。

企业未能提供完整、真实的限售股原值凭证，不能准确计算该限售股原值的，主管税务机关一律按该限售股转让收入的15%，核定为该限售股原值和合理税费。

企业应按减持在证券登记结算机构登记的限售股取得的全部收入，计入企业当年度应税收入计算纳税。

（四）不征税收入

1.财政拨款，但国务院以及财政部、国家税务总局另有规定的除外。财政拨款，是指各级政府对纳入预算管理的事业单位、社会团体等组织拨付的财政资金。

2.依法收取并纳入财政管理的行政事业性收费、政府性基金。行政事业性收费，是指依照法律法规等有关规定，按照国务院规定程序批准，在实施社会公共管理，以及在向公民、法人或者其他组织提供特定公共服务过程中，向特定对象收取并纳入财政管理的费用。

政府性基金，是指企业根据法律、行政法规等有关规定，代政府收取的具有专项用途的财政资金。

3.国务院规定的其他不征税收入。其他不征税收入，是指企业依照法律、行政法规等有关规定，代政府收取的具有专项用途的财政资金。

企业取得的不征税收入应按照规定进行处理。凡未按照规定进行处理的，应作为企业应税收入计入应纳税所得额，依法缴纳企业所得税。

（五）免税收入

1.国债利息收入，是指企业持有国务院财政部门发行的国债取得的利息收入。

2.符合条件的居民企业之间的股息、红利等权益性投资收益，是指居民企业直接投资于其他居民企业取得的投资收益。

3.在中国境内设立机构、场所的非居民企业从居民企业取得与该机构、场所有实际联系的股息、红利等权益性投资收益。

居民企业和非居民企业取得的免税股息、红利等权益性投资收益不包括连续持有居民企业公开发行并上市流通的股票不足12个月取得的投资收益。

4.符合条件的非营利组织的收入不包括非营利组织从事营利性活动取得的收入，但国务院财政、税务主管部门另有规定的除外。

（六）应税收入额的计算

应税收入额等于收入总额减去不征税收入和免税收入后的余额。计算公式为：

应税收入额=收入总额-不征税收入-免税收入

二、准予扣除项目

（一）税前扣除项目的原则

企业申报的扣除项目要真实、合法。真实是指能够提供准许使用的有效证明，证明有关支出确属已经实际发生；合法是指符合国家税收法规，其他法规与税收法规规定不一致的，以税收法规规定为准。除税收法规另有规定者之外，税前扣除的确认一般应遵循以下原则：

1.权责发生制原则，即纳税人应在费用发生时而不是实际支付时确认扣除。

2.配比原则，即纳税人发生的费用应在费用应配比或应分配的当期申报扣除。纳税人某一纳税年度应申报的可扣除费用不得提前或滞后申报扣除。

3.相关性原则，即纳税人可扣除的费用从性质和根源上必须与取得应税收入相关。

4.确定性原则，即纳税人可扣除的费用不论何时支付，其金额必须是确定的。

5.合理性原则，即纳税人可扣除费用的计算和分配方法应符合一般的经营常规和会计惯例。

（二）扣除项目的范围

企业实际发生的与取得收入有关的、合理的支出，包括成本、费用、税金、损失和其他支出，准予在计算应纳税所得额时扣除。在实际业务中，计算应纳税所得额时还应注意以下三个方面：一是企业发生的支出应当区分收益性支出和资本性支出。收益性支出在发生当期直接扣除；资本性支出应当分期扣除或者计入有关资产成本，不得在发生当期直接扣除。二是企业的不征税收入用于支出所形成的费用或者财产，不得扣除或者计算对应的折旧、摊销扣除。三是《企业所得税法》及其实施条例另有规定的除外（因为有加计扣除的规定），企业实际发生的成本、费用、税金、损失和其他支出，不得重复扣除。

1.成本。成本是指企业在生产经营活动中发生的销售成本、销货成本、业务支出以及其他耗费，即企业销售商品（产品、材料、下脚料、废料、废旧物资等）、提供劳务、转让固定资产和无形资产（包括技术转让）的成本。

企业必须将经营活动中发生的成本合理划分为直接成本和间接成本。直接成本是可直接计入有关成本计算对象或劳务的经营成本中的直接材料、直接人工等。间接成本是指多个部门为同一成本对象提供服务的共同成本，或者同一种投入可以制造、提供两种或两种以上产品或劳务的联合成本。

直接成本可根据有关会计凭证、记录直接计入有关成本计算对象或劳务的经营成本中。间接成本必须根据与成本计算对象之间的因果关系、成本计算对象的产量等，以合理的方法分配计入有关成本计算对象中。

企业在2018年1月1日至2020年12月31日期间新购进的设备、器具（指除房屋、建筑物以外的固定资产），单位价值不超过500万元的，允许一次性计入当期成本费用在计算应纳税所得额时扣除，不再分年度计算折旧；单位价值超过500万元的，仍按企业所得税关于固定资产加速折旧等相关规定执行。

2.费用。费用是指企业每一纳税年度为生产、经营商品和提供劳务等所发生的销售费用（经营）、管理费用和财务费用。已计入成本的有关费用除外。

销售费用是应由企业负担的为销售商品而发生的费用，包括广告费、运输费、装卸费、包装费、展览费、保险费、销售佣金（能直接认定的进口佣金调整商品进价成本）、代销手续费、以经营性租赁方式租入销售场所的租赁费及销售部门发生的差旅费、工资、福利费等费用。

管理费用是企业的行政管理部门为组织管理企业生产经营活动发生的费用。管理费用包括由企业统一负担的总部（公司）经费、未形成无形资产成本的研究开发费（技术开发费）、社会保障性缴款、劳动保护费、业务招待费、工会经费、职工教育经费、股东大会或董事会费、开办费摊销、管理用无形资产摊销（含土地使用费、土地损失补偿费）、消防费、绿化费、外事费和法律、财务、资料处理及会计事务方面的成本（咨询费、诉讼费、聘请中介机构费、商标注册费等），以及向总机构（指同一法人的总公司性质的总机构）支付的与本身营利活动有关的合理的管理费等，已计入税金的印花税等税金除外。除经国家税务总局或其授权的税务机关批准外，企业不得列支向其关联企业支付的管理费。

财务费用是企业筹集经营性资金而发生的费用，包括利息净支出、汇兑净损失、金融机构手续费以及其他未予资本化计入资产成本的利息支出。

3.税金。税金是指企业发生的除企业所得税和允许抵扣的增值税以外的各项税金及附加，即企业按规定缴纳的消费税、城建税、关税、资源税、土地增值税、房产税、车船税、城镇土地使用税、印花税、教育费附加等产品销售税金及附加。这些已纳税金准予税前扣除。准予扣除的税金有两种方式：一是在发生当期扣除；二是在发生当期计入相关资产成本，在以后各期分摊扣除。增值税属于价外税，在应纳税所得额中不得扣除。

4.损失。损失是指企业经营活动中实际发生的固定资产和存货的盘亏、毁损、报废净损失，转让财产损失，呆账损失，坏账损失，以及遭受自然灾害等不可抗力因素造成的非常损失及其他损失。

企业发生的损失，减除责任人赔偿和保险赔款后的余额，按照国务院财政、税务主管部门的规定扣除。

企业已经作为损失处理的资产，在以后纳税年度全部收回或者部分收回时，应当计入当期收入。

5.其他支出。其他支出是指除成本、费用、税金、损失外，企业经营活动中发生的有关的、合理的支出。

（三）扣除项目及其标准

1.工资、薪金支出。这是指企业每一纳税年度支付给在本企业任职或者受雇的员工的所有现金或者非现金形式的劳动报酬，包括基本工资、奖金、津贴、补贴、年终加薪、加班工资，以及与任职或者受雇有关的其他支出。企业发生的合理的工资、薪金，准予扣除。企业在年度汇算清缴结束前向员工实际支付的已预提汇缴年度工资、薪金，准予在汇缴年度按规定扣除。

列入企业员工工资、薪金制度，固定与工资、薪金一起发放的福利性补贴，符合《国家税务总局关于企业工资薪金及职工福利费扣除问题的通知》（国税函〔2009〕3号）第1条规定的，可作为企业发生的工资、薪金支出，按规定在税前扣除；不能同时符合上述条件的，视为职工福利费，按规定计算限额税前扣除。

企业接受外部劳务派遣用工实际发生的费用，按照协议（合同）约定直接支付给劳务派遣公司的费用，应作为劳务费支出；直接支付给员工个人的费用，应作为工资、薪金支出和职工福利费支出。其中，属于工资、薪金支出的费用，准予计入企业工资、薪金总额的基数，作为计算其他各项相关费用扣除的依据。

2.职工福利费、工会经费、职工教育经费。企业发生的职工福利费、工会经费、职工教育经费按标准扣除。没超过扣除标准的按实际发生数扣除；超过标准的只能按标准扣除，超出标准的部分不得扣除或在以后年度结转扣除。

（1）企业发生的职工福利费支出，不超过工资、薪金总额14%的部分准予扣除。

（2）高新企业、经认定的技术先进服务企业发生的职工教育经费支出，不超过工资薪金总额8%的部分，准予在计算企业所得税应纳税所得额时扣除；超过部分，准予在以后纳税年度结转扣除[①]。自2018年1月1日起，扩展到所有企业（除软件生产企业可以全额扣除外）。

（3）企业拨缴的工会经费，不超过工资薪金总额2%的部分，凭工会组织开具的“工会经费收入专用收据”，准予扣除。

3.社会保险费。

（1）企业按照政府规定的范围和标准缴纳的“五险一金”，即基本养老保险费、基本医疗保险费、失业保险费、工伤保险费、生育保险费等基本社会保险费和住房公积金，准予扣除。

（2）企业为投资者或者职工支付的补充养老保险费、补充医疗保险费，在国务院财政、税务主管部门规定的范围和标准内，准予扣除。

（3）企业参加财产保险，按照规定缴纳的保险费，准予扣除；企业为投资者或者职工支付的商业保险费，不得扣除。企业依照国家有关规定为特殊工种职工支付的人身安全保险费和符合国务院财政、税务主管部门规定可以扣除的商业保险费准予扣除。

（4）企业职工因公出差乘坐交通工具发生的人身意外保险费支出，准予企业在计算应纳税所得额时扣除。

4.利息费用。企业在生产经营活动中发生的利息费用，按下列规定扣除：

（1）非金融企业向金融企业借款的利息支出、金融企业的各项存款利息支出和同业拆借利息支出、企业经批准发行债券的利息支出可据实扣除。

（2）非金融企业向非金融企业借款的利息支出，不超过按照金融企业同期同类贷款利率计算的数额的部分可据实扣除，超过部分不允许扣除。

（3）企业从其关联方接受的债权性投资与权益性投资的比例超过规定标准而发生的利息支出，不得在计算应纳税所得额时扣除。

企业能证明关联方相关交易活动符合独立交易原则的；或者该企业的实际税负不高于境内关联方的，实际支付给关联方的利息支出，在计算应纳税所得额时准予扣除。

---

① 2018年1月1日前，企业发生的职工教育经费支出，不超过工资薪金总额2.5%的部分准予扣除。

（4）企业向自然人借款的利息支出在企业所得税前的扣除：

①企业向股东或其他与企业有关联关系的自然人借款的利息支出，应根据关联方利息支出税前扣除标准，计算企业所得税扣除额。

②企业向除①规定以外的内部职工或其他人员借款的利息支出，借款情况同时符合以下条件的，其利息支出在不超过按照金融企业同期同类贷款利率计算的数额的部分，准予扣除：一是借贷是真实、合法、有效的，并且不具有非法集资目的或其他违反法律、法规的行为；二是签订借款合同。

（5）企业投资者在规定期限内未缴足其应缴资本额的，该企业对外借款所发生的利息，相当于投资者实缴资本额与在规定期限内应缴资本额的差额应计付的利息，不属于企业合理的支出，应由企业投资者负担，不得在计算企业应纳税所得额时扣除。

具体计算不得扣除的利息，应以企业一个年度内每一账面实收资本与借款余额保持不变的期间作为一个计算期，每一计算期内不得扣除的借款利息按该期间借款利息发生额乘以该期间企业未缴足的注册资本占借款总额的比例计算。计算公式为：

$$\text{企业每一计算期不得扣除的借款利息}=\text{该期间借款利息额}\times\text{该期间未缴足注册资本额}\div\text{该期间借款额}$$

企业一个年度内不得扣除的借款利息总额为该年度内每一计算期不得扣除的借款利息额之和。

5.借款费用。

（1）企业在生产经营活动中发生的合理的不需要资本化的借款费用，准予扣除。

（2）企业为购置、建造固定资产、无形资产和经过12个月以上的建造才能达到预定可销售状态的存货发生借款的，在有关资产购置、建造期间发生的合理的借款费用，应当作为资本性支出计入有关资产的成本，并依照《企业所得税法实施条例》的规定扣除。

（3）企业通过发行债券、取得贷款、吸收保户储金等方式融资而发生的合理的费用支出，符合资本化条件的，应计入相关资产成本；不符合资本化条件的，应作为财务费用，准予在企业所得税前据实扣除。不需资本化的融资费用，不必分期摊销，可直接据实扣除。

6.汇兑损益。企业在货币交易中，以及纳税年度终了时将人民币以外的货币性资产、负债按照期末即期人民币汇率中间价折算为人民币时产生的汇兑损失，除已经计入有关资产成本以及与向所有者进行利润分配有关的部分外，准予扣除。

7.业务招待费。

（1）企业发生的与生产经营活动有关的业务招待费支出，按照发生额的60%扣除，但最高不得超过当年销售（营业）收入的5‰。

（2）对从事股权投资业务的企业（包括集团公司总部、创业投资企业等），其从被投资企业所分配的股息、红利以及股权转让收入，可以按规定的比例计算业务招待费扣除限额。

（3）企业在筹建期间，发生的与生产经营活动有关的业务招待费支出，可按实际发生额的60%计入企业筹办费，并按有关规定在税前扣除。

8.广告费和业务宣传费。

（1）企业发生的符合条件的广告费和业务宣传费支出，除国务院财政、税务主管部门另有规定外，不超过当年销售（营业）收入15%的部分，准予扣除；超过部分，准予在以后纳税年度结转扣除。

广告费支出的三个条件：①通过市场监督管理部门批准的专门机构制作；②已支付费用并取得相应发票；③通过一定媒体传播。

与生产经营无关的非广告性质的赞助费在所得税前不得列支。

（2）自2016年1月1日起至2020年12月31日止，对化妆品制造与销售、医药制造和饮料制造（不含酒类制造）企业发生的广告费和业务宣传费支出，不超过当年销售（营业）收入30%的部分，准予扣除；超过部分，准予在以后纳税年度结转扣除。

（3）烟草企业的烟草广告费和业务宣传费支出，一律不得在计算应纳税所得额时扣除。

（4）对签订广告费和业务宣传费分摊协议的关联企业，其中一方发生的不超过当年销售（营业）收入税前扣除限额比例内的广告费和业务宣传费支出可以在本企业扣除，也可以将其中的部分或全部按照分摊协议归集至另一方扣除。另一方在计算本企业广告费和业务宣传费支出企业所得税前扣除限额时，可将归集至本企业的广告费和业务宣传费不计算在内。

（5）业务招待费与广告费、业务宣传费的比较：

①业务招待费和广告费、业务宣传费不是同一个概念。

②业务招待费和广告费、业务宣传费计算限额的基数都是销售（营业）收入，不是企业全部收入。销售（营业）收入包括销售货物收入、让渡资产使用权（收取资产租金或使用费）收入、提供劳务收入等主营业务收入、其他业务收入，还包括视同销售收入，但不含营业外收入、转让固定资产或无形资产所有权收入、投资收益（从事股权投资业务的企业除外）。

③广告费和业务宣传费的超标准部分可无限期向以后纳税年度结转，属于税法与会计制度的暂时性差异；而业务招待费的超标准部分不能向以后纳税年度结转，属于税法与会计制度的永久性差异。

9. 环境保护专项资金。企业依照法律、行政法规的有关规定提取的用于环境保护、生态恢复等专项资金，准予扣除。专项资金提取后改变用途的，不得扣除。

10. 租赁费。企业根据生产经营活动的需要租入固定资产支付的租赁费，按照以下方法扣除：

（1）以经营租赁方式租入固定资产发生的租赁费支出，按照租赁期限均匀扣除。

（2）以融资租赁方式租入固定资产发生的租赁费支出，按照规定构成融资租入固定资产价值的部分应当提取折旧费用，分期扣除。

11. 劳动保护费。企业发生的合理的劳动保护费支出，准予扣除。

企业根据工作性质和特点，由企业统一制作并要求员工工作时统一着装发生的工作服饰费用，可以作为企业合理的支出在税前扣除。

12. 公益性捐赠支出。自2017年1月1日起，企业发生的公益性捐赠支出不超过年度利润总额12%的部分，准予扣除；超过年度利润总额12%的部分，准予结转以后3年内在计算应纳税所得额时扣除。

企业当年发生及以前年度结转的公益性捐赠支出，准予在当年税前扣除的部分，不能超过企业当年年度利润总额的12%。

企业发生的公益性捐赠支出未在当年税前扣除的部分，准予向以后年度结转扣除，但结转年限自捐赠发生年度的次年起计算最长不得超过

3年。

企业在对公益性捐赠支出计算扣除时，应先扣除以前年度结转的捐赠支出，再扣除当年发生的捐赠支出。公益性社会组织，应当依法取得公益性捐赠税前扣除资格。

所称年度利润总额，是指企业依照国家统一会计制度的规定计算的大于零的数额。

13.总机构分摊的费用。非居民企业在中国境内设立的机构、场所，就其中国境外总机构发生的与该机构、场所生产经营有关的费用，能够提供总机构出具的费用汇集范围、定额、分配依据和方法等证明文件并合理分摊的，准予扣除。

14.资产损失。

（1）企业当期发生的固定资产和流动资产盘亏、毁损净损失，由其提供清查盘存资料经主管税务机关审核后，准予扣除；

（2）企业因存货盘亏、毁损、报废等原因不得从销项税额中抵扣的进项税额，应视同企业财产损失，准予与存货损失一起在企业所得税前按规定扣除。

企业向税务机关申报扣除资产损失，仅需在填报企业所得税年度纳税申报表时填报“资产损失税前扣除及纳税调整明细表”，不再报送资产损失相关资料。

15.其他项目。企业依照有关法律、行政法规和国家有关税法规定发生的会员费、合理的会议费、差旅费、违约金、诉讼费用等，准予扣除。

16.手续费及佣金支出。

（1）企业发生与生产经营有关的手续费及佣金支出，不超过以下规定计算限额的部分，准予扣除；超过部分，不得扣除。

①保险企业：财产保险企业按当年全部保费收入扣除退保金等后余额的15%计算限额，人身保险企业按当年全部保费收入扣除退保金等后余额的10%计算限额。

②电信企业在发展客户、拓展业务等过程中（如委托销售电话入网卡、电话充值卡等），需向经纪人、代办商支付手续费及佣金的，其实际发生的相关手续费及佣金支出，不超过企业当年收入总额5%的部

分，准予在企业所得税前据实扣除。

③其他企业：按与具有合法经营资格的中介服务机构或个人（不含交易双方及其雇员、代理人和代表人等）所签订服务协议或合同确认的收入金额的5%计算限额。

（2）企业应与具有合法经营资格的中介服务企业或个人签订代办协议或合同，并按国家有关规定支付手续费及佣金。除委托个人代理外，企业以现金等非转账方式支付的手续费及佣金不得在税前扣除。企业为发行权益性证券支付给有关证券承销机构的手续费及佣金不得在税前扣除。

（3）企业不得将手续费及佣金支出计入回扣、业务提成、返利、进场费等费用。

（4）企业已计入固定资产、无形资产等相关资产的手续费及佣金支出，应当通过折旧、摊销等方式分期扣除，不得在发生当期直接扣除。

（5）企业支付的手续费及佣金不得直接冲减服务协议或合同金额，并应如实入账。

（6）企业应当如实向当地主管税务机关提供当年手续费及佣金计算分配表和其他相关资料，并依法取得合法真实凭证。

17.有关资产的费用。企业转让各类固定资产发生的费用，允许扣除。企业按规定计算的固定资产折旧费、无形资产和递延资产的摊销费，准予扣除。

18.航空企业空勤训练费。航空企业实际发生的飞行员养成费、飞行训练费、乘务训练费、空中保卫员训练费等空勤训练费用，可以作为航空企业运输成本在税前扣除。

19.投资企业撤回或减少投资。投资企业从被投资企业撤回或减少投资，其取得的资产中，相当于初始出资的部分，应确认为投资收回；相当于被投资企业累计未分配利润和累计盈余公积按减少实收资本比例计算的部分，应确认为股息所得；其余部分确认为投资资产转让所得。

被投资企业发生的经营亏损，由被投资企业按规定结转弥补；投资企业不得调增或调减其投资成本，也不得将其确认为投资损失。

20.企业维简费支出。维简费指的是从成本费用中提取的专用于维持简单再生产的资金。企业实际发生的维简费支出，属于收益性支出的，可作为当期费用税前扣除；属于资本性支出的，应计入有关资产成本，并按《企业所得税法》计提折旧或摊销费用在税前扣除。企业按照有关规定预提的维简费，不得在当期税前扣除。

21.企业参与政府统一组织的棚户区改造有关企业所得税政策。企业参与政府统一组织的工矿（含中央下放煤矿）棚户区改造、林区棚户区改造、垦区危房改造并同时符合一定条件的棚户区改造支出，准予在企业所得税前扣除。

22.金融企业涉农贷款和中小企业贷款损失准备金税前扣除。

自2014年1月1日起至2018年12月31日，金融企业涉农贷款和中小企业贷款损失准备金企业所得税前扣除按以下规定处理：

金融企业按以下比例计提的贷款损失准备金，准予在计算应纳税所得额时扣除：

①关注类贷款，计提比例为2%；

②次级类贷款，计提比例为25%；

③可疑类贷款，计提比例为50%；

④损失类贷款，计提比例为100%。

金融企业发生的符合条件的涉农贷款和中小企业贷款损失，应先冲减已在税前扣除的贷款损失准备金，不足冲减部分可据实在计算应纳税所得额时扣除。

23.以前年度发生应扣未扣支出的处理。对企业发现以前年度实际发生的、按照税法规定应在企业所得税前扣除而未扣除或者少扣除的支出，企业做出专项申报及说明后，准予追补至该项目发生年度计算扣除，但追补确认期限不得超过5年。

企业由于上述原因多缴的企业所得税税款，可以在追补确认年度企业所得税应纳税款中抵扣；不足抵扣的，可以向以后年度递延抵扣或申请退税。

亏损企业追补确认以前年度未在企业所得税前扣除的支出，或盈利企业经过追补确认后出现亏损的，应首先调整该项支出所属年度的亏损额，然后再按照弥补亏损的原则计算以后年度多缴的企业所得税税款，并按前款规定处理。

24.税前扣除规定与企业实际会计处理差异的协调。对企业依据财务会计制度规定，并实际在财务会计处理上已确认的支出，凡没有超过《企业所得税法》和有关税收法规规定的税前扣除范围和标准的，可按企业实际会计处理确认的支出，在企业所得税前扣除，计算其应纳税所得额。

三、不予扣除项目

在计算应纳税所得额时，下列支出不得扣除：

1.向投资者支付的股息、红利等权益性投资收益款项，指企业向股权投资者支付的股息、红利和其他形式的经济利益。

2.企业所得税税款。

3.税收滞纳金，指纳税人违反税收法规，被税务机关处以的滞纳金。

4.罚金、罚款和被没收财物的损失，指纳税人违反国家有关法律、法规的规定，被有关部门处以的罚款，以及被司法机关处以的罚金和被没收的财物。

5.公益性捐赠以外的捐赠支出。

6.赞助支出，指企业发生的与生产经营活动无关的各种非广告性质支出。

7.未经核定的准备金支出，指不符合国务院财政、税务主管部门规定的各项资产减值准备、风险准备等准备金支出。

8.企业之间支付的管理费、企业内营业机构之间支付的租金和特许权使用费，以及非银行企业内营业机构之间支付的利息，不得扣除。

9.与取得收入无关的其他支出，指除税法和条例规定的法定支出之外的，财政部、国家税务总局规定的与企业取得收入无关的各项支出。

四、资产的税务处理

资产是由于资本投资而形成的财产，对于资本性支出以及无形资产受让、开办、开发费用，不允许作为成本、费用从纳税人的收入总额中一次性扣除，只能采取分次计提折旧或分次摊销的方式予以扣除。纳税人经营活动中使用的固定资产折旧费用、无形资产和长期待摊费用的摊销费用可以扣除。纳入税务处理范围的资产形式主要有固定资产、生物资产、无形资产、长期待摊费用、投资资产、存货等，均以历史成本为计税基础。历史成本是指企业取得该项资产时实际发生的支出。企业持有各项资产期间资产增值或者减值，除国务院财政、税务主管部门规定可以确认损益外，不得调整该资产的计税基础。

（一）固定资产

固定资产，是指企业为生产产品、提供劳务、出租或者经营管理而持有的、使用时间超过12个月的非货币性资产，包括房屋、建筑物、机器、机械、运输工具以及其他与生产经营活动有关的设备、器具、工具等。

1.固定资产的计税基础

（1）外购的固定资产，以购买价款和支付的相关税费以及直接归属于使该资产达到预定用途发生的其他支出为计税基础；

（2）自行建造的固定资产，以竣工结算前发生的支出为计税基础；

（3）融资租入的固定资产，以租赁合同约定的付款总额和承租人在签订租赁合同过程中发生的相关费用为计税基础，租赁合同未约定付款总额的，以该资产的公允价值和承租人在签订租赁合同过程中发生的相关费用为计税基础；

（4）盘盈的固定资产，以同类固定资产的重置完全价值为计税基础；

（5）通过捐赠、投资、非货币性资产交换、债务重组等方式取得的固定资产，以该资产的公允价值和支付的相关税费为计税基础；

（6）改建的固定资产，除已足额提取折旧的固定资产和租入的固定资产以外的其他固定资产，以改建过程中发生的改建支出增加计税基础。

2.固定资产折旧的范围

在计算应纳税所得额时，企业按照规定计算的固定资产折旧，准予扣除。下列固定资产不得计算折旧扣除：

（1）房屋、建筑物以外未投入使用的固定资产；

（2）以经营租赁方式租入的固定资产；

（3）以融资租赁方式租出的固定资产；

（4）已足额提取折旧仍继续使用的固定资产；

（5）与经营活动无关的固定资产；

（6）单独估价作为固定资产入账的土地；

（7）其他不得计算折旧扣除的固定资产。

3.固定资产折旧的计提方法

（1）企业应当自固定资产投入使用月份的次月起计算折旧；停止使用的固定资产，应当自停止使用月份的次月起停止计算折旧。

（2）企业应当根据固定资产的性质和使用情况，合理确定固定资产的预计净残值。固定资产的预计净残值一经确定，不得变更。

（3）固定资产按照直线法计算的折旧，准予扣除。

4.固定资产折旧的计提年限

除国务院财政、税务主管部门另有规定外，固定资产计算折旧的最低年限如下：

（1）房屋、建筑物，为20年；

（2）飞机、火车、轮船、机器、机械和其他生产设备，为10年；

（3）与生产经营活动有关的器具、工具、家具等，为5年；

（4）飞机、火车、轮船以外的运输工具，为4年；

（5）电子设备，为3年。

此外，从事开采石油、天然气等矿产资源的企业，在开始商业性生产前发生的费用和有关固定资产的折耗、折旧方法，由国务院财政、税务主管部门另行规定。

5.固定资产折旧的税务处理

（1）企业固定资产会计折旧年限如果短于税法规定的最低折旧年限，其按会计折旧年限计提的折旧高于按税法规定的最低折旧年限计提的折旧部分，应调增当期应纳税所得额；企业固定资产会计折旧年限已期满且会计折旧已提足，但税法规定的最低折旧年限尚未到期且税收折旧尚未足额扣除，其未足额扣除的部分准予在剩余的税收折旧年限继续按规定扣除。

（2）企业固定资产会计折旧年限如果长于税法规定的最低折旧年限，其折旧应按会计折旧年限计算扣除，税法另有规定的除外。

（3）企业按会计规定提取的固定资产减值准备，不得税前扣除，其折旧仍按税法确定的固定资产计税基础计算扣除。

（4）企业按税法规定实行加速折旧的，其按加速折旧办法计算的折旧额可全额在税前扣除。

（5）石油天然气开采企业在计提油气资产折耗（折旧）时，由于会计与税法规定计算方法不同导致的折耗（折旧）差异，应按税法规定进行纳税调整。

6.固定资产改扩建的税务处理

企业对房屋、建筑物固定资产在未足额提取折旧前改扩建的，如属于推倒重置的，该资产原值减除提取折旧后的净值，并入重置后的固定资产计税成本，并在该固定资产投入使用后的次月起，按税法规定的折旧年限，一并计提折旧；如属于提升功能、增加面积的，该固定资产的改扩建支出并入该固定资产计税基础，并从改扩建完工投入使用后的次月起，重新按税法规定的该固定资产折旧年限计提折旧，如改扩建支后的固定资产尚可使用的年限低于税法规定的最低年限的，可以按尚可使用的年限计提折旧。

（二）无形资产

无形资产是指企业为生产商品、提供劳务、出租或者经营管理而持有的、没有实物形态的非货币性长期资产，包括专利权、商标权、著作权、土地使用权、非专利技术、商誉等。

1.无形资产的计税基础

无形资产按照以下方法确定计税基础：

（1）外购的无形资产，以购买价款、支付的相关税费以及直接归属于使该资产达到预定用途发生的其他支出为计税基础；

（2）自行开发的无形资产，以开发过程中符合资本化条件后至达到预定用途前发生的支出为计税基础；

（3）通过捐赠、投资、非货币性资产交换、债务重组等方式取得的无形资产，以该资产的公允价值和支付的相关税费为计税基础。

2.无形资产的摊销范围

在计算应纳税所得额时，企业按照规定计算的无形资产摊销费用，准予扣除。

下列无形资产不得计算摊销费用扣除：

（1）自行开发的支出已在计算应纳税所得额时扣除的无形资产；

（2）自创商誉；

（3）与经营活动无关的无形资产；

（4）其他不得计算摊销费用扣除的无形资产。

3.无形资产的摊销方法及年限

无形资产的摊销采取直线法。无形资产的摊销年限不得低于10年。作为投资或者受让的无形资产，有关法律规定或者合同约定使用年限的，可以按照规定或者约定的使用年限分期摊销。

外购商誉的支出，在企业整体转让或者清算时，准予扣除。

（三）生物资产

生物资产是指有生命的动物和植物。生物资产分为消耗性生物资产、生产性生物资产和公益性生物资产。消耗性生物资产，是指为出售而持有的或在将来收获为农产品的生物资产，包括生长中的农田作物、蔬菜、用材林以及存栏待售的牲畜等。生产性生物资产，是指为产出农产品、提供劳务或出租等目的而持有的生物资产，包括经济林、薪炭林、产畜和役畜等。公益性生物资产，是指以防护、环境保护为主要目的的生物资产，包括防风固沙林、水土保持林和水源涵养林等。

1.生物资产的计税基础

（1）外购生产性生物资产，以购买价款和支付的相关税费为计税基础；

（2）通过捐赠、投资、非货币性资产交换、债务重组等方式取得的生产性生物资产，以该资产的公允价值和支付的相关税费为计税基础。

2.生物资产的折旧方法和折旧年限

生产性生物资产按照直线法计算的折旧，准予扣除。企业应当从生产性生物资产投入使用月份的次月起计算折旧；停止使用的生产性生物资产，应当从停止使用月份的次月起停止计算折旧。

企业应当根据生产性生物资产的性质和使用情况，合理确定生产性生物资产的预计净残值。生产性生物资产的预计净残值一经确定，不得变更。

生产性生物资产计算折旧的最低年限如下：

（1）林木类生产性生物资产，为10年；

（2）畜类生产性生物资产，为3年。

（四）长期待摊费用

长期待摊费用是指企业已经发生的应在1个年度以上（不含1年）进行摊销的费用。在计算应纳税所得额时，企业发生的下列长期待摊费用，按照规定摊销的，准予扣除：

（1）已足额提取折旧的固定资产的改建支出；

（2）租入固定资产的改建支出；

（3）固定资产的大修理支出；

（4）其他应当作为长期待摊费用的支出。

企业的固定资产修理支出可在发生当期直接扣除。企业的固定资产改良支出，如果有关固定资产尚未提足折旧，可增加固定资产价值；如有关固定资产已提足折旧，可作为长期待摊费用，在规定的期间内平均摊销。

固定资产的改建支出，是指改变房屋或者建筑物结构、延长使用年限等发生的支出。已足额提取折旧的固定资产的改建支出，按照固定资产预计尚可使用年限分期摊销；租入固定资产的改建支出，按照合同约定的剩余租赁期限分期摊销；改建的固定资产延长使用年限的，除已足额提取折旧的固定资产、租入固定资产的改建支出外，其他固定资产发生改建支出的，应当适当延长折旧年限。

大修理支出，按照固定资产尚可使用年限分期摊销。

其他应当作为长期待摊费用的支出，自支出发生月份的次月起，分期摊销，摊销年限不得低于3年。

（五）存货

存货是指企业持有以备出售的产品或者商品、处在生产过程中的在产品、在生产或者提供劳务过程中耗用的材料和物料等。

1.存货的计税基础。存货按照以下方法确定成本：

（1）通过支付现金方式取得的存货，以购买价款和支付的相关税费为成本；

（2）通过支付现金以外的方式取得的存货，以该存货的公允价值和支付的相关税费为成本；

（3）生产性生物资产收获的农产品，以产出或者采收过程中发生的材料费、人工费和分摊的间接费用等必要支出为成本。

2.存货的成本计算方法。企业使用或者销售的存货的成本计算方法，可以在先进先出法、加权平均法、个别计价法中选用一种。计价方法一经选用，不得随意变更。

企业转让以上资产，在计算企业应纳税所得额时，资产的净值允许扣除。

（六）投资资产

投资资产是指企业对外进行权益性投资和债权性投资形成的资产。

1.投资资产的成本。

（1）通过支付现金方式取得的投资资产，以购买价款为成本；

（2）通过支付现金以外的方式取得的投资资产，以该资产的公允价值和支付的相关税费为成本。

2.投资资产成本的扣除方法。企业对外投资期间，投资资产的成本在计算应纳税所得额时不得扣除；企业在转让或者处置投资资产时，投资资产的成本准予扣除。

（七）非货币性资产投资税务处理

非货币性资产，是指现金、银行存款、应收账款、应收票据以及准备持有至到期的债券投资等货币性资产以外的资产。

1.居民企业（简称企业）以非货币性资产对外投资确认的非货币性资产转让所得，可在不超过5年期限内，分期均匀计入相应年度的应纳税所得额，按规定计算缴纳企业所得税。

2.企业以非货币性资产对外投资，应对非货币性资产进行评估并按评估后的公允价值扣除计税基础后的余额，计算确认非货币性资产转让所得。

企业以非货币性资产对外投资，应于投资协议生效并办理股权登记手续时，确认非货币性资产转让收入的实现。

3.企业以非货币性资产对外投资而取得被投资企业的股权，应以非货币性资产的原计税成本为计税基础，加上每年确认的非货币性资产转让所得，逐年进行调整。

被投资企业取得非货币性资产的计税基础，应按非货币性资产的公允价值确定。

4.企业在对外投资5年内转让上述股权或收回投资的，应停止执行递延纳税政策，并就递延期内尚未确认的非货币性资产转让所得，在转让股权或收回投资当年的企业所得税年度汇算清缴时，一次性计算缴纳企业所得税。

企业在计算股权转让所得时，可按上述第3点第一项规定将股权的计税基础一次调整到位。

企业在对外投资5年内注销的，应停止执行递延纳税政策，并就递延期内尚未确认的非货币性资产转让所得，在注销当年的企业所得税年度汇算清缴时，一次性计算缴纳企业所得税。

5.非货币性资产投资，限于以非货币性资产出资设立新的居民企业，或将非货币性资产注入现存的居民企业。

6.企业发生非货币性资产投资，符合财税〔2009〕59号等文件规定的特殊性税务处理条件的，可选择按特殊性税务处理规定执行。

（八）税法规定与会计规定差异的处理

税法规定与会计规定差异的处理是指在计算企业应纳税所得额时，企业财务、会计处理办法与税收法律、行政法规的规定不一致的，应当依照税收法律、行政法规的规定计算。

1.企业不能提供完整、准确的收入及成本、费用凭证，不能正确计算应纳税所得额的，由税务机关核定其应纳税所得额。

2.企业依法清算时，以其清算终了后的清算所得为应纳税所得额。

企业应将整个清算期作为一个独立的纳税年度计算清算所得。企业的全部资产可变现价值或交易价格，减除资产的计税基础、清算费用、相关税费，加上债务清偿损益等后的余额，为清算所得。

投资方企业从被清算企业分得的剩余资产，其中相当于从被清算企业累计未分配利润和累计盈余公积中应当分得的部分，应当确认为股息所得；剩余资产扣除上述股息所得后的余额，超过或者低于投资成本的部分，应当确认为投资资产转让所得或者损失。

五、资产损失税前扣除的处理

资产损失是指企业在生产经营活动中实际发生的、与取得应税收入有关的资产损失，包括现金损失，存款损失，坏账损失，贷款损失，股权投资损失，固定资产和存货的盘亏、毁损、报废、被盗损失，自然灾害等不可抗力因素造成的损失以及其他损失。

准予在企业所得税前扣除的资产损失，是指企业在实际处置、转让资产过程中发生的合理损失（实际资产损失），以及企业虽未实际处置、转让资产，但符合税法规定条件计算确认的损失（法定资产损失）。

企业发生的实际资产损失，应当在其实际发生且会计上已做损失处理的年度申报扣除；法定资产损失，应当在企业向主管税务机关提供证据资料证明该项资产已符合法定资产损失确认条件，且会计上已做损失处理的年度申报扣除。

企业发生的资产损失，在按规定的程序和要求向主管税务机关申报后方能在税前扣除。未经申报的损失，不得在税前扣除。

企业以前年度发生的资产损失未能在当年税前扣除的，可以按照《企业资产损失所得税税前扣除管理办法》的规定，向税务机关说明并进行专项申报扣除。其中，属于实际资产损失的，准予追补至该项损失发生年度扣除，其追补确认期限一般不得超过5年。属于法定资产损失的，应在申报年度扣除。

企业因以前年度实际资产损失未在税前扣除而多缴的企业所得税税款，可在追补确认年度企业所得税应纳税款中予以抵扣；不足抵扣的，向以后年度递延抵扣。

企业实际资产损失发生年度扣除追补确认的损失后出现亏损的，应先调整资产损失发生年度的亏损额，再按弥补亏损的原则计算以后年度多缴的企业所得税税款，并按上述规定进行税务处理。

六、企业重组的税务处理

（一）企业重组的含义

企业重组是指企业在日常经营活动以外发生的法律结构或经济结构重大改变的交易，包括企业法律形式改变、债务重组、股权收购、资产收购、合并、分立等。

企业法律形式改变是指企业注册名称、住所以及企业组织形式等的简单改变，但符合《财政部、国家税务总局关于企业重组业务企业所得税处理若干问题的通知》规定其他重组的类型除外。

债务重组是指在债务人发生财务困难的情况下，债权人按照其与债务人达成的协议或者法院的裁定做出的让步的事项。

股权收购，是指一家企业（简称收购企业）购买另一家企业（简称被收购企业）的股权，以实现对被收购企业控制的交易。收购企业支付对价的形式包括股权支付、非股权支付或两者的组合。

资产收购，是指一家企业（简称受让企业）购买另一家企业（简称转让企业）实质经营性资产的交易。受让企业支付对价的形式包括股权支付、非股权支付或两者的组合。

合并，是指一家或多家企业（简称被合并企业）将其全部资产和负债转让给另一家现存或新设企业（简称合并企业），被合并企业股东换取合并企业的股权或非股权支付，实现两个或两个以上企业的依法合并。

分立，是指一家企业（简称被分立企业）将部分或全部资产分离转让给现存或新设的企业（简称分立企业），被分立企业股东换取分立企业的股权或非股权支付，实现企业的依法分立。

股权支付，是指企业重组中购买、换取资产的一方支付的对价中，以本企业或其控股企业的股权、股份作为支付的形式。

非股权支付，是指以本企业的现金、银行存款、应收款项、本企业或其控股企业股权和股份以外的有价证券、存货、固定资产、其他资产以及承担债务等作为支付的形式。

自2014年1月1日起，收购企业购买的股权不低于被收购企业全部股权的50%，受让企业收购的资产不低于转让企业全部资产的50%。

对100%直接控制的居民企业之间，以及受同一或相同多家居民企业100%直接控制的居民企业之间按账面净值划转股权或资产，凡具有合理商业目的，不以减少、免除或者推迟缴纳税款为主要目的，股权或资产划转后连续12个月内不改变被划转股权或资产原来实质性经营活动，且划出方企业和划入方企业均未在会计上确认损益的，可以选择按以下规定进行特殊税务处理：

（1）划出方企业和划入方企业均不确认所得。

（2）划入方企业取得被划转股权或资产的计税基础，以被划转股权或资产的原账面净值确定。

（3）划入方企业取得的被划转资产，应按其原账面净值计算折旧扣除。

（二）企业重组的一般性税务处理方法

1.企业由法人转变为个人独资企业、合伙企业等非法人组织，或将登记注册地转移至中华人民共和国境外（包括中国港澳台地区），应视同企业进行清算、分配，股东重新投资成立新企业。企业的全部资产以及股东投资的计税基础均应以公允价值为基础确定。

企业发生其他法律形式简单改变的，可直接变更税务登记，除另有规定外，有关企业所得税纳税事项（包括亏损结转、税收优惠等权益和义务）由变更后企业承继，但因住所发生变化而不符合税收优惠条件的除外。

2.企业债务重组，相关交易应按以下规定处理：

（1）以非货币性资产清偿债务，应当分解为转让相关非货币性资产、按非货币性资产公允价值清偿债务两项业务，确认相关资产的所得或损失。

（2）发生债权转股权的，应当分解为债务清偿和股权投资两项业务，确认有关债务清偿所得或损失。

（3）债务人应当按照支付的债务清偿额低于债务计税基础的差额，确认债务重组所得；债权人应当按照收到的债务清偿额低于债权计税基础的差额，确认债务重组损失。

（4）债务人的相关企业所得税纳税事项原则上保持不变。

3.企业股权收购、资产收购重组交易，相关交易应按以下规定处理：

（1）被收购方应确认股权、资产转让所得或损失。

（2）收购方取得股权或资产的计税基础应以公允价值为基础确定。

（3）被收购企业的相关企业所得税纳税事项原则上保持不变。

4.企业合并，当事各方应按下列规定处理：

（1）合并企业应按公允价值确定接受被合并企业各项资产和负债的计税基础。

（2）被合并企业及其股东都应按清算进行企业所得税处理。

（3）被合并企业的亏损不得在合并企业结转弥补。

5.企业分立，当事各方应按下列规定处理：

（1）被分立企业对分立出去的资产应按公允价值确认资产转让所得或损失。

（2）分立企业应按公允价值确认接受资产的计税基础。

（3）被分立企业继续存在时，其股东取得的对价应视同被分立企业分配进行处理。

（4）被分立企业不再继续存在时，被分立企业及其股东都应按清算进行企业所得税处理。

（5）企业分立相关企业的亏损不得相互结转弥补。

七、清算

依照法律法规、章程协议终止经营或重组中取消独立纳税人资格的企业，应按照国家有关规定进行清算，并就清算所得计算缴纳企业所得税。

清算所得，是指企业的全部资产可变现价值或者交易价格减除资产净值、清算费用、相关税费等后的余额。

投资方企业从被清算企业分得的剩余资产，其中相当于从被清算企业累计未分配利润和累计盈余公积中应当分得的部分，应当确认为股息所得；剩余资产扣除上述股息所得后的余额，超过或者低于投资成本的部分，应当确认为投资转让所得或者损失。

企业全部资产的可变现价值减除清算费用，职工的工资、社会保险费用和法定补偿金，结清税款，清偿公司债务后是企业可以向所有者分配的剩余资产。

企业只改变法律形式或地址，有关资产可不视为转让，不进行清算和分配。

八、应纳税所得额的计算

企业每一纳税年度的收入总额，减除不征税收入、免税收入、各项扣除以及允许弥补的以前年度亏损后的余额，为应纳税所得额。计算公式为：

应纳税所得额 = 收入总额 − 不征税收入 − 免税收入 − 准予扣除项目金额 − 允许弥补的以前年度亏损

九、亏损弥补

亏损是指企业根据《企业所得税法》及其实施条例的规定将每一纳税年度的收入总额减除不征税收入、免税收入和各项扣除后小于零的数额。

企业发生年度亏损的可以用下一年度的所得弥补，下一年度的所得不足弥补的，可以逐年延续弥补，但最长不得超过5年。理解亏损弥补的含义，要把握两点：一是自亏损年度的下一个年度起连续5年不间断地计算，即5年内不论是盈利还是亏损，都作为实际弥补期限计算；二是连续发生年度亏损，也必须从第一个亏损年度算起，先亏先补，按顺序连续计算亏损弥补期，不得将每个亏损年度的连续弥补期相加，更不得断开计算。

企业在汇总计算缴纳企业所得税时，其境外营业机构的亏损不得抵减境内营业机构的盈利。

十、特别纳税调整

特别纳税调整是相对一般纳税调整而言的。一般纳税调整是指按照税法规定在计算应纳税所得额时，如果企业财务、会计处理办法同税收法律、行政法规的规定不一致，应当依照税收法律、行政法规的规定计算纳税所做的税务调整，并据此重新调整计算纳税，如国债利息收入，会计上做当期收益处理，而按照税法规定作为免税收入，在计算缴纳企业所得税时需要做纳税调整。

特别纳税调整是指企业与其关联方之间的业务往来，不符合独立交易原则而减少企业或者其关联方应纳税收入或者所得额的，税务机关有权按照合理方法调整。企业与其关联方之间的业务往来包括转让财产、提供财产使用权、提供劳务和融通资金等。

（一）关联企业的确定

关联方是指与企业有下列关联关系之一的企业、其他组织或者个人：

（1）在资金、经营、购销等方面存在直接或者间接的控制关系；

（2）直接或者间接地同为第三者控制；

（3）在利益上具有相关联的其他关系。

（二）部分关联企业的税务处理

企业与其关联方共同开发、受让无形资产，或者共同提供、接受劳务发生的成本，在计算应纳税所得额时应当按照独立交易原则进行分摊。

1.受控外国企业管理。由居民企业或者由居民企业和中国居民控制的设立在实际税负明显低于25%的税率水平的国家（地区）的企业，并非由于合理的经营需要而对利润不作分配或者减少分配的，上述利润中应归属于该居民企业的部分，应当计入该居民企业的当期收入。

实际税负明显偏低是指实际税负明显低于《企业所得税法》规定的25%税率的50%。

2.资本弱化管理。企业从其关联方接受的债权性投资与权益性投资的比例超过规定标准而发生的利息支出，不得在计算应纳税所得额时扣除。

3.母子公司间提供服务支付费用有关企业所得税的处理：

（1）母公司向其子公司提供各种服务而发生的费用，应按照独立企业之间公平交易原则确定服务的价格，作为企业正常的劳务费用进行税务处理。

（2）母公司向其子公司提供各项服务，双方应签订服务合同或协议，明确规定提供服务的内容、收费标准及金额等。凡按上述合同或协议规定发生的服务费，母公司应作为营业收入申报纳税，子公司应作为成本费用在税前扣除。

（3）母公司向其多个子公司提供同类各项服务，其收取的服务费可以采取分项签订合同或协议的方式，也可以采取服务分摊协议的方式。

（4）母公司以管理费形式向子公司提取费用，子公司因此支付给母公司的管理费，不得在税前扣除。

（三）特别纳税调整办法

其适用于税务机关对企业的转让定价、预约定价安排、成本分摊协议、受控外国企业、资本弱化以及一般反避税等特别纳税调整事项的管理。

1.转让定价。企业与其关联方之间的业务往来，可采用下列方法评价其是否符合独立交易原则①。对不符合独立交易原则而减少其应纳税收入或所得额的，税务机关有权采用下列方法进行调整：

（1）可比非受控价格法，是指按照没有关联关系的交易各方进行相同或者类似业务往来的价格进行定价的方法；

（2）再销售价格法，是指按照从关联方购进商品再销售给没有关联关系的交易方的价格，减去相同或者类似业务的销售毛利进行定价的方法；

---

① 独立交易原则指没有关联关系的交易各方，按照公平成交价格和营业常规进行业务往来遵循的原则。

（3）成本加成法，是指按照成本加合理的费用和利润进行定价的方法；

（4）交易净利润法，是指按照没有关联关系的交易各方进行相同或者类似业务往来取得的净利润水平确定利润的方法；

（5）利润分割法，是指将企业与其关联方的合并利润或者亏损在各方之间采用合理标准进行分配的方法。

对实际发生的共同成本，按照独立交易原则与其关联方分摊共同发生的成本，达成成本分摊协议。

企业与其关联方分摊成本时，应当按照成本与预期收益相配比的原则进行分摊，并在税务机关规定的期限内，按照税务机关的要求报送有关资料。

企业与其关联方分摊成本时违反税法规定的，其自行分摊的成本不得在计算应纳税所得额时扣除。

2. 预约定价安排。企业可以向税务机关提出与其关联方之间业务往来的定价原则和计算方法，税务机关与企业协商、确认后，达成预约定价安排。

预约定价安排是指企业就其未来年度关联交易的定价原则和计算方法，向税务机关提出申请，与税务机关按照独立交易原则协商、确认后达成的协议。

预约定价安排包括单边预约定价安排和双边或多边预约定价安排。双边或多边预约定价安排，应按照我国政府对外签订的避免双重征税协定有关相互协商程序的规定执行。

预约定价安排适用于自企业提交正式书面申请年度的次年起3～5个连续年度的关联交易。预约定价安排的谈签不影响税务机关对企业提交预约定价安排正式书面申请当年或以前年度关联交易的转让定价调查调整。

企业应当在接到税务机关正式会谈通知之日起3个月内，向税务机关提出预约定价安排书面申请报告。

税务机关应自收到企业提交的预约定价安排正式书面申请及所需文件、资料之日起5个月内，进行审核和评估。因特殊情况，需要延长审核评估时间的延长期限不得超过3个月。

3.成本分摊协议管理。企业与其关联方共同开发、受让无形资产，或者共同提供、接受劳务发生的成本，在计算应纳税所得额时应当按照独立交易原则进行分摊。

参与方使用成本分摊协议所开发或受让的无形资产不需另支付特许权使用费。

4.受控外国企业管理。受控外国企业是指由居民企业，或者由居民企业和居民个人控制的设立在实际税负低于《企业所得税法》第四条规定的税率水平50%的国家（地区），并非出于合理经营需要对利润不作分配或减少分配的外国企业。

5.资本弱化管理。企业从其关联方接受的债权性投资与权益性投资的比例超过规定标准而发生的利息支出，不得在计算应纳税所得额时扣除，不得结转到以后纳税年度。其中，支付给境外关联方的利息应视同股息分配，按照股息和利息适用的企业所得税税率差补征企业所得税；如已扣缴的企业所得税税款多于按股息计算应征企业所得税税款的部分，不予退税。

6.一般反避税管理。税务机关可对存在以下避税安排的企业，报经国家税务总局批准后，启动一般反避税调查：

（1）滥用税收优惠；

（2）滥用税收协定；

（3）滥用公司组织形式；

（4）利用避税港避税；

（5）其他不具有合理商业目的的安排。

第三节　企业所得税的计算

一、居民企业应纳税额的计算

居民企业应纳企业所得税税额等于应纳税所得额乘以适用税率，基本计算公式为：

应纳税额=应纳税所得额×适用税率

从计算公式可以看出，应纳税额的多少取决于应纳税所得额和适用税率两个因素。在实际过程中应纳税所得额的计算一般有以下两种方法：

（一）直接计算法

在直接计算法下，企业每一纳税年度的收入总额减除不征税收入、免税收入、各项扣除以及允许弥补的以前年度亏损后的余额为应纳税所得额，计算公式为：

应纳税所得额=收入总额-不征税收入-免税收入-各项扣除金额-弥补亏损

（二）间接计算法

在间接计算法下，在会计利润总额的基础上加或减按照税法规定调整的项目金额后，即为应纳税所得额。现行企业所得税年度纳税申报表采取该方法，计算公式为：

会计利润=收入-成本-费用-税金-支出-损失

应纳税所得额=会计利润总额±纳税调整项目金额

纳税调整项目金额包括两方面：一是企业财务会计制度规定的项目范围与税收法规规定的项目范围不一致应予以调整的金额；二是企业财务会计制度规定的扣除标准与税法规定的扣除标准不一致应予以调整的金额。

为减少计算差错，确保计算正确，在计算企业所得税时，一般采用间接计算法。

【例17-1】某企业为居民企业，2019年发生如下经营业务：

（1）取得产品销售收入4 000万元。

（2）发生产品销售成本2 600万元。

（3）发生销售费用770万元（其中广告费650万元）、管理费用480万元（其中业务招待费25万元）、财务费用60万元。

（4）销售税金160万元（含增值税120万元）。

（5）营业外收入80万元、营业外支出50万元（含通过公益性社会团体向贫困山区捐款30万元、支付税收滞纳金6万元）。

（6）计入成本、费用的实发工资总额200万元，拨付职工工会经费5万元，发生职工福利费31万元，发生职工教育经费18万元。

要求：计算该企业2019年度实际应纳的企业所得税。

解：（1）会计利润总额=4 000+80-2 600-770-480-60-40-50=80（万元）

（2）广告费和业务宣传费调增所得额=650−4 000×15%=50（万元）

（3）4 000×5‰= 20（万元）>25×60%=15（万元）

业务招待费调增所得额=25−25×60%=10（万元）

（4）捐赠支出调增所得额=30−80×12%=20.4（万元）

（5）工会经费调增所得额=5−200×2%=1（万元）

（6）职工福利费调增所得额=31−200×14%=3（万元）

（7）职工教育经费调增所得额=18−200×8%=2（万元）

（8）应纳税所得额=80+50+10+20.4+6+1+3+2=172.4（万元）

（9）2019年应纳企业所得税=172.4×25%=43.1（万元）

【例17−2】某工业企业为居民企业，2019年全年取得产品销售收入5 600万元，发生产品销售成本4 000万元；发生其他业务收入800万元、其他业务成本694万元；取得购买国债的利息收入40万元；缴纳非增值税销售税金及附加300万元；发生管理费用760万元，其中新技术研究开发费用60万元、业务招待费用70万元；发生财务费用200万元；取得直接投资于其他居民企业的权益性收益34万元（已在投资方所在地按15%的税率缴纳了企业所得税）；取得营业外收入100万元，发生营业外支出250万元（其中含公益捐赠38万元）。

要求：计算该企业2019年应纳的企业所得税。

解：（1）利润总额=5 600+800+40+34+100−4 000−694−300−760−200−250
=370（万元）

（2）国债利息收入免征企业所得税，应调减所得额40万元。

（3）技术研究开发费调减所得额=60× 75%=45（万元）

（4）业务招待费按实际发生的60%计算=70×60%=42（万元）

业务招待费按销售（营业）收入的5‰计算=（5 600+800）×5‰=32（万元）

按照规定税前扣除限额应为32万元，实际应调增应纳税所得额为38万元（70−32）。

（5）取得直接投资于其他居民企业的权益性收益属于免税收入，应调减应纳税所得额34万元。

（6）捐赠扣除标准=370×12%=44.4（万元）

实际捐赠38万元，小于扣除标准44.4万元，可按实捐数扣除，不做纳税调整。

（7）应纳税所得额=370-40-45+38-34=289（万元）

（8）该企业2019年应纳企业所得税税额=289×25%=72.25（万元）

二、境外所得抵扣税额的计算

为克服双重征税给跨国企业带来的不利影响，国际上普遍采用税收抵免、税收饶让制度来避免双重征税。

税收抵免，就是纳税人居住国对纳税人的收入，允许在本国应纳税额中扣减已在收入国缴纳过的税款。

税收饶让制度，是指居住国政府应收入来源国的要求，将其居民在境外所得因享受来源国给予的税收优惠而实际缴纳的税款，视同已纳税款而在居住国应纳税款中给予抵免。税收饶让制度的主要特点体现在以下几方面：它是缔约国之间意志的产物，必须通过双边或多边安排方能实现；它的目的是使收入来源国利用外资的税收优惠政策和措施真正收到实际效果。目前，我国共对外签署了100多个税收协定和2个税收安排（我国香港、澳门）[①]，已形成了比较完善的税收协定网络，部分税收协定中包含了税收饶让条款。

居民企业可不必担心因为承担无限纳税义务而使自己面临双重征税的危险。《企业所得税法》采取了直接抵免和间接抵免并用的方法来消除居民企业的双重征税问题，从而扩大了可以抵免外国税款的范围。

居民企业来源于中国境外的应税所得或非居民企业在我国境内设立机构、场所，取得发生在我国境外但与该机构、场所有实际联系的应税所得，已在境外缴纳的所得税税额（指企业来源于中国境外的所得依照该国税收法律以及相关规定应当缴纳并已经实际缴纳的企业所得税性质的税款），可以从其当期应纳税额中抵免。抵免限额为该项所得依照我国税法规定计算的应纳税额（即扣除限额）；超过抵免限额的部分，可以在以后5个年度内，用每个年度抵免限额抵免当年应抵税额后的余额进行抵补。

居民企业从其直接或者间接控制的外国企业分得的来源于我国境外的股息、红利等权益性投资收益，外国企业在境外实际缴纳的所得税税

① 截至2018年12月12日，我国已对外正式签署107个避免双重征税协定，其中100个协定已生效，和香港、澳门两个特别行政区签署了税收安排，与台湾签署了税收协议，详见国家税务总局官网，http：//www.chinatax.gov.cn/n810341/n810770/index.html。

额中属于该项所得负担的部分，可以作为该居民企业的可抵免境外所得税税额，在税法规定的抵免限额内抵免。

抵免限额，是指企业来源于我国境外的所得，依照《企业所得税法》及《企业所得税法实施条例》的规定计算的应纳税额。除国务院财政、税务主管部门另有规定外，该抵免限额应当分国（地区）不分项计算。计算公式为：

①已纳境外某国税额=境外某国所得×该国税率

$$②\frac{境外所得税税额}{的抵免限额}=\frac{境内、境外所得按税法}{计算的应纳税总额}\times\frac{来源于境外}{的所得额}\div\frac{境内、境外}{所得总额}$$

=境外某国所得×企业所得税税率（25%）

境外实际已缴税额小于抵免限额时，在中国补缴差额部分税款。

境外实际已缴税额等于抵免限额时，已纳境外税款得到全部抵扣，国际双重征税得到全部免除。

境外实际已缴税额大于抵免限额时，在中国本年无须补缴税款，超出部分也不存在扣除问题。但超出部分可在以后5年中在该国家（地区）扣除限额的余额中补扣。

之所以会出现①小于②、①等于②、①大于②三种情况，是由国家之间的税率差异造成的。计算时，可直接从国家之间的税率差异入手：境外税率低于25%的应补征差额，等于或高于25%的按限额扣除。如果是税后利润，须还原成税前所得。

境外所得=境外分回利润÷（1−来源国公司企业所得税税率）

=境外分回利润+境外已纳税额

自2017年1月1日起，企业可以选择按国（地区）分别计算（即“分国（地区）不分项”），或者不按国（地区）汇总计算（即“不分国（地区）不分项”）其来源于境外的应纳税所得额，并按照一定的税率，分别计算其可抵免境外所得税税额和抵免限额。上述方式一经选择，5年内不得改变。

企业选择采用不同于以前年度的方式计算可抵免境外所得税税额和抵免限额时，对该企业以前年度没有抵免完的余额，可在税法规定结转的剩余年限内，在计算的抵免限额中继续结转抵免。

企业在境外取得的股息所得，在按规定计算该企业境外股息所得的可抵免所得税额和抵免限额时，由该企业直接或者间接持有20%以上股份的外国企业，仅限于按规定的持股方式确定的五层外国企业。

【例17-3】某国有企业2019年度境内经营应纳税所得额为500万元，适用的企业所得税税率为25%。假定同年其在A、B、C三国设有分支机构，所得分别为20万元、30万元、40万元，适用税率分别为24%、25%、28%。

要求：计算该企业汇总时在我国应缴纳的企业所得税税额。

解：（1）"分国（地区）不分项"计算

应纳企业所得税税额 =500×25%+20×（25%-24%）+30×（25%-25%）+40×（25%-25%）

=125.2（万元）

（2）"不分国（地区）不分项"计算

应纳企业所得税税额=（500+20+30+40）×25%-（20+30+40）×25%

=125（万元）

三、居民企业核定征收应纳税额的计算

（一）核定征收企业所得税的范围

核定征收办法适用于居民企业纳税人，纳税人具有下列情形之一的，核定征收企业所得税：

（1）依照法律、行政法规的规定可以不设置账簿的；

（2）依照法律、行政法规的规定应当设置但未设置账簿的；

（3）擅自销毁账簿或者拒不提供纳税资料的；

（4）虽设置账簿，但账目混乱或者成本资料、收入凭证、费用凭证残缺不全，难以查账的；

（5）发生纳税义务，未按照规定的期限办理纳税申报，经税务机关责令限期申报，逾期仍不申报的；

（6）申报的计税依据明显偏低，又无正当理由的。

自2012年1月1日起，专门从事股权（股票）投资业务的企业，不得核定征收企业所得税。

对依法按核定应税所得率方式核定征收企业所得税的企业，取得的转让股权（股票）收入等转让财产收入，应全额计入应税收入额，按照

主营项目（业务）确定适用的应税所得率计算征税；若主营项目（业务）发生变化，应在当年汇算清缴时，按照变化后的主营项目（业务）重新确定适用的应税所得率计算征税。

（二）核定应纳税额

税务机关应根据纳税人的具体情况，对核定征收企业所得税的纳税人，核定应税所得率或者核定应纳企业所得税税额。

1.具有下列情形之一的，核定其应税所得率：

（1）能正确核算（查实）收入总额，但不能正确核算（查实）成本费用总额的；

（2）能正确核算（查实）成本费用总额，但不能正确核算（查实）收入总额的；

（3）通过合理方法，能计算和推定纳税人收入总额或成本费用总额的。

纳税人不属于以上情形的，核定其应纳所得税额。

2.税务机关采用下列方法核定征收企业所得税：

（1）参照当地同类行业或者类似行业中经营规模和收入水平相近的纳税人的税负水平核定；

（2）按照应税收入额或成本费用支出额定率核定；

（3）按照耗用的原材料、燃料、动力等推算或测算核定；

（4）按照其他合理方法核定。

采用前款所列一种方法不足以正确核定应纳税所得额或应纳税额的，可以同时采用两种以上的方法核定。采用两种以上方法测算的应纳税额不一致时，可按测算的应纳税额从高核定。

实行应税所得率方式核定征收企业所得税的纳税人，经营多种业务的，无论其经营项目是否单独核算，均由税务机关根据其主营项目确定适用的应税所得率。

纳税人的生产经营范围、主营业务发生重大变化，或者应纳税所得额或应纳税额增减变化达到20%的，应及时向税务机关申报调整已确定的应纳税额或应税所得率，见表17-1。

3.实行核定应税所得率征收办法应纳企业所得税税额的计算。

计算公式为：

应纳企业所得税税额=应纳税所得额×适用税率

表 17-1　　应税所得率表

行　业	应税所得率（%）
农、林、牧、渔业	3 ~ 10
制造业	5 ~ 15
批发和零售贸易业	4 ~ 15
交通运输业	7 ~ 15
建筑业	8 ~ 20
饮食业	8 ~ 25
娱乐业	15 ~ 30
其他行业	10 ~ 30

应纳税所得额=收入总额×应税所得率

=成本费用支出额÷（1-应税所得率）×应税所得率

【例 17-4】某小型建筑公司 2020 年 1 月 20 日向其主管税务机关申报 2019 年度取得收入总额 150 万元，发生直接成本 120 万元、其他费用 40 万元，全年亏损 10 万元。经税务机关检查，其成本、费用无误，但收入总额不能准确核算。按照核定征收企业所得税办法，假定应税所得率为 20%。

要求：计算该企业 2019 年度应缴纳的企业所得税。

解：应纳税所得额=（120+40）÷（1-20%）×20%=40（万元）

应纳税额=40×25%=10（万元）

四、非居民企业应纳税额的计算

对于在中国境内未设立机构、场所的，或者虽设立机构、场所但取得的所得与其所设机构、场所没有实际联系的非居民企业的所得，按照下列方法计算应纳税所得额：

（1）股息、红利等权益性投资收益和利息、租金、特许权使用费所得，以收入全额为应纳税所得额。

（2）转让财产所得，以收入全额减除财产净值后的余额为应纳税所得额。

（3）其他所得，参照（1）、（2）两项规定的方法计算应纳税所得额。

财产净值是指财产的计税基础减除已经按照规定扣除的折旧、折耗、摊销、准备金等后的余额。

具体征收管理规定如下：

（1）扣缴义务人在每次向非居民企业支付或者到期应支付所得时，应从支付或者到期应支付的款项中扣缴企业所得税。

到期应支付的款项是指支付人按照权责发生制原则应当计入相关成本、费用的应付款项。

（2）扣缴企业所得税应纳税额的计算公式为：

扣缴企业所得税应纳税额=应纳税所得额×实际征收率

实际征收率是指《企业所得税法》及其实施条例等相关法律法规规定的税率，或者税收协定规定的更低的税率。

（3）扣缴义务人对外支付或者到期应支付的款项为人民币以外货币的，在申报扣缴企业所得税时，应当按照扣缴当日国家公布的人民币汇率中间价，折合成人民币计算应纳税所得额。

（4）扣缴义务人与非居民企业签订应税所得有关的业务合同时，凡合同中约定由扣缴义务人负担应纳税款的，应将非居民企业取得的不含税所得换算为含税所得后计算征税。

（5）按照《企业所得税法》及其实施条例和相关税收法规的规定，给予非居民企业减免税优惠的，应按相关税收减免管理办法和行政审批程序的规定办理。对未经审批或者减免税申请未得到批准之前，扣缴义务人发生支付款项的，应按规定代扣代缴企业所得税。

（6）非居民企业可以适用的税收协定与国内相关法规有不同规定的，可申请执行税收协定规定；非居民企业未提出执行税收协定规定申请的，按国内税收法律法规的有关规定执行。

（7）非居民企业已按国内税收法律法规的有关规定征税后，提出享受减免税或税收协定待遇申请的，主管税务机关经审核确认应享受减免税或税收协定待遇的，对多缴纳的税款应依据《税收征管法》及其实施细则的有关规定予以退税。

五、非居民企业所得税核定征收办法

非居民企业因会计账簿不健全，资料残缺难以查账，或者其他原因不能准确计算并据实申报其应纳税所得额的，税务机关有权采取以下方法核定其应纳税所得额：

1.按收入总额核定应纳税所得额。这种方法适用于能够正确核算收入或通过合理方法推定收入总额，但不能正确核算成本费用的非居民企业，计算公式如下：

应纳税所得额=收入总额×经税务机关核定的利润率

2.按成本费用核定应纳税所得额。这种方法适用于能够正确核算成本费用，但不能正确核算收入总额的非居民企业，计算公式如下：

$$\text{应纳税所得额}=\text{成本费用总额}\div(1-\text{经税务机关核定的利润率})\times\text{经税务机关核定的利润率}$$

3.按经费支出换算收入核定应纳税所得额。这种方法适用于能够正确核算经费支出总额，但不能正确核算收入总额和成本费用的非居民企业，计算公式如下：

$$\text{应纳税所得额}=\text{经费支出总额}\div(1-\text{经税务机关核定的利润率}-\text{增值税税率})\times\text{经税务机关核定的利润率}$$

4.税务机关可按照以下标准确定非居民企业的利润率：

（1）从事承包工程作业、设计和咨询劳务的，利润率为15%～30%。

（2）从事管理服务的，利润率为30%～50%。

（3）从事其他劳务或劳务以外经营活动的，利润率不低于15%。

税务机关有根据认为非居民企业的实际利润率明显高于上述标准的，可以按照比上述标准更高的利润率核定其应纳税所得额。

5.非居民企业与中国居民企业签订机器设备或货物销售合同，同时提供设备安装、装配、技术培训、指导、监督服务等劳务，其销售货物合同中未列明提供上述劳务收费金额，或者计价不合理的，主管税务机关可以根据实际情况，参照相同或相近业务的计价标准核定劳务收入。无参照标准的，以不低于销售货物合同总价款的10%为原则，确定非居民企业的劳务收入。

6.非居民企业为中国境内客户提供劳务取得的收入，凡其提供的服务全部发生在中国境内的，应全额在中国境内申报缴纳企业所得税。凡其提供的服务同时发生在中国境内外的，应按劳务发生地原则划分其境内外收入，并就其在中国境内取得的劳务收入申报缴纳企业所得税。

7.税务机关发现非居民企业采用核定征收方式计算申报的应纳税所得额不真实，或者明显与其承担的功能风险不相匹配的，有权予以调整。

六、房地产开发企业所得税预缴税款的处理

房地产开发企业按当年实际利润据实分季（或月）预缴企业所得税的，对开发、建造的住宅、商业用房以及其他建筑物、附着物、配套设施等开发产品，在未完工前采取预售方式销售取得的预售收入，按照规定的预计利润率（15%、10%、5%）分季（或月）计算出预计利润额，计入利润总额预缴，开发产品完工、结算计税成本后按照实际利润再行调整。

七、源泉扣缴的计算方法

源泉扣缴是指依照有关法律规定或者合同约定对非居民企业直接负有支付相关款项义务的单位或者个人，依照《企业所得税法》的相关规定对其应缴纳的企业所得税实行源泉扣缴的一种征收方法。

税法规定，对非居民企业在中国境内未设立机构、场所的，或者虽设立机构、场所但取得的所得与其所设机构、场所没有实际联系的所得应缴纳的企业所得税，实行源泉扣缴，以支付人为扣缴义务人。税款由扣缴义务人在每次支付或者到期应支付时，从支付或者到期应支付的款项中扣缴。

支付人，是指依照有关法律规定或者合同约定对非居民企业直接负有支付相关款项义务的单位或者个人。

支付，包括现金支付、汇拨支付、转账支付和权益对价支付等货币支付和非货币支付。

到期应支付的款项，是指支付人按照权责发生制原则应当计入相关成本、费用的应付款项。

对非居民企业在中国境内取得工程作业和劳务所得应缴纳的企业所得税，税务机关可以指定工程价款或者劳务费的支付人为扣缴义务人。

扣缴义务人扣缴税款时，按前述非居民企业计算方法计算税款。源泉扣缴以纳税人取得的收入全额为计税依据，税法另有规定的除外，不

予减除任何成本、费用，减按10%的比例税率计征。

对境外投资者从中国境内居民企业分配的利润，直接投资于鼓励类投资项目，凡符合规定条件的，实行递延纳税政策，暂不征收预提所得税。

境外投资者暂不征收预提所得税须同时满足以下条件：

①境外投资者以分得利润进行的直接投资，包括境外投资者以分得利润进行的增资、新建、股权收购等权益性投资行为，但不包括新增、转增、收购上市公司股份（符合条件的战略投资除外）。

②境外投资者分得的利润属于中国境内居民企业向投资者实际分配已经实现的留存收益而形成的股息、红利等权益性投资收益。

③境外投资者用于直接投资的利润以现金形式支付的，相关款项从利润分配企业的账户直接转入被投资企业或股权转让方账户，在直接投资前不得在境内外其他账户周转；境外投资者用于直接投资的利润以实物、有价证券等非现金形式支付的，相关资产所有权直接从利润分配企业转入被投资企业或股权转让方，在直接投资前不得由其他企业、个人代为持有或临时持有。

扣缴义务人每次代扣的税款，应当自代扣之日起7日内缴入国库，并向所在地的税务机关报送扣缴企业所得税报告表。

应当扣缴的企业所得税，扣缴义务人未依法扣缴或者无法履行扣缴义务的，由企业在所得发生地缴纳。企业未依法缴纳的，税务机关可以从该企业在中国境内其他收入项目的支付人应付的款项中，追缴该企业的应纳税款。

计算公式为：

应扣缴企业所得税税额=支付单位所支付的金额×适用税率

【例17-5】某非居民企业在中国境内未设立机构、场所，2019年将一项商标使用权提供给中国某企业使用，获特许权使用费100万元。另外，该企业还从中国境内的内资企业取得利息所得50万元。

要求：计算应扣缴的企业所得税税额。

解：应扣缴的企业所得税税额=（100+50）×10%=15（万元）

需要注意的是：

（1）中国境内企业和非居民企业签订与利息、租金、特许权使用费等所得有关的合同或协议，如果未按照合同或协议约定的日期支付上述所得款项，或者变更或修改合同或协议延期支付，但已计入企业当期成本、费用，并在企业所得税年度纳税申报中做税前扣除的，应在企业所得税年度纳税申报时按照《企业所得税法》有关规定代扣代缴企业所得税。

（2）非居民企业取得来源于中国境内的担保费，应按照《企业所得税法》对利息所得规定的税率计算缴纳企业所得税。

来源于中国境内的担保费，是指中国境内企业、机构或个人在借贷、买卖、货物运输、加工承揽、租赁、工程承包等经济活动中，接受非居民企业提供的担保所支付或负担的担保费或相同性质的费用。

（3）非居民企业在中国境内未设立机构、场所而转让中国境内土地使用权，或者虽设立机构、场所但取得的土地使用权转让所得与其所设机构、场所没有实际联系的，应以其取得的土地使用权转让收入总额减除计税基础后的余额作为土地使用权转让所得计算缴纳企业所得税，并由扣缴义务人在支付时代扣代缴。

第四节　企业所得税的申报与缴纳

一、税收优惠

（一）免征与减征优惠

企业的下列所得，可以免征、减征企业所得税，企业如果从事国家限制和禁止发展的项目，不得享受企业所得税优惠：

1.从事农、林、牧、渔项目的所得，包括免征和减征两部分

（1）企业从事下列项目的所得，免征企业所得税：蔬菜、谷物、薯类、油料、豆类、棉花、麻类、糖料、水果、坚果的种植；农作物新品种的选育；中药材的种植；林木的培育和种植；牲畜、家禽的饲养；林产品的采集；灌溉、农产品初加工、兽医、农技推广、农机作业和维修等农、林、牧、渔服务业项目；远洋捕捞。

（2）企业从事下列项目的所得，减半征收企业所得税：花卉、茶以及其他饮料作物和香料作物的种植；海水养殖、内陆养殖。

2. 从事国家重点扶持的公共基础设施项目的投资经营所得

（1）企业从事国家重点扶持公共基础设施项目（指港口码头、机场、铁路、公路、电力、水利等项目）的投资经营所得，从项目取得第一笔生产经营收入所属纳税年度起，第1～3年免征企业所得税，第4～6年减半征收企业所得税。

（2）企业承包经营、承包建设和内部自建自用以上项目，不得享受企业所得税优惠。

3. 从事符合条件的环境保护、节能节水项目的所得

企业从事符合条件的环境保护、节能节水项目的所得（包括公共污水处理、公共垃圾处理、沼气综合开发利用、节能减排技术改造、海水淡化等），从项目取得第一笔生产经营收入所属纳税年度起，第1～3年免征企业所得税，第4～6年减半征收企业所得税。

4. 符合条件的技术转让所得

符合条件的技术转让所得免征、减征企业所得税，是指一个纳税年度内，居民企业技术转让所得不超过500万元的部分，免征企业所得税；超过500万元的部分，减半征收企业所得税。

5. 高新技术企业优惠

（1）国家需要重点扶持的高新技术企业（指拥有核心自主知识产权，并同时符合相应条件的企业）减按15%的税率征收企业所得税。

（2）居民企业被认定为高新技术企业，同时又符合软件生产企业和集成电路生产企业定期减半征收企业所得税优惠条件的，该居民企业的企业所得税适用税率可以选择适用高新技术企业的15%税率，也可以选择依照25%的法定税率减半征税，但不能享受15%税率的减半征税。

（3）以境内、境外全部生产经营活动有关的研究开发费用总额、总收入、销售收入总额、高新技术产品（服务）收入等指标申请并经认定的高新技术企业，其来源于境外的所得可以享受高新技术企业所得税优惠政策，即对其来源于境外所得可以按照15%的优惠税率缴纳企业所得税，在计算境外抵免限额时，可按照15%的优惠税率计算境内外应纳税总额。

按15%的税率预缴，在年底前仍未取得高新技术企业资格的，应

按规定补缴相应期间的税款。

6.技术先进型服务企业优惠

自2017年1月1日起，在全国范围内对经认定的技术先进型服务企业，减按15%的税率征收企业所得税。

7.小型微利企业税收优惠

2019年1月1日至2021年12月31日，对小型微利企业年应纳税所得额不超过100万元的部分，减按25%计入应纳税所得额，按20%的税率缴纳企业所得税；对年应纳税所得额超过100万元但不超过300万元的部分，减按50%计入应纳税所得额，按20%的税率缴纳企业所得税。

8.加计扣除优惠

加计扣除优惠是指按照《企业所得税法》规定在实际发生数额的基础上，再加成一定比例，作为计算应纳税所得额时的扣除数额的一种税收优惠措施，包括一般企业研究开发费用、高科技型中小企业研究开发费用和企业安置残疾人员所支付的工资。

（1）企业开展研发活动中实际发生的研发费用，未形成无形资产计入当期损益的，在按规定据实扣除的基础上，在2018年1月1日至2020年12月31日期间，再按照实际发生额的75%在税前加计扣除；形成无形资产的，在上述期间按照无形资产成本的175%在税前摊销。

（2）企业安置残疾人员所支付工资费用的加计扣除，是指企业安置残疾人员的，在按照支付给残疾职工工资据实扣除的基础上，按照支付给残疾职工工资的100%加计扣除。残疾人员的范围适用《中华人民共和国残疾人保障法》的有关规定。

9.创投企业优惠

创业投资企业采取股权投资方式投资于未上市的中小高新技术企业2年以上的，可以按照其投资额的70%在股权持有满2年的当年抵扣该创业投资企业的应纳税所得额；当年不足抵扣的，可以在以后纳税年度结转抵扣。

10.加速折旧优惠

（1）对全部制造业，信息传输、软件和信息技术服务业，2014年1月1日后购进的固定资产（包括自行建造），允许按不低于《企业所得税法》规定折旧年限的60%缩短折旧年限，或选择采取双倍余额递减法或年数总和法进行加速折旧。

（2）对所有行业企业2014年1月1日后新购进的专门用于研发的仪器、设备，单位价值不超过100万元的，允许一次性计入当期成本费用在计算应纳税所得额时扣除，不再分年度计算折旧；单位价值超过100万元的，可缩短折旧年限或采取加速折旧的方法。

（3）企业持有的固定资产，单位价值不超过5 000元的，可以一次性在计算应纳税所得额时扣除。所有行业在2018年1月1日至2020年12月31日期间新购进的设备、器具，单位价值不超过500万元的，可选择一次性扣除。

（4）对轻工、纺织、机械、汽车等四个领域重点行业（简称四个领域重点行业）企业2015年1月1日后新购进的固定资产（包括自行建造），允许缩短折旧年限或采取加速折旧方法。对四个领域重点行业小型微利企业2015年1月1日后新购进的研发和生产经营共用的仪器、设备，单位价值不超过100万元（含）的，允许在计算应纳税所得额时一次性全额扣除；单位价值超过100万元的，允许缩短折旧年限或采取加速折旧方法。

（5）企业采取缩短折旧年限方法的，对其购置的新固定资产，最低折旧年限不得低于税法规定的折旧年限的60%；企业购置已使用过的固定资产，其最低折旧年限不得低于税法规定的最低折旧年限减去已使用年限后剩余年限的60%。企业采取加速折旧方法的，可以采用双倍余额递减法或者年数总和法。加速折旧方法一经确定，一般不得变更。

11.减计收入优惠

企业综合利用资源（指企业以《资源综合利用企业所得税优惠目录》规定的资源作为主要原材料），生产符合国家产业政策规定的产品所取得的收入，减按90%计入收入总额。

12.税额抵免优惠

税额抵免，是指企业购置并实际使用《环境保护专用设备企业所得税优惠目录》、《节能节水专用设备企业所得税优惠目录》和《安全生产专用设备企业所得税优惠目录》规定的环境保护、节能节水、安全生产等专用设备的，该专用设备投资额的10%可以从企业当年的应纳税额中抵免；当年不足抵免的，可以在以后5个纳税年度结转抵免。

企业购置上述专用设备在5年内转让、出租的，应当停止享受企业所得税优惠，并补缴已经抵免的企业所得税税款。转让的受让方可以按照该专用设备投资额的10%抵免当年企业所得税应纳税额；当年应纳税额不足抵免的，可以在以后5个纳税年度结转抵免。

13.民族自治地方优惠

民族自治地方，是指按照《中华人民共和国民族区域自治法》的规定，实行民族区域自治的自治区、自治州、自治县。

民族自治地方的自治机关对本民族自治地方的企业应缴纳的企业所得税中属于地方分享的部分，可以决定减征或者免征。自治州、自治县决定减征或者免征的，须报省、自治区、直辖市人民政府批准。

对民族自治地方内国家限制和禁止行业的企业，不得减征或者免征企业所得税。

14.非居民企业优惠

非居民企业在中国境内未设立机构、场所的，或者虽设立机构、场所但取得的所得与其所设机构、场所没有实际联系的所得，减按10%的税率征收企业所得税。

非居民企业取得下列所得可以免征企业所得税：

（1）外国政府向中国政府提供贷款取得的利息所得；

（2）国际金融组织向中国政府和居民企业提供优惠贷款取得的利息所得；

（3）经国务院批准的其他所得。

15.特殊行业优惠

（1）关于集成电路生产企业的税收优惠。

①2018年1月1日后投资新设的集成电路线宽小于130纳米，且经营期在10年以上的集成电路生产企业或项目，第1年至第2年免征企业所得税，第3年至第5年按照25%的法定税率减半征收企业所得税，并享受至期满为止。

②2018年1月1日后投资新设的集成电路线宽小于65纳米或投资额超过150亿元，且经营期在15年以上的集成电路生产企业或项目，第1年至第5年免征企业所得税，第6年至第10年按照25%的法定税率减半

征收企业所得税，并享受至期满为止[①]。

③2017年12月31日前设立但未获利的集成电路线宽小于0.25微米或投资额超过80亿元，且经营期在15年以上的集成电路生产企业，自获利年度起第1年至第5年免征企业所得税，第6年至第10年按照25%的法定税率减半征收企业所得税，并享受至期满为止。

④2017年12月31日前设立但未获利的集成电路线宽小于0.8微米（含）的集成电路生产企业，自获利年度起第1年至第2年免征企业所得税，第3年至第5年按照25%的法定税率减半征收企业所得税，并享受至期满为止。

（2）关于鼓励证券投资基金发展的税收优惠。

①对证券投资基金从证券市场中取得的收入，包括买卖股票、债券的差价收入，股权的股息、红利收入，债券的利息收入及其他收入，暂不征收企业所得税。

②对投资者从证券投资基金分配中取得的收入，暂不征收企业所得税。

③对证券投资基金管理人运用基金买卖股票、债券获得的差价收入，暂不征收企业所得税。

（3）节能服务公司的税收优惠。

自2011年1月1日起，对符合条件的节能服务公司实施合同能源管理项目，符合企业所得税法有关规定的，自项目取得第一笔生产经营收入所属纳税年度起，第1年至第3年免征企业所得税，第4年至第6年按照25%的法定税率减半征收企业所得税。

（4）电网企业电网新建项目享受所得税的优惠政策。

居民企业从事符合规定条件和标准的电网（输变电设施）的新建项目，可依法享受“三免三减半”的企业所得税优惠政策。基于企业电网新建项目的核算特点，暂以资产比例法，即以企业新增输变电固定资产原值占企业总输变电固定资产原值的比例，合理计算电网新建项目的应纳税所得额，并据此享受“三免三减半”的企业所得税优惠政策。

---

① 对于按照集成电路生产企业享受该优惠政策的，优惠期自企业获利年度起计算；享受税收优惠政策的集成电路生产项目，其主体企业应符合集成电路生产企业条件，且能够对该项目单独进行会计核算、计算所得，并合理分摊期间费用。对于按照集成电路生产项目，优惠期自项目取得第一笔生产经营收入所属纳税年度起计算。

16. 西部大开发的税收优惠

西部大开发税收优惠政策的适用范围包括重庆市、四川省、贵州省、云南省、西藏自治区、陕西省、甘肃省、宁夏回族自治区、青海省、新疆维吾尔自治区、新疆生产建设兵团、内蒙古自治区和广西壮族自治区（统称“西部地区”）。湖南省湘西土家族苗族自治州、湖北省恩施土家族苗族自治州、吉林省延边朝鲜族自治州，可以比照西部地区的税收优惠政策执行。

（1）对设在西部地区国家鼓励类产业企业（指以《产业结构调整指导目录》中规定的产业项目为主营业务，其主营业务收入占企业总收入70%以上的企业），在2011年1月1日至2020年12月31日期间，减按15%的税率征收企业所得税。

（2）对西部地区2010年12月31日前新办的，根据《财政部、国家税务总局、海关总署关于西部大开发税收优惠政策问题的通知》（财税〔2001〕2002号）的规定，可以享受企业所得税“两免三减半”的交通、电力、水利、广播电视企业，其享受的企业所得税“两免三减半”优惠可以继续享受到期满为止。

（3）对在西部地区新办交通、电力、水利、邮政、广播电视企业，上述项目业务收入占企业总收入70%以上的，可以享受企业所得税如下优惠政策：内资企业自开始生产经营之日起，第1～2年免征企业所得税，第3～5年减半征收企业所得税。

对实行汇总（合并）纳税企业，应当将西部地区的成员企业与西部地区以外的成员企业分开，分别汇总（合并）申报纳税，分别适用税率。

（二）企业所得税税收优惠适用原则

企业享受优惠事项采取“自行判别、申报享受、相关资料留存备查”的办理方式。企业在年度纳税申报及享受优惠事项前无须再履行备案手续、报送“企业所得税优惠事项备案表”及“汇总纳税企业分支机构已备案优惠事项清单”和享受优惠所需要的相关资料，原备案资料全部作为留存备查资料，保留在企业，以备税务机关后续核查时根据需要提供。

企业应当根据经营情况以及相关税收规定自行判断是否符合优惠事

项规定的条件，符合条件的可以按照目录列示的时间自行计算减免税额，并通过填报企业所得税纳税申报表享受税收优惠。同时，归集和留存相关资料备查。

企业同时享受多项优惠事项或者享受的优惠事项按照规定分项目进行核算的，应当按照优惠事项或者项目分别归集留存备查资料。

设有非法人分支机构的居民企业以及实行汇总纳税的非居民企业机构、场所享受优惠事项的，由居民企业的总机构以及汇总纳税的主要机构、场所负责统一归集并留存备查资料。分支机构以及被汇总纳税的非居民企业机构、场所按照规定可独立享受优惠事项的，由分支机构以及被汇总纳税的非居民企业机构、场所负责归集并留存备查资料，同时分支机构以及被汇总纳税的非居民企业机构、场所应在当完成年度汇算清缴后将留存的备查资料清单送总机构以及汇总纳税的主要机构、场所汇总。

企业留存备查资料应从企业享受优惠事项当年的企业所得税汇算清缴期结束次日起保留10年。

企业享受优惠事项后发现其不符合优惠事项规定条件的，应当依法及时自行调整并补缴税款及滞纳金。

二、缴纳方法与纳税期限

企业所得税按纳税年度计算，分月或者分季预缴，年终汇算清缴，多退少补。

企业分月或分季预缴企业所得税时，应当按照月度或者季度的实际利润额预缴；按照月度或者季度的实际利润额预缴有困难的，可以按照上一纳税年度应纳税所得额的月度或者季度平均额，按照月度或者季度以及经税务机关认可的其他方法预缴。预缴方法一经确定，该纳税年度内不得随意变更。

纳税年度自公历1月1日起至12月31日止。

企业在一个纳税年度中间开业，或者终止经营活动，使该纳税年度的实际经营期不足12个月的，应当以其实际经营期为一个纳税年度。

企业依法清算时，应当以清算期间作为一个纳税年度。

企业在纳税年度内无论盈利或者亏损，都应当依照《企业所得税法》规定的期限，向税务机关报送预缴企业所得税纳税申报表、年度企业所得税纳税申报表、财务会计报告和税务机关规定应当报送的其他有关资料。

企业向税务机关报送年度企业所得税纳税申报表时，应当就其与关联方之间的业务往来，附送年度关联业务往来报告表。

企业应当自月份或者季度终了之日起15日内，向税务机关报送预缴企业所得税纳税申报表，预缴税款。

企业应当自年度终了之日起5个月内，向税务机关报送年度企业所得税纳税申报表，并汇算清缴，结清应缴应退税款。

企业在报送企业所得税纳税申报表时，应当按照规定附送财务会计报告和其他有关资料。

企业在年度中间终止经营活动的，应当自实际经营终止之日起60日内，向税务机关办理当期企业所得税汇算清缴。

企业应当在办理注销登记前，就其清算所得向税务机关申报并依法缴纳企业所得税。

企业所得税以人民币计算。所得以人民币以外的货币计算的，应当按照年度最后一日的外汇牌价，折合成人民币计算应纳税所得额。

企业所得为人民币以外的货币的，预缴企业所得税时，应当按照月度或者季度最后一日的人民币汇率中间价，折合成人民币计算应纳税所得额。年度终了汇算清缴时，对已经按照月度或者季度预缴税款的人民币以外的货币，不再重新折合计算，只就全年未缴纳企业所得税的人民币以外的货币所得部分，按照纳税年度最后一日的人民币汇率中间价，折合成人民币计算应纳税所得额。

经税务机关检查确认，企业少计或者多计人民币以外的货币所得的，应当按照检查确认补税或者退税时的上一个月最后一日的人民币汇率中间价，将少计或者多计的人民币以外的货币所得折合成人民币计算应纳税所得额，再计算应补缴或者应退的税款。

三、纳税地点

1.居民企业以企业登记注册地为纳税地点，但登记注册地在境外的，以实际管理机构所在地为纳税地点。

2.居民企业在中国境内设立不具有法人资格的营业机构的，应当汇总计算并缴纳企业所得税。

3.非居民企业在中国境内设立机构、场所的，以机构、场所所在地为纳税地点。

非居民企业在中国境内设立两个或者两个以上机构、场所的，经税务机关审核批准，可以选择由其主要机构、场所汇总缴纳企业所得税。

非居民企业汇总缴纳企业所得税的主要机构、场所应具备下列条件：

（1）对其他各机构、场所的生产经营活动负有监督管理责任。

（2）设有完整的账簿、凭证，能够准确反映各机构、场所的收入、成本、费用和盈亏情况。

非居民企业需要汇总缴纳企业所得税的，应当向其选定的主要机构、场所提出申请，经各机构、场所所在地税务机关的共同上级税务机关审核批准。

（3）非居民企业经批准汇总缴纳企业所得税后，需要增设、合并、迁移、停止、关闭机构、场所的，应当事先由负责汇总申报缴纳企业所得税的主要机构、场所向其所在地税务机关报告；需要变更汇总缴纳企业所得税的主要机构、场所的，应当由其选定的主要机构、场所提出申请，经各机构、场所所在地税务机关的共同上级税务机关审核批准。

4.非居民企业在中国境内未设立机构、场所的，或者虽设立机构、场所但取得的所得与其所设机构、场所没有实际联系的，以扣缴义务人所在地为纳税地点。

5.除国务院另有规定外，企业之间不得合并缴纳企业所得税。

第五节　企业所得税的会计处理

由于会计和税法对收益和应税所得计算的目的不同、对会计要素确认和计量的方法不同，同一企业在同一期间的经营成果，按照企业会计准则计算的税前会计利润与按照税法规定计算的应税所得之间往往存在差额。为处理会计所得与应税所得存在的差异，产生了专门的所得税会计，以正确计算课税所得。

在我国会计实践中，所得税是企业获得净利润而发生的支出，应作为一项费用看待。所得税会计是研究如何处理按照会计制度计算的税前会计利润与按照税法计算的应税所得之间差异的会计理论和方法。它是财务会计中的一个专门处理会计收益和应税收益之间差异的会计程序，其目的在于协调财务会计与纳税会计之间的关系，并保证会计报表充分揭示真实的会计信息。

一、所得税会计核算方法

从所得税会计核算方法种类来看，我国所得税会计核算方法经历了“应付税款法”“纳税影响会计法”两个阶段，“纳税影响会计法”又经历了“以利润表为基础的纳税影响会计法”和“资产负债表债务法”两个阶段。现在世界主要国家包括我国大多采用“资产负债表债务法”。

从所得税会计核算方法发展历程来看，我国早期实行会计制度服从于税法的原则，1994年财政部下发《企业所得税会计处理的暂行规定》标志着会计核算与税法开始适度分离；2001年实施的《企业会计制度》将分离原则继续发展。2006年现行会计准则颁发前，企业在进行所得税会计处理时，可以选择应付税款法或纳税影响会计法（以利润表为基础的纳税影响会计法）。2006年2月，财政部颁布企业会计准则后，取消了纳税影响会计法（以利润表为基础的纳税影响会计法），只采用纳税影响会计法中的“资产负债表债务法”，在所得税会计处理的理念和方法上，都发生了重大变化。

（一）应付税款法

企业在实务中采用应付税款法，即在按照税法规定计算应缴纳所得税的同时，以相同的数额确认所得税费用。这实际上是会计服从于税法原则的体现，是企业为了避免复杂的纳税调整，按照税法的规定核算所得税费用的方法。但这样计算出来的所得税费用不是依据会计利润所应该负担的本期所得税费用，那么根据本期利润总额减去本期所得税费用而求得的净利润，也不是真正的可供分配的利润。

（二）纳税影响会计法

纳税影响会计法是将本期会计利润与纳税所得之间的暂时性差异造成的影响纳税的金额，递延和分配到以后各期。在采用纳税影响会计法时，所得税被视为企业在获得收益时发生的一种费用，并应随同有关的收入、费用计入同一期间内，以达到收入和费用的配比。

纳税影响会计法认为，所得税与企业缴纳的其他税费一样，是企业为了取得一定的收益而导致的资产流出，是企业的一项费用。将所得税作为费用，就要遵循配比原则，在一定会计期间将其与收益进行配比，即对所得税费用进行跨期分摊，将会计和税法确认时间不一致导致的差异产生的所得税影响数分别确认为资产或负债，并将此影响数递延至以后期间确认为所得税费用或收益。该差异产生的所得税影响数包括在利润表的“所得税费用”及资产负债表的相关资产或负债项目内。这就使得财务报告使用者不仅了解当期差异对所得税的影响金额，而且有助于其预测该差异在未来会计期间的转回数和对未来所得税费用的影响数。

纳税影响会计法有两种具体的核算形式：递延法和债务法。如果企业适用的所得税税率不发生变化，那么递延法与债务法的处理过程相同。但如果税率发生了变动，则递延法仍按照旧税率结转原来确认的递延税款，这导致递延税款的账面余额不能真实代表企业未来收款的权利或付款的义务，递延所得税资产或递延所得税负债也就不符合资产或负债的真实含义。而采用债务法，则在税率发生变动的当期，对递延税款的账面余额按照现行税率进行调整，使之能代表真正的未来预付或应付税款金额。

纳税影响会计法中的债务法根据具体处理方法又分为利润表债务法和资产负债表债务法。

目前，应付税款法和递延法由于自身的不足以及不适应新的会计理论和原则而逐渐被淘汰，债务法因其能更真实反映企业将来与纳税有关的现金流量，使资产负债表上的递延税款数额更富有资产或负债的意义，因而被世界上越来越多的国家和地区所采用。

我国旧的会计准则规定企业可以采用应付税款法或纳税影响会计法核算所得税，其中纳税影响会计法中的债务法为损益表债务法。从2007年开始实施的现行企业会计准则要求企业一律采用资产负债表债务法核算递延所得税。因此，在此仅对现行企业会计准则要求的会计处理方法——资产负债表债务法做介绍。

二、资产负债表债务法

资产负债表债务法是从资产负债表出发，通过比较资产、负债等项目按照企业会计准则规定确定的账面价值与按照税法规定确定的计税基础之间的差异，将该差异的所得税影响确认为递延所得税资产或递延所得税负债，并在此基础上确定所得税费用的一种方法。

在采用资产负债表债务法核算所得税的情况下，企业一般应于每一资产负债表日进行所得税的核算。发生特殊交易或事项时，如企业合并，在确认因交易或事项取得的资产、负债时，即应确认相关的所得税影响。企业进行所得税核算一般应遵循以下程序：

（1）按照相关会计准则规定，确定资产负债表中除了递延所得税资产和递延所得税负债以外的其他资产和负债项目的账面价值；

（2）以现行税法为基础，确定资产负债表相关资产和负债项目的计税基础；

（3）比较资产和负债的账面价值和计税基础，对于二者之间存在的差异，分析其性质，除了会计准则规定的特殊情况外，确定暂时性差异；

（4）将本期的暂时性差异根据适用税率进一步确定本期的递延所得税资产和递延所得税负债的应有金额，并将该金额与期初递延所得税资产和递延所得税负债的余额相比，确定当期应予确认的递延所得税资产和递延所得税负债；

（5）确定利润表中的所得税费用，利润表中的所得税费用包括当期所得税和递延所得税两个组成部分。

根据资产负债表债务法，资产或负债的账面价值大于或小于其计税基础就会产生纳税差异。因此，按照税法的规定确定资产或负债的计税基础是所得税核算的一个重要环节。

三、所得税费用的确认和计量

企业在计算确定当期所得税（即当期应交所得税）以及递延所得税费用的基础上，应将两者之和确认为利润表中的所得税费用。当期所得税，是指企业按照税法规定计算确定的针对当期发生的交易和事项，应缴纳给税务部门的所得税金额，即应交所得税，应以适用的税收法规为基础计算确定。企业在确定当期所得税时，对于当期发生的交易或事项，会计处理与税收处理不同的，应在会计利润的基础上，按照适用税收法规的要求进行调整，计算出当期应纳税所得额，按照应纳税所得额与适用所得税税率计算确定当期应交所得税。递延所得税是指企业在某一会计期间确认的递延所得税资产及递延所得税负债的综合结果，即按照企业会计准则规定应予确认的递延所得税资产和递延所得税负债在期末应有的金额相对于原已确认金额之间的差额，即递延所得税资产及递延所得税负债的当期发生额，但不包括直接计入所有者权益的交易或事项的所得税影响，用公式表示为：

所得税费用=当期所得税费用+递延所得税费用

应纳税所得额=会计利润±永久性差异±暂时性差异变动额

当期所得税费用即当期“应交税费——应交所得税”账户对应的所得税费用。

根据递延所得税资产和递延所得税负债的期末余额减去期初余额，计算本期递延所得税资产和递延所得税负债的发生额，正数为增加额，负数为减少额，综合考虑即为对所得税费用的影响，注意递延所得税费用如果为负数，是递延所得税收益，应该减去。

递延所得税费用(或收益)=(递延所得税负债的期末余额-递延所得税负债的期初余额)-(递延所得税资产的期末金额-递延所得税资产的期初余额)

递延所得税费用即递延所得税资产和递延所得税负债对所得税费用的影响，确认递延所得税资产（资产类科目，增加在借方）会减少所得税费用，会计处理如下：

借：递延所得税资产

　贷：所得税费用

转回递延所得税资产而增加所得税费用时：

借：所得税费用

　贷：递延所得税资产

确认递延所得税负债（负债类科目，增加在贷方）而增加所得税费用时：

借：所得税费用

　贷：递延所得税负债

转回递延所得税负债而减少所得税费用时：

借：递延所得税负债

　贷：所得税费用

需注意的是，如果某项交易或事项按照会计准则规定应计入所有者权益，由该交易或事项产生的递延所得税资产或递延所得税负债及其变化亦应计入所有者权益，不构成利润表中的所得税费用。

借：递延所得税资产

　　所得税费用——递延所得税费用

　贷：递延所得税负债

四、企业所得税的账户设置

在企业所得税会计处理中需要设置“应交所得税”或“应交企业所得税”账户，它既可以作为总账账户，又可以作为“应交税费”总账账户下的一个二级账户，反映企业所得税的应交、实际上交和退补等情况。本账户的贷方反映应交和应补交的所得税，借方反映实际上交和实际补交的企业所得税；贷方余额反映应交未交的所得税，借方余额反映多交的所得税。企业各期应交所得税的余额是根据当期应纳税所得额与法定所得税率计算的企业应交所得税税款，借记“所得税费用——当期所得税费用”，贷记本账户。实际缴纳时，借记本账户，贷记“银行存款”。

执行《小企业会计准则》的企业，所得税会计处理保持与税法的一致性，其会计记录体现两者合一；执行企业会计准则的企业，所得税会计处理呈现与税法的差异，其会计记录体现两者分离。在一套账簿体系下，以借记“所得税费用”总账金额是否保持与贷记“应交税费——应交企业所得税”金额的一致性为识别标准。如果在贷记“应交税费——应交企业所得税”依税法确认计量后，借方账户金额不再重新确认计量，即服从贷方，说明两者合一。如果在贷记“应交税费——应交企业所得税”依税法确认计量后，借方账户余额按会计准则规定重新确认计量，说明两者分离，其差额可以通过“递延税款”或“递延所得税资产”“递延所得税负债”予以反映。[①]

企业所得税的核算主要通过下列账户进行：

1.递延所得税资产

本账户核算企业确认的可抵扣暂时性差异产生的递延所得税资产和税法规定可用以后年度税前利润弥补的亏损、税款抵减产生的所得税资

---

① 盖地．税务会计与纳税筹划［M］．12版．大连：东北财经大学出版社，2017：256-257.

产金额，以及以后各期应转销的金额。企业应按可抵扣暂时性差异项目进行明细核算。

资产负债表日，按企业确认的递延所得税资产金额，借记本账户，贷记“所得税费用——递延所得税费用”；资产负债表日，递延所得税资产的应有余额大于其账面余额的，应按其差额确认，借记本账户，贷记“所得税费用——递延所得税费用”；资产负债表日，递延所得税资产的应有余额小于其账面余额的差额做相反的会计分录。

企业合并中取得资产、负债的入账价值与其计税基础不同形成可抵扣暂时性差异的，应于购买日确认递延所得税资产，借记本账户，贷记“商誉”等。与直接计入所有者权益的交易或事项相关的递延所得税资产，借记本账户，贷记“资本公积——其他资本公积”。

资产负债表日，预计未来期间很可能无法获得足够的应纳税所得额用以抵扣可抵扣暂时性差异的，按原已确认的递延所得税资产中应减记的金额，借记“所得税费用——递延所得税费用”“资本公积——其他资本公积”等，贷记本账户。

2.递延所得税负债

本账户核算企业确认的应纳税暂时性差异产生的递延所得税负债以及以后各期应转销的金额。企业按其应纳税暂时性差异项目进行明细核算。

资产负债表日，按企业确认的递延所得税负债金额，借记“所得税费用——递延所得税费用”，贷记本账户。资产负债表日，递延所得税负债的应有余额大于其账面余额的，应按其差额确认，借记“所得税费用——递延所得税费用”，贷记本账户；资产负债表日递延所得税负债的应有余额小于其账面余额的做相反的会计分录。

与直接计入所有者权益的交易或事项相关的递延所得税负债，借记“资本公积——其他资本公积”，贷记本账户。企业合并中取得资产、负债的入账价值与其计税基础不同形成应纳税暂时性差异的，应于购买日确认递延所得税负债，同时调整商誉，借记“商誉”，贷记本账户。

3.所得税费用

本账户核算企业根据所得税会计准则确认计量的应从利润总额中扣除的所得税费用。在资产负债表债务法下，按“当期所得税费用”“递延所得税费用”进行明细核算。企业按照税法规定计算确定的当期应交所得税，借记本账户（当期所得税费用），贷记“应交税费——应交所得税”。

资产负债表日，根据递延所得税资产的应有余额大于“递延所得税资产”账户余额的差额，借记“递延所得税资产”，贷记“所得税费用——递延所得税费用”“资本公积——其他资本公积”；递延所得税资产的应有余额小于“递延所得税资产”账户余额的差额做相反的会计分录。

企业应予确认的递延所得税负债，应当比照上述原则调整“所得税费用”“递延所得税负债”等相关账户。

4.应交税费——应交所得税

本账户核算企业按照税法规定本期应交的所得税，借记“所得税费用”，贷记本账户；实际缴纳所得税时，借记本账户，贷记“银行存款”。

五、资产负债表债务法所得税会计处理示例

【例17-6】假定甲股份有限公司（以下简称甲公司）2018年有关所得税资料如下：

（1）甲公司所得税采用资产负债表债务法核算，所得税税率为25%；年初递延所得税资产为49.5万元，其中存货项目余额29.7万元，未弥补亏损项目余额19.8万元。

（2）本年度实现利润总额500万元，其中取得国债利息收入20万元，因发生违法经营被罚款10万元，因违反合同支付违约金30万元（可在税前抵扣），工资及相关附加超过有60万元不符合抵扣要求；上述收入或支出已全部用现金结算完毕。

（3）年末计提固定资产减值准备50万元（年初减值准备为0），使固定资产账面价值比其计税基础小50万元；转回存货跌价准备70万元，使存货可抵扣暂时性差异由年初余额90万元减少到年末的20万元。

（4）年末计提产品保修费用40万元，计入销售费用，预计负债余额为40万元。

（5）至当年年末尚有60万元亏损没有弥补，其递延所得税资产余额为19.8万元。

（6）假设除上述事项外，没有发生其他纳税调整事项。

要求：（1）指出上述事项中，哪些将形成暂时性差异，属于何种暂

时性差异。

（2）计算甲公司2018年年末递延所得税资产余额、递延所得税负债余额。

（3）计算甲公司2018年应缴纳的所得税。

（4）计算甲公司2018年所得税费用，并进行会计处理。

解：（1）上述事项中，年末计提固定资产减值准备，使固定资产账面价值小于其计税基础，形成可抵扣暂时性差异；计提存货跌价准备，使存货的账面价值小于其计税基础，形成可抵扣暂时性差异；计提产品保修费形成的预计负债，账面价值大于其计税基础，形成可抵扣暂时性差异；尚未弥补的亏损，形成可抵扣暂时性差异。

（2）计算甲公司2018年年末递延所得税资产和递延所得税负债余额：

①固定资产项目的递延所得税资产年末余额=固定资产项目的年末可抵扣暂时性差异×税率

=50×25%=12.5（万元）

②存货项目的递延所得税资产年末余额=存货项目的年末可抵扣暂时性差异×税率

=20×25%=5（万元）

③预计负债项目的递延所得税资产年末余额=预计负债项目的年末可抵扣暂时性差异×税率

=40×25%=10（万元）

④弥补亏损项目的递延所得税资产年末余额=亏损弥补项目的年末可抵扣暂时性差异×税率

=0×25%=0

⑤2018年年末递延所得税资产余额=固定资产项目的递延所得税资产年末余额+存货项目的递延所得税资产年末余额+预计负债项目的递延所得税资产年末余额+弥补亏损项目的递延所得税资产年末余额

=12.5+5+10+0=27.5（万元）

（3）计算甲公司2018年应交所得税：

2018年应交所得税=应纳税所得额×所得税税率

=（利润总额−国债利息收入+违法经营罚款+不能抵扣的人工费用+计提固定资产减值准备−转回存货跌价准备+计提保修费−亏损弥补）×25%

=（500−20+10+60+50−70+40−60）×25%

=127.5（万元）

（4）计算甲公司2018年所得税费用：

$$\text{所得税费用}=\text{本期应交所得税}+\left(\text{期末递延所得税负债}-\text{期初递延所得税负债}\right)-\left(\text{期末递延所得税资产}-\text{期初递延所得税资产}\right)$$

=127.5+（0−0）−（27.5−49.5）=149.5（万元）

甲公司所得税的会计处理如下（单位：万元）：

借：所得税费用　　149.5

　贷：应交税费　　127.5

　　　递延所得税资产　　22

【例17-7】甲企业2015—2018年的账面利润分别为−100 000元、30 000元、40 000元、50 000元，假定无其他纳税调整事项，所得税税率为25%。根据上述资料做相关会计处理。

解：2015年12月31日，如果甲企业有充分的理由可以确定以后年度有足够的应税利润用以弥补当年亏损，此时应当确认递延所得税资产25 000元（100 000×25%）。

借：递延所得税资产　　25 000

　贷：所得税费用　　25 000

2016年实现利润30 000元，全部用于弥补2015年亏损，应转回递延所得税资产7 500元（30 000×25%）。

借：所得税费用　　7 500

　贷：递延所得税资产　　7 500

2017年，实现利润40 000元，全部用于弥补2015年亏损，应转回递延所得税资产10 000元（40 000×25%）。

借：所得税费用　　10 000

　贷：递延所得税资产　　10 000

2018年，实现利润50 000元，除了用于弥补2015年亏损30 000元外，剩余的20 000元应缴企业所得税5 000元（20 000×25%），应转回递延所得税资产7 500元（30 000×25%）。

借：所得税费用　　12 500

　贷：递延所得税资产　　7 500

　　　应交税费——应交所得税　　5 000

技能训练题

一、单项选择题

1. 非居民企业在中国境内未设立机构、场所的，或者虽设立机构、场所但取得的所得与其所设机构、场所没有实际联系的，适用税率为（　　）。

A.10%　　B.15%

C.20%　　D.25%

2. 符合条件的小型微利企业，减按（　　）的税率征收企业所得税。

A.10%　　B.15%

C.20%　　D.25%

3. 国家需要重点扶持的高新技术企业，减按（　　）的税率征收企业所得税。

A.10%　　B.15%

C.20%　　D.25%

4. 对非居民企业在中国境内未设立机构、场所的，或者虽设立机构、场所但取得的所得与其所设机构、场所没有实际联系的，应当就其来源于中国境内的所得缴纳企业所得税，实行源泉扣缴，扣缴义务人每次代扣的税款，应当自代扣之日起（　　）日内缴入国库。

A.5　　B.7

C.10　　D.30

5. 现行企业所得税的税率是（　　）。

A.10%　　B.15%

C.20%　　D.25%

6. 除税收法律、行政法规另有规定外，居民企业以企业（　　）为纳税地点。

A. 机构所在地　　B. 登记注册地

C. 经营所在地　　D. 户籍所在地

7. 下列各项中，在计算企业应纳税所得额时不准从收入总额中扣除的是（　　）。

A.增值税

B.印花税

C.资源税

D.关税

8.纳税人发生年度亏损的，可用下一纳税年度的所得弥补，下一纳税年度的所得不足弥补的，可以逐年延续弥补，但最长不得超过（　　）年。

A.1

B.3

C.5

D.10

9.企业所得税按（　　）计算。

A.季

B.纳税年度

C.月

D.年

10.企业应当自月份或者季度终了之日起（　　）日内，向税务机关报送预缴企业所得税纳税申报表，预缴税款。

A.10

B.15

C.20

D.30

11.企业应当自年度终了之日起（　　）个月内，向税务机关报送年度企业所得税纳税申报表，并汇算清缴，结清应缴应退税款。

A.3

B.4

C.5

D.6

12.企业在年度中间终止经营活动的，应当自实际经营终止之日起（　　）日内，向税务机关办理当期企业所得税汇算清缴。

A.15

B.20

C.30

D.60

13.《企业所得税法》颁布前已经批准设立的企业，依照当时的税收法律、行政法规规定，享受低税率优惠的，按照国务院规定，可以在本法施行后（　　）年内，逐步过渡到本法规定的税率。

A.2

B.3

C.5

D.10

14.下列项目中，符合企业所得税前扣除项目规定的是（　　）。

A.投资风险准备基金

B.残疾人就业保障基金

C.短期投资跌价准备金

D.长期投资减值准备金

15.下列税种中，在计算企业应纳税所得额时，不准从收入总额中扣除的是（　　）。

A.增值税　　B.消费税

C.城建税　　D.土地增值税

二、多项选择题

1.属于企业所得税纳税人的有（　　）。

A.国有企业　　B.外商投资企业和外国企业

C.个人独资企业　　D.个人合伙企业

2.根据《企业所得税法》的规定，企业的下列收入免征企业所得税的有（　　）。

A.国债利息收入

B.接受捐赠收入

C.利息收入

D.在中国境内设立机构、场所的非居民企业从居民企业取得与该机构、场所有实际联系的股息、红利等权益性投资收益

3.根据《企业所得税法》的规定，企业的下列收入不征企业所得税的有（　　）。

A.财政拨款

B.依法收取并纳入财政管理的行政事业性收费、政府性基金

C.国务院规定的其他不征税收入

D.接受捐赠收入

4.企业发生的下列支出中，在计算应纳税所得额时不予扣除的有（　　）。

A.市场监管机关所处罚款　　B.银行加收的罚息

C.司法机关所处罚金　　D.税务机关加收的税收滞纳金

5.根据企业所得税法律制度的有关规定，下列各项中，属于计算企业应纳税所得额时准予扣除的项目有（　　）。

A.缴纳的消费税　　B.缴纳的税收滞纳金

C.市场监管机关所处罚款　　D.缴纳的财产保险费

6.企业实际发生的与取得收入有关的、合理的支出，包括（　　）和其他支出，准予在计算应纳税所得额时扣除。

A.成本　　B.费用

C.税金　　D.损失

7.企业的下列（　　）支出，可以在计算应纳税所得额时加计扣除。

A.开发新技术、新产品、新工艺发生的研究开发费用

B.安置残疾人员及国家鼓励安置的其他就业人员所支付的工资

C.固定资产折旧

D.无形资产摊销

8.在计算应纳税所得额时，企业发生的（　　）作为长期待摊费用，按照规定摊销的，准予扣除。

A.已足额提取折旧的固定资产的改建支出

B.租入固定资产的改建支出

C.固定资产的大修理支出

D.其他应当作为长期待摊费用的支出

9.企业（　　）不得计算折旧扣除。

A.房屋、建筑物以外未投入使用的固定资产

B.以经营租赁方式租入的固定资产

C.以融资租赁方式租出的固定资产

D.已足额提取折旧仍继续使用的固定资产

10.企业依据（　　）标准，区分为居民企业和非居民企业。

A.注册成立地　　B.实际管理机构所在地

C.劳务发生地　　D.注册时间

11.下列各项中，以"销售（营业）收入"为基数计算扣除限额的有（　　）。

A.广告费　　B.业务招待费

C.业务宣传费　　D.总机构管理费

12.下列各项中，按《企业所得税法》规定应当提取折旧的有（　　）。

A.大修理停用的机器设备

B.按规定提取维检费的固定资产

C.以融资租赁方式租入的固定资产

D.以经营租赁方式租入的固定资产

三、判断题

1.国家对企业取得的非法所得不予征税。（　　）

2. 企业对外投资期间，投资资产的成本在计算应纳税所得额时不得扣除。 （ ）

3. 企业在汇总计算缴纳企业所得税时，其境外营业机构的亏损不得抵减境内营业机构的盈利。 （ ）

4. 企业纳税年度发生的亏损，准予向以后年度结转，用以后年度的所得弥补，但结转年限最长不得超过5年。 （ ）

5. 在计算应纳税所得额时，企业财务会计处理办法与税收法律、行政法规的规定不一致的，应当依照税收法律、行政法规的规定计算。

（ ）

6. 对非居民企业在中国境内取得工程作业和劳务所得应缴纳的企业所得税，税务机关可以指定工程价款或者劳务费的支付人为扣缴义务人。 （ ）

7. 企业与其关联方之间的业务往来，不符合独立交易原则而减少企业或者其关联方应纳税收入或者所得额的，税务机关有权按照合理方法调整。 （ ）

8. 企业不提供与其关联方之间业务往来资料，或者提供虚假、不完整资料，未能真实反映其关联业务往来情况的，税务机关有权依法核定其应纳税所得额。 （ ）

9. 企业从其关联方接受的债权性投资与权益性投资的比例超过规定标准而发生的利息支出，不得在计算应纳税所得额时扣除。 （ ）

10. 居民企业在中国境内设立不具有法人资格的营业机构的，应当汇总计算并缴纳企业所得税。 （ ）

11. 企业发生的公益性捐赠支出，在年度利润总额12%以内的部分，准予在计算应纳税所得额时扣除。 （ ）

12. 除国务院另有规定外，企业之间不得合并缴纳企业所得税。 （ ）

13. 企业的应纳税所得额乘以适用税率，减除依照税法规定减免和抵免的税额后的余额，为应纳税额。 （ ）

四、计算题

1. 某企业2019年发生下列业务：

（1）销售产品收入2 000万元。

（2）接受捐赠材料一批，取得捐赠方开具的增值税发票，注明价款

10万元、增值税1.3万元；企业找一运输公司将该批材料运回企业，支付运杂费0.3万元。

（3）转让一项商标所有权，取得资产处置收益60万元。

（4）收取当年让渡资产使用权的专利实施许可费，取得其他业务收入10万元。

（5）取得国债利息2万元。

（6）全年销售成本1 000万元；税金及附加100万元。

（7）全年销售费用500万元，含广告费400万元；全年管理费用200万元，含招待费80万元；全年财务费用50万元。

（8）全年营业外支出40万元，含通过政府部门对灾区捐款20万元；直接对私立小学捐款10万元；违反政府规定被市场监督管理局罚款2万元。

要求：（1）计算该企业的会计利润总额；

（2）计算该企业对收入的纳税调整额；

（3）计算该企业对广告费用的纳税调整额；

（4）计算该企业对招待费的纳税调整额；

（5）计算该企业对营业外支出的纳税调整额；

（6）计算该企业的应纳税所得额；

（7）计算该企业应纳的所得税税额。

2.某外商投资企业2019年在我国境内取得所得160万元，取得来自A国税后所得20万元，在A国已纳所得税5万元。

要求：计算该企业2019年度应纳的企业所得税（该企业2018年来自A国的已纳所得税因超过抵免限额尚未扣除的余额为1万元）。

3.境外某公司在中国境内未设立机构、场所，2019年取得境内甲公司支付的贷款利息收入100万元；取得境内乙公司支付的财产转让收入80万元，该项财产净值为60万元。

要求：计算该境外公司应纳的企业所得税。

4.某私营企业注册资金300万元，从业人员20人，2020年2月10日向其主管税务机关申报2019年度取得收入总额146万元，发生直接成本120万元、其他费用33万元，全年应纳税所得额-7万元。后经税务机关审核，其成本、费用无误，但收入总额不能准确核算。假定应税所得率为15%。

要求：计算该企业2019年度应纳企业所得税。

第十八章

个人所得税会计

第一节　个人所得税的基本要素

个人所得税是对个人取得的应税所得征收的一种税，它体现了国家与个人之间的分配关系。

现行个人所得税的基本规范，是2018年8月31日第十三届全国人民代表大会常务委员会第五次会议通过的第七次修正的《中华人民共和国个人所得税法》（以下简称《个人所得税法》）以及2018年12月18日国务院令第707号第四次修订的《中华人民共和国个人所得税法实施条例》。根据新修正的《个人所得税法》及其实施条例，除工资、薪金所得政策自2018年10月1日起施行外，其他应税项目政策自2019年1月1日起施行。

个人所得税是世界各国普遍征收的一种税，与其他国家相比，我国的个人所得税具有以下特点：

1.实行综合与分类相结合的税制。个人所得税按税制设计及征收方式不同可分为综合税制、分类税制、综合与分类相结合的税制三种类型。我国现行个人所得税实行综合与分类相结合的税制。

2.累进税率与比例税率并用。比例税率计算简便，便于实行源泉扣缴；累进税率可以合理调节收入分配，体现公平。现行个人所得税对综合所得、经营所得，采用累进税率，实行量能负担；对其他所得，采用比例税率，实行等比负担。

3.费用扣除额范围较宽。各国个人所得税均有费用扣除的规定，只是扣除的方法及额度不尽相同。我国本着费用扣除从宽、从简的原则，采取定额扣除和定率扣除等多种扣除方法。

4.实行代扣代缴与自行申报纳税。《个人所得税法》规定，对纳税人的应纳税额分别采取由支付单位源泉扣缴和纳税人自行申报两种方法。

一、纳税人

按照国际通行的做法，我国个人所得税纳税人的确定也采用属人主义和属地主义两种原则。根据住所标准和居住时间标准，将个人所得税的纳税人分为居民个人和非居民个人。

（一）居民个人

居民个人是指在中国境内有住所，或者无住所而一个纳税年度内在中国境内居住累计满183天的个人。居民个人负有无限纳税义务，应就其来源于中国境内外的所得向我国申报纳税。

判定为“居民”个人的条件为“有住所或者无住所居住满183天”。在中国境内有住所，是指因户籍、家庭、经济利益关系而在中国境内习惯性居住的个人。习惯性居住地，是指个人因学习、工作、探亲等原因消除之后，没有理由在其他地方继续居留时，所要回到的地方，而不是指实际居住或在某一个特定时期内的居住地。在税收意义上，习惯性居住是判定纳税义务人是居民还是非居民的一个法律意义上的标准。例如，个人因学习、工作、探亲、旅游等原因而在中国境外居住，这些原因消除之后，必须回到中国境内居住，那么，中国就是该个人的习惯性居住地。对居民的确定，加上“住所”条件，可以将因公或其他原因到境外工作的人员纳入征税范围，堵塞了征收漏洞，也符合国际惯例。

纳税年度，指自公历1月1日起至12月31日止。

（二）非居民个人

非居民个人是指在中国境内无住所又不居住，或者无住所而一个纳税年度内在中国境内居住累计不满183天的个人。非居民个人负有有限纳税义务，仅就其来源于中国境内的所得向我国申报纳税。

判定为“非居民”个人须同时满足以下两个条件：（1）在中国境内无住所；（2）纳税年度内在中国境内居住累计不满183天。

（三）扣缴义务人

《个人所得税法》第九条规定，个人所得税以所得人为纳税义务人，以支付所得的单位或者个人为扣缴义务人。扣缴义务人扣缴税款时，纳税人应当向其提供纳税人识别号。

二、征税对象与所得来源地的确定

（一）征税对象[①]

个人所得税以纳税人取得的个人所得为征税对象。我国个人所得税采取列举法，没有列举的则不征税。

下列各项个人所得，应当缴纳个人所得税：

1.工资、薪金所得。这是指个人因任职或者受雇而取得的工资、薪金、奖金、年终加薪、劳动分红、津贴、补贴以及与任职或者受雇有关的其他所得。

一般来说，工资、薪金所得属于非独立个人劳动所得。

假日加班工资不属于国家统一规定发给的补贴、津贴，应并入工薪收入依法纳税。

下列收入不属于工资、薪金所得：

（1）独生子女补贴；

（2）执行公务员工资制度未纳入基本工资总额的补贴、津贴差额和家属成员的副食品补贴；

（3）托儿补助费；

（4）差旅费津贴、误餐补助（指按财政部门规定，个人因公在城区、郊区工作，不能在工作单位或返回就餐，确实需要在外就餐的，根

① 《个人所得税法》修正前，应税项目为11项，修正后为9项，主要变化是把“个体工商户的生产、经营所得和对企事业单位的承包、承租经营所得”合并为“经营所得”，删除了“其他所得”项目。

据实际误餐顿数，按规定的标准领取的误餐费）。

2.劳务报酬所得。这是指个人从事劳务取得的所得，包括从事设计、装潢、安装、制图、化验、测试、医疗、法律、会计、咨询、讲学、新闻、广播、审稿、书画、雕刻、影视、录音、录像、演出、表演、广告、展览、技术服务、介绍服务、经纪服务、代办服务以及其他劳务取得的所得。个人担任董事职务所取得的董事费收入，按劳务报酬所得纳税。

是否存在雇佣与被雇佣关系是判断一种收入是工资、薪金所得还是劳务报酬所得的重要标准。个人独立从事某种技艺、独立提供某种劳务而取得的所得，属劳务报酬所得；个人从事非独立劳动、从所任职单位领取的报酬，属工资、薪金所得。

3.稿酬所得。这是指个人因其作品以图书、报刊形式出版、发表而取得的所得。作品包括文学作品、书画作品、摄影作品以及其他作品。作者去世后，财产继承人取得的遗作稿酬也应按稿酬所得缴纳个人所得税。

4.特许权使用费所得。这是指个人提供或转让专利权、商标权、著作权、非专利权，以及其他特许权的使用权取得的所得。

5.经营所得。这是指：

（1）个体工商户从事生产、经营活动取得的所得，个人独资企业投资人、合伙企业的个人合伙人来源于境内注册的个人独资企业、合伙企业生产、经营的所得；

（2）个人依法从事办学、医疗、咨询以及其他有偿服务活动取得的所得；

（3）个人对企业、事业单位承包经营、承租经营以及转包、转租取得的所得；

（4）个人从事其他生产、经营活动取得的所得。

6.利息、股息、红利所得。这是指个人拥有债权、股权等而取得的利息、股息、红利所得。

利息一般指存款、贷款和债券的利息。

股息、红利是指个人拥有股权取得的公司、企业分红。按照一定比例派发的每股息金称股息；根据企业、公司应分派的、超过股息部分的利润，按股派发的红股称红利。

7.财产租赁所得。这是指个人出租不动产、机器设备、车船以及其他财产取得的所得。

转租财产的所得也属于财产租赁所得。

8.财产转让所得。这是指个人转让有价证券、股权、合伙企业中的财产份额、不动产、机器设备、车船以及其他财产取得的所得。

鉴于我国证券市场发育还不成熟，目前对股票交易所得暂不征收个人所得税。

9.偶然所得。这是指个人得奖、中奖、中彩及其他偶然性质的所得。

个人取得的所得，难以界定应纳税所得项目的，由国务院税务主管部门确定。

税法规定，除“经营所得”外，其他应税所得项目适用扣缴义务人（特定情形除外）。

个人所得的形式包括现金、实物、有价证券和其他形式的经济利益。所得为实物的，应当按照取得的凭证上所注明的价格计算应纳税所得额；无凭证的实物或者凭证上所注明的价格明显偏低的，参照市场价格核定应纳税所得额。所得为有价证券的，根据票面价格和市场价格核定应纳税所得额。所得为其他形式的经济利益的，参照市场价格核定应纳税所得额。

居民个人取得的第一项至第四项所得，称为综合所得，按纳税年度合并计算个人所得税。

（二）所得来源地的确定

除国务院财政、税务主管部门另有规定外，下列所得，不论支付地点是否在中国境内，均为来源于中国境内的所得：

（1）因任职、受雇、履约等在中国境内提供劳务取得的所得；

（2）将财产出租给承租人在中国境内使用而取得的所得；

（3）许可各种特许权在中国境内使用而取得的所得；

（4）转让中国境内的不动产等财产或者在中国境内转让其他财产取得的所得；

（5）从中国境内企业、事业单位、其他组织以及居民个人取得的利息、股息、红利所得。

三、税率

个人所得税根据不同的征税项目，分别规定了两种不同的税率：超额累进税率和比例税率。

（一）七级超额累进税率

综合所得适用3%～45%的七级超额累进税率，见表18-1。

表18-1　　个人所得税税率表一（综合所得适用）

级数	全年应纳税所得额	税率(%)	速算扣除数(元)
1	不超过36 000元的	3	0
2	超过36 000元至144 000元的部分	10	2 520
3	超过144 000元至300 000元的部分	20	16 920
4	超过300 000元至420 000元的部分	25	31 920
5	超过420 000元至660 000元的部分	30	52 920
6	超过660 000元至960 000元的部分	35	85 920
7	超过960 000元的部分	45	181 920

注：①本表所称全年应纳税所得额是指依照《个人所得税法》第六条的规定，居民个人取得综合所得以每一纳税年度收入额减除费用6万元以及专项扣除、专项附加扣除和依法确定的其他扣除后的余额。

②非居民个人取得工资、薪金所得，劳务报酬所得，稿酬所得和特许权使用费所得，依照本表按月换算后计算应纳税额。

（二）五级超额累进税率

经营所得适用5%～35%的五级超额累进税率，见表18-2。

表18-2　　个人所得税税率表二（经营所得适用）

级数	全年应纳税所得额	税率(%)	速算扣除数(元)
1	不超过30 000元的	5	0
2	超过30 000元至90 000元的部分	10	1 500
3	超过90 000元至300 000元的部分	20	10 500
4	超过300 000元至500 000元的部分	25	40 500
5	超过500 000元的部分	30	65 500

注：本表所称全年应纳税所得额是指依照《个人所得税法》第六条的规定，以每一纳税年度的收入总额减除成本、费用以及损失后的余额。

（三）比例税率

利息、股息、红利所得，财产租赁所得，财产转让所得和偶然所得，适用比例税率，税率为20%。

第二节 个人所得税的计算

一、计税依据

个人所得税的计税依据是纳税人取得的应纳税所得额。应纳税所得额是个人取得的各项应税收入减去税法规定的扣除项目或扣除金额后的余额。正确计算应纳税所得额是依法征收个人所得税的基础。

我国个人所得税的扣除项目采取分项确定、分类扣除的方法，具体有定额、定率和会计核算三种扣除办法。

对工资、薪金所得，劳务报酬所得，稿酬所得和特许权使用费所得（以下简称综合所得），居民个人按纳税年度合并计算个人所得税，非居民个人按月或者按次分项计算个人所得税；对经营所得，利息、股息、红利所得，财产租赁所得，财产转让所得和偶然所得，则分项按次计算。

各项所得的计算，以人民币为单位。所得为人民币以外的货币的，按照人民币汇率中间价折合成人民币缴纳税款。

二、公益性捐赠与资助的扣除

个人将其所得对教育、扶贫、济困等公益慈善事业进行捐赠，捐赠额未超过纳税人申报的应纳税所得额30%的部分，可以从其应纳税所得额中扣除；国务院规定对公益慈善事业捐赠实行全额税前扣除的，从其规定。

个人通过非营利性的社会团体和国家机关向红十字事业、农村义务教育、公益性青少年活动场所、福利性老年服务机构、非关联的科研机构和高等学校开发新产品、新技术、新工艺所发生研究开发经费（偶然所得除外）的捐赠，准予从其个人所得税应纳税所得额中全额扣除，但不足抵扣的不得结转抵扣。

捐赠的税前扣除需要注意以下条件：一是允许税前扣除的捐赠项目

必须属于税法列举的教育、扶贫、济困等项目；二是个人应当通过国家机关或者拥有资格的社会团体进行捐赠，个人的直接捐赠原则上不能在税前扣除；三是个人的捐赠支出应当取得合法有效凭证，未取得合法有效凭证的不能在税前扣除。

三、应纳税额的计算

（一）居民个人综合所得应纳税额的计算

综合所得只适用于居民个人，而不适用于非居民个人。

1.居民个人的综合所得

居民个人的综合所得，以每一纳税年度的收入额减除费用6万元以及专项扣除、专项附加扣除和依法确定的其他扣除后的余额，为应纳税所得额。计算公式为：

$$\text{应纳税所得额}=\text{年度收入}-6\text{万元}-\text{专项扣除}-\text{专项附加扣除}-\text{依法确定的其他扣除}$$

$$\text{应纳税额}=\text{应纳税所得额}\times\text{适用税率}-\text{速算扣除数}$$

（1）基本减除费用，是最为基础的一项生计扣除，全员适用，5 000元/月，60 000元/年。

（2）专项扣除，包括居民个人按照国家规定的范围和标准缴纳的基本养老保险、基本医疗保险、失业保险等社会保险费和住房公积金等。

（3）专项附加扣除，包括子女教育、继续教育、大病医疗、住房贷款利息或者住房租金、赡养老人等支出。

①子女教育。纳税人的子女接受全日制学历教育的相关支出，按照每个子女每月1 000元的标准定额扣除。

学历教育包括义务教育（小学、初中教育）、高中阶段教育（普通高中、中等职业、技工教育）、高等教育（大学专科、大学本科、硕士研究生、博士研究生教育）。

年满3岁至小学入学前处于学前教育阶段的子女，不论是否在幼儿园学习，均可按规定扣除。

受教育地点，包括在中国境内和在境外接受教育；纳税人子女在中国境外接受教育的，纳税人应当留存境外学校录取通知书、留学签证等相关教育的证明资料备查。

父母可以选择由其中一方按扣除标准的100%扣除，也可以选择由双方分别按扣除标准的50%扣除，具体扣除方式在一个纳税年度内不能变更。

②继续教育。纳税人在中国境内接受学历（学位）继续教育的支出，在学历（学位）继续教育期间按照每月400元定额扣除。同一学历（学位）继续教育的扣除期限不能超过48个月。纳税人接受技能人员职业资格继续教育、专业技术人员职业资格继续教育的支出，在取得相关证书的当年，按照3 600元定额扣除。

个人接受本科及以下学历（学位）继续教育，符合扣除条件的，可以选择由其父母扣除，也可以选择由本人扣除。

纳税人接受技能人员职业资格继续教育、专业技术人员职业资格继续教育的，应当留存相关证书等资料备查。

③住房贷款利息。纳税人本人或者配偶单独或者共同使用商业银行或者住房公积金个人住房贷款为本人或者其配偶购买中国境内住房，发生的首套住房贷款（指购买住房享受首套住房贷款利率的住房贷款）利息支出，在实际发生贷款利息的年度，按照每月1 000元的标准定额扣除，扣除期限最长不超过240个月。纳税人只能享受一次首套住房贷款的利息扣除。

经夫妻双方约定，可以选择由其中一方扣除，具体扣除方式在一个纳税年度内不能变更。

夫妻双方婚前分别购买住房发生的首套住房贷款，其贷款利息支出，婚后可以选择其中一套购买的住房，由购买方按扣除标准的100%扣除，也可以由夫妻双方对各自购买的住房分别按扣除标准的50%扣除，具体扣除方式在一个纳税年度内不能变更。

纳税人应当留存住房贷款合同、贷款还款支出凭证备查。

④住房租金。纳税人在主要工作城市没有自有住房而发生的住房租金支出，可以按照以下标准定额扣除：

第一，直辖市、省会（首府）城市、计划单列市以及国务院确定的其他城市，扣除标准为每月1 500元。

第二，除第一项所列城市以外，市辖区户籍人口超过100万的城市，扣除标准为每月1 100元；市辖区户籍人口不超过100万的城市，扣除标准为每月800元。

纳税人的配偶在纳税人的主要工作城市有自有住房的，视同纳税人在主要工作城市有自有住房。夫妻双方主要工作城市相同的，只能由一方扣除住房租金支出。

住房租金支出由签订租赁住房合同的承租人扣除。

纳税人及其配偶在一个纳税年度内不能同时分别享受住房贷款利息和住房租金专项附加扣除。

⑤赡养老人。纳税人赡养一位及以上被赡养人的赡养支出，统一按照以下标准定额扣除：

第一，纳税人为独生子女的，按照每月2 000元的标准定额扣除。

第二，纳税人为非独生子女的，由其与兄弟姐妹分摊每月2 000元的扣除额度，每人分摊的额度不能超过每月1 000元。可以由赡养人均摊或者约定分摊，也可以由被赡养人指定分摊。约定或者指定分摊的须签订书面分摊协议，指定分摊优先于约定分摊。具体分摊方式和额度在一个纳税年度内不能变更。

⑥大病医疗。在一个纳税年度内，纳税人发生的与基本医保相关的医药费用支出，扣除医保报销后个人负担（指医保目录范围内的自付部分）累计超过15 000元的部分，由纳税人在办理年度汇算清缴时，在80 000元限额内据实扣除。

纳税人发生的医药费用支出可以选择由本人或者其配偶扣除；未成年子女发生的医药费用支出可以选择由其父母一方扣除。

纳税人应当留存医药服务收费及医保报销相关票据原件（或者复印件）等资料备查。医疗保障部门应当向患者提供在医疗保障信息系统记录的本人年度医药费用信息查询服务。

需要说明的是：

第一，所有的专项附加扣除额本年度扣除不完的，不能结转以后年度。

第二，纳税人年度内没有工资、薪金所得，预扣预缴时暂不能扣除，待年度汇算清缴时再申报扣除。

第三，纳税人同时从两处以上取得工资、薪金所得，并由扣缴义务人办理专项附加扣除的，对同一专项附加扣除项目，只能选择从其中一处扣除。但是不同的专项附加扣除项目可以选择在不同的扣缴地分别扣除。

（4）依法确定的其他扣除，包括个人缴付符合国家规定的企业年金、职业年金，个人购买符合国家规定的商业健康保险、税收递延型商业养老保险的支出，以及国务院规定可以扣除的其他项目（指公务交通补贴和通信补贴）。

扣缴义务人向居民个人支付工资、薪金所得时，应当按照累计预扣法计算预扣税款，并按月办理全员全额扣缴申报。

比如，要计算5月份的预扣预缴税款，要先计算1—5月份累计预扣预缴应纳税所得额总额，然后乘以预扣率，减去速算扣除数后的数，再减去累计减免税额和1—4月份每个月已经预扣预缴的税，才能得出5月份单月的预扣预缴税。

【例18-1】A市M公司员工张三2019年1月工资15 000元、2月工资45 000元、3月工资15 000元。有一个正在上小学的儿子，子女教育支出每月扣除1 000元；首套住房贷款利息支出每月1 000元；父母健在，且张三是独生子女，赡养老人支出每月可以扣除2 000元；每月缴纳社会保险和公积金等3 000元；购买符合条件的商业健康保险每月200元。

要求：计算该公司每月应代扣代缴的个人所得税。

解：

（1）2019年1月：

应纳税所得额=15 000−5 000（累计减除费用）−3 000（累计专项扣除）−4 000（累计专项附加扣除）−200（累计依法确定的其他扣除）

=2 800（元）

应纳税额=2800×3%=84（元）

（2）2019年2月：

应纳税所得额=60 000（累计收入）−10 000（累计减除费用）−6 000（累计专项扣除）−8 000（累计专项附加扣除）−400（累计依法确定的其他扣除）

=35 600（元）

应纳税额=35 600×3%−84（已预扣预缴税额）=984（元）

（3）2019年3月：

应纳税所得额=75 000（累计收入）−15 000（累计基本减除费用）−9 000（累计专项扣除）−12 000（累计专项附加扣除）−600（累计依法确定的其他扣除）

=38 400（元）

应纳税额=38 400×10%-2 520-1 068（已预扣预缴税额）=252（元）

2.非居民个人工资、薪金所得应纳税额的计算

在中国境内无住所的个人，在一个纳税年度内在中国境内居住累计不超过90天的，其来源于中国境内的所得，由境外雇主支付并且不由该雇主在中国境内的机构、场所负担的部分，免予缴纳个人所得税。

在中国境内无住所的个人，在中国境内居住累计满183天的年度连续不满6年的，经向主管税务机关备案，其来源于中国境外且由境外单位或者个人支付的所得，免予缴纳个人所得税；在中国境内居住累计满183天的任一年度中有一次离境超过30天的，其在中国境内居住累计满183天的年度的连续年限重新起算。

自2018年10月1日起，非居民个人的工资、薪金所得，以每月收入额减除费用5 000元后的余额为应纳税所得额。

【例18-2】临时来华工作的美国专家Smith是非居民个人，2019年1月，某外商投资企业应付其工资26 000元。

要求：计算该企业应代扣代缴的个人所得税。

解：

应纳税所得额=26 000-5 000=21 000（元）

应代扣代缴的个人所得税=21 000×20%-1 410=2 790（元）

（二）劳务报酬所得、稿酬所得、特许权使用费所得

自2019年1月1日起，对劳务报酬所得、特许权使用费所得以各自每次取得的收入减除20%的费用后的余额为收入额，居民个人并入综合所得按年计算个人所得税，非居民个人按次计算个人所得税。

自2019年1月1日起，对稿酬所得以每次取得的收入减除20%的费用后的余额为收入额后减按70%计算纳税，居民个人并入综合所得按年计算个人所得税，非居民个人按次计算个人所得税。

劳务报酬所得、稿酬所得、特许权使用费所得，属于一次性收入的，以取得该项收入为一次；属于同一项目连续性收入的，以一个月内取得的收入为一次。

对转让特许权使用费所发生的中介费和相关税费允许扣除。

【例18-3】王某2019年从A企业取得特许权使用费15 000元，出版1本专著，取得稿酬80 000元。王某为居民个人，没有工资、薪金所

得，专项扣除和专项附加扣除暂不考虑。

要求：计算王某应纳的个人所得税。

解：

综合所得=15 000×（1-20%）+80 000×（1-20%）×（1-30%）=56 800（元）

应纳税所得额=56 800-60 000=-3 200<0，不用缴纳个人所得税。

（三）经营所得

经营所得与企业所得税的法人经营活动类似，与其他各项所得相比有以下特点：一是机构的稳定性；二是经营的持续性；三是不是一个人活动，这也是与劳务报酬所得的一个区别。

经营所得，以每一纳税年度的收入总额减除成本、费用以及损失后的余额为应纳税所得额。

成本、费用，是指生产、经营活动中发生的各项直接支出和分配计入成本的间接费用以及销售费用、管理费用、财务费用。

损失，是指生产、经营活动中发生的固定资产和存货的盘亏、毁损、报废损失，转让财产损失，坏账损失，自然灾害等不可抗力因素造成的损失以及其他损失。

自2019年1月1日起，取得综合所得的个人，以及通过个体工商户、个人独资企业、合伙企业取得经营所得的个人，发生符合规定的商业健康保险支出在2 400元/年的限额内据实扣除。

取得个体工商户的生产经营所得、对企事业单位的承包承租经营所得的个体工商户业主、个人独资企业投资者、合伙企业自然人合伙人和承包承租经营者，其缴纳的符合规定的税收递延型商业养老保险支出允许在申报扣除当年计算应纳税所得额时予以限额据实扣除，扣除限额按照不超过当年应税收入的6%和12 000元孰低办法确定。

取得经营所得的个人，没有综合所得的，计算其每一纳税年度的应纳税所得额时，应当减除费用6万元、专项扣除、专项附加扣除以及依法确定的其他扣除。专项附加扣除在办理汇算清缴时减除。

从事生产、经营活动，未提供完整、准确的纳税资料，不能正确计算应纳税所得额的，由主管税务机关核定应纳税所得额或者应纳税额。

【例18-4】王某经营一家餐饮店，属个人独资企业，假定2019年全年实现收入100万元，成本53万元，期间费用及税金37.35万元，其中支付投资者本人工资7万元，没有其他纳税调整事项。当年已预缴个人所得税5 000元。

王某当年还从甲公司取得工资收入12 000元/月，按规定每月缴付“三险一金”2 000元，没有专项附加扣除和依法确定的其他扣除项目。

王某没有其他经营所得。

要求：计算王某应纳的个人所得税。

解：

（1）计算综合所得应纳个人所得税

应纳税所得额=12 000×12−60 000−2 000×12=60 000（元）

应纳税额=60 000×10%−2 520=3 480（元）

（2）计算经营所得应纳个人所得税

因王某2019年有综合所得，已扣除费用60 000元及专项扣除，无其他扣除，则：

应纳税所得额=100−53−37.35=9.65（万元）

应纳税额=96 500×20%−10 500=8 800（元）

（3）王某应纳的个人所得税

应纳税额合计=3 480+8 800=12 280（元）

（四）财产租赁所得

个人取得的财产转租收入，也应按财产租赁所得项目征税。

对财产租赁所得，一般以个人每次的收入定额或定率扣除规定费用后的余额为应纳税所得额。

财产租赁所得以一个月内取得的收入为一次。每次收入不超过4 000元的，减除费用800元；每次收入4 000元以上的，减除20%的费用。

纳税人在出租财产过程中缴纳的税金和教育费附加，可持完税凭证，从其财产租赁收入中扣除。准予扣除的项目除了规定的费用和有关税费外，还准予扣除能够提供有效、准确凭证且证明由纳税人负担的该出租财产实际开支的修缮费用。允许扣除的修缮费用以800元为限。一次扣除不完的，准予在下一次继续扣除，直至扣完为止。

个人出租房屋的个人所得税应税收入不含增值税，计算房屋出租所得可扣除的税费不包括本次出租缴纳的增值税。个人转租房屋的，其向房屋出租方支付的租金及增值税额，在计算转租所得准予以扣除。

免征增值税的，确定计税依据时，成交价格、租金收入、转让房地产取得的收入不扣减增值税额。

《中华人民共和国增值税暂行条例实施细则》第九条所称的其他个人，采取一次性收取租金形式出租不动产取得的租金收入，可在对应的租赁期内平均分摊，分摊后的月租金收入未超过10万元的，免征增值税。

每次（月）收入不超过4 000元的，应纳税所得额计算公式为：

$$\text{应纳税所得额}=\text{每次(月)收入额}-\text{缴纳的税费}-\text{修缮费用(800元为限)}-800\text{元}$$

每次（月）收入超过4 000元的，应纳税所得额计算公式为：

$$\text{应纳税所得额}=\left[\text{每次(月)收入额}-\text{缴纳的税费}-\text{修缮费用(800元为限)}\right]\times(1-20\%)$$

财产租赁所得适用20%的比例税率。

对个人出租住房取得的所得减按10%的税率征收个人所得税。

应纳税额的计算公式为：

应纳税额=应纳税所得额×税率

【例18-5】赵先生2019年1月将自己位于某市区的住房出租给甲公司使用，租期1年，年租金收入50000元，应承租方要求到主管税务机关代开了增值税专用发票。

要求：计算应纳的个人所得税（免征增值税、教育费附加、地方教育附加、印花税、城镇土地使用税）。

解：

（1）计算房产税

应缴纳的房产税=50 000×4%=2 000（元）

（2）计算应纳的个人所得税

每次（月）收入额=（50 000-2 000）/12=4 000（元）

应纳个人所得税=（4 000-800）×10%×12=3 840（元）

（五）财产转让所得

财产转让所得，以转让财产的收入额减除财产原值和合理费用后的余额为应纳税所得额。

应纳税所得额计算公式为：

应纳税所得额=转让财产的收入额-合理费用-财产原值

转让财产的收入包括现金、实物、有价证券和其他形式的经济利益。

个人转让房屋的个人所得税应税收入不含增值税，其取得房屋时所支付价款中包含的增值税计入财产原值，计算转让所得时可扣除的税费不包括本次转让缴纳的增值税。

财产原值是指：

（1）有价证券，为买入价以及买入时按照规定缴纳的有关费用；

（2）建筑物，为建造费或者购进价格以及其他有关费用；

（3）土地使用权，为取得土地使用权所支付的金额、开发土地的费用及其他有关费用；

（4）机器设备、车船，为购进价格、运输费、安装费及其他有关费用；

（5）其他财产，参照以上方法确定。

纳税人未提供完整、准确的财产原值凭证，不能正确计算财产原值的，由主管税务机关核定其财产原值。

合理费用的扣除，是指卖出财产时按照规定支付的有关税费。

转让债权，采用加权平均法确定其应予减除的财产原值和合理费用，即纳税人购进的同一种类债券买入价和买进过程中缴纳的税费总和，除以纳税人购进的该种类债券数量之和，乘以纳税人卖出的该种类债券数量，再加上卖出该种类债券过程中缴纳的税费。用公式表示为：

$$\text{一次卖出某一种类债券允许扣除的买入价和费用}=\text{纳税人购进的该种类债券买入价和买进过程中缴纳的税费总和}\div\text{纳税人购进的该种类债券总数量}\times\text{一次卖出该种类债券的数量}+\text{卖出该种类债券过程中缴纳的税费}$$

个人因各种原因终止投资、联营、经营合作等行为，从被投资企业或合作项目、被投资企业的其他投资者以及合作项目的经营合作人取得股权转让收入、违约金、补偿金、赔偿金及以其他名目收回的款项等，均属于个人所得税应税收入，应按照“财产转让所得”项目适用的规定计算缴纳个人所得税。应纳税所得额的计算公式如下：

$$\text{应纳税所得额}=\text{个人取得的股权转让收入、违约金、补偿金、赔偿金及以其他名目收回款项合计数}-\text{原实际出资额（投入额）及相关税费}$$

财产转让所得适用20%的比例税率。

应纳税额的计算公式为：

$$\text{应纳税额}=\text{应纳税所得额}\times\text{税率}$$

转让限售股取得的所得属于“财产转让所得”，以每次限售股转让收入减除股票原值和合理税费后的余额为应纳税所得额。

对个人减持限售股，采取证券机构预扣预缴、纳税人自行申报清算的方式征收。

证券公司预扣预缴时：

$$\text{应纳税所得额}=\text{股改限售股复牌日收盘价}\times\text{减持股数}-\text{股改限售股复牌日收盘价}\times\text{减持股数}\times 15\%$$

个人申报纳税时：

应纳税所得额=限售股转让收入-（限售股原值+合理税费）

应纳税额=应纳税所得额×20%

【例18-6】李某持有某公司10万股限售股，原始取得成本为10万元。该公司股权分置改革后复牌上市，当日收盘价为12元。半年后，限售股全部解禁，李某将已经解禁的限售股全部减持，取得转让收入100万元，并支付印花税、过户费、佣金等税费2 000元。

要求：计算其应纳和应退的个人所得税。

解：（1）证券公司预扣预缴：

应纳税所得额=12×10-12×10×15%=102（万元）

应纳税额=102×20%=20.4（万元）

（2）自行申报清算：

应纳税所得额=100-（10+0.2）=89.8（万元）

应纳税额=89.8×20%=17.96（万元）

应退还的税款=20.4-17.96=2.44（万元）

（六）利息、股息、红利所得和偶然所得

利息、股息、红利所得，是指个人拥有债权、股权等而取得的利息、股息、红利所得。

偶然所得，是指个人得奖、中奖、中彩以及其他偶然性质的所得。

利息、股息、红利所得和偶然所得以个人每次取得的收入额为应纳税所得额，适用20%的比例税率，计算缴纳个人所得税。其应纳税额的计算公式为：

应纳税额=应纳税所得额（每次收入额）×适用税率（20%）

所谓每次收入，是指支付单位或个人每次支付利息、股息、红利时，个人所取得的收入为一次。

股份制企业在分配股息、红利时，以股票形式向股东个人支付应得的股息、红利（即派发红股），应以派发红股的股票票面金额为一次收入额，按“利息、股息、红利所得”项目计征个人所得税。

个人取得单张有奖发票奖金所得不超过800元（含800元）的，暂免征收个人所得税；个人取得单张有奖发票奖金所得超过800元的，应全额按照《个人所得税法》规定的“偶然所得”项目征收个人所得税。

对个人投资者、证券投资基金从上市公司（在上海、深圳证券交易所挂牌交易）取得的股息、红利所得，减按50%计入应纳税所得额。

（七）税额抵免与纳税调整

1.境外已纳税额的抵免

税收抵免是国家间消除重复征税、减轻纳税人税收负担的一种重要途径。

我国《个人所得税法》规定，居民个人从中国境外取得的所得，可以从其应纳税额中抵免已在境外缴纳的个人所得税税额，但抵免额不得超过该纳税人境外所得依照我国税法规定计算的应纳税额。

“从中国境外取得的所得”指“来源于”境外的所得，即境外的所得无论境内支付还是境外支付；而“来源于”境内的所得，无论境内支付还是境外支付都不存在税额抵免问题。

境外已纳税额，指居民个人来源于中国境外取得的所得，依照该所得来源国家（地区）的法律应当缴纳并且实际已经缴纳的税额。

境外已纳税额=境外所得×该国家（地区）适用税率

境外已纳税额抵免限额，指居民个人抵免已在境外缴纳的综合所得、经营所得以及其他所得的所得税税额的限额（简称抵免限额）。

除国务院财政、税务主管部门另有规定外，来源于中国境外一个国家（地区）的综合所得抵免限额、经营所得抵免限额以及其他所得抵免限额之和，为来源于该国家（地区）所得的抵免限额。

准予抵免（扣除）的实缴境外税款最多不能超过境外所得按我国税法计算的抵免限额（应纳税额或扣除限额）。居民个人申请抵免已在境外缴纳的个人所得税税额，应当提供境外税务机关出具的税款所属年度的有关纳税凭证。

我国个人所得税的抵免限额采用“分国不分项”的抵免规则。计算税收抵免限额时，按照“分国分项”方法计算，实际抵免时，按照“分国不分项”抵免。

鉴于综合所得、经营所得均适用累进税率，计算境内外所得的应纳税额时，需将个人来源于境内和境外的综合所得、经营所得，分别合并后计算应纳税额。其他所得为比例税率，计算个人境内和境外应纳税额时，不需合并计算，依照税法规定单独计算应纳税额即可。

居民个人在境外已缴税额小于扣除限额的，应缴纳差额部分；大于扣除限额的，按限额扣除，其超过部分在5年内补扣。

【例18-7】中国公民刘某在2019纳税年度，从A、B两国取得应税收入，从国内取得工资薪金收入100 000元，在A国一公司任职，取得工资、薪金收入80 000元，因提供一项专利技术使用权，一次取得特许权使用费收入30 000元，该两项收入在A国缴纳个人所得税4 000元；因在B国出版著作，获得稿酬收入（版税）40 000元，利息收入2 000元，并在B国缴纳该项收入的个人所得税5 000元。

假设：①专项扣除的五险一金费率为20%，境外工资薪金不缴纳五险一金；②专项附加扣除为子女教育12 000元、住房贷款利息12 000元、赡养老人24 000元，共计48 000元；③无依法确定的其他扣除。

要求：计算应纳的个人所得税。

解：

（1）中国境内、境外综合所得依照《个人所得税法》及其实施条例的规定计算的综合所得应纳税总额

=［100 000+80 000+30 000×（1−20%）+40 000×（1−20%）×70%−60 000−100 000×20%−48 000）］×10%−2 520

=7 320（元）

（2）来源于A国综合所得的抵免限额=7 320×110 000/250 000

=3 220.8（元）

刘某从A国取得应税所得在A国缴纳的个人所得税额的抵减限额为3 220.8元。其在A国实际缴纳个人所得税4 000元，高于抵减限额779.2元，不能在本年度扣除，但可在以后5个纳税年度的该国减除限额的余额中补减。

（3）来源于B国综合所得的抵免限额=7 320×40 000/250 000

=1 171.2（元）

（4）B国其他所得抵免限额=2 000×20%=400（元）

刘某从B国取得应税所得在B国缴纳的个人所得税额的抵减限额为1 171.2元。其在B国实际缴纳个人所得税5 000元，高于抵减限额，可以全额抵扣。

2.纳税调整

在经济全球化背景下，纳税人利用国家间税收政策的差异及信息的不对称，进行避税安排，获取不合理税收利益的情况越来越多，造成税收流失。

为了堵塞税收漏洞，维护国家税收权益，针对个人不按独立交易原则转让财产、在境外避税地纳税、实施不合理商业安排获取不当税收利益等避税行为，《个人所得税法》赋予税务机关按合理方法进行纳税调整的权力。

有下列情形之一的，税务机关有权按照合理方法进行纳税调整：

（1）个人与其关联方之间的业务往来不符合独立交易原则而减少本人或者其关联方应纳税额，且无正当理由；

（2）居民个人控制的，或者居民个人和居民企业共同控制的设立在实际税负明显偏低的国家（地区）的企业，无合理经营需要，对应当归属于居民个人的利润不作分配或者减少分配；

（3）个人实施其他不具有合理商业目的的安排而获取不当税收利益。

税务机关依照规定做出纳税调整，需要补征税款的，应当补征税款，并依法加收利息。

利息按照税款所属纳税申报期最后一日中国人民银行公布的与补税期间同期的人民币贷款基准利率计算，自税款纳税申报期满次日起至补缴税款期限届满之日止按日加收。纳税人在补缴税款期限届满前补缴税款的，利息加收至补缴税款之日。

（八）个人所得税的特殊计算方法

1.居民个人取得全年一次性奖金如何计算个人所得税？

居民个人取得全年一次性奖金，符合相关规定的，在2021年12月

31日前，不并入当年综合所得，以全年一次性奖金收入除以12个月得到的数额，按照月度税率表确定适用税率和速算扣除数，单独计算纳税。计算公式为：

应纳税额=全年一次性奖金收入×适用税率-速算扣除数

居民个人取得全年一次性奖金，也可以选择并入当年综合所得计算纳税。

自2022年1月1日起，居民个人取得全年一次性奖金，应并入当年综合所得计算缴纳个人所得税。

具体计算方法如下：

将全年一次性奖金除以12个月后的商数，按照财税〔2018〕98号文件中所附的新月度税率表查找适用税率和速算扣除数。对于在取得年终一次性奖金的当月，个人工资收入低于5 000元的，可以先从全年一次性奖金中减去“当月工资收入低于5 000元的差额”，就其余额按适用税率和速算扣除数计算税款。但全年一次性奖金计税方法，纳税人在一个纳税年度内只能享受一次。

【例18-8】假定A公司2019年12月25日发放职工全年一次性奖金，员工王某获得一次性奖金30 000元，当月工资6 000元。（王某选择不将年终奖并入当年综合所得。）

要求：计算应纳的个人所得税。

解：

30 000元除以12，得出商数2 500元。

查月度税率表对应的税率是3%，速算扣除数是0。

全年一次性奖金应纳税额=30 000×3%-0=900（元）

假定当月工资4 500元，则按年终奖政策有：

每月均摊数=（30 000-500）/12=2 458.33（元），适用3%的税率

应纳个人所得税=（30 000-500）×3%=885（元）

2.中央企业负责人年度绩效薪金延期兑现收入和任期奖励如何计算个人所得税？

中央企业负责人取得年度绩效薪金延期兑现收入和任期奖励，符合相关规定的，在2021年12月31日前，不并入当年综合所得，参照全年一次性奖金征税规定执行。

3.上市公司股权激励如何计算个人所得税？

居民个人取得股票期权、股票增值权、限制性股票、股权奖励等股权激励（简称股权激励），符合相关条件的，在2021年12月31日前，不并入当年综合所得，全额单独适用综合所得税率表，计算纳税。计算公式为：

应纳税额=股权激励收入×适用税率-速算扣除数

居民个人一个纳税年度内取得两次以上（含两次）股权激励的，应将各次的所得合并后，不并入当年综合所得，全额单独适用综合所得税率表，计算纳税。

4.保险营销员、证券经纪人佣金收入如何计算个人所得税？

保险营销员、证券经纪人取得的佣金收入，属于劳务报酬所得，以不含增值税的收入减除20%的费用后的余额为收入额，收入额减去展业成本以及附加税费后，并入当年综合所得，计算缴纳个人所得税。保险营销员、证券经纪人展业成本按照收入额的25%计算。

扣缴义务人向保险营销员、证券经纪人支付佣金收入时，应按照规定的累计预扣法计算预扣税款。

5.个人领取企业年金、职业年金如何计算个人所得税？

个人达到国家规定的退休年龄，领取的企业年金、职业年金，符合政策规定的，不并入综合所得，全额单独计算应纳税款。其中按月领取的，适用月度税率表计算纳税；按季领取的，平均分摊计入各月，按每月领取额适用月度税率表计算纳税；按年领取的，适用综合所得税率表计算纳税。

个人因出境定居而一次性领取的年金个人账户资金，或个人死亡后，其指定的受益人或法定继承人一次性领取的年金个人账户余额，适用综合所得税率表计算纳税。对个人除上述特殊原因外一次性领取年金个人账户资金或余额的，适用月度税率表计算纳税。

6.解除劳动关系、提前退休、内部退养的一次性补偿收入如何计算个人所得税？

（1）个人与用人单位解除劳动关系取得一次性补偿收入（包括用人单位发放的经济补偿金、生活补助费和其他补助费），在当地上年职工平均工资3倍数额以内的部分，免征个人所得税；超过3倍数额的部分，不并入当年综合所得，单独适用综合所得税率表，计算纳税。

需要明确的是：

①可以税前限额扣除的一次性补偿收入应当符合法律的规定。对超出法律规定补偿的部分，无论是否超出“当地上年职工平均工资3倍数额”，均不得免征个人所得税。

②对全部符合法律规定的一次性补偿金额，以“当地上年职工平均工资”3倍为限，免征个人所得税。“当地上年职工平均工资”，按照《中华人民共和国劳动合同法》的规定，为直辖市或设区的市政府公布的“本地区上年度职工月平均工资”，即市级“上年社平工资”。

③超出法律规定补偿的部分以及合法补偿金额超过“当地上年职工平均工资”3倍的部分，不并入当年综合所得，单独适用综合所得税率表，计算纳税。

（2）个人办理提前退休手续而取得的一次性补贴收入，应按照办理提前退休手续至法定离退休年龄之间实际年度数平均分摊，确定适用税率和速算扣除数，单独适用综合所得税率表，计算纳税。计算公式：

$$\text{应纳税额}=\left[\left(\text{一次性补贴收入}\div\text{办理提前退休手续至法定退休年龄的实际年度数}-\text{费用扣除标准}\right)\times\text{适用税率}-\text{速算扣除数}\right]\times\text{办理提前退休手续至法定退休年龄的实际年度数}$$

（3）个人办理内部退养手续而取得的一次性补贴收入，按照《国家税务总局关于个人所得税有关政策问题的通知》（国税发〔1999〕58号）规定计算纳税。

【例18-9】A公司高管李先生任职14年，2019年11月依法与公司解除劳动关系，获得公司一次性补偿金28万元，李某离职前12个月平均月工资为20 000元，当地上年度职工年平均工资50 000元。

要求：计算李某应纳多少个人所得税。

解：依据规定，李先生与公司解除劳动关系的经济补偿金标准为当地上年职工平均工资3倍，即：

50 000×3/12=12 500（元）

20 000元>12 500元，应按12 500元计算补偿金标准，李先生工作超过12年，即：

可税前扣除经济补偿金=12 500×12=150 000（元）

应纳税所得额=280 000-150 000=130 000（元）

应纳个人所得税=130 000×10%-2 520=10 480（元）

7.单位低价向职工售房如何计算个人所得税？

单位按低于购置价格或建造成本价格出售住房给职工，职工因此而少支出的差价部分，不并入当年综合所得，以差价收入除以12个月得到的数额，按照月度税率表确定适用税率和速算扣除数，单独计算纳税。计算公式为：

$$\text{应纳税额}=\text{职工实际支付的购房价款低于该房屋的购置或建造成本价格的差额}\times\text{适用税率}-\text{速算扣除数}$$

8.外籍个人有关津补贴如何计算个人所得税？

2019年1月1日至2021年12月31日期间，外籍个人符合居民个人条件的，可以选择享受个人所得税专项附加扣除，也可以选择按照规定享受住房补贴、语言训练费、子女教育费等津补贴免税优惠政策，但不得同时享受。外籍个人一经选择，在一个纳税年度内不得变更。

自2022年1月1日起，外籍个人不再享受住房补贴、语言训练费、子女教育费津补贴免税优惠政策，应按规定享受专项附加扣除。

9.雇佣和派遣单位分别支付工资、薪金如何计算个人所得税？

在外商投资企业、外国企业和外国驻华机构工作的中方人员取得的工资、薪金收入，凡是由雇佣单位和派遣单位分别支付的，支付单位应依照税法规定代扣代缴个人所得税。

为简化征管，代扣代缴时只由雇佣单位在支付工资、薪金时按税法规定减除费用，计算扣缴个人所得税；派遣单位支付的工资、薪金不再减除费用，以支付金额直接确定适用税率，计算扣缴个人所得税。纳税义务人应持两处支付单位提供的原始明细工资、薪金单（书）和完税凭证原件，选择并固定到一地税务机关申报每月工资、薪金收入，汇算清缴其工资、薪金收入的个人所得税，多退少补。

对于可以提供有效合同或有关凭证，能够证明其工资、薪金所得的一部分按有关规定上交给派遣（介绍）单位的，可以扣除其实际上缴的部分，按其余额计征个人所得税。

10.特定行业职工取得的工资、薪金所得如何计算个人所得税？

为照顾采掘业、远洋运输业、远洋捕捞业因受季节、产量等因素的影响，职工的工资、薪金收入呈现较大幅度波动的实际情况，对其职工按月预缴税款，年度终了后30日内，合计全年工资、薪金所得减除费用6万元以及专项扣除、专项附加扣除和依法确定的其他扣除后的余额为应纳税所得额。对于船员伙食费不发给个人，而是用于集体用餐的，可允许该项补贴不计入船员个人的应纳税工资、薪金收入。计算公式为：

年终应补（退）税额=应纳税额-全年已代扣代缴税额

11.个人取得公务交通、通信补贴收入如何计算个人所得税？

个人因公务用车和通信制度改革而取得的公务用车、通信补贴收入，扣除一定标准的公务费用后，按照工资、薪金所得计征个人所得税。按月发放的，并入当月工资、薪金所得计征个人所得税；不按月发放的，分解到所属月份并与该月份工资、薪金所得合并征税。因公务用车制度改革而以现金、报销等形式向个人支付的收入，视为个人取得公务用车补贴收入。

公务费用扣除标准由当地政府制定，如当地政府未制定公务费用扣除标准，通信补贴按其补贴全额的20%作为个人收入扣缴个人所得税，交通补贴按其补贴全额的30%作为个人收入扣缴个人所得税。

12.两人以上共同取得同一项目收入如何计算个人所得税？

两人或两人以上共同取得同一项目收入的，应当对每个人取得的收入分别按照税法规定减除费用后计算纳税，即实行“先分收入、后扣费用、再计算纳税”的办法。

第三节　个人所得税的申报与缴纳

个人所得税的征收管理，依照《个人所得税法》和《税收征管法》的规定执行。

一、减免税

（一）免税项目

1.省级人民政府、国务院部委和中国人民解放军军以上单位，以及外国组织、国际组织颁发的科学、教育、技术、文化、卫生、体育、环境保护等方面的奖金。

2.国债和国家发行的金融债券利息（指中华人民共和国财政部发行的债券而取得的利息和国家发行的金融债券利息）。

3.按照国务院规定发放的补贴、津贴。

4.福利费、抚恤金、救济金。

5.保险赔款。

6.军人的转业安置费、复员费。

7.按照国家统一规定发给干部、职工的安家费、退职费、基本养老金或者退休费、离休费、离休生活补助费。

8.依照有关法律规定应予免税的各国驻华使馆、领事馆的外交代表、领事官员和其他人员的所得。

9.中国政府参加的国际公约、签订的协议中规定免税的所得。

10.国务院规定的其他免税所得。

（二）减征项目

1.残疾、孤老人员和烈属的所得。

2.因严重自然灾害造成重大损失的。

3.其他经国务院财政部门批准减税的。

（三）暂免征税项目

1.外籍个人以非现金形式或实报实销形式取得的住房补贴、伙食补贴、搬迁费、洗衣费。

2.外籍个人按合理标准取得的境内、境外出差补贴。

3.外籍个人取得的探亲费、语言训练费、子女教育费等，经当地税务机关审核批准为合理的部分。

4.外籍个人从外商投资企业取得的股息、红利所得。

5.凡符合下列条件之一的外籍专家取得的工资、薪金所得，可免征个人所得税：

（1）由世界银行直接派往我国工作的外国专家；

（2）联合国组织直接派往我国工作的专家；

（3）为联合国援助项目来华工作的专家；

（4）援助国派往我国专为该国援助项目工作的专家；

（5）根据两国政府签订的文化交流项目来华工作两年以内的文教专

家，其工资、薪金所得由该国负担的；

（6）根据我国大专院校国际交流项目来华工作两年以内的文教专家，其工资、薪金所得由该国负担的；

（7）通过民间科研协定来华工作的专家，其工资、薪金所得由该国政府机构负担的。

6.个人举报、协查各种违法、犯罪行为而获得的奖金。

7.个人办理代扣代缴税款手续，按规定取得的扣缴手续费。

8.个人转让自用达5年以上，并且是唯一的家庭生活用房取得的所得。

9.对个人购买福利彩票、体育彩票，一次中奖收入在1万元以下的（含1万元）暂免征收个人所得税，超过1万元的全额征收个人所得税。

10.达到离休、退休年龄，但确因工作需要，适当延长离休、退休年龄的高级专家（指享受国家发放的政府特殊津贴的专家、学者），其在延长离休、退休期间的工资、薪金所得，视同离休、退休工资免征个人所得税。

11.对国有企业职工，从破产企业取得的一次性安置费收入，免予征收个人所得税。

12.国有企业职工与企业解除劳动合同取得的一次性补偿收入，在当地上年企业职工年平均工资的3倍数额内，可免征个人所得税。

13.下岗职工从事社区居民服务业，对其取得的经营所得和劳务报酬所得，从事个体经营的自其领取税务登记证之日起、从事独立劳务服务的自其持下岗证明在当地主管税务机关备案之日起，3年内免征个人所得税。

14.个人取得的教育储蓄存款利息和按国家或省级地方政府规定的比例缴付的住房公积金、医疗保险金、基本养老保险金、失业保险金存入个人账户所取得的利息免税。

二、征收方式

我国个人所得税采取由支付单位源泉扣缴和纳税人自行申报纳税两种征收方法。

（一）支付单位源泉扣缴方法

个人所得税以所得个人为纳税人，以支付所得的单位或者个人为扣缴义务人。扣缴义务人向个人支付应税款项（包括现金支付、汇拨支付、转账支付，以有价证券、实物以及其他形式支付的折算金额）时，应当依照税法规定代扣代缴税款。

纳税人有中国公民身份号码的，以中国公民身份号码为纳税人识别号；纳税人没有中国公民身份号码的，由税务机关赋予其纳税人识别号。扣缴义务人扣缴税款时，纳税人应当向扣缴义务人提供纳税人识别号。

居民个人取得工资、薪金所得时，可以向扣缴义务人提供专项附加扣除有关信息，由扣缴义务人扣缴税款时减除专项附加扣除。

居民个人取得劳务报酬所得、稿酬所得、特许权使用费所得，应当在汇算清缴时向税务机关提供有关信息，减除专项附加扣除。

纳税人、扣缴义务人应当按照规定保存与专项附加扣除相关的资料。税务机关可以对纳税人提供的专项附加扣除信息进行抽查，具体办法由国务院税务主管部门另行规定。税务机关发现纳税人提供虚假信息的，应当责令改正并通知扣缴义务人；情节严重的，有关部门应当依法予以处理，纳入信用信息系统并实施联合惩戒。

扣缴义务人应当按照国家规定办理全员全额扣缴申报，在代扣税款的次月十五日内，向主管税务机关报送其支付所得的所有个人的有关信息、支付所得数额、扣除事项和数额、扣缴税款的具体数额和总额以及其他相关涉税信息资料，并向纳税人提供其个人所得和已扣缴税款等信息。

对扣缴义务人按照所扣缴的税款付给2%的手续费。

（二）纳税人自行申报纳税方法

有下列情形之一的，纳税人应当依法办理纳税申报：

（1）取得综合所得需要办理汇算清缴；

（2）取得应税所得没有扣缴义务人；

（3）取得应税所得而扣缴义务人未扣缴税款；

（4）取得境外所得；

（5）因移居境外注销中国户籍；

（6）非居民个人在中国境内从两处以上取得工资、薪金所得；

（7）国务院规定的其他情形。

三、纳税期限

居民个人取得综合所得，按年计算个人所得税；有扣缴义务人的，由扣缴义务人按月或者按次预扣预缴税款；需要办理汇算清缴的，应当在取得所得的次年3月1日至6月30日内办理汇算清缴。预扣预缴办法由国务院税务主管部门制定。

居民个人向扣缴义务人提供专项附加扣除信息的，扣缴义务人按月预扣预缴税款时应当按照规定予以扣除，不得拒绝。

非居民个人取得工资、薪金所得，劳务报酬所得，稿酬所得和特许权使用费所得，有扣缴义务人的，由扣缴义务人按月或者按次代扣代缴税款，不办理汇算清缴。

纳税人取得经营所得，按年计算个人所得税，由纳税人在月度或者季度终了后15日内向税务机关报送纳税申报表，并预缴税款，在取得所得的次年3月31日前办理汇算清缴。

纳税人取得利息、股息、红利所得，财产租赁所得，财产转让所得和偶然所得，按月或者按次计算个人所得税，有扣缴义务人的，由扣缴义务人按月或者按次代扣代缴税款。

纳税人取得应税所得没有扣缴义务人的，应当在取得所得的次月15日内向税务机关报送纳税申报表，并缴纳税款。

纳税人取得应税所得，扣缴义务人未扣缴税款的，纳税人应当在取得所得的次年6月30日前，缴纳税款；税务机关通知限期缴纳的，纳税人应当按照期限缴纳税款。

居民个人从中国境外取得所得的，应当在取得所得的次年3月1日至6月30日内申报纳税。

非居民个人在中国境内从两处以上取得工资、薪金所得的，应当在取得所得的次月15日内申报纳税。

纳税人因移居境外注销中国户籍的，应当在注销中国户籍前办理税款清算。

扣缴义务人每月或者每次预扣、代扣的税款，应当在次月15日内缴入国库，并向税务机关报送扣缴个人所得税申报表。

纳税人办理汇算清缴退税或者扣缴义务人为纳税人办理汇算清缴退税的，税务机关审核后，按照国库管理的有关规定办理退税。

四、退税

纳税人申请退税时提供的汇算清缴信息有错误的，税务机关应当告知其更正；纳税人更正的，税务机关应当及时办理退税。

扣缴义务人未将扣缴的税款解缴入库的，不影响纳税人按照规定申请退税，税务机关应当凭纳税人提供的有关资料办理退税。

纳税人申请退税，应当提供其在中国境内开设的银行账户，并在汇算清缴地就地办理税款退库。

第四节　个人所得税的会计处理

一、会计账户的设置

对于个人而言，个人所得税的缴纳不涉及会计核算问题，因而个人所得税的会计处理主要是指企业代扣代缴职工或其他个人的个人所得税所涉及的会计核算。

个人所得税的核算，通过“应交税费”账户进行，企业应该在“应交税费”账户下设置“应交个人所得税”明细账户，具体核算职工应纳的或企业应代扣代缴的个人所得税。

二、基本会计处理

（一）工资、薪金所得应纳个人所得税的会计处理

支付工资、薪金所得的单位扣缴的工资、薪金所得应纳的个人所得税税款，实际上是个人工资、薪金所得的一部分。代扣时，借记“应付职工薪酬”，贷记“应交税费——应交个人所得税”。缴纳代扣的个人所得税时，借记“应交税费——应交个人所得税”，贷记“银行存款”。

根据现行税收政策，企业为税务部门代扣代缴职工的个人所得税有两种情况：一种是企业职工自己承担的个人所得税，企业只负有扣缴义务；另一种是企业既承担职工的个人所得税，又负有扣缴义务。后一种情况又可分为定额负担税款、全额负担税款和按一定比例负担税款。

（二）企业职工自己承担个人所得税款的会计处理

【例 18-10】在某内资公司任职的中国公民王某，于 2019 年 2 月在该公司取得工资、薪金收入 8 200 元，奖金收入 1 000 元。按规定，该职

工自己承担个人所得税（专项扣除为2 000元，暂不考虑其他附加扣除）。计算王某2月份应纳的个人所得税并作会计处理。

解：应纳税所得额=8 200+1 000−5 000−2 000=2 200（元）

应纳税额=2 200×3%=66（元）

①支付工资时：

借：应付职工薪酬　　66

　贷：应交税费——应交个人所得税　　66

②缴纳个人所得税时：

借：应交税费——应交个人所得税　　66

　贷：银行存款　　66

（三）支付劳务报酬等代扣代缴个人所得税的会计处理

企业支付给个人的劳务报酬、特许权使用费、稿费、财产租赁费等时，一般由支付单位作为扣缴义务人向纳税人扣缴税款，并记入该企业的有关期间费用账户。企业在支付上述费用时，借记"管理费用""财务费用""销售费用""应付利润"等，贷记"应交税费——应交个人所得税""库存现金"等；实际缴纳时，借记"应交税费——应交个人所得税"，贷记"银行存款"等。

【例18-11】王某将房屋出租给某公司做写字楼，2019年1月获得房屋出租收入8 000元，当月缴纳税费合计320元，当月发生修缮费580元。计算其应纳的个人所得税并作会计处理。

解：应纳税所得额=（8 000−320−580）×（1−20%）=5 680（元）

应纳个人所得税=5 680×10%=568（元）

①该公司代扣纳税人应纳税款时：

借：管理费用　　568

　贷：应交税费　　568

②代缴税款时：

借：应交税费　　568

　贷：银行存款　　568

【例18-12】刘某将自己2016年8月以10万元购入的一套单元住宅于2019年1月份装修后出售给某公司，获财产转让所得20万元，出售前装修费用总支出为3万元（不考虑城市维护建设税及教育费附加）。

试作会计处理。

解：应纳税所得额=200 000-（100 000+30 000）=70 000（元）

应纳税额=70 000×20%=14 000（元）

①支付单位支付财产转让所得并代扣税款时：

借：固定资产（在建工程）　　200 000

　贷：应交税费　　14 000

　　　银行存款　　186 000

②代缴所扣税款时：

借：应交税费　　14 000

　贷：银行存款（库存现金）　　14 000

（四）向股东支付股利代扣代缴个人所得税的会计处理

股份公司向法人股东支付股票股利、现金股利时，因法人股东不缴纳个人所得税，所以无代扣代缴问题；若以资本公积转增股本，不属股息、红利的分配，也不涉及个人所得税问题。

公司向个人支付现金股利时，借记“利润分配——未分配利润”，贷记“应付股利”；实际支付现金并代扣个人所得税时，借记“应付股利”，贷记“库存现金”“应交税费——应交代扣个人所得税”。实际缴纳税款时，借记“应交税费——应交代扣个人所得税”，贷记“银行存款”。

【例18-13】李某从某投资基金管理公司分得派息分红1 500元。

要求：计算该公司在向李某派息分红时应代扣代缴的个人所得税，并作会计处理。

解：应纳个人所得税=1 500×20%=300（元）

借：应付利润　　1 500

　贷：银行存款　　1 200

　　　应交税费　　300

（五）经营所得的会计处理

承包经营、承租经营有两种情况，个人所得税也分别涉及两个项目：一是承包人、承租人对企业经营成果不拥有所有权，仅是按合同（协议）规定取得一定所得的，其所得按工资、薪金所得项目征税，适用3%～45%的超额累进税率。此时的个人所得税会计处理方法同工资、薪金所得扣缴所得税的会计处理。二是承包人、承租人按合同（协议）的规定只向发包、出租方交纳一定费用后，企业经营成果归其所有的，承包人、承租人取得的所得，按对企事业单位的承包、承租经营所得项目，适用5%～35%的超额累进税率计算缴税。此种情况应由承包人、承租人自行申报缴纳个人所得税，发包人、出租人不作扣缴所得税的会计处理。

对企事业单位的承包经营、承租经营取得的所得，如果由支付所得的单位代扣代缴的，支付所得的单位代扣税款时，借记"应付利润"科目，贷记"应交税费——应交代扣个人所得税"科目；实际代扣税款时，借记"应交税费——应交代扣个人所得税"科目，贷记"银行存款"科目。

【例18-14】吴某2019年1月承包一商店，承包期半年，按合同规定，6月份吴某取得承包收入55 000元。此外，吴某每月还从商店领取工资、薪金2 000元。试作会计处理。

解：6月份累计应纳税所得额=（55 000+6×2 000）−6×5 000=37 000（元）

全年应纳税所得额=37 000×2=74 000（元）

全年应纳税额=30 000×5%+（74 000−30 000）×10%=5 900（元）

6月份应纳所得税额=5 900÷2=2 950（元）

发包方的会计处理：

借：应付利润　　55 000

　　应付职工薪酬　　2 000

　贷：银行存款　　54 050

　　　应交税费——应交代扣个人所得税　　2 950

（六）个体工商户、独资和合伙企业个人所得税的会计处理

个体工商户、独资和合伙企业设置"留存收益"账户核算留存利润，年度终了，计算结果如为本年经营所得，应将本年经营所得扣除可在税前弥补的以前年度亏损后的余额转入该账户的贷方；同时计算确定本年应缴纳的个人所得税，记入该账户的借方。

【例18-15】2019年度某个体工商户经营所得300 000元，应缴纳的个人所得税为11 700元。试作会计处理。

解：

①计算出应纳的个人所得税时：

借：留存收益　　11 700

　贷：应交税费　　11 700

②缴纳个人所得税时：

借：应交税费　　11 700

　贷：银行存款　　11 700

技能训练题

一、单项选择题

1.下列项目中，属于劳务报酬所得的是（　　）。

A.发表论文取得的报酬

B.提供非专利技术取得的报酬

C.将国外的作品翻译出版取得的报酬

D.高校教师受出版社委托进行审稿取得的报酬

2.根据《个人所得税法》的有关规定，下列各项中，不属于个人所得税应税项目的是（　　）。

A.劳动报酬所得　　B.稿酬所得

C.保险赔款　　D.彩票中奖所得

3.居民个人来源于中国境外的所得在境外已纳税款，在计算其应纳税额时可做（　　）处理。

A.分国分项限额扣除

B.分国不分项的限额扣除

C.提供完税凭证原件的，据实扣除

D.提供完税凭证原件的，也不予扣除

4.个人出租房屋使用权取得的所得属于（　　）。

A.财产转让所得　　B.财产租赁所得

C.特许权使用费所得　　D.劳务报酬所得

5.下列属于非居民个人的是（　　）。

A.在中国境内无住所且不居住，但有来源于中国境内所得

B.在中国境内无住所

C.中国境内无住所，但居住时间满183天

D.在中国境内有住所，但目前未居住

6.下列应税项目中，不使用代缴方式缴纳的是（　　）。

A.工资、薪金所得　　B.稿酬所得

C.经营所得　　D.劳务报酬所得

7.个体工商户与其他企业联营而分得的利润缴纳个人所得税时（　　）。

A.按生产、经营所得项目征收个人所得税

B.按利息、股息、红利所得项目征收个人所得税

C.按财产转让所得项目征收个人所得税

D.不需要征收个人所得税

8.根据《个人所得税法》的规定，我国居民个人与非居民个人的划分标准是（　　）。

A.住所　　B.籍贯标准

C.住所和居住时间　　D.国籍所在地标准

二、多项选择题

1.在下列所得中，以一个月取得的收入为一次计征个人所得税的项目有（　　）。

A.书稿酬金　　B.工资、薪金所得

C.财产租赁所得　　D.财产转让所得

2.下列项目中的（　　）属于个人所得税的劳务报酬所得。

A.个人接受委托审查稿件所得

B.个人从事技术服务所得

C.个人在报刊上发表文章所得

D.教授应外单位聘请从事讲学所得

3.下列项目中的（　　）属于个人所得税的偶然所得。

A.中奖　　B.中彩

C.咨询费　　D.书画费

4.下列所得属于个人所得税免税项目的有（　　）。

A.科学发明奖　　B.单位发放的津贴

C.国债利息　　D.军人的复员费

5.下列各项中，属于个人所得税居民个人的有（　　）。

A.在中国境内无住所，但一个纳税年度中在中国境内居住满183天的个人

B.在中国境内无住所且不居住的个人

C.在中国境内无住所，而在境内居住超过6个月但不满1年的个人

D.在中国境内有住所的个人

6.下列各项中，以取得的收入为应纳税所得额直接计征个人所得税的有（　　）。

A.稿酬所得　　B.偶然所得

C.股息所得　　D.特许权使用费所得

7.下列各项所得中，应计算缴纳个人所得税的有（　　）。

A.职工个人以股份形式取得的不拥有所有权的企业量化资产

B.职工个人以股份形式取得的拥有所有权的企业量化资产

C.职工个人以股份形式取得的拥有所有权的企业量化资产，转让时所获得的收入

D.职工个人以股份形式取得的以量化资产参与企业分配而获得的股息

8.下列收入中属于中国境内所得的有（　　）。

A.在中国境内任职、受雇而取得的工资、薪金所得

B.因任职、受雇、履约等而在境外提供各种劳务取得的劳务报酬所得

C.将财产出租给承租人在境外使用而取得的所得

D.转让境内的建筑物、土地使用权等财产，以及在境内转让其他财产取得的所得

三、判断题

1.扣缴义务人向本单位支付应税所得时，应代扣代缴个人所得税；向外单位个人支付应税所得时，由收款人自行申报缴纳个人所得税。（　　）

2.个人所得税的非居民个人履行有限纳税义务。（　　）

3.用来确定个人应税所得的收入额是指以现金形式取得的全部收入。（　　）

4. 我国的居民个人，按《个人所得税法》的规定，其来源于中国境内和境外的所得，应当合并计算应纳税额。 ( )

5. 个人转让财产时，以收入总额扣除收入的20%后的余额为计税依据。 ( )

6. 多人共有一项应税所得收入时，应先纳税，后分给每个人。 ( )

7. 企业和个人按照省级人民政府规定的比例提取缴付的基本养老保险金、失业保险金，不计入个人当期的工资、薪金收入，免予征收个人所得税。但个人领取时，应征收个人所得税。 ( )

四、计算题

1. 某外商投资企业员工王某2019年1月取得工资、薪金收入18 000元，无免税收入，缴纳社会保险费等共计2 000元，可以享受的专项附加扣除为3 000元，无其他扣除。2月取得工资、薪金收入16 000元，无免税收入，缴纳社会保险费等共计2 000元，可以享受的专项附加扣除为3 000元，无其他扣除。3月取得工资、薪金收入16 000元，无免税收入，发放季度奖金30 000元，缴纳社会保险费等共计2 000元，可以享受的专项附加扣除为3 000元，无其他扣除。

要求：计算应纳个人所得税。

2. 王某经营一家超市，属个人独资企业，假定2019年全年实现收入200万元，成本120万元，期间费用及税金52万元，其中支付投资者本人工资7万元，没有其他纳税调整事项。当年已预缴个人所得税5 000元。

王某当年还从甲公司领取工资收入12 000元/月，按规定每月缴付“五险一金”2 000元，专项附加扣除2 000元，没有依法确定的其他扣除项目。

王某没有其他经营所得。

要求：计算王某应纳的个人所得税。

3. 中国公民刘某受聘于A国从事某项工作，2019年1—12月在A国取得工资、薪金收入160 000元（人民币，下同）；同年又在B国取得利息收入1 000元。该纳税人已分别按A国和B国税法规定缴纳个人所得税6 150元和250元。

要求：计算应纳的个人所得税。

主要参考文献

［1］蒙丽珍，安仲文. 国家税收［M］. 7版. 大连：东北财经大学出版社，2019.

［2］全国注册税务师执业资格考试教材编写组. 税法Ⅰ［M］. 北京：中国税务出版社，2019.

［3］全国注册税务师执业资格考试教材编写组. 税法Ⅱ［M］. 北京：中国税务出版社，2019.

［4］全国注册税务师执业资格考试教材编写组. 税务代理实务［M］. 北京：中国税务出版社，2019.

［5］中国注册会计师协会. 税法［M］. 北京：中国财政经济出版社，2018.

［6］安仲文. 纳税会计实务操作［M］. 5版. 大连：东北财经大学出版社，2018.

［7］盖地. 税务会计与纳税筹划［M］. 13版. 大连：东北财经大学出版社，2017.